权威·前沿·原创

皮书系列为
"十二五""十三五"国家重点图书出版规划项目

BLUE BOOK

智 库 成 果 出 版 与 传 播 平 台

浦东慈善公益蓝皮书

BLUE BOOK OF PUDONG'S
PHILANTHROPY

浦东慈善公益事业发展报告（2021）

ANNUAL REPORT ON PUDONG'S PHILANTHROPY DEVELOPMENT (2021)

上海市浦东新区民政局
上海市法治研究会 / 主　编
上海社会科学院社会学研究所

社会科学文献出版社
SOCIAL SCIENCES ACADEMIC PRESS（CHINA）

图书在版编目（CIP）数据

浦东慈善公益事业发展报告. 2021 / 上海市浦东新
区民政局，上海市法治研究会，上海社会科学院社会学研
究所主编. －－北京：社会科学文献出版社，2021.11
（浦东慈善公益蓝皮书）
ISBN 978 - 7 - 5201 - 9313 - 9

Ⅰ.①浦…　Ⅱ.①上…　②上…　③上…　Ⅲ.①慈善事
业 - 发展 - 研究报告 - 浦东新区 - 2021　Ⅳ.①D632.1

中国版本图书馆 CIP 数据核字（2021）第 221757 号

浦东慈善公益蓝皮书
浦东慈善公益事业发展报告（2021）

主　　编／上海市浦东新区民政局
　　　　　上海市法治研究会
　　　　　上海社会科学院社会学研究所

出 版 人／王利民
责任编辑／谢蕊芬　孙　瑜
责任印制／王京美

出　　版／社会科学文献出版社·群学出版分社（010）59366453
　　　　　地址：北京市北三环中路甲 29 号院华龙大厦　邮编：100029
　　　　　网址：www.ssap.com.cn
发　　行／市场营销中心（010）59367081　59367083
印　　装／三河市东方印刷有限公司

规　　格／开　本：787mm × 1092mm　1/16
　　　　　印　张：25　字　数：376 千字
版　　次／2021 年 11 月第 1 版　2021 年 11 月第 1 次印刷
书　　号／ISBN 978 - 7 - 5201 - 9313 - 9
定　　价／168.00 元

主编单位简介

上海市浦东新区民政局　上海市浦东新区人民政府工作部门，内设 8 个业务处室和 14 个局属事业单位。所承担的慈善管理职能包括：负责慈善组织登记（认定）管理工作；负责慈善活动的监督检查，依法管理慈善募捐活动；负责慈善行业组织的指导；推进慈善信息公开和共享以及慈善表彰等。

上海市法治研究会　2002 年成立，旨在为政府部门推动依法治理提供咨询意见、为基层法治实践提供评估建议、为普及法律知识提供权威信息、为基层治理难点热点提供法治化解决方案，以及为各级干部依法决策和提高能力水平提供全方位培训等。

上海社会科学院社会学研究所　围绕上海社会科学院学科发展和智库建设双轮互动的发展战略，以应用社会学为主，重点研究中国现代化进程中重大社会理论与社会现实问题，并提供相应的决策咨询服务。

主要编撰者简介

周小平 上海市浦东新区民政局党组书记、局长。曾任上海市政府办公厅建议提案处处长、浦东新区陆家嘴街道党工委书记、浦东新区区委党校常务副校长。主要关注方向为社会学、经济金融学、党建理论，长期致力于党建引领下基层社会治理实践研究，推动形成多个相关项目、品牌创新，产生积极的社会影响。曾主编《浦东新区蓝皮书：上海浦东社会治理发展报告（2018）》和《浦东新区蓝皮书：上海浦东经济发展报告（2018）》。

施　凯 上海市法治研究会常务副会长，上海市社区发展研究会专家咨询委员会主任，中共上海市委讲师团成员。曾任上海市依法治市领导小组办公室、上海市政治文明建设委员会办公室专职副主任，上海市人大常委会研究室主任、法制工作委员会副主任。长期致力于法治、政党政治和社会建设领域的研究。先后主持过上海市多项重要课题，如上海市政治文明建设规划研究、上海市城市管理体制改革研究、上海市社区建设规划研究、互联网背景下的上海市慈善事业发展研究等。先后主持或参与多部研究专著的编撰，如《两级政府三级管理》《城市化与法治化》等。

李　骏 上海社会科学院社会学研究所研究员、所长。兼任中国社会学会理事、中国社会学会城市社会学专业委员会副理事长、中国社会学会社会分层与流动专业委员会副理事长、上海市社会学会理事。主要研究方向为当代中国社会研究，包括社会分层与流动、社会治理、城市社会学等，在慈善公益研究领域也有相关学术积累。在《中国社会科学》《社会学研究》《社会》，以及 *Chinese Sociological Review*，*Research in Social Stratification and Mobility* 等中英文核心刊物上发表论文 30 余篇，出版专著、译著、合著、编著 6 部，主持国家社科基金、上海市社科基金、上海市软科学等多项纵向课题。

序　言

1990年，党中央做出了开发开放浦东的重要决定，从此翻开了上海和浦东发展的历史新篇章。

浦东从开发开放之初就导向鲜明——不仅仅是经济的开发建设，而且是经济社会的全面发展。在这一指导思想的引领下，浦东的慈善公益事业做到了与经济社会发展同步、与民生福祉改善同频。2020年是浦东开发开放三十周年。可以说，浦东开发开放的三十年，也是慈善公益事业发展的三十年机遇期。

1993年，浦东成立了国内第一个以"慈善"命名的基层慈善组织——"上海市浦东新区老人慈善福利会"，从而在《中华慈善编年史》中留下了浓重一笔，也奠定了浦东慈善公益"聚贤纳才""创新突破"的主基调。回顾浦东慈善公益事业在全国创造的一系列"率先"，让历代改革的实践者、见证者以及为之奉献的各界民众也不禁备感自豪。如率先成立全国社区服务行业协会，涵养社会的自我管理和自我服务功能；浦东罗山市民会馆率先采用政社合作方式管理运作，开政府购买服务之先河；率先引入社会工作专业人才，开始社会工作职业化的探索和推动；率先借鉴"联合劝募"开展"一日捐"活动，历经近20年的磨砺精耕，最终打造形成"慈善公益联合捐"特色品牌；率先建立旨在扶持公益性社会组织的公益服务园区，并荣获2009年度"中国社会政策十大创新"称号和第六届（2011—2012年度）"中国地方政府创新奖"……与此同时，浦东社会组织呈现类型多元化、治理规范化、服务专业化等特点，在救助救济、防灾减灾、环境保护、为老服务、青少年服务等各个领域做出重要贡献。部分"头雁组织"如上海浦东非营利组织发展中心"恩派（NPI）"、上海联劝公益基金会、上海真爱梦想公益基金会等立足浦东，服务全国，在行业中发挥引领作用。伴随着经济的腾飞发展，浦东的慈善公益生态逐渐完善，聚合效应日显。浦东取得这一成效，虽过程不乏艰辛困顿，却也顺理成章、水到渠成。因为在这背后有着强有力的战略理念支撑，那就是"小政府、大社会"。正是通过加大政府职能转变，培育发展社会力量，推进政社分离以及在此基础上不断深化双方互动合作等一系列探索，浦东走出了一条以经济发展带动社会建设，以社会建设助力经济发展的创新之路，为新时期建立"党委领导、政府负责、民主协商、社会协同、公众参与、法治保障、科技支撑"的社会治理共同体奠定了坚实基础。

2021 年 7 月 15 日，《中共中央、国务院关于支持浦东新区高水平改革开放打造社会主义现代化建设引领区的意见》的发布标志着浦东开发开放进入新的"引领区"时代。中央要求浦东要勇做"开路先锋"、担当"排头兵"，挑最重的担子、啃最硬的骨头，这不仅是对浦东经济社会发展提出了新要求，也给慈善公益事业的发展带来了新课题——如何助力打造与引领区相匹配的社会建设软实力。早在 2019 年，党的十九届四中全会就提出要"重视发挥第三次分配作用"，确立了慈善等公益事业在我国经济和社会发展中的重要地位。新时期，慈善公益作为"第三次分配"的重要组成部分，其蕴含的价值已经突破了纾困扶弱的局限，需要在更高层面上引领和体现社会成员更高的精神追求，传播助推文明进步的思想意识和具有普适性的公益实践经验，以促进经济社会的全面发展。

站在百年历史的交汇点，迎接"引领区"新时代的开启，我们深感有必要对三十年来浦东慈善公益事业发展做一个全面总结，并对今后一个时期慈善发展的任务目标进行认真谋划。因为这不仅是慈善公益事业发展的需要，也是浦东完善社区治理和社区服务，进一步优化营商环境，推进实现高水平改革、高质量发展和高品质生活不可或缺的部分。未来，需要我们加倍努力，引领社会更全面准确认识慈善事业的作用价值，积极弘扬慈善精神；

抓住建设和完善"第三次分配"政策体系的历史机遇，深化推进慈善制度建设；加大培育和吸引高素质人才；运用科技力量，进一步提升慈善资源配置能力，推动"善经济"发展。力争走出一条符合中国国情、体现上海精神、代表"引领区"水平的浦东社会主义现代化慈善公益事业发展道路。

《浦东慈善公益事业发展报告（2021）》的编撰，正是基于上述认识，为实现浦东慈善公益事业的新发展和浦东引领作用的全面体现而做出的努力。希望这部蓝皮书能为关心、支持，特别是热心参与慈善公益事业的社会各界提供有用参考。

浦东新区副区长　左轶梅
2021 年 10 月

摘　要

2020 年是浦东开发开放三十周年。作为首部浦东慈善蓝皮书，本报告对三十年来浦东慈善公益事业发展总体情况和主要领域的历程、现状、经验、特点、挑战等进行了系统深入的研究。浦东开发开放的三十年也是慈善公益事业大发展的三十年，形成了坚持中国特色、以人民为中心、改革创新、专业化发展等基本经验，走出了一条不断创新突破的理论和实践之路。

总体来看，浦东在慈善公益事业的探索开拓期创造了全市乃至全国多个"第一"，快速发展期体现出数量规模化、形态多元化、运作规范化、服务专业化的特点，完善提升期构建了良好的制度环境并开始显现聚合效应和形成生态体系。具体来看，慈善捐赠呈现出大基金会驱动、募捐专业化和募捐发展模式多样化特征；志愿服务与浦东的发展同步前行，是推动浦东社会经济发展的巨大正能量；福利彩票事业发展彰显鲜明的浦东特点，为我国慈善公益事业增添亮色；互联网慈善发挥区域内互联网企业众多的优势，显示出联劝网引领、企业共襄善举、助力公开透明等特点；社会工作在参与慈善公益的过程中，探索出一条项目化参与、服务领域扩展、专业性与本土化并存之路；慈善组织在参与防灾减灾救灾工作中形成了政府积极支持与引导、建构互助合作网络、有效整合社会资源、善于利用技术赋能的重要经验；慈善力量参与环保事业逐渐形成了以环保型社会组织为主体，各类志愿团队、企业力量和个人力量并存的格局；从党建引领、制度建设、组织培育、行业建设、专业发展、项目运作等多方面着手，聚集了一批慈善公益人才；慈善超市发展采用了政府运营型、社会组织运营型、企业运营型多类模式；慈善文化出现新理念不断崛起、企业社会责任意识不断深化、传播方式载体不断多样化等新趋势；慈善助老和弱势青少年、女性慈善公益也在民生、治理等社会建设领域发挥了特色鲜明的积极作用。此外，本书还构建了慈善指数来定量反映浦东新区和下辖街镇的慈善公益事业发展情况，提供了浦东慈善公益事业的五个典型或代表案例，并介绍了在脱贫攻坚和抗击新冠疫情这两个重大社会事件中浦东慈善公益所发挥的作用。

继党的十九届四中全会提出"重视发挥第三次分配作用，发展慈善等社会公益事业"之后，中央财经委第十次会议再次强调"构建初次分配、再分配、三次分配协调配套的基础性制度安排"。慈善公益作为第三次分配的重要组成部分，对于推进治理现代化和实现共同富裕有重要意义。按照中央和上海市的关于浦东新区打造社会主义现代化建设引领区等一系列新决策部署，立足2021年作为"十四五"规划和2035年远景目标开局之年的这个特殊年份意义，本报告建议未来浦东慈善公益事业的发展，在方向上要进一步融入改革开放的大局，在思路上要提升慈善资源配置能力、开创慈善事业新局面、完善慈善法规体系建设、推进慈善数字化进程，在趋势上要把握科技向善、慈善信托、公益创投、影响力投资、社会企业、捐赠人建议基金等新兴前沿议题。本报告在涉及的慈善公益事业主要领域和专题上也提出了更具体更丰富的对策建议。

关键词： 浦东　开发开放　慈善公益　第三次分配

目 录 ↘▨▨▨▨

I 总报告

B.1 浦东慈善公益发展三十年

……………………………… 施 凯 李 骏 郑乐平 彭 辉 / 001

II 领域报告篇

B.2 浦东慈善捐赠事业发展报告…………………… 李 骏 苑莉莉 / 038

B.3 浦东志愿服务发展报告………………………………… 裘晓兰 / 059

B.4 浦东福利彩票与慈善公益发展报告

……………………… 黄晨熹 王天童 徐婷婷 / 076

B.5 浦东社区慈善发展报告………………… 唐有财 张佳华 / 099

B.6 浦东互联网慈善发展报告……………………… 方正宇 / 117

B.7 浦东社会工作参与慈善公益发展报告

…………… 朱眉华 黄剑锋 钱 燕 许艳萍 / 134

B.8 浦东慈善组织参与防灾减灾救灾报告………… 周 俊 徐久娟 / 155

B.9 浦东慈善力量参与环保事业报告…………… 俞祖成 欧阳慧英 / 171

Ⅲ 专题报告篇

B.10 浦东慈善发展指数研究报告 ……… 李　骏　苑莉莉　孔语佳／192

B.11 浦东慈善文化发展报告 ……………………… 郑乐平／217

B.12 浦东慈善公益人才队伍建设与发展报告 …… 张　波　陈宝忠／232

B.13 浦东慈善超市发展报告 ……………… 徐家良　张　圣／253

B.14 浦东慈善助老报告 ……………… 吴　磊　唐书清　沈俊康／270

B.15 浦东弱势青少年慈善公益报告 ……………… 王元腾／286

B.16 浦东女性慈善公益报告 ……………………… 苑莉莉／305

Ⅳ 案例篇

B.17 上海市慈善基金会浦东新区代表处 ……………… 苑莉莉／321

B.18 浦东新区红十字会 ……………… 浦东新区红十字会工作组／332

B.19 浦东公益示范基地 ……………………… 林怡琼／340

B.20 浦东引导慈善公益力量助力脱贫攻坚

……………… 浦东新区慈善事业和社会工作发展中心／348

B.21 上海永达公益基金会 ……………………… 张　银／355

B.22 后　记 …………………………………………… ／362

Abstract ……………………………………………… ／364

Contents ……………………………………………… ／367

皮书数据库阅读 **使用指南**

总 报 告

General Report

B.1

浦东慈善公益发展三十年[*]

施 凯 李 骏 郑乐平 彭 辉^{**}

摘 要: 浦东开发开放的三十年也是慈善公益事业大发展的三十年。本
报告将浦东慈善公益事业这三十年发展的历史进程分为三个时
期:探索开拓期创造了全市乃至全国多个"第一";快速发展

---

* 从慈善、公益的词源学演进历程来看,中西方相关术语的发源时间、主体特征有异同。在
中国慈善文化起源里,"慈"与"善"是分开演进的:"慈,爱也","善"的本义为"吉
祥美好"。在西学东渐影响下,清代中期"公益"一词逐渐形成(也有研究认为转译于日
本),主要用于经济贸易、国家利益、国际事务和地方公事等领域,有"公众的利益"、公
德和公共利益等内涵。在西方,Charity 和 Philanthropy 起源于拉丁语和古希腊语,前者有上
帝之爱的意涵,后者有"爱人类"的意思。西方慈善经历了从宗教慈善向现代化、专业
化、组织化管理运作的慈善公益发展的过程。目前研究界主要认为慈善更偏重传统的扶贫
济困领域,公益更多指科学、教育、文化、体育等更广泛的社会公共利益领域的活动,二
者相互交叠,所以本报告统称为慈善公益。
** 施凯,上海市法治研究会常务副会长,上海市社区发展研究会专家咨询委员会主任,中共
上海市委讲师团成员,长期致力于法治、政党政治和社会建设领域的研究。李骏,上海社
会科学院社会学研究所研究员、所长,主要研究方向为当代中国社会研究,包括社会分层
与流动、社会治理、城市社会学等。郑乐平,上海社会科学院社会学研究所副研究员,主
要研究方向为慈善公益、社会组织。彭辉,上海社会科学院法学研究所研究员,主要研究
方向为法社会学、基层治理、社会组织法等。

期体现出数量规模化、形态多元化、运作规范化、服务专业化的特点；完善提升期构建了良好的制度环境并开始显现聚合效应和形成生态体系。从2020年的发展现状来看，慈善组织发展进入新时期，志愿服务开启新征程，慈善公益资金募集出现新气象，慈善力量的参与度得到新拓展，互联网慈善开创新局面，慈善文化培育取得新突破，专业人才队伍建设步入新阶段。展望未来，按照中央和上海的最新要求，浦东慈善公益事业发展需要坚持中国特色、以人民为中心、改革创新、专业化发展等基本经验，树立提升慈善资源配置能力、开创慈善事业新局面、完善慈善法规体系建设、推进慈善数字化进程等基本思路。据此本报告也提出了相应的对策建议。

关键词： 浦东　开发开放　慈善公益

习近平总书记《在浦东开发开放 30 周年庆祝大会上的讲话》指出："30 年前，国际形势风云变幻，国内改革风起云涌，党中央全面研判国际国内大势，统筹把握改革发展大局，作出了开发开放上海浦东的重大决策，掀开了我国改革开放向纵深推进的崭新篇章。"[①] 浦东自开发开放以来，不仅在经济建设方面取得了巨大成就，社会事业包括慈善公益事业也发生了前所未有的巨大变化。浦东开发开放的三十年，不仅是经济社会大发展的三十年，也是慈善公益事业大发展的三十年。

一　浦东慈善公益事业发展历程

"浦东开发开放 30 年的历程，走的是一条解放思想、深化改革之路，

---

① 习近平：《在浦东开发开放 30 周年庆祝大会上的讲话》，《人民日报》2020 年 11 月 13 日，第 2 版。

是一条面向世界、扩大开放之路，是一条打破常规、创新突破之路。"① 浦东自开发开放以来，慈善公益事业正是沿着这条道路不断发展，从小到大、从弱到强，为浦东社会保障体系的健全、社会事业的进步、精神文明建设的全面提升做出了积极的贡献，成为浦东开发开放一张亮丽的名片。

（一）探索开拓期（1990—2000年）

20世纪90年代以来，随着浦东新区经济的腾飞，浦东慈善公益事业进入了一个探索开拓期。早在浦东开发开放之初，当时的新区党工委、管委会就极具远见地提出："浦东开发不是单纯的经济项目和土地的开发，而是功能的开发、社会的开发，是社会的全面进步。"② 这一理念不仅为实现浦东社会建设的跨越式发展提供了有力的精神支撑，也为浦东慈善公益事业的发展奠定了坚实的思想基础。

1. 背景：经济与社会发展并重的总体思路

浦东自开发开放以来，始终坚持经济与社会发展并重的思路，着力构建"小政府、大社会"的社会管理格局，大力培育发展包括慈善公益在内的各类社会组织，积极发挥社会组织承接政府转移职能、服务社会发展的作用。《社会发展与城市综合竞争力——2000年浦东新区社会发展综述》曾论述道："新区较早就着手社会力量的培育和发展，构筑'小政府、大社会、大服务'的宏观管理格局……新区还十分重视培育和发展各种民间组织和中介组织，通过将部分社会工作和管理职能让渡和回归给社会，促进社会力量的发育、成长，使社会事业向多元化、社会化发展。"③ 浦东新区政府的这一总体发展思路和相应举措为社会力量的培育、社会组织的发展提供了有利

---

① 习近平：《在浦东开发开放30周年庆祝大会上的讲话》，《人民日报》2020年11月13日，第2版。
② 参见上海市浦东—复旦社会发展研究会编《2005浦东新区社会发展报告》序，上海人民出版社，2005。
③ 浦东新区社会发展局、上海市浦东—复旦社会发展研究会编《社会发展与城市综合竞争力——2000年浦东新区社会发展综述》，载《2001浦东新区社会发展报告》，上海人民出版社，2001，第6页。

的发展空间。据统计，截至 2020 年底浦东的社会组织达到 2376 家，比开发开放初期增加了 71 倍。①

2. 成就：创造了全市乃至全国多个"第一"

浦东开发开放三十年来，始终坚持以国家战略使命为己任，以敢闯敢试、先行先试的改革精神为引领，不仅在经济领域创造了许多"全国第一"，也在社会发展和慈善公益领域创造了多个"第一"。

1993 年 6 月，上海市浦东新区老人慈善福利会成立，这是新中国成立后国内第一个以"慈善"命名的基层慈善组织，其宗旨是敬老恤贫，为困难老人提供不同层次、不同需要、不同方式的救助和服务。1993 年 8 月，全国第一家社区服务中介机构——浦东新区社区服务行业协会（后更名为浦东新区社区服务促进会）成立。1994 年 4 月，上海浦东新区社会发展基金会成立，这是浦东新区发展社会事业改革投资机制的重要举措，是当时浦东唯一的一个综合性的基金会，倡导和实践"政府搭台，基金会出资，社会团体管理服务"的理念，为老百姓办实事、做好事。1996 年 2 月，浦东新区借鉴发达国家的经验，由新区残疾人联合会、社会发展基金会、老年慈善福利会以及工、青、妇等 11 个社会团体和公益组织，尝试开展"慈善一日捐"活动（其中包括宗教场所的慈善捐赠）。1996 年 2 月，浦东新区罗山市民会馆对外开放，开创了集社区服务、社区文化、社区教育于一体的体现社会公益性、服务性、非营利性、倡导性的社区服务模式，建立了社区市民参与实现"政府支持、社团管理、市民参与"的新型管理机制，这在浦东、上海乃至国内都是第一家。1997 年，浦东新区最早从中国青年政治学院引进首批社会工作专业人才。1999 年 12 月，浦东新区社会工作者协会（后更名为浦东新区社会工作协会）成立，这是全国最早推动社会工作专业化、职业化发展的社会工作者行业管理机构，致力于在民政、社区、教育、卫生、司法等领域内推进社会工作的专业化与职业化。同时，在指导项目运作的过程中，随着项目和运作团队的不断成熟，在项目运作的基础上一批专业

---

① 1993 年底浦东新区社会组织数为 33 家。

的社工机构孵化出来，如乐群、乐耆、乐爱等社工服务社。

3. 特点：以为老帮困和社会服务为主

最初十年，浦东慈善事业虽然还处于探索期，但浦东开发开放的国家战略以及"创新是第一生命力"的精神已融入了慈善公益事业的基因中。这个阶段浦东慈善事业呈现如下几个特点。

一是以为老服务和帮困救助为主。如1993年成立的浦东第一家慈善组织——上海市浦东新区老人慈善福利会，以敬老恤贫、为困难老人提供救助和服务为主。1999年成立的上海市慈善基金会浦东新区分会一开始也主要以慈善帮困为主要使命。

二是以培育社会力量为主。社会组织接受政府授权和委托，承担社会性、公益性、群众性的具体行政事务和社会服务工作，如浦东新区社区服务行业协会就是这方面的典型代表。

三是探索社会服务新模式。出现了若干具有开创性的尝试，如1996年上海市基督教青年会接受政府委托对罗山市民会馆进行独立管理，以及尝试开展"慈善一日捐"活动。

（二）快速发展期（2001—2010年）

进入21世纪以来，浦东步入了一个新的历史时期。社会主义市场经济体制逐步建立和完善，社会管理模式加快向"小政府、大社会"格局转变，政府实现职能转变、政企分开、政事分开、政社分开，并逐步使一部分职能回归市场与社会，让市场、社会承担起自我管理、自我约束的责任。

1. 背景：社会管理模式的转变

浦东新区改革开放的不断深入，住房、医疗、养老等制度改革的逐步深化，以及社会服务业的兴起，为民间组织的发展创造了条件。随着企事业单位职能的逐步转移，社会结构发生了很大的变化，"单位人"逐渐变成"社会人"，居民对社区和社会服务业的需求日益增长，促使更多的社会力量介入社会服务业，从而促进了民间组织的发展。此外，互联网及网络平台的出现拓展了慈善公益组织的发展空间和影响力，大大改变了慈善组织的运作方式。

2005年6月，国务院决定在浦东实行综合配套改革试点。国务院要求，浦东综合配套改革试点要着力转变政府职能，着力转变经济运行方式，着力改变二元经济与社会结构；要把改革和发展有机结合起来，把解决本地实际问题与攻克面上共性难题结合起来，把实现重点突破与整体创新结合起来，把经济体制改革与其他方面改革结合起来，率先建立起完善的社会主义市场经济体制。综合配套改革试点的推进为社会管理模式的转变创造了条件。在社会管理体制和公共服务提供方面，浦东新区努力实现政府与社会的良性互动，进一步构建"小政府、大社会"的格局。

2005—2007年，浦东新区政府及所属部门先后出台70余个行政规范性文件，内容涉及推进企业履行社会责任、培育社会自律机制、改革政府管理方式等。具体的举措有：第一，加快政府职能转变，推进政社良性互动。不断推进政企分开、政事分开、政社分开，把政府不该管的事交还给企业、市场和社会。第二，建立购买社会组织服务的机制。据不完全统计，2006年新区有关部门委托社会组织承接公共服务项目的资金近6000万元。2007年4月，浦东新区政府颁布了《关于政府购买公共服务的实施意见（试行）》，在全市率先建立了以"实现预算管理、强化契约式管理、建立评估机制"为特点的政府购买公共服务制度。第三，制定相关政策，积极培育服务类、公益类、民生类社会组织。2005年出台《关于促进浦东新区社会事业发展的财政扶持意见》。2007年出台《关于着力转变政府职能、建立新型政社合作关系的指导意见》，提出逐步实现政府与社会组织的"六分开"（即主体、机构、职能、资产、住所和人员六方面分开），并重点支持社区公益性、服务性社会组织的发展。第四，在社区建设和社区管理领域，充分发挥社区公益性民间组织在提供社区服务、进行社区管理等方面的作用。

2. 成就：涌现了许多专业性、行业性、支持性慈善公益组织

政府牵头设立慈善组织，自上而下推动慈善公益事业的发展。2002年1月，上海浦东慈善医院挂牌开诊，这是上海第一家公立慈善医院，由浦东新区政府、上海市慈善基金会牵头组建并进行管理，主要为民政部门确认的社

会弱势人群提供基本医疗保障，其资金除了政府财政投入以外，还依靠企事业单位、社会团体和各界人士的爱心捐助。从 2003 年开始，浦东新区针对重复募捐、多头募捐等现象，整合了政府、企业、非营利机构和社会大众的资源，对劝募资源进行了联合重组，正式推出"慈善公益联合捐"，形成了统一、整体、系统的劝募方式。

在政府支持下，社会组织有了较大的成长，开始专业化发展。2003 年 2 月，国内第一家专业社工服务机构——上海乐群社工服务社成立，致力于为不同人群提供切实、专业、人性化的服务，倡导社会公平、公正、参与、互助，协助社会公共政策和福利的实施。作为首家社工机构，乐群曾获得民政部颁发的"全国先进社会组织"等多项荣誉。2003 年 11 月上海浦东阳光慈善救助服务社成立，主要承接政府委托的相关服务，是上海首家运用社会工作方法为流浪乞讨人员提供慈善救助服务的社会组织。

浦东新区社会发展局从 2004 年开始率先尝试一种全新的管理方法，通过政府购买服务的方式，委托教育中介机构上海市新城教育事务所对民工子弟学校进行管理。新城教育事务所接下政府"订单"后，负责督促这些学校执行"就近入学"招生原则、使用经教育部门审核批准的教材、建立学籍管理制度，并开展针对这些学校校长和教师的培训工作，使政府部门的管理工作延伸到这些学校。同时，鼓励全区 13 所公办学校对民工子弟开放学额，并开展了多元文化下孩子成长模式的课题研究。2004 年，浦东的第一家社区慈善超市——潍坊新村街道社区慈善超市设立，为困难群体提供了便利的慈善救助。

此后，民间慈善公益力量自发开启培育孵化社会组织模式。2004 年 2 月，国内第一家支持性社会组织——映绿公益事业发展中心成立，主要致力于公益机构能力与公信力建设，每年举办映绿公益论坛，为公益组织搭建了交流平台。2006 年 1 月，上海浦东非营利组织发展中心"恩派（NPI）"（以下简称恩派）成立，致力于发掘培育处于创业期的草根公益组织。恩派首创的"公益孵化器"模式成为社会领域的重要制度创新，后又引领了公益创投、联合劝募、慈展会、社会创新空间运营、公益共享大学等多个公益创新。截至 2020 年底该组织已孵化和投资超过 1000 家公益组织及社会企业，其中很多机构已成中国公益领域的知名品牌和领跑者。2006 年 5 月，上海新途社区健康促进社成立，这是一家由社会力量发起的、专业开展社区健康促进项目的公益机构。

在这个过程中，浦东逐渐形成政府和民间互助支持体系。2007 年，《浦东新区推进企业履行社会责任的若干意见》和《浦东新区加快推进企业社会责任体系建设三年行动纲要》出台，在全国率先建立"政府引导、企业自觉、行业自律、社会监督"的企业社会责任体系。2007 年 7 月，上海中致社区服务社成立，这是浦东首家综合治理类社工组织，专门为社区中吸毒、刑释解教以及"失学、失业、失管"青少年提供社会工作帮教服务。2007 年 9 月，上海公益社工师事务所成立，这是全市首家社会工作者组成的社区专业服务组织，主要承接从居委会剥离的社区社会工作，包括社区青少年辅导服务、社区儿童托管服务、社区工作者培训和辅导、家庭支援服务、高危弱势群体社区援助服务等。2009 年 2 月，该事务所与浦东新区妇联正式签约承接"浦东新区家庭专业社工服务项目"，国家信访办曾在上海召开现场会推广。

与此同时，慈善公益的活动范围日益拓宽。2007 年，上海仁渡海洋公益发展中心成立，它是目前国内唯一专注于海洋垃圾议题的公益机构，业务内容包括海洋垃圾的清理、监测、研究、环保教育及海洋公益行业能力建设。同时，关注妇女和儿童的慈善公益也发展起来。2008 年 8 月，为了支援都江堰灾后重建，浦东组建社工服务团启动"火凤凰"计划，助力当地妇女再就业。2008 年 8 月，上海真爱梦想公益基金会成立，专注于发展素养教育，并且积极倡导最透明信息披露，是中国第一家按照上市公司标准披露年报的慈善基金会。①

浦东新区秉持开拓进取的精神，政府与民间合力积极推进慈善公益领域

---

① 截至 2020 年底，运营期内的"梦想中心"素养教育公益服务体系服务全国 31 个省市自治区 2158 所学校，累计培训教育工作者超过 10 万人次。

的创新。2009 年 5 月，浦东新区举行第一届"社会组织公益活动月"，作为浦东新区慈善公益领域中的优秀品牌项目，推动了社会组织、社区和社工"三社"联动，至 2020 年底已成功举办了 12 届。2009 年 12 月，国内首个社会组织集聚办公的公益性园区——浦东公益服务园开园。浦东公益服务园是社会管理机制的一种创新，通过环环相扣的六大机制营造一个促进社会组织发育发展的有利环境，使政社合作、社社合作、社企合作等多部门合作有了一个可以依托的载体，产生聚合效应和新价值。①2009 年 12 月，由汶川地震"心理援助志愿团"发展而来的上海浦东手牵手生命关爱发展中心成立，开创了非营利组织在中国临终关怀领域的创新探索和社会动员。该机构致力于改善癌症重症家庭生命品质，提升应对死亡哀伤的能力，推动临终关怀服务的实践行动。2009 年 12 月，上海公益事业发展基金会（后更名为上海联劝公益基金会，以下简称联劝）成立。联劝走的是一条纯资助型基金会的路子，它积极充当企业、个人和公益机构之间的中介者，立志做快乐自主有成效的公益慈善文化的引领者。联劝设计和运作的"一个鸡蛋的暴走"劝募方式体现了慈善创意的魅力，产生了巨大的社会效应。

3. 特点：数量规模化、形态多元化、运作规范化、服务专业化

这一时期，浦东慈善事业的发展呈现如下的几个特点。

社会组织的数量增长迅速。从社会组织的增长速度来看，浦东明显高于上海平均水平。②2001—2008 年，上海市社会组织由 3878 家增长到 8920家，年均增长率为 12.64%。同期，浦东新区社会组织由 249 家增长到 755家，年均增长率高达 17.17%。分类别来看：2001—2008 年，上海市社会团体的数量从 2263 家发展到 3297 家（年均增长率为 5.52%），浦东新区社会团体的数量由 102 家发展至 209 家（年均增长率高达 10.79%）；上海市民

---

① 2012 年，浦东公益服务园获得"第六届中国地方政府创新奖"。2013 年，浦东公益服务园等公益集群被命名为"上海公益社会组织示范基地"。

② 因 2009 年南汇区并入浦东新区，2009 年底的统计数据增加了原南汇区的社会组织总量，为了合理反映自然增长趋势，此处仅对 2001 年至 2008 年上海市与浦东新区社会组织的发展趋势进行比较。

办非企业单位的数量从 1700 家发展到 5428 家（年均增长率为 18.04%），浦东新区民办非企业单位的数量由 117 家发展至 546 家（年均增长率为 24.62%）。①

组织形态日趋多元化。浦东慈善公益领域出现了各种新的组织形态：以专业社工为主的服务型组织，如上海乐群社工服务社、上海中致社区服务社和上海公益社工师事务所；致力于公益组织孵化和能力建设的支持性组织，如恩派和上海映绿公益事业发展中心等；以提供专业化社区服务为主的社区服务类组织，如上海屋里厢社区服务中心和上海市新途社区健康促进会；专注于推广素质教育的上海真爱梦想公益基金会；纯资助型公募基金会，如联劝。

政社合作方式规范化。浦东新区政府积极拓展多种形式的政社合作方式，通过公开招标、项目发包、项目申请、委托管理等方式，由政府购买社会组织的服务，建立起以项目为导向的契约化管理模式。其中比较典型的有浦东新区市民中心和三林世博家园市民中心。2006 年 10 月，浦东新区市民中心正式开放，新区政府在此建立了"政府和社会组织合作平台"，浦东社工协会受邀参与平台的前期策划和运作。三林镇政府委托恩派管理三林世博家园市民中心，项目团队自 2008 年 3 月进驻后，在调研群众需求的基础上有针对性地推出了一系列服务项目，提升了社区服务的专业化水平，并作为一种成功的社区服务模式被引入上海多个街道和社区。

专业化程度逐渐提高。慈善公益组织通过引入专业社工，提升了服务的专业化水准。上海乐群社工服务社就是一个以专业社工为主体的非营利性社会服务机构，服务内容包括学校社工服务、医务社工服务、青少年外展社工、老年社工服务及社区发展服务等，另外还为社会工作人员、社会服务从业人员提供各种培训。此外，还有上海浦东阳光慈善救助服务社、上海公益社工师事务所等，也都采用专业的社工理念和方法为青少年等社会弱势群体

---

① 相关数据由作者根据上海市社团局主办的"上海社会组织网"（现为上海社会组织公共服务平台）公布的数据计算。

提供公益性、专业化的服务。

（三）完善提升期（2011—2020年）

经过前两个时期的发展，浦东慈善公益事业已经初具规模，社会影响也越来越大，在继续保持良好发展势头的同时，也更加注重慈善公益事业的规范化建设与发展。浦东慈善公益事业由此进入了以提升质量、健全制度、发展品牌为重点的历史新阶段。

1. 背景：构建慈善公益事业发展的良好制度环境

这一时期，中央和市委的有关决议和精神为浦东慈善公益事业的进一步发展指出了方向。2014年，上海市委把"创新社会治理加强基层建设"列为一号课题，次年初正式发布"1+6"文件，提出组织引导社会力量参与社区治理等具体实施办法，旨在推进传统社会管理向现代社会治理转变，努力走出一条符合中国国情、上海特点和现代治理规律的超大城市社会治理新路。2016年《中华人民共和国慈善法》（以下简称《慈善法》）的颁布是一件具有里程碑意义的大事。《慈善法》立足中国国情，创新慈善事业制度、机制和模式，发挥了慈善立法的规范、引领和推动作用，在全社会形成了有利于慈善事业发展的氛围和社会环境，为中国慈善事业的健康、有序、规范化发展提供了有力保障。2019年，党的十九届四中全会提出："完善党委领导、政府负责、民主协商、社会协同、公众参与、法治保障、科技支撑的社会治理体系"，"建设人人有责、人人尽责、人人享有的社会治理共同体"，"发挥群团组织、社会组织作用，发挥行业协会商会自律功能，实现政府治理和社会调节、居民自治良性互动，夯实基层社会治理基础"，"加快推进市域社会治理现代化。推动社会治理和服务重心向基层下移，把更多资源下沉到基层，更好提供精准化、精细化服务"，"重视发挥第三次分配作用，发展慈善等社会公益事业"。

为贯彻中央和市委相关要求，进一步促进社会组织在经济社会发展中更好地发挥作用，浦东新区出台了一系列与社会组织相关的政策，重点发展和扶持社区社会组织、行业协会商会类社会组织、支持型社会组织和枢纽型社会组织，并努力发挥社会组织园区的集聚效应和示范作用，推动区域均衡发展。具体包括《关于"十二五"期间促进浦东新区社会组织发展的财政扶持意见》（2011）、《浦东新区民办非企业单位规范化建设指导意见》（2012）、《浦东新区社会团体规范化建设指导意见》（2012）、《浦东新区关于进一步推进社区社会组织发展的指导意见》（2015）、《关于进一步加强社会组织自治自律和诚信建设的意见》（2015）、《关于"十三五"期间促进浦东新区社会组织发展的财政扶持意见》及实施细则（2016）、《浦东新区政府购买服务管理实施办法》（2017）等。

上述一系列政策制度的推出，为社会组织和慈善事业的发展营造了良好的制度环境，进一步激发了社会组织活力和创新力，引导社会组织健康有序发展，促进了社会组织在经济社会发展中更好地发挥作用。此外，互联网公益和数字化公益的崛起也为慈善公益的发展、创新慈善公益项目、提升慈善公益运作效率、建构慈善公益事业数字化价值链和生态创造了有利条件。

2. 成就：慈善公益活动的聚合效应开始显现

这一时期，新兴的社区基金会、社会工作专业机构、社会企业、行业协会商会、外企等主体，也开始积极融入新的慈善公益发展格局。2013 年 8 月，洋泾街道办事处发起成立洋泾社区公益基金会，这是全国首家公募社区基金会，也是上海在城市基层社区治理领域新的尝试。2013 年 9 月，全国第一家工会系统社会工作专业机构——浦东公惠社会工作服务中心在浦东成立，致力于运用社会工作的专业方法，整合政府、企业与社会组织三方资源，搭建服务职工的综合平台，倡导企业社会责任和与企业相关的社会公共政策。2013 年，浦东发起设立了国内第一个"企业社会责任公益基金"，引导更多的企业投身公益事业践行社会责任。浦东新区建立了全国第一个企业社会责任标准，对企业进行评估和奖励。2016 年 5 月，"浦东外商投资企业协会""浦东新区旅游业协会""浦东新区企业、企业家联合会""浦东现代物流行业协会""浦东新区印刷行业协会""浦东新区养老服务行业协会""浦东新区质量技术协会"7 家行业协会商会发布社会责任报告，希望以此推动更多的行业协会商会编制社会责任报告，以行业协会商会推动行业自律。

2019年，浦东公益新地标——"新益汇"社会组织创新空间启幕。不同于公益基地定位为"示范"，"新益汇"更突出"创新"功能，进一步扩大受益对象，致力于服务和扶持处于成长期的创新型社会组织，帮助其激发自我造血机制，加速其成长，成为公益资源链接的大平台。"新益汇"依托浦东社工协会、恩派、浦东新区社会组织服务中心、洋泾社会组织联合会、真爱梦想公益基金会5家组织推出"优新益"社会组织成长加速计划，从"内部治理、内部管理、创新发展、资源拓展、品牌建设"五个方面为初创期、成长期的社会组织以及志愿团队提供能力建设服务。①

3. 特点：升级融合与公益生态体系建构

这一时期，浦东慈善公益组织的发展在格局、功能、力量、方法等方面呈现出如下特点。

从格局上看，公益生态圈雏形初现。从公益生态和组织生态来看，浦东公益服务园、基金会服务园、"新益汇"、社区公益服务园和公益街等共同构成了一个有机共生、完整自洽的"生态圈"。浦东公益示范基地是浦东深化综合配套改革试点、推进社会管理创新的实践园区，也是浦东不断完善公益产业链和构建公益生态圈的一项重要举措。由各街镇社会组织服务中心运作的社区（街镇级）公益基地，如塘桥公益服务园、洋泾"891公益坊"、金杨"益天地"、浦兴"大爱公益园"、惠南镇"益号楼"、周浦镇"益家园"、沪东"绿波益园"等，初步形成了上游有基金会、中游有支持型枢纽型社会组织、下游有草根型/操作型/实务型社会组织的公益产业链。

从功能上看，社区服务与基层治理能级进一步提升。社会组织积极参与社区自治，川沙新镇、陆家嘴街道等街镇社会组织服务中心通过引导社区群众团队设计实施项目、申请使用自治金，整合社区资源，形成共商共治的社区氛围。此外，浦东新区率先创立了社区公益服务园，一批社区公益性园区

---

① 参见本书案例篇 B.19《浦东公益示范基地》。

已成为社会组织参与社区服务与基层治理的新支点。①

从力量上看，社区基金会成为参与社区治理的一支重要力量。从2012年起，上海率先探索社区基金会模式，通过设立社区资金"蓄水池"，调动自身资源解决社区问题，吸引社会公益力量参与社区治理。至2020年底，上海全市已登记注册的社区基金会达85家，而浦东不仅孕育诞生了全国首家社区公募基金会——洋泾社区公益基金会，又试点登记了全市唯一一家在区级民政部门注册成立的社区基金会——陆家嘴社区公益基金会，服务于浦东社区居民的社区基金会总数量也达到14家。社区基金会由点到面，逐渐成为参与社区治理的一支重要力量，社区微更新、青少年社区志愿服务、社区公共文化、社区生态环保、社区居民自治、公益理念倡导等涉及多个领域和不同主题形式的公益服务项目在多个社区"落地生花"。②

从方法上看，互联网和数字化与慈善公益深度融合。浦东的慈善公益组织和企业在推动互联网慈善发展的过程中，积极探索打破常规的创新之路，努力促进"互联网＋慈善"的深度融合。浦东在互联网慈善的技术创新化、场景多元化、信息公开化和运行规范化等方面，已经形成了相应的经验。以联劝、真爱梦想基金会、仁德基金会等为代表，浦东形成了一批积极参与互联网慈善的社会组织。互联网企业在扶贫工作中侧重于发挥技术优势，不仅着眼于解决贫困地区当下的困难，更是通过传播知识、教育培训等形式，实现从"授人以鱼"到"授人以渔"的转变。③

二 浦东慈善公益事业发展现状

30年来，浦东经济的腾飞带动了浦东慈善公益事业发展的整体水平得到显著提升。从2020年的发展现状看，政社合作的慈善发展模式日益成熟，社会化、专业化和法治化水平持续提升；捐赠总额、志愿者数量、社会组织

---

① 资料来源：浦东新区民政局《2016—2017浦东新区社会组织发展年报》。
② 资料来源：浦东新区民政局《2019浦东新区社会组织发展年报》。
③ 参见本书领域报告篇B.6《浦东互联网慈善发展报告》。

数量等方面仍旧保持了稳健发展的态势，社会力量参与的氛围越来越浓；浦东各级慈善组织有效引导和带动社会各界力量积极参与慈善活动，慈善组织发展基础坚实；注重慈善品牌影响力打造和慈善发展能力建设，已形成"慈善公益联合捐""一个鸡蛋的暴走"等特色项目；强化慈善公益专业人才队伍建设，慈善公益力量不断壮大；致力于打造慈善传播发展引擎，"人人可慈善、处处可慈善、时时可慈善"的慈善文化得到弘扬。下面从七个方面分别进行介绍。

（一）慈善组织发展进入新时期

"组织化"是现代慈善的重要特征。20 世纪 90 年代初期，浦东新区就借鉴国际社会的发展经验，早早开启了慈善组织化发展的探索，经过 30 年发展，浦东慈善组织的发展已经较为成熟，呈现一派欣欣向荣的景象。

1. 社会组织总量基本稳定

2016 年《慈善法》首次从法律上明确了慈善组织的概念和范围，[①] 确立了慈善组织在慈善事业发展中的主体地位。[②] 浦东新区也以推动社会组织高质量发展为目标，围绕"加强监管，加大扶持"两大重点，使社会组织发展步入新阶段。根据浦东新区民政局公布的数据，在 2010—2020 年，浦东新区社会组织数量基本呈线性增长趋势。由于受到新冠肺炎疫情的影响以及监管部门管理政策的收缩，2020 年社会组织总量增长暂时受阻，出现了十年来第一次数量下降，但即便如此慈善组织总量也基本与 2019 年持平。截至 2020 年底，全区共有社会组织 2376 家，社区社会组织 571 家，另有备

---

① 根据《慈善法》规定，慈善组织是指依法成立、符合本法规定，以面向社会开展慈善活动为宗旨的非营利性组织。慈善组织可以采取基金会、社会团体、社会服务机构等组织形式。慈善组织应当符合下列条件：（一）以开展慈善活动为宗旨；（二）不以营利为目的；（三）有自己的名称和住所；（四）有组织章程；（五）有必要的财产；（六）有符合条件的组织机构和负责人；（七）法律、行政法规规定的其他条件。

② 广州市慈善服务中心、广州市慈善会：《广州公益慈善事业发展报告（2020）》，社会科学文献出版社，2020，第 4 页。

案的群众活动团队 5857 家。①

2. 社区慈善潜力充分释放

慈善参与社会治理途径很多、领域广泛，但最基本、最重要的途径是慈善进社区参与社会治理。② 在《慈善法》构建的大慈善格局下，仅仅依靠慈善组织的力量是无法实现慈善宗旨的，必须联合社区力量，以实现慈善的常态化和普遍化。社区慈善开始兴起后，浦东社区慈善力量逐步健全社区共治平台，日渐完善社区共治机制，日益增强社区共治功能和激发社会活力，释放出巨大潜力。根据浦东新区社会组织管理局统计报表，2020 年浦东新区登记类社区社会组织中属于社区公益慈善类的有 360 家。社区慈善在浦东新区慈善事业中扮演着越来越重要的角色，其中社区慈善基金的表现尤为亮眼。近年来，"浦东慈善公益联合捐"每年的募集资金超过亿元，主要来源于社区。过去，街镇每年募集的善款统一汇缴至公募基金会，经由街镇立项、申请、划拨用于各类弱势群体与公益项目，项目需求和资金使用决策以政府为主。而建立社区基金（会），鼓励居民借此平台参加民主议事和社区治理，则有效提高了社区共同体建设。

3. 慈善超市发展质效兼备

除了社区慈善基金外，慈善超市也是社区慈善发展的重要一环。慈善超市运用社会企业的理念实现社会财富共享的操作化切入点，有效连接捐助者与受助者，通过构建慈善社区网络，为人们提供信息、物质和精神支持，是重要的社区服务平台。③ 上海市是国内慈善超市的发源地，而浦东新区作为上海城市建设创新示范区域，慈善超市的发展取得了重大突破，近年来数量和质量均有显著提升，发挥着越来越重要的社区慈善阵地作用。据统计，截至 2020 年底，浦东新区慈善超市街道覆盖率已达 100%，总量居全市之最，

① 见浦东新区民政局、社会组织管理局：《2020 浦东新区社会组织发展年报》。
② 吴子明：《"社区慈善"背后的社会趋向反思》，《华南师范大学学报》（社会科学版），2019 年第 6 期。
③ 李壮、杨刚：《中国慈善超市的创新式发展：社会企业理念及其实践》，载杨团主编《中国慈善发展报告（2012）》，社会科学文献出版社，2012，第 213 页。

共计 39 家之多。

（二）志愿服务开启新征程

作为上海志愿服务的领先地区，经过 30 年的发展，浦东志愿服务在社区志愿服务、公益基地建设等多个领域取得显著成绩，发展态势良好，呈现出志愿精神深入人心、工作格局不断优化、对接民生功能逐渐强化以及志愿服务政社合力效果凸显等总体态势。

1. 志愿服务法治化进一步加强，志愿服务发展制度架构进一步完善

2020 年 1 月，上海市人大常委会修订的《上海市志愿服务条例》正式生效。该法规突出问题导向，坚持促进与监管并重，推动补齐慈善领域治理短板，进一步完善了志愿者激励机制，提升慈善公信力。2020 年 12 月，上海市民政局印发《关于推进和落实公益基地建设与管理及社区志愿服务团队建设工作的通知》，旨在推动本市志愿服务依法依规有序发展，完善共建共治共享的社区治理格局，使志愿服务朝着更加规范化和标准化的方向发展。在志愿服务上位法不断完善的过程中，浦东高度重视志愿服务制度化、法治化，不断加强组织领导，完善常态化运行机制，健全完善志愿服务制度，建立健全志愿服务激励机制。浦东新区文明办、浦东新区志愿者协会定期开展"年度十佳志愿者"等系列评选活动，以制度化、规范化、品牌化程度等标准评选出符合条件的优秀志愿者个人和群体，激励志愿服务从业者，引领社会文明风尚，弘扬志愿服务精神，培育志愿服务文化。

2. 志愿服务规模与质量双向提升，政社合力效果凸显

按照《慈善法》和《上海市志愿服务条例》的规定，结合浦东的实际情况，浦东新区通过多年的探索实践，基本形成了文明办和民政局"双向协同"，各相关部门协作，企事业单位、社会组织、各类媒体等社会多元主体共同参与的志愿服务发展架构，建成了区级、街镇、村居三级志愿服务工作组织网络，通过志愿引领、服务保障、对接民生，多管齐下推动浦东志愿服务事业的全面深入发展。在政府指导下，在社会力量的积极参与下，浦东的志愿服务在规模和服务质量上都有长足进展。截至 2021 年 5 月，浦东新

区在全国志愿服务信息系统上海志愿者网实名认证注册志愿者达到89.1万人，占常住人口的16%，保持了近几年持续增长的势头，同时也超额完成了"十三五"规划提出的"注册志愿者人数占居民人口比例达到13%"的目标；各类志愿服务团体数达到3825个，年度增长率超过20%。[①]

3. 志愿服务载体和平台建设取得新进展，集聚效应充分释放

近几年，一批组织化程度较高、人员相对固定、活动常态化的新型志愿服务组织不断涌现。根据全国志愿服务信息系统上海志愿者网的统计，截至2020年底，浦东在上海志愿者网登记的各类志愿服务团体数已达三千余个，相比2019年有所增长且增速显著。其中，浦东手牵手生命关爱发展中心、浦东残联志愿服务总队获评全国最佳志愿服务组织，浦东高行爱心妈妈服务队获得全国志愿服务示范团队优秀称号。此外，浦东还积极推进志愿服务阵地建设，至2020年底已建成区级志愿服务指导中心1家、社区志愿服务中心37家、志愿服务站点1300多个，构建了区—街镇—村居三级志愿服务阵地网络。根据《上海市民政局关于各区推进公益基地创建工作的通知》，自2017年起，浦东新区民政局按照全市部署积极推进公益基地创建，截至2020年底已设立1262家公益基地，覆盖了仁德基金会、洋泾社区公益基金会等优秀公益组织和浦东公益园等公益园区及大量的社区组织和设施。

（三）慈善资金募集出现新气象

浦东高速发展的经济是慈善捐赠的强有力驱动。2020年是决胜全面小康的关键之年，加之新冠肺炎疫情的影响，这一年的慈善捐赠与以往有所不同。在非灾害常态年份，慈善捐赠跟随政策走向，关注扶贫、教育和民生领域，整体捐赠意向呈现出一定的发散性。但是，由于新冠肺炎疫情突袭而至，掀起了全民抗疫的浪潮，捐赠意向由分散式帮扶变为集中抗击疫情。受疫情影响，物资输送路径受限，线下慈善活动受阻，线下捐赠大大缩减，但

---

① 参见本书领域报告篇 B.3《浦东志愿服务发展报告》。

这也给了互联网慈善发展的空间，线上捐赠的规模和数额都极大提升。综合线下与线上的数据来看，2020 年的总体捐赠额与往年基本持平。从浦东慈善捐赠的整体情况来看，主要呈现出如下特点。

1. 基金会的募捐能力和品牌项目打造能力日益提升

根据浦东新区民政局发布的数据，在所有基金会中，真爱梦想公益基金会、上海市慈善基金会浦东新区代表处和上海联劝公益基金会常居募捐前三名。作为中华慈善奖的得主，三大基金会在社会上均有一定的影响力和美誉度，大基金会撬动了大量社会资源进入慈善领域。这些基金会不但在上海有影响力，在全国也有较大的影响力，每年在基金会中心网的各项排名中都能跻身前 10 名。[1] 三家基金会的共性是都有品牌项目。真爱梦想基金会的系列项目有：梦想中心、梦想课程、梦想领路人、局长工作坊、校长训练营、梦想大篷车、社区梦想中心、梦想好课堂、梦想盒子、去远方、梦想教练计划，从儿童素养教育到教师和政府部门的领导都纳入培训提升的教育体系中。联劝有"一个鸡蛋的暴走"、"城市益行"、U 积木计划、U 悠计划和 U 泉计划等项目，其中筹款率最高的是为贫困地区孩子提供营养的"一个鸡蛋的暴走"项目，已经帮助 24 万师生。上海市慈善基金会浦东新区代表处有"爱心树""音你而精彩"等慈善募捐品牌。

2. 福利彩票公益性效能持续释放

2020 年，经审计风暴、互联网彩票禁售、高频快开游戏品种等彩票行业震荡及新冠疫情影响，[2] 浦东福利彩票总销量 10 年来首次出现负增长。但因年度内着力拓展销售渠道、推进"福彩快乐 8"试点销售、服务抗疫大局、助力复工复产、提升行业形象等举措，浦东福彩在行业内的表现仍然突出。2020 年，浦东福彩即开票销量首次超过 1 亿元，成为中国福彩发展史上首个福彩即开票年度销售破亿的直辖市的区。年度福利彩票总销

---

① 参见本书领域报告篇 B. 2《浦东慈善捐赠事业发展报告》。
② 中华人民共和国财政部、民政部、体育总局《关于有序退市高频快开彩票游戏有关事宜的通知》（财综〔2020〕43 号），http://zhs.mof.gov.cn/zhengcefabu/202010/t20201023_3610009.htm，最后访问日期：2021 年 9 月 12 日。

售额 9.34 亿元，筹集公益金 5260 万元，为浦东慈善公益注入源源不断的新鲜资金，成为浦东慈善公益发展不可忽视的强劲助力。[①] 与此同时，福利彩票的公益性效能在疫情之下也越发凸显。浦东遵循"扶老、助残、救孤、济困"的福彩公益金使用宗旨，2020 年度实际使用 7427.82 万元（其中市转移支付项目支出 4015.88 万元，区级项目支出 3411.94 万元），主要用于老年人福利、社会公益和儿童福利三大类别项目，其中：老年人福利类项目占比高达 78.13%，为 5803.7 万元；社会公益类项目占比 21.22%，为 1576.52 万元；儿童福利类项目资金支出占比最低，仅为 0.64%，为 47.6 万元，用于孤儿助学、儿童福利机构慰问以及儿童文化福利三个项目。[②] 福利彩票成为公益事业的重要一环，发挥着不可忽视的作用。

3. 政府财政资助占慈善捐赠比重逐年降低

"慈善公益联合捐"作为浦东新区统一、整体、系统的劝募活动，成功带动起浦东各类慈善组织、慈善超市、公益市集联动发展，自 2003 年发展至今，已经成为上海本土化募捐方式中运作时间最久的具有浦东特色的募捐方式。[③] 从近三年"慈善公益联合捐"的捐赠数据来看，募捐总额差距较小，但是捐赠来源有所变化。从 2018 年到 2020 年，政府财政支持的比重下降，来自社会募集资金的比重逐年提升。这和整个浦东新区慈善发展趋势是一致的，即社会慈善力量在慈善事业中发挥着越来越大的作用，政府在慈善事业中的角色逐步转变，慈善公益事业对政府财政支持的依赖性逐年降低。

（四）慈善力量参与得到新拓展

浦东开发开放三十年来，随着经济社会的不断发展，慈善活动不再局限于捐赠或帮困救助，而是呈现出更加丰富的内涵。正如《慈善法》的界定，

---

① 参见本书领域报告篇 B.4《浦东福利彩票与慈善公益发展报告》。

② 参见《浦东新区民政局 2020 年福利彩票公益金使用情况公开 2020 年度浦东新区本级福利彩票公益金使用情况公告》，https://www.pudong.gov.cn/shpd/InfoOpen/DeptList.aspx? DeptId=003007&SubjectId=003003006，最后访问日期：2021 年 6 月 29 日。

③ 参见本书领域报告篇 B.2《浦东慈善捐赠事业发展报告》。

慈善活动不仅是扶贫、济困、扶老、救孤、恤病、助残、优抚、救灾，还要在促进教科文卫体等事业发展、保护生态环境以及应对突发公共卫生事件等领域全面开展公益活动。

1. 慈善力量参与防灾减灾救灾

浦东地处东南沿海，台风、暴雨、高温、雨雪冰冻等自然灾害易发，同时，由于高楼林立、道路交通网密集，火灾、交通事故等事故灾难也呈现多发态势，防灾减灾救灾工作的重要性突出。慈善和灾害救助在目标和宗旨上具有一致性，社会力量参与灾害救助既能够使其自身能力得到发展，也有助于推动建设多方力量协同治理的灾害风险管理体制。浦东慈善组织在防灾减灾救灾中扮演重要角色，各慈善组织在灾前预警与风险管理、灾中应急救援、灾后恢复与重建三个阶段发挥专业优势，在资源筹集、服务供给、社会动员等方面对政府防灾减灾救灾工作形成了重要补充，获得了社会的广泛认可。

2021年7月，在河南省遭遇极端暴雨灾害后，浦东慈善公益力量发挥各自专业优势，除捐款捐物等传统举措外，还组织专业救援力量、整合多方资源，支援受灾地区的救援行动及灾后重建工作。除多家公募机构开通专项捐赠通道外，还有大量的公益机构和商会、企业等募集救灾款物，开展专项行动，助力河南防汛救灾。如上海浦东新区恩派公益基金会发起的"驰援河南，社区在行动"，上海市浙江商会发起的"浙里有爱"行动，一心公益发展中心与华侨事业发展基金会合作发起的"河南暴雨，新乡告急——心星点灯暑期零用钱计划"募集饮用水行动。浦东新区三栖应急救援保障服务中心作为一支民间专业救援力量，应邀驰援灾区，25名队员经过7天奋战成功转移受困群众6000多人。

2. 慈善力量参与新冠肺炎疫情防控

在新冠肺炎疫情发生后不久，民政部于2020年1月26日出台了《民政部关于动员慈善力量依法有序参与新型冠状病毒感染的肺炎疫情防控工作的公告》（民政部公告第476号）。浦东新区高度重视慈善捐赠工作，在区疫情防控领导小组下设立了由区民政局牵头，区审计局、市慈善基金会浦东新区代表处、区红十字会等参加的疫情防控慈善捐赠统筹工作小组，加强全区慈善捐赠款物的统筹协调、供需对接、有效分配使用和依法审计监督，对疫情防控慈善捐赠情况进行阶段性集中公示。新区相关部门出台慈善捐赠管理、社区防控、志愿服务相关文件。新区民政局制定《浦东新区社会组织参与新冠肺炎疫情防控工作指南》，积极引导行业协会商会、公益基金会、社区社会组织（含备案类群众活动团队）等力量参与疫情防控，还支持开展"抗疫情、浦共益"社会组织短期扶持计划，为社会组织在疫情中的健康平稳发展提供支持。浦东公益机构率先制定社工专业服务行动方案和志愿者服务手册，明确服务目标、内容、对象、原则和流程，指导相关团体和个人科学有效地开展服务。

浦东大量社会组织及其工作人员主动参与到社区防控一线，各街镇社区公益基金会和慈善超市等社区慈善组织和阵地主动作为，承担抗疫物资的募集、发放等任务。恩派联合上海亲和宇宙老龄事业发展基金会、上海觉群文教基金会、新力公益基金等12家公益伙伴成立了"社区战疫支持联盟"，为一线社区工作人员（包括社工、志愿者、医护人员等）提供物资支持、能力建设和信息咨询等服务。上海浦东手牵手生命关爱发展中心第一时间开展了湖北抗疫的物资援助项目，联合数十家企业和慈善公益机构及爱心人士和社区从国内外募集、采购、捐赠医疗防护物资、生活物资、医疗设备和负压救护车辆等，国内疫情形势平稳后又积极做好对国外疫情的捐赠和物资支持。上海市慈善基金会浦东新区代表处在做好湖北特别是武汉地区疫情防控捐赠工作的同时，还为浦东社区抗疫一线工作筹集钱款及物资，如为浦东发热门诊医院筹集 5 台 CT 设备，价值 2250 万元。联劝在新冠肺炎疫情中为 2500 家医疗单位提供大量的医学物资，还开展多个抗疫专项资助项目，为湖北和上海各个社区提供物资援助、精准帮扶和心理援助等服务。[①] 社工协会联合多家机构开展"'在一起'新冠疫期哀伤服务公益项目"，法律、心理、医疗等领域的专业服务机构都纷纷发挥专业特长，助力抗疫。

---

① 参见本书领域报告篇 B.8《浦东慈善组织参与防灾减灾救灾报告》。

3. 慈善力量参与环保事业发展

在 30 年环保事业发展中，浦东始终秉持生态文明理念。自 2000 年起，截至 2020 年，浦东已经滚动实施了 7 轮环保三年行动计划，完成项目约 850 个。[①] 浦东环境保护和生态文明建设取得巨大成效，生态环境空间不断优化提升，生态环境质量不断改善，环境基础设施不断健全，环境管理体系日臻完善，全民参与格局不断形成。[②] 一是慈善力量参与环保事业坚持"质""量"并重。浦东环保型社会组织数量经历了从 0 到 1 再到 N 的变化，质量上不论是从业人员素质还是自身专业化水平都有了很大的提升。二是浦东慈善环保力量门类齐全、服务广泛。浦东慈善环保力量已经形成了以环保型社会组织为主体，各类志愿团队、企业力量和个人力量并存的格局。这些组织的服务范围十分广泛，生活垃圾分类、海洋垃圾治理、湿地保护、蓝天守护、水生态建设以及碳排放减量等一应俱全。三是浦东慈善环保力量和周边慈善力量形成了良好的互动。一方面，浦东慈善环保力量辐射和推动周边地区生态建设和环境保护。另一方面，浦东周边慈善环保力量也参与了浦东的环保发展。

浦东慈善环保力量于 2010 年后开始积极参与到生活垃圾分类工作中。在试点阶段和立法阶段，就宣传相关理念，试点可行做法，调研了解民意，积极建言献策，呼吁相关立法。2019 年《上海市生活垃圾管理条例》正式实施，浦东慈善环保力量更加助力条例的落实工作。在条例出台 1 个月后，上海浦东绿意环保促进中心便发布了"绿意环保"垃圾分类查询记录微信服务号，以便用户随时查询垃圾分类知识，指引各类废弃物的正确分类。环保型社会组织除举办专题讲座外，还不定期在社区举办废弃物再生手作展、公益微电影和摄影展以及各类环保主题便民服务，让居民切身感受到垃圾分类的意义和价值。截至 2020 年底，浦东 36 个街镇全部开通"绿色账户"，覆盖了 11 万余户居民。此外，浦东环保企业也积极推动垃圾分类减量工作，巴斯夫与"饿

① 《生态浦东：污染防治攻坚 30 年》，《浦东时报》2020 年 6 月 5 日第 6 版，www.pdtimes.com.cn/html/2020–06/05/content_6_1.htm，最后访问日期：2021 年 5 月 29 日。

② 生态环境部：《各地环保头条｜上海浦东新区生态文明建设历程与展望》，澎湃新闻网，https://www.thepaper.cn/newsDetail_forward_7074179，最后访问日期：2021 年 5 月 29 日。

了么"联手将其研发的 ecovio® 材料应用于外卖包装盒,上海浦东环保发展有限公司关闭垃圾填埋场致力于垃圾焚烧发电和综合处置发电。

(五)互联网慈善开创新局面

伴随着互联网技术的高速发展,在过去 30 年里,互联网慈善经历了从无到有再到广覆盖的进程。作为上海互联网产业的最大集聚区,浦东在册运营的非公有制互联网企业达 500 余家。[①] 得益于优越的产业条件,浦东形成了有利于互联网慈善健康发展的土壤,在整体布局和个体发展上都有诸多亮点。

1. 枢纽型驱动的互联网公益生态逐渐成熟

浦东对互联网公益平台的推广和建设提供了强有力的政策支持,为相关政府部门购买服务和社会组织承接服务,提供便捷发布、查询和使用"政府购买社会组织服务"相关信息的渠道,撬动和整合各方资源,融合上下游资源,提升供需双方的信息对称和供需匹配效率,实现慈善的规模化效应。2020 年,浦东公益服务项目"供需对接·一站式服务"平台对接 30 家需求方,发布项目 34 个,成功对接项目 151 个,购买服务成交金额 2241.32 万元,需求完成度(成功对接项目/发布项目)居历年首位。另外,尽管接受一站式项目服务数量有所缩减,但是,接受一站式服务项目资金总额却不减反增,这意味着一个由枢纽型驱动的线上公益生态越发成熟。[②]

2. 互联网驱动公众捐赠意识不断提升

随着互联网逐渐深入公众的日常生活,尤其是移动支付等新技术被普遍接受,公众通过互联网进行捐赠的途径愈加畅通,慈善组织也依靠技术进步大幅度降低了吸收公众捐赠的成本,公众逐步取代企业成为慈善捐赠的主体,这一趋势在 2020 年慈善捐赠中得以印证。以上海联劝基金会为例,截至 2020 年底,联劝网平台共接受善款约 5900 万元,包含 37% 的企业善款和

① 《让党旗在浦东互联网阵地高高飘扬》,2020 年 8 月 19 日,上海浦东门户网站,http://www.pudong.gov.cn/shpd/news/20200819/006001_01e8358e-cda1-4255-938a-4a85eed5c10e.htm,最后访问日期:2021 年 7 月 30 日。
② 浦东新区民政局、社会组织管理局:《2020 浦东新区社会组织发展年报》。

53%的公众善款，平均单笔捐赠额约110元。[1] 其中，联劝网通过开设"抗击新型冠状肺炎疫情专题"，发动了12万人次参与捐赠，累计筹款金额达到3400余万元，超过联劝网平台总募集款项的50%。[2] 在互联网公益持续升级的今天，慈善捐赠主体正以公众为主且在未来会更多地依赖公众，最终，"人人公益、随手公益、指尖公益"的慈善文化将蔚然成风。

3. 互联网支撑慈善形式持续丰富创新

相比主要局限于捐赠物资的传统慈善，互联网慈善在形式上有更多的创新空间，与之相对应的慈善形式也持续丰富创新。例如，慈善破圈活动致力于提升慈善公益跨界出圈，用创新的方式，引领社会各界参与各层面慈善公益议题的讨论，打造完整慈善公益生态圈，参与者越来越多；义拍义卖义捐活动在许多街镇的"联合捐"活动中开展，得到了市民的广泛支持。2020年，受新冠肺炎疫情影响，线下活动受限，社会需求更加刺激了线上活动形式的多样化。例如，各地扶贫产品销售和产业扶贫遭遇难题，为了帮助这些地区摆脱困境，除了积极捐款之外，浦东众多慈善公益组织还发展出直播助农、直播扶贫等新型互联网慈善形态，用直播带货模式对接扶贫工作，带动贫困地区的农产品销量。

（六）慈善文化培育取得新突破

慈善文化既是社会发展文明程度的重要标志，又是慈善事业的根基。经济发展推动慈善事业向前迈进，慈善事业的发展催生并培育了丰富的慈善文化。进入21世纪以来，在浦东慈善公益领域逐渐出现了从传统慈善文化向现代慈善文化的转向。除了慈善基金会、红十字会等面向社会开展慈善活动的社会组织，浦东还建成多家慈善超市及慈善爱心屋社区服务站点，同时涌现出了"一个鸡蛋的暴走""机关一日捐""慈善公益联合捐"等多个慈善品牌，彰显了浦东慈善文化的蓬勃活力。

---

[1] 上海联劝公益基金会：《联劝公益2020年报》。
[2] 参见本书领域报告篇B.6《浦东互联网慈善发展报告》。

1. 慈善文化和理念不断丰富并发展

慈善文化是文化的一种，有着文化共有的继承性，慈善文化和理念在继承的过程中不断丰富和发展。新慈善新公益认为，慈善不应是简单的施舍，慈善是内心的情感投入，是爱心的传递，是尊严的恢复和重建，是能力的赋予和公众的广泛参与。在这种新公益理念指引下，浦东积极支持公益参与者实现社会价值与个人价值，引领快乐自主有成效的公益慈善文化。如联劝网新开辟资源中心板块，联合众多公益伙伴机构共同打造，通过此平台积极展示前沿慈善公益探索实践，推广慈善文化，培育并发展捐赠人。联劝网还为捐赠人提供了项目打分及评价功能，每位捐赠人可以结合自身的捐赠体验，对各个项目进行打分和发表评论。这种形式不仅表达了对捐赠人的尊重，还满足了公众在互联网时代热衷于表达观点的需求，有利于在公众中建立理性捐赠人群体。

2. 现代慈善理念从边缘进入主流

近年来，现代慈善文化理念逐渐成为浦东各类慈善公益组织的基本行为准则，成为组织的使命、愿景和价值观的核心要素，越来越多的公益项目着眼社区、落地社区，社区服务职能不断凸显。无论是助老项目、公益文化宣导还是成长教育项目，都越来越以服务社区为基础展开。另外，在许多综合定位、跨界服务的项目背后，也呈现出精细化、专业化的趋势。这些公益项目的服务对象较窄，却能够准确定位，通过搭建一个思维碰撞、思想交流的平台，为其服务对象提供更完善、更专业、更精细的服务，激发参与者的自主性，更合理地配置资源，更容易操作，从而达到更好的效果。

3. 企业社会责任意识不断增强

具有社会责任意识的企业和企业家不断增加，他们以各种形式介入慈善公益事业，为慈善公益事业发展提供了可贵的财力资源、物力资源和人力资源，同时也带来了新的公益理念和运作方式。2020年新冠疫情突袭而至，浦东的企业快速行动，除了捐款捐物，还针对疫情防控需求，迅速调整和定制产品服务。以霍尼韦尔等为代表的科技企业捐赠批量防疫物资，多家企业率先推出快速检测试剂产品，人工智能企业通过大数据、云计算等技术搭建用于疫情防控及在线问诊的技术平台，提升疫情监测效率，降低市民传染源暴露率。上海诚格安全防护用品有限公司在 2020 年初主动肩负起填补上海防护服缺口的防疫任务，仅用 5 天时间完成复工复产，在这期间青年志愿者也紧急集结参与，20 天内投入志愿服务 750 人次，时长 7600 小时，经手 4 万件防护服。清美绿色食品有限公司紧急增设生产线，用于生产一次性民用、医用口罩，支持抗疫。这些都展现了企业"义利并举"的担当。

（七）专业人才队伍建设步入新阶段

30 年来，浦东新区已经聚集了一大批慈善公益人才，其中含有相当比例的研究生学历获得者以及海外留学归国人员等高层次人才，在引才、留才、用才等方面积累了较为丰富的经验，通过多种形式提升慈善公益人能力素质，打造了职业化与专业化兼备的慈善公益人才队伍。

1. 社会组织从业人员总体素质不断提升

随着社会组织的不断成熟，社会组织从业人员总体素质也不断提升。这种提升首先体现在学历上。在浦东注册的社会组织中，基金会从业人员学历层次最高，社会团体次之，社会服务机构相对较低。在基金会中，大学本科、专科学历占比达 50%，硕士及以上学历占比达到 35.71%，海归人员占比达到 14.29%；在社会团体中，大学本科、专科学历占比达到 68.52%，海归人员占比也达到 8.58%；在社会服务机构中，大学本科以上学历占比为 47.42%。其次，慈善人才队伍的构成更加年轻化。据统计，全区社会组织人才队伍以 35 岁以下及 35—50 岁中青年群体为主，其中：基金会人才队伍中，35 岁以下占比为 71.42%，35—50 岁占比为 14.29%，两者相加高达 85% 以上；社会服务机构人才队伍中，35—50 岁占比为 44.63%，35 岁以下占比为 22.58%，中青年人才占比也接近 70%；社会团体人才队伍中，35 岁以下、35—50 岁、50—60 岁以及 60 岁以上占比分别为 20.37%、37.78%、17.48%、24.37%，中青年人才占比接近 60%。[1]

---

① 参见本书专题报告篇 B.12《浦东慈善公益人才队伍建设与发展报告》。

2. 社会工作人才队伍发展兼具专业性和本土特色

截至 2019 年底，浦东新区社会组织从业人员总数达 73480 人。上海市浦东新区社工协会注册的有效个人会员人数为 2173 人，其中持证的个人会员有 1853 人。在持证社会工作者中，"80 后""90 后"为主力军，约占总体的 70%，一支专业化、年轻化的社工人才队伍初具规模。[①] 其次，项目化参与是浦东社工参与慈善公益的重要路径。浦东社工通过项目参与慈善公益，形成了"公益项目 + 社会工作"的需求导向模式，不仅实现了社会工作者参与慈善公益事业的灵活性，还保障了社会工作参与慈善公益的专业性。此外，浦东社工在参与过程中，除了运用专业化的社工技术，还充分考虑浦东当地的经济发展、文化价值与需求导向，充分运用"三社联动"实现社会工作在慈善公益中的"嵌入式发展"，浦东社工发展在凸显专业性的同时也兼具本土特色。

3. 志愿者队伍呈现常态化和多元化发展趋势

志愿者队伍已经成为慈善公益事业重要的人力资源，志愿者以及志愿服务组织、阵地和项目都是慈善公益事业发展的重要基础和载体。浦东建立了注册志愿者库，招募、储备、培训了一支常态化志愿者队伍，并通过志愿服务统筹协调机制发挥导向引领作用。整体来看，浦东在上海志愿者网实名认证注册的志愿者人数呈现不断上升的趋势，从 2017 年底的 54 万、2018 年底的 57 万、2019 年底的 62 万，到 2020 年底的 88 万，2020 年度注册志愿者年度增长率高达 41.9%。截至 2021 年 5 月，实名认证注册志愿者达到 89.1 万人，占常住人口的 16%。[②] 此外，浦东坚持将以人民为中心作为志愿服务的核心内涵，坚持聚焦社区、关注民生、以群众需求为导向，不断丰富志愿服务领域，吸纳各个年龄段、各行各业的人才参与志愿服务，服务于助残帮困、为老服务、社区综合服务、文化体育、教育宣传、垃圾分类、疫情防控、医疗卫生、环保科普等多个领域。

---

① 参见本书领域报告篇 B.7《浦东社会工作参与慈善公益发展报告》。

② 参见本书领域报告篇 B.3《浦东志愿服务发展报告》。因志愿者分散管理的现状，此数据并非全口径，实际情况应高于此数据。

三 浦东慈善公益事业发展前景

30 年岁月巨变，30 年昂扬向前。2021 年 7 月 15 日，《中共中央国务院关于支持浦东新区高水平改革开放打造社会主义现代化建设引领区的意见》正式发布，赋予浦东新区改革开放新的重大任务，支持浦东勇于挑最重的担子、啃最硬的骨头，努力成为更高水平改革开放的开路先锋、全面建设社会主义现代化国家的排头兵、彰显"四个自信"的实践范例，更好向世界展示中国理念、中国精神、中国道路。根据中央这一要求，浦东慈善公益事业要跟上时代步伐、再创佳绩，就要总结、用好三十年奋斗积累的宝贵经验，进一步明确发展的基本思路，设计好更具实操性的对策。

（一）浦东慈善公益事业发展的基本经验

浦东慈善公益事业三十年发展的历程以及所取得的成就，是贯彻党中央、国务院的顶层设计和国家战略，不断探索实践的结果。在这一过程中所形成的基本经验，不仅是浦东新区开发开放精神的集中体现，也是浦东新区今后慈善事业发展需要继续坚持的重要原则。

1. 坚持中国特色：走社会主义慈善事业发展道路

总结三十年的发展历程，浦东新区是在探索一条具有中国特色的社会主义现代慈善道路。这条道路契合了社会需求，具有强烈的时代特征，集中体现了社会主义的本质要求，具有鲜明的中国特色。如倡导中华民族的传统美德，坚持共同富裕、公平公正的社会主义目标和价值追求，形成政府、企业和社会资源互补以及政府力量与社会力量互动的良性模式，把握社会发展新趋势新需求，不断创新慈善新模式等。

浦东开发开放以来，发挥了地方政府的政治领导力，根据经济、社会协调发展的需要以及社会组织和慈善公益事业发展的需要，出台了一系列支持性政策，构建起一整套有利于发育壮大社会组织和促进慈善事业发展的制度框架，其中许多政策属于全市乃至全国首创。如 2005 年出台的《关于促进浦东新区社会事业发展的财政扶持意见》，2007年出台的《浦东新区社会工作人才队伍三年发展纲要》《关于着力转变政府职能建立新型政社合作关系的指导意见》，2011年和2016年相继制定的《关于"十二五"期间促进浦东新区社会组织发展的财政扶持意见实施细则》《关于"十三五"期间促进浦东新区社会组织发展的财政扶持意见》等。一系列的制度创新和政策出台，为浦东社会组织的成长壮大和慈善事业的健康发展营造了有利的制度环境，并为全市乃至全国相关领域的发展提供了示范和借鉴。

2. 坚持以人民为中心：满足人民群众对美好生活的需要

以人民为中心，就浦东新区发展慈善事业的实践来讲，就是把满足居民日益多元化的需求、解决迫切的社会问题（各种社会痛点和难点问题）作为导向，应对各种自然灾害和突发事件，缩小城乡、地区差别，促进经济、社会和环境的协调发展。坚持以人民对美好生活的需求和向往为导向，为慈善公益组织注入活力和动力。在社区层面上，各个街镇不断创新方式方法，整合社区资源，回应社区居民的需求，如金杨的公益召集令、塘桥的社区微公益大赛、陆家嘴街道的自治金项目、浦兴的社会组织综合管理服务、潍坊的全方位宣传平台、川沙新镇的"一站式供需对接"服务平台、周浦的公益大篷车等。同时，积极回应老年人、残疾人、青少年、低保家庭等特殊群体的需求，提供针对性的服务，如"守护天使"临终关怀项目、"记忆家"认知症支持项目、"斯迪克计划"残疾人服务项目、"洋泾少年志"公益挑战赛、"绿洲食物银行"等品牌项目。

3. 坚持改革创新：敢为人先、先行先试

浦东从一开始就重视为浦东开发开放、先行先试奠定科学的、扎实的理论基础。1997年，浦东新区管委会提出："完整而健全的社会事业运行机制应是政府、市场和社会三方面力量以合理的方式结合的运行机制。"[1] 从全国范围来看，这是较早提出的具有先进性和前瞻性的治理观念。与此同时，浦东新区政府还广泛听取专家意见，形成了一系列新的观点，例如：关于社

---

[1] 参见《1998浦东新区社会发展报告》，上海人民出版社，1998，第33页。

会事业与经济发展同步性、同利性的观点；关于社会事业具有宏观、间接的经济效益的观点；关于以人为核心，以低成本、高效益为原则，以大社会、大服务为手段的观点；关于社会事业人、财、物资源合理配置的观点；关于社会事业各部门发挥整合功能的观点；关于注重社会事业功能开发的观点；关于社会事业也是投资环境的观点；关于坚持小政府、发育大社会、培育大服务的观点。①

在慈善事业发展理念方面，浦东新区积极致力于发展快乐慈善，把慈善行为打造成市民的一种习惯和品质，助推"我为人人、人人为我"的城市美德。上海国际影响力大，驻沪国际机构、国际企业、外籍人士多，浦东慈善公益机构利用这一区位优势，或把慈善触角延伸到海外，或发动浦东区域内的国际友人募捐，或与国外慈善机构合作开展相关活动和项目。另一方面，积极借鉴发达国家先进理念和经验，拓展慈善募捐的成效和社会影响力。

在慈善事业活动方面，从最初的探索"一日捐"到创立"慈善公益联合捐"品牌，到初步形成比较完整的"公益生态系统"，创建了浦东公益服务园、基金会服务园、公益街、新益汇、社区公益服务园等支持性平台，涌现出恩派、联劝、仁德、映绿等优秀的慈善公益组织。持续创新既是浦东整个慈善公益领域也是每个慈善公益组织背后的驱动力。浦东新区政府部门的持续创新为慈善公益事业发展创造了良好的政策环境，而慈善公益组织本身的持续创新（理念创新、模式创新、募捐方式创新、组织创新、体制机制创新等）则为社会、社区和受益对象创造了社会价值。

4. 坚持专业化发展：倡导规范、透明、高效的慈善运作方式

浦东新区慈善事业顺应社会转型发展要求，在边探索边实践边发展的过程中，不断自我革新，倡导透明、规范、专业、高效的慈善运作方式。抓住核心竞争力，探索项目化管理，提高筹资、用款的专业化水平，探索慈善公益的长效机制，提高专业服务的品质，努力打造专业慈善，提升社会公众对

---

① 马伊里编著《全生态和谐——以浦东开发 20 年为例》，上海人民出版社，2010，第 6 页。

慈善公益的认同和参与热情，扩大慈善公益的影响力。如真爱梦想公益基金会倡导的最透明信息披露；联劝致力于通过针对不同社会问题提出切实有效的解决方案，展现可量化的公益成效，通过公开透明的财务和成效披露，让公众能够充分知晓善意的去处和价值；恩派致力于公益孵化、能力建设、社区服务、社会企业投资、政府购买服务评估、社会创新空间运营等，为这些领域的发展提供了专业化的支撑，并在此过程中积累和开发了大量适用于中国本土公益组织的课件和案例，成为国内重要的能力建设机构和案例中心。

（二）浦东慈善事业未来发展的基本思路

2021 年 8 月 17 日，中央财经委员会第十次会议提出"构建初次分配、再分配、三次分配协调配套的基础性制度安排""促进共同富裕"。慈善公益作为第三次分配的重要组成部分，对构建我国现代化治理体系和实现共同富裕有着重要意义。按照党中央和国务院的最新决策部署，未来浦东慈善事业发展的基本思路如下。

1. 提升慈善资源配置能力，服务构建新发展格局

在浦东开发开放 30 周年庆祝大会上，习近平总书记要求浦东"增强全球资源配置能力，服务构建新发展格局"。这不仅对浦东的经济发展有指导意义，对浦东的慈善发展也具有重要的指导意义。对此，浦东应当牢记使命，锐意进取，率先引领并融入慈善全球化，统筹国内国际两个市场两种资源，提升全球慈善资源的配置能力，加快构建慈善新发展格局。慈善全球化是全球化的重要内容，在慈善全球化的时代，世界治理离不开中国慈善的力量。在人类命运共同体理念的引领下，中国慈善力量参与全球治理的深度、广度不断增加。在这次全球新冠肺炎疫情应对中，世界各国慈善力量积极参与，相互支援，跨国合作，形成全球慈善救助的大格局，促进了慈善全球化时代的到来。未来，中国慈善力量将深度参与到全球治理体系中，贡献解决国际问题的中国方案，进一步打造具有国际影响力的本土化慈善品牌。

2. 开创慈善事业新局面，助力城市治理现代化

推进国家治理体系和治理能力现代化是全面深化改革的总目标。2019—

2020 年，习近平总书记在上海考察时进一步提出，城市治理是推进国家治理体系和治理能力现代化的重要内容，上海要提高城市治理现代化水平，率先构建经济治理、社会治理、城市治理统筹推进和有机衔接的治理体系。对此，《中共上海市委关于深入贯彻落实"人民城市人民建，人民城市为人民"重要理念，谱写新时代人民城市新篇章的意见》和《中共上海市委关于厚植城市精神彰显城市品格全面提升上海城市软实力的意见》都作了相关部署。国家治理、社会治理、城市治理现代化离不开慈善组织治理能力现代化，这就要求明确政府定位，处理好政府与慈善组织的关系。根据十九届五中全会对慈善的定位，慈善组织作为政府和市场之外的第三部门，作为政府的有力补充，应当有效发挥其作为第三次分配的重要作用，缓解社会矛盾，联结各阶层和各群体，形成和谐友爱的社会氛围，为治理现代化营造良好的社会环境。当下，慈善公益在其广度和深度上早已成为当前中国社会应对危机不可忽视的力量。在推动慈善事业继续健康发展过程中，既要坚持以政府为主导，也要给社会组织以更大空间，构建致力于链接各类资源要素的多元协同治理模式，培育公信力高、行动力强的慈善组织作为协调者，搭建协同配合治理平台，保证公开透明畅通，促进信息共享、资源对接、行动协同，着力提升治理能力。

3. 深化推进依法治理，完善慈善法规体系建设

推进慈善事业发展，要坚持法治思维，真正将法律法规作为规范慈善行为、推动慈善工作、评判是非标准的客观准绳，通过法治的规范、保障和引领功能，使慈善事业发展空间更广阔、社会力量参与慈善更便利、慈善活动更规范、慈善行业更透明、慈善氛围更浓厚、促进措施更完善、监督管理更有效、慈善力量更强大。基于此，应进一步细化和落实《中华人民共和国民法典》《慈善法》等上位法已明确的各项慈善促进措施，并广泛开展普法宣传和教育引导活动，进一步增强各级政府、慈善组织和社会公众知法、懂法、守法的意识，努力形成依法治善、依法行善、依法促善的良好局面。应尽快以规范性文件的形式明确政府在慈善事业发展中的倡导、管理、规范、监督职责，制定社会组织认定为慈善组织的标准，简化相关认定程序，优化

监管方式，努力推动慈善组织登记认定高效便利化，调动公益性社会组织申报成为慈善组织的积极性，为慈善事业发展创造良好的制度环境。应通过制定切实可行的应对突发事件行动方案，建立政府引导慈善力量参与应对重大突发事件的统筹协调机制，明确慈善组织、志愿服务、社会工作机构在突发事件应对中的法律地位以及相应的保障和制度激励，充分发挥慈善力量的作用。

4. 增强科技创新能力，全面推进慈善数字化进程

慈善数字化是顺应时代之需，运用区块链、云计算和大数据等技术解决长期以来慈善公益发展的痛点，有利于转换慈善事业变革的新旧动能，链接更广泛的慈善力量，破解慈善资源瓶颈，改变传统运作模式，以科技助力慈善事业的变革式发展。浦东要在慈善高质量发展上取得显著成效，就要立足于社会主义现代化建设引领区这一新的目标定位，充分运用"科技向善"的力量，在互联网慈善中引入 5G 通信、大数据和人工智能等科技创新成果。在捐赠来源、善款追踪等领域，积极探索区块链等新技术运用，建立防篡改的慈善组织信息查询体系，依靠科技创新提升浦东慈善所具有的公信力。在慈善项目运作领域，强化科技创新对于困难群体的帮扶作用，帮助更多人学会应用最新的科技成果，充分享受互联网时代的红利。在互联网教育领域，进一步以线上教学的方式免费推广优质教育资源，打造教育扶贫的新路径。在公共服务供给领域，通过技术创新，探索慈善与公共服务供给的深度衔接，积极推动数字技术与慈善事业的深度融合，培育"公共责任"理念主导下的现代慈善新理念。

（三）对浦东慈善公益事业未来发展的主要对策建议

《上海市国民经济和社会发展第十四个五年规划和二〇三五年远景目标纲要》明确提出：支持浦东先行先试、积极探索、创造经验，努力成为更高水平改革开放的开路先锋、全面建设社会主义现代化国家的排头兵、彰显"四个自信"的实践范例。这为浦东慈善事业未来发展提出了更高的要求和努力的方向。为此，本报告提出如下主要对策建议。

1. 全面准确认识慈善事业的作用和定位

中国慈善事业既是中国基本经济制度、社会保障制度、社会治理制度的有机组成部分，也是国家和城市软实力的构成要素。首先，慈善事业是中国基本经济制度的有机组成部分，它是有别于初次分配和再分配的第三次分配。其次，慈善事业是中国社会保障或民生保障体系的有机内容。扶贫济困、助老助残、扶幼恤孤、防灾救灾等，是现代慈善事业的重要内容。再次，慈善事业是中国社会治理体系的有机组成部分。我国的现代化需要构建共建共治共享的社会共同体，社会成员需要有参与社会治理并发挥作用的途径，慈善事业是十分有效的桥梁与载体。最后，慈善事业作为一种文化现象，是人类文明演进过程中不可或缺的重要组成部分。社会捐赠、志愿参与等，是社会文明进步的重要标志，是加强精神文明建设、培育和践行社会主义核心价值观的重要内容。

2. 大力推进慈善事业制度建设

随着浦东慈善公益事业的进一步发展，互联网公益慈善、慈善税收优惠等领域将是浦东新区慈善制度建设的重点。为此建议：率先制定互联网公益慈善相关制度、标准、规范，通过法治化厘清互联网公益慈善平台、受益者、中介、参与者、监督者等各方主体权责义务和行为规范；鼓励和引导社会领域新技术应用和研发，研究制定新标准体系、监督体系等；发挥浦东新区先行先试、先行立法优势，出台更有力度的政策措施，为慈善组织的发展提供更大的支持。

3. 加快慈善行业性组织的发展

在新冠肺炎疫情和灾害救援中，慈善公益组织发挥了积极的作用，各界的爱心善意井喷式爆发，需要加强行业性的协调和引领。为此，应明确鼓励、支持慈善行业性组织的发展，并通过其发挥中介协调作用。同时，由于重大突发事件发生时很难按照常规工作方法操作到位，还有必要将慈善应急协调机制更加具体化，如明确赋予慈善行业性组织建立共享信息平台、相互协商等职责，要求相关政府部门、慈善组织特别是行业性慈善组织制定慈善应急预案，以便在重大突发事件发生时有行动指南可以依循。

4. 积极培育和吸引高素质慈善公益人才

浦东新区政府应与高校、慈善组织积极合作，完善慈善公益人才制度建设、慈善公益人才培养清单以及慈善公益理论和实务经验的研究。一是探索合作成立慈善公益研究机构，开展慈善公益领域课题研究。二是开展订单式慈善公益应用型人才培养，真正做到协同式人才培养。三是推动公益慈善文化进入各级学校课堂，试点推动学生从小学到大学阶段的慈善公益文化教育，让学生具有社会责任感。四是率先实行更加开放、更加便利的人才引进政策，引导慈善组织系统化培养从业人员，建立健全慈善公益人才晋升机制，促进人才持续成长，为慈善公益事业发展提供重要保障。

5. 增强慈善资源的拓展和配置能力

为了提高资金、信息、技术、物资等要素配置的区域影响力和社会影响力，要深入研究慈善资源从供给端流向需求端的各种因素，进一步推进慈善公益创新，发挥浦东在这方面的倡导和引领作用。其一，在慈善信托、公益创投、影响力投资、社会企业、捐赠人建议基金等方面可以进行新的探索和尝试，出台相关的政策。其二，鼓励和支持慈善公益组织在这些领域的探索和实践，并及时总结好的经验和案例。其三，加强上述领域的理论研究和经验研究，以为相关的实践、探索提供前沿性、前瞻性的理论和知识支撑。

6. 推动多元主体治理体系中的社会工作创新发展

建议通过多方面举措将社会工作纳入慈善公益发展体系。一是构建起"政府—市场—社会—个人"多维框架下的多中心治理模式。通过理顺多元行为主体的资源优势和职责边界，在慈善公益事业发展中形成多元主体有序参与和良性竞争的格局，实现各种慈善公益力量的优势互补与和谐共生。二是创新、完善分类化专业社会工作机制。对承担长期性政府基本公共服务任务的社会工作机构可采用定期评估、长期支持的模式，以保障其持续稳定运行。对于一些补充性、发展性、前沿性、高水平的专业社会工作服务，通过政府购买服务、社会力量支持、服务收费等方式多渠道支持其发展。三是构建专业社会工作介入慈善公益的长效机制，推动项目专业化、长效化发展，做大做强政府、企业和社会等多元主体合作共建的供需对接平台，探索和制定公益创投的运营规范和标准，支持举办各种类型的公益创投项目和创投大赛。

7. 继续打造慈善公益品牌

以品牌活动为抓手，传播先进的慈善公益理念，拓展慈善公益参与社会治理的途径，是扩大慈善公益影响力的重要手段。为此，要继续办好"慈善公益联合捐""浦东公益活动月""浦东社工节"等品牌活动，调动慈善公益参与社会治理尤其是基层社区治理的积极性，形成自下而上的活力。围绕"慈善公益"与"社区"的主旨，探索开展包括企业在内的各类主体的"跨界合作"，通过社区基金会、自治金、微公益等项目，激发社区组织、社区居民参与社区治理的积极性，形成共建共治共享的社区治理格局和良好氛围。

8. 加快推进慈善公益数字化转型

在慈善数字化建设方面，进一步加大资金投入、人才培养和应用能力的提升力度，推进数字化与业务的结合、数字化与战略的结合。一是将数字化慈善提高到战略高度，而不仅仅是将数字化当作工具手段，要增强数据分析意识，提升数据分析能力。二是向信息透明、即时沟通、高效运作的数字化慈善方向转变。三是充分考虑城市社会建设数字化需要，促进公益慈善融入"一网统管"系统，将分散于不同部门的慈善公益信息充分加以整合，率先探索建立能与各方面数据融通的互联网公益慈善大数据平台。

综上，本报告以浦东开发开放三十年为时间线，以"十四五"规划开局为契机，系统介绍浦东新区慈善公益事业发展情况，盘点已有成果，总结成功经验，积极对标中央和上海新发展要求，以"爱心聚力未来"贯通慈善公益事业和超大城市社会治理，展望浦东慈善公益事业的未来发展前景，为浦东新区打造社会主义现代化建设引领区的慈善公益提供基本思路和主要对策建议。

领域报告篇
Field Reports

B.2
浦东慈善捐赠事业发展报告

李　骏　苑莉莉*

摘　要：　浦东慈善捐赠高于全市平均水平，呈现出大基金会驱动、募捐专业化和募捐发展模式多样化的特征。政府、企业和社会组织联动的"联合捐"成为具有上海本土化特色的捐赠品牌。针对浦东慈善捐赠中存在的问题，建议优化慈善捐赠机制、提升募捐能力和联动创建慈善公益数据库，以期多元参与主体共建良好的浦东慈善劝募生态。

关键词：　慈善捐赠　社会捐赠　专业化　联合捐

---

　*　李骏，上海社会科学院社会学研究所研究员、所长，主要研究方向为当代中国社会研究，包括社会分层与流动、社会治理、城市社会学等。苑莉莉，上海社会科学院社会学研究所助理研究员，主要研究方向为慈善公益。

一 社会捐赠与慈善捐赠

如何精准统计捐赠数据始终是个难题，不同省市、不同机构的统计口径都有较大差异。主要存在两种称谓：社会捐赠和慈善捐赠，有些研究将两者等同，也有些研究将相关数据归入不同的统计口径：社会捐赠除了包括慈善组织的捐赠外，还包括社团、社会服务机构等社会组织接受的捐赠，福利院、敬老院等事业单位接受的捐赠。慈善捐赠主要是慈善组织或慈善类社会组织的捐赠。本报告尝试对相关口径做一个梳理。

（一）法律政策依据

目前我国基本法律法规中对"捐赠"做出界定的主要是两部法。第一部法是1999年颁布的《中华人民共和国公益事业捐赠法》将捐赠界定为："自然人、法人或者其他组织可以选择符合其捐赠意愿的公益性社会团体和公益性非营利的事业单位进行捐赠。捐赠的财产应当是其有权处分的合法财产"，并列出可以接收捐赠的机构，参见表1。

表1　合法接收捐赠的机构

公益性社会团体	基金会、慈善组织等社会团体
公益性非营利事业单位	不以营利为目的的教育机构、科学研究机构、医疗卫生机构、社会公共文化机构、社会公共体育机构和社会福利机构
县级以上人民政府及其部门	发生自然灾害时，或境外捐赠人要求政府部门作为受赠人

资料来源：《中华人民共和国公益事业捐赠法》。

可见，上述界定并没有明确提出是"社会捐赠""慈善捐赠"或"公益捐赠"，但是此后很多政府部门在统计的时候多采用"社会捐赠"的用法，而民间基金会等慈善组织多采用"慈善捐赠"。第二部法是2016年的《中华人民共和国慈善法》（以下简称《慈善法》）。其在第四章中使用"慈善捐赠"，进一步扩大了"捐赠"概念的内涵和外延："自然人、法人和其他组织基于慈善目的，自愿、无偿赠与财产的活动"，对于可接收捐赠的机构没有明细化。

所以，统计捐赠数据的难度主要在于多样化的接收捐赠主体的数据采集问题，即国家相关法律法规中没有明确社会捐赠与慈善捐赠的数据组成，随着多元慈善方式的兴起和互联网捐赠的快速发展，精准、不重复地统计出接收捐赠的额度面临很多困境。

（二）捐赠数据的几种统计口径

1. 民政部门社会捐赠统计

据相关研究，2008—2018 年，民政部门公示的社会捐赠数据统计口径发生过 5 次变化，主要如表 2 所示。

表 2 民政社会捐赠统计口径

时间	民政部门社会捐赠统计口径（公开数据）
2008 年	民政系统接收现金捐赠、慈善会接收款物捐赠、民政部登记社会组织接收款物捐赠总和
2009 年	民政系统接收款物总和
2010—2012 年	民政系统接收款物总和、社会组织接收捐赠
2013—2017 年	民政系统接收现金捐赠、社会组织接收款物（剔除了民政系统接收物资捐赠的折价数据）
2018 年	社会组织接收捐赠数据

资料来源：《中国慈善发展报告（2020）》第 31 页。

其中社会组织接收款物的数据主要来自各地民政局的年检统计数据，其中高校、医院等事业单位的社会捐赠数据和红十字会的数据均未统计进来。

2. 中国慈善捐赠报告统计法

《中国慈善发展报告（2020）》在民政系统统计数据、基金会中心网、慈善会统计数据、中国慈善联合会、中国公益研究院的各类数据基础上，将慈善资源的基本组成归结为：捐赠、志愿者贡献和彩票公益金。其中 2018 年中国"社会捐赠"接收主体分为 7 类：宗教场所、人民团体和免登记组织、事业单位、政府部门、非基金会慈善会社会组织、慈善会、基金会。[1] 其中宗教

---

[1] 宋宗合：《2018—2019 年度中国慈善捐赠报告》，载杨团主编《中国慈善发展报告（2020）》，社会科学文献出版社，2020，第 27 页，第 31 页。

场所、人民团体和免登记组织、事业单位的数据是通过网络监测数据抽样样本测算所得。① 可见，这次统计有两大创新尝试：一是将政府部门统计口径和民间慈善机构统计口径相融合，扩大了社会捐赠数据采集范围，但是有些基础数据还是没有明确的采集途径，只能通过抽样推测得来。二是将社会组织接收捐赠数据分为非基金会慈善会社会组织和基金会，对于一些没有慈善会体系的数据统计也许直接根据当地民政局的年检数据。

3. 中国慈善联合会的统计口径

中国慈善联合会发布的"中国城市公益慈善指数"曾经尝试统一各地、各类的捐赠统计口径，但是近年来用语发生了变化，从"社会捐赠"变为"慈善捐赠"，以表3中捐赠部分的统计指标的变化为例。

表3　中慈联捐赠数据统计维度

	名称	指标
第五届数据采集表	全市社会捐赠总额（含款物捐赠）	1. 全市当年现金捐赠总额 2. 全市当年物资捐赠总额 其中：民政部门接收 其中：其他政府部门接收 其中：基金会接收 其中：慈善会系统接收 其中：红十字会系统接收 其中：事业单位接收捐赠 其中：其他单位接收捐赠 3. 全市慈善信托数量与金额 4. 全市当年募集福利彩票公益金
第六届数据采集表	慈善捐赠	1. 本年度全市慈善捐赠总金额 其中：现金捐赠总金额 其中：物资捐赠折算总金额 2. 年末全市慈善会系统社会组织总数量 其中：年度全市慈善会系统接收捐赠总金额 3. 年末本市慈善信托累计单数 其中：年末本市慈善信托累计财产规模 4. 本年度全市筹集福利彩票公益金总金额

资料来源：中慈联数据采集表 2017 年和 2021 年。

① 宋宗合：《2018—2019 年度中国慈善捐赠报告》，载杨团主编《中国慈善发展报告（2020）》，社会科学文献出版社，2020，第 27 页，第 42 页。

可以看出第五届和第六届数据采集表的共性的基本组成部分是不同机构的捐赠总额 + 慈善信托 + 福利彩票公益金，里面的慈善会系统不具有普适性，因为有些省市不一定设有慈善总会等慈善团体。与其他统计口径相比，中慈联比较创新的是将国内新兴的慈善方式——慈善信托的数据纳入捐赠指数统计里。

4. 广州慈善捐赠统计

为了确保慈善捐赠数据的真实性和可靠性，必须选取有明确合法来源的统计数据，一些机构虽然可以接收捐赠，但无确切的统计数据，将不计入慈善发展报告统计范围，如《广州公益慈善事业发展报告（2020）》中捐赠部分通过两个不同的分报告分类阐述：14 家具有公开募捐资格的慈善组织募捐情况分析和微公益时代个体网络捐赠分析报告，也就是没有全面、精准的整体捐赠数据，只截取其中有明确来源的数据进行小切口深入分析。

（三）慈善捐赠

通过上述分析可见社会捐赠更能体现捐赠的"社会性"，如罗公利等认为社会捐赠是个人、营利组织和非营利组织向社会提供公共产品和公共服务的重要方式。[①] 因为捐赠资产一般被视为社会公共资产，有公益产权，所以统计口径也相对更开放。虽然各处统计数据多用社会捐赠，本报告将主要采用慈善捐赠这一用法，主要基于以下三点理由：一是与《慈善法》保持一致，这是我国慈善公益领域的首部基本法，所提出的"慈善捐赠"有引领示范意义。二是大部分捐赠都是为了实现慈善目的，在慈善公益为主题的蓝皮书里，使用"慈善捐赠"更合适。三是社会捐赠口径相对较宽泛，统计起来难度也很大，以"慈善"为核心的数据采集，目标相对明确，也更利于慈善事业的规范化和透明化发展。

[①] 罗公利、杨选良、李怀祖：《社会捐赠与大学发展——中美大学社会捐赠的对比分析》，《高等教育研究》2006 年第 1 期，第 99～104 页。

二 浦东慈善捐赠概况

（一）上海慈善捐赠数据

浦东慈善捐赠统计数据的参照系是上海市，为了数据的可比性，主要参照上海民政发布的公益数据中社会捐赠的数据，包括社会组织接收社会捐赠的数据、红十字会系统、慈善信托和福利彩票公益金。社会组织（包括基金会、社会团体和社会服务机构）接收捐赠的数据如表4所示。

表4 上海社会组织接收捐赠数据

单位：亿元

	全市社会组织接收社会捐赠总额	基金会	社会团体	社会服务机构
2018 年	55.57	40.38	3.25	11.94
2019 年	50.85	41.47	2.72	6.66
2020 年	66.19	57.52（含社区基金会）	2.28	6.39
2020 年抗疫捐赠（截至 2020 年 8 月）	全市慈善组织接收疫情防控捐赠 18.75 亿元（含境外捐赠 0.76 亿元），其中资金捐赠 11.61 亿元，物资捐赠 7.14 亿元			

资料来源：上海民政 2018 年、2019 年、2020 年公益数据，上海市民政局网站。

可以看出的趋势是 2019 年的捐赠总额比 2018 年略有降低，尤其是社会服务机构（民非）接收的捐赠锐减，社会团体接收捐赠额度也有所减少，只有基金会的捐赠接收额有所提升。2020 年因为疫情影响，抗疫类的定向捐赠迅速增长，基金会接收捐赠额度也进一步提升，社会团体和社会服务机构所接收的捐赠金额有所减少。

（二）浦东慈善捐赠数据

对应上述上海的慈善捐赠数据，浦东慈善捐赠的数据如表5所示。

表5 浦东社会组织接收捐赠数据

单位：亿元

年份	浦东社会组织接收社会捐赠总额	基金会	社会团体	社会服务机构
2018	9.07	7.24	0.27	1.56
2019	10.01	7.65	0.25	2.11
2020	9.87	9.43	0.28	0.16

资料来源：2020年浦东新区社会组织发展年报，基金会管理处年检数据。

与上述上海市数据比较，可以发现一个比较有趣的逆增长现象，在全市社会服务机构接收捐赠额度锐减的大背景下，2019年浦东社会服务机构接收捐赠的额度在增长，相比而言，2020年的锐减趋势也很明显。全市社会团体接收捐赠总额也在递减的状态中，浦东社会团体接收捐赠额度有波动，总体呈上升趋势。基金会接收捐赠额度与上海市基金会接收捐赠总趋势一致，都是逐年递增，2020年疫情期间增长很明显，但因社会服务机构接收捐赠额度的大幅锐减，2020年浦东社会组织总体接收捐赠额度低于2019年社会捐赠总额。

此外，也有红十字会、慈善信托和福彩公益金的数据，其中上海市福彩公益金2018年实际支出4.57亿元，2019年实际支出5.25亿元，2020年截至8月实际支出5.35亿元。相比而言，浦东2018年福彩公益金总支出0.44亿元，2019年总支出0.62亿元，2020年总支出0.34亿元，持续投入在老年福利、儿童福利、社区建设和社区公益服务等主要领域。

综上分析，2018年浦东新区社会组织接收捐赠总额占全市社会组织捐赠总额的16%，是全市社会组织接收捐赠平均值的2.6倍。2019年浦东新区社会组织接收捐赠总额占全市社会组织接收捐赠总额的19.69%，是全市社会组织接收捐赠平均值的3.15倍。浦东红十字会接收的捐赠在全市也位居前列。2018年浦东福彩公益金支出占全市总额的9.6%，2019年占11.8%，2020年占5.2%。可见，浦东新区的整体募捐水平和总额度远高于市平均值，尤其是基金会和社会服务机构某些年份接收捐赠额度相对较高。

（三）浦东慈善捐赠的特征与态势

1. 大基金会驱动型

在所有基金会中，募捐前三名始终是真爱梦想公益基金会、上海市慈善基金会浦东新区代表处和上海联劝公益基金会。具体如表6所示：

表6 募捐排名前三的基金会（现金＋物资）

单位：亿元

机构名称	2018年	2019年	2020年
真爱梦想公益基金会	1.68	2.28	2.56
上海联劝公益基金会	1.14	1.38	1.65
上海市慈善基金会浦东新区代表处	0.93	1.20	1.15

资料来源：浦东民政局。

其中真爱梦想公益基金会和联劝公益基金会均获得过中华慈善奖，上海市慈善基金会浦东新区代表处所在的上海市慈善基金会也获得过中华慈善奖，在社会上均有一定的影响力和社会美誉度。而真正驱动基金会有效募集资金的是品牌项目，三家基金会的共性是都有品牌项目，如真爱梦想基金会的系列项目：梦想中心、梦想课程、梦想领路人、局长工作坊、校长训练营、梦想大篷车、社区梦想中心、梦想好课堂、梦想盒子、去远方、梦想教练计划，从儿童素养教育到教师和政府部门的领导都纳入培训提升的教育体系中。联劝公益基金会的"一个鸡蛋的暴走""一个鸡蛋""城市益行""U积木计划""U悠计划"和"U泉计划"等项目，其中筹款率最高的是为贫困地区孩子提供营养的"一个鸡蛋"项目，已经帮助24万师生。上海市慈善基金会浦东新区代表处有"爱心树"和"音你而精彩"等机构慈善品牌。这些基金会不但在上海有影响力，在全国也有较大的影响力，每年在基金会中心网的各项排名中都能跻身前10名。

2. 募捐专业化

从治理结构来看，一些慈善组织把专业化募捐管理作为工作的重心。如真爱梦想公益基金会专门设立了品牌筹资三部门：公募部、伙伴发展部和合作发展部，上海联劝公益基金会的捐赠人服务和发展部，上海仁德基金会在项目部下专设互联网众筹部门，大力发展互联网慈善筹款领域。

其中联劝公益基金会全员中80%以上的员工都会参与筹款工作，其中大部分是年轻人，实践中发展出一种人人参与筹款的总动员。为了规范化引导捐赠，还制作了《理性捐赠入门手册》，内容涵盖为什么要捐赠、捐赠人的权利和义务、如何更好地做捐赠、美好公益说明书等指导性内容，加强了科学募捐管理的大众宣传力度。比较有特色的是该基金会的"捐赠人建议基金（DAF）"的发展。源自美国的捐赠人建议基金具有设立简单、方便子女和家庭共同参与公益（可传承、可指定账户继承人）、节约成本、抵税、可以在线追踪和管理慈善捐赠、未捐赠资产可以进行保值增值、享有专业慈善顾问服务等优势，但刚引入国内时，因水土不服，在很多省市都发展相当缓慢。联劝公益基金会目前已经成功设立了26个捐赠人建议基金，2020年度筹款653.9万元，逐渐形成一种新的"捐赠圈"文化，即通过社群集聚慈善力量，以共同决策的方式决定资助对象，凝聚了一批批志同道合的社群参与者，成功地将这种慈善方式本土化，既确保了捐赠资金设立者拥有慈善资金的建议使用权，又保障了捐赠人切实获得税收优惠，密切了捐赠群体之间的情感连接。

3. 慈善募捐发展模式的多样化

捐赠与受赠两大体系的有机互动是慈善募捐取得更多捐赠成效的基础，所以如何有效地将捐赠人的力量汇聚起来，成为一些慈善组织创新探索的目标。本报告将浦东募捐初步分为四种模式。

（1）网络化链接的募捐联盟

同类组织机构或慈善目的与慈善使命相近的机构以联合募捐的方式进行资源整合。如真爱梦想公益基金会搭建了火堆公益平台和联合劝募平台，作为具有公募资格的基金会，通过与优质的NPO伙伴合作募捐，帮助教育类慈善组织同行一起募款，共同构建真爱梦想教育公益联合阵线，如与青岛市微尘公益基金会合作为守护川藏高原支教梦项目募捐，与广州市幕天青少年教育发展服务中心合作为关注乡村少年精神成长的项目筹款，和上海杉树公益基金会合作为凉山孩子的系统支教志愿服务筹资，一起合力推动教育公益项目的开发和创新发展。这种募捐方式是以一家有影响力的公募基金会为核心，带动辐射一批没有公募资格的慈善组织发展，帮助资源匮乏的初创型和草根慈善组织发展。

（2）集体捐赠的浦东式探索

集体捐赠（collective giving）在国际上是一种流行的募捐方式，2015 年成立的集体募捐研究团队（The Collective Giving Research Group）致力于相关领域的研究，每年会发布研究报告，如 2018 年报告主题是捐赠圈的伙伴关系。[①] 联劝公益基金会致力于探索中国本土实践的集体捐赠模式，即基于社区慈善捐赠的公众平台，每位成员认捐同等数额的资金，从而汇聚成一个更大规模的捐赠总资金，参与成员可以通过协商投票的方式选择所要支持的公益项目，为社区居民参与慈善体验提供了平台。[②] 在借鉴美国集体捐赠模式基础上，2013 年成立了"一众基金"，实行以志愿服务参与的自主式管理，至 2020 年底捐赠人总计 89 名，理性捐赠累计 469 人次，通过群策群力资助了 9 个公益项目的实施和发展。可见，"一众基金"对集体募捐中的一种方式进行了有益探索，但相关创新举措的社会影响力还需要进一步提高。

（3）"联合捐"的本土品牌打造

第三种是政府参与式的上海本土化"联合捐"。这种模式不同于上述真爱梦想基金会跨省市与同行一起联合募捐。从 2003 年正式定名浦东新区"联合捐"开始，由浦东民政联合浦东有关职能部门和社会组织，组建"浦东新区慈善公益联合捐组委会"，每年岁末年初通过汇聚浦东各界力量发起联合劝募，并与慈善超市和公益市集相融合，积极动员各街镇社区参与募捐，并将其中一些捐赠用于设立"社区基金"，用于社区的可持续发展，这

---

① Julia L. Carboni, Angela Eikenberry, "Giving Circle Membership: How Collective Giving Impacts Donors", The Collective Giving Research Group, 2018 - 11, p. 5, https://scholarworks. iupui. edu/handle/1805/17743, 最后访问日期：2021 年 11 月 1 日。

② 联劝公益基金会：https://www. lianquan. org. cn/index. jsp, 最后访问日期：2021 年 8 月 26 日。

种举措将会在下一部分重点分析。

（4）互联网募捐的合作发展

目前民政部指定的 21 家互联网募捐平台中，上海仅有上海联劝公益基金会入选，所以该基金会的年报中"募捐收入"会将互联网募捐额度进行单独公示。近年来联劝公益基金会也积极发挥平台功能，帮助各类慈善组织进行网络募捐。每年的"99 公益日"，真爱梦想基金会和上海市慈善基金会浦东新区代表处也积极与各类指定平台合作，在互联网募捐方面取得很大进展。互联网进一步提高了各类慈善组织之间的募捐联盟效果。

总之，近年来浦东慈善募捐各类慈善项目异彩纷呈，催生了慈善公益"破圈"成长和上海本地化特色路径的创新探索，但也呈现出两极分化的发展态势，处于金字塔顶端的 5A 基金会在全国都有深远的影响力，而一些小型私募基金会或社区基金会筹款非常困难，在专业化公示、完善治理结构等方面也有不足之处。

三　浦东慈善公益"联合捐"

承前所述，"联合捐"是上海本土化募捐方式中运作时间最久，成功带动起浦东各类慈善组织、慈善超市、公益市集联动发展的浦东特色募捐方式。在此本报告以案例形式对"联合捐"的起源、发展历程和特点进行深入分析。

（一）"联合捐"的缘起与发展历程

1. "联合捐"发起背景

在浦东新区经济飞速发展的背景下，慈善公益事业的发展需求也日益迫切。1996 年在借鉴、引进发达国家的经验的基础上，新区残疾人联合会、社会发展基金会、老年慈善福利会以及工、青、妇等 11 个社会团体和公益组织联合发起了"慈善一日捐"活动，受到中华慈善总会等众多社会福利机构的积极关注和高度评价。从 2003 年开始，在全区范围调研的基础上，对浦东新区的慈善活动、慈善组织进行整合，正式推出了"浦东新区慈善公益联合捐"活动（以下简称"联合捐"），在劝募方式、活动设计、项目运作等方面，进行了一系列大胆的创新和尝试。通过对浦东新区现有劝募资源进行了联合重组，统一、整体、系统的劝募活动得以形成。经过了多年的大力推动，"慈善公益联合捐"作为新区的慈善品牌，得到了社会各界的关注和认可，在社会上形成了良好的声誉，并在 2009 年荣获首届上海慈善奖，成为浦东新区乃至上海具有较高知名度的慈善品牌。

2. "联合捐"发展阶段

第一阶段：起步发展阶段（1996—2005 年）。此期的主要特征是联合捐的时间从一天到一周，又到一个月，活动内容不断丰富（见表7），募捐额度不断攀升。1996 年浦东首次开展"慈善一日捐"活动，到 2003 年在全区范围内系统实施第一届"慈善公益联合捐"的"慈善周"，2004 年第二届"联合捐"时间延长到一个月，即"慈善月"，内容进一步扩展，共募集资金 3916.17 万元，各项活动的募款额比上一年都有所增长。逐渐形成 5 项传统品牌活动："新区迎春慈善酒会""机关一日捐""慈善义诊""爱心在社区"和"万名红领巾上街募捐"。

表7 "联合捐"慈善活动列表

时间	活动形式
2003 年	"开幕式暨万名市民慈善募捐健身长跑""百商义卖""爱心流动车""机关一日捐""慈善义卖""百医义诊""爱心献邻舍""万名红领巾上街募捐""闭幕式"等
2004 年	新增："社区万人慈善行""慈善义诊""爱心在社区""慈善医院庆典暨慈善捐赠""慈善系列酒会"等
2005 年	新增："慈善'联合捐'捐赠排行""迎新慈善音乐会""装扮爱心树，传递国际情""陆家嘴慈善行""爱心汇聚金桥""爱与生命同行""捐书助学""牵手特殊弱势群体，共享蓝天下的至爱""喜鹊搭桥、爱心领路""启动幸福工程""阳光下的温情""携手共享生命绿卡"等

第二阶段：创新升级阶段（2006—2010 年）。此期的主要特点是时间继续延长到 2 个月，募捐项目从传统的救助帮困慈善项目扩展到与公共利益相

关的社会公益项目，并形成了制度化的管理模式。2006 年第五届"联合捐"扩展为"慈善公益联合捐"，将范围时间定为每年的 12 月到来年的 1 月，逐步形成了一套规范的制度和"联合捐"组织架构，新增"创建职工幸福安康基金""手指间的母爱"等新的活动形式。自 2008 年起，"联合捐"不再由上海市慈善基金会浦东分会单独承办，改为由各社会组织轮流承办、集体参与。这种管理的灵活性吸引了更多的参与者，2009 年联合捐品牌荣获首届"上海慈善奖"。2010 年第八届联合的募捐善款首次突破一亿元。

第三阶段："联合捐"的整体拓展阶段（2014—2020 年）。此期的主要特点是将之前"碎片化"的各类活动系统整合了起来。2014 年第十二届联合捐整合了开幕式、公益鹊桥会、社区生活服务体验日三大板块，全面展示了浦东慈善公益事业发展状况。2020 年第十八届联合捐以"守初心、担使命、凝善汇爱再出发"为主题，新区四套班子主要领导出席闭幕式晚会并对 2018—2019 年浦东新区"慈善公益奖"获奖者进行表彰。可以看出在政府部门对相关领域的大力支持下，有效形成了政府支持、上海市慈善基金会浦东新区代表处等慈善组织带动、各类慈善组织和社会公众积极参与的"人人慈善"发展模式。

（二）"联合捐"的募捐成效和特点

1. "联合捐"的募捐数据

截至 2021 年 2 月第十九届"联合捐"，历届联合捐募款总额达到 17.81 亿元，通过实施助困、助学、助医、助残、助老等慈善救助项目，累计帮扶浦东新区弱势群体超过 549 万人次。

由图 1 可以明显看出，"联合捐"的募款额度逐步增加，有几个时间节点攀升速度非常快，这与上述 2005 年、2008 年、2010 年、2014 年等几个资源整合和管理改革的时间点相契合，如 2008 年改革之后，2009—2010 年出现了跳跃式的波动上升。

2. "联合捐"的主要特点

（1）以劝募对象为主体

联合捐尝试用价值理念引导慈善行为、慈善活动、慈善组织、公益机构

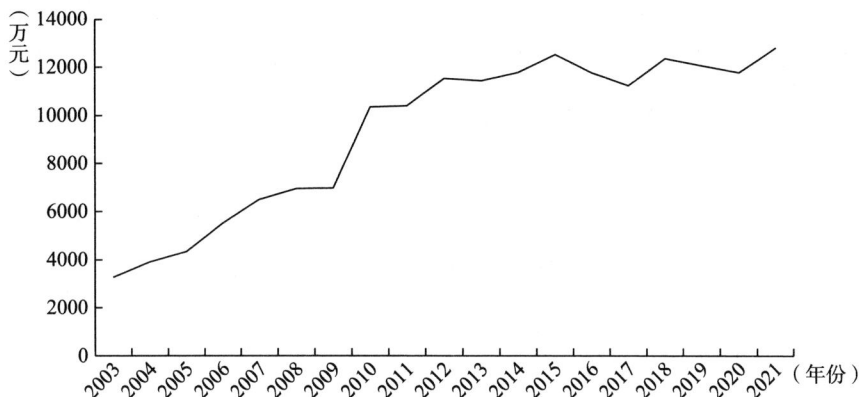

图1 浦东历年募捐数据趋势

和慈善评估的变化，使联合募捐行为更具互利性、多元性和人文性，[①] 充分尊重捐赠企业、单位和个人的捐赠意愿，合理引导善款使用流向，通过各种宣传途径倡导多种捐赠方式，如捐款、捐物、捐服务、捐技术等，提倡随手慈善。

（2）整合各种慈善资源

"联合捐"的关键是对现有慈善资源进行整合和重组，通过系统改造，关注效率、降低成本、涵养慈善资源，主要体现就是"联合捐"活动的整体性和联动性，有助于形成上下、左右、内外的联动。在上下联动方面，组织了多层次的活动内容，既有区级主题活动，又有街镇、居村社区活动内容；既有慈善音乐晚会，又有社区慈善行、大型便民服务互动。这些活动内容相互呼应、相互配合，实现了浦东新区各行政、事业和社会组织等单位的共同联动、相互协作。

（3）打造慈善品牌

打造慈善品牌，是"联合捐"一以贯之的文化内涵。现代慈善必须通过塑造品牌，形成感召力，从而吸引各类捐赠主体尤其是意向捐赠企业，减少行政色彩，倡导劝募文化。历届"联合捐"打造了"机关一日捐"、关爱

---

① 王家桢主编《民政30年：上海浦东新区卷（1978—2008年）》，中国社会出版社，2008，第182页。

流动儿童的"爱心树"项目、慈善酒会、"上飞助学""职工幸福安康基金""名优信鸽拍卖"、党建引领关爱"一老一小"群体的"爱心鸡蛋牛奶"营养项目、陆家嘴街道长者膳食改善计划、"善行川沙·益起走"爱心众筹均已形成浦东知名的慈善品牌项目。与此同时，参照企业品牌经营方式，对联合捐的外在形象标志（如联合捐品牌 logo 和主题曲）、内在价值理念进行包装，实现慈善产品化和项目化，[1] 综合运用营销技巧，将各类慈善产品，尤其是残疾人制作的手工艺品推向市场和社会。

（4）公开透明、规范运作

在开始组织实施慈善"联合捐"的第一次媒体发布会中，就明确把"缜密地监督每一笔慈善资源的流向与使用、公开信息并使责任透明"作为联合募捐的理念向社会进行公开。在历届"联合捐"开展的过程中始终坚持公正、公开、规范、守法，每年都委托专业会计师事务所对"联合捐"善款使用情况进行专项审计，保证善款的合理使用。

（5）营造社区慈善文化氛围

"联合捐"的主要资金来源于社区，参与者业主要来自社区，主体资金流向也用于社区建设，形成了善款出自浦东又用于浦东社区的循环状态，深耕浦东社区的慈善潜力。在这个过程中，号召人们以开放、宽容、自尊的心态投入募捐活动，使捐赠参与者得到情感满足和尊重，进而增进企业的社会责任感和知名度，一起培育良好的浦东人文募捐文化氛围。

四　浦东慈善捐赠的问题反思

浦东开发开放的 30 年历程中，在慈善捐赠方面取得了很大的成绩，为社会各界愿意奉献爱心和需要接收捐赠的贫困人群提供了暖心的对接平台，形成了联合募捐的合作网络，传递了"人人慈善"的社会理念，但也存在

---

[1] 王家桢主编《民政 30 年：上海浦东新区卷（1978—2008 年）》，中国社会出版社，2008，第 183 页。

一些有待改进完善的问题。

（一）慈善捐赠动力机制不足

慈善捐赠动力不足，这不是浦东特有的问题，在上海，甚至全国都存在类似的问题，[①] 如税收优惠难以落实，尤其是股权捐赠、慈善信托的税收优惠问题，[②] 并通过借鉴国际经验为我国慈善税收优惠制度完善提出一些政策建议。[③] 从浦东慈善捐赠历年的数据变化就可以看出捐赠有几个聚焦点，一是5A 级的有品牌慈善项目的优秀公募基金会获得大量捐赠，而一些小基金会，特别是一些刚成立不久的公募基金会鲜少获得资助，即慈善组织两极分化严重。事实上，人们总是会有一些选择偏好，主要基于慈善捐赠中的道德因素与经济成本选择，[④] 或是因为信任机制不足。[⑤] 也有些企业为了发展的需要，选择有政府背景的慈善组织或项目进行资助，如企业捐赠与政治关联关系的分析，[⑥] 认为有些企业捐赠初衷不是为了慈善事业本身，而是为了获得社会地位与政府支持。二是除了疫情期间接收了一些境外捐赠，其余时段的境外捐赠很少，只有少数基金会在常态化中也能得到一些外企的资助。三是社团和社会服务机构的捐赠额度很少，有些还有递减的趋势。因此，需要优化募捐策略，如关于捐赠行为模式偏差的研究，并尝试探寻一种综合的优化捐赠

---

① 胡晓明、刘美萍：《当前我国慈善捐赠不足的原因及对策研究》，《行政与法》2007 年第 3 期，第 35 ~ 38 页；刘新玲、张金霞：《论企业慈善捐赠行为的动力机制》，《福州大学学报（哲学社会科学版）》2009 年第 4 期，第 57 ~ 61 页。

② Jungbu Kim, Seong Oh, Taehyun Jung. "Funding for Disaster Recovery: Increased Taxesor Charitable Donations to Nonprofits?" *International Journal of Public Administration*, 33 (2010): 151 – 159.

③ 曲顺兰、王丛、崔红霞：《国外慈善捐赠税收激励政策取向及我国优惠政策的完善》，《经济与管理评论》2016 年第 5 期，第 100 ~ 111 页。

④ Enrico Rubaltelli, Sergio Agnoli, "The Emotional Cost of Charitable Donations", *Cognition and Emotion*, 26 (2012): 769 – 785.

⑤ "Trusts. Charitable Donation. Gift or Trust?" *Columbia Law Review*, 1940 (40: 3): 550 – 554.

⑥ 周霖、蔺楠：《政治关联、风险投资与企业慈善》，《山西财经大学学报》2018 年第 1 期，第 68 ~ 82 页。

组合模式。① 社团和社会服务机构应该发挥出主动性和积极性，提升筹款能力，或与基金会合作一起成长。

（二）慈善项目设计问题

浦东新区"联合捐"目前善款筹集和使用的主体是各街道、镇，通过多年的精心运作，各街镇已基本形成了项目化运作方式，近几年的社区筹款也逐步转向通过项目设计来进行劝募，近年来的联合捐有 30—40 多个项目，但项目之间的连结性较弱。有些项目设计不够精准，项目内容也不够丰富，项目品牌化意识较低，至今没有形成一个在全国有影响力的慈善品牌项目。在引入专业力量，提升项目设计能力，围绕热点议题，打造特色品牌慈善公益项目，全面提升浦东慈善公益影响力方面还需进一步加强。

（三）慈善募捐的受众体验感有待提升

慈善募捐是一门艺术，是呼吁人们乐于奉献爱心的一种方式，但是有些慈善募捐方式却让受众有种被"捆绑"的"裹挟感"。有些公益活动吸引大家以体育运动的方式参与，并为每支队伍设立了预期筹款的额度，有些组队之后发现难以达到预期的筹款额度，结果连参赛的资格也被取消了，而且此前筹的款依然被收走。据访谈调研发现，一些参与者的受众体验不佳，觉得慈善公益原本应该是自愿奉献的事，捐多少也是因人而异，不应该这样进行强制定额设置。所以，在追求高额募捐量的同时，也要尊重和关注捐赠人的情绪体验，用一种大家乐于接受的募捐方式做慈善。

（四）慈善信息公示的问题

虽然依据《慈善法》，慈善组织需要履行信息公开的义务，但是因为注册认定为慈善组织的机构数量不多，大部分的慈善类社会组织的信息公开主

---

① Brian Scott, Jeremy Thornton, "New Experimental Evidence on Charitable Gift Restrictions and Donor Behaviour", *Applied Economics Letters*, 20 (2013): 1521 – 1526.

要依靠行业自律。一些慈善类社会组织如真爱梦想公益基金会和联劝公益基金会的信息公示透明度可高达 100 分，但是有些此类社会组织的信息公示不到位，甚至连年度募捐数量都没有公示，存在捐赠管理不当、募捐管理成本过高等问题。主要因为《慈善法》中对信息披露程序缺乏统一规定，[①] 有些慈善组织对于接收捐赠公示得很详细，但是慈善支出却很粗略，在公示中也没有分类慈善资金流向的领域。

（五）政府部门慈善管理的困境

目前市区两级对于慈善公益类社会组织的登记管理模式主要存在以下困境：一是市局直接管理全市各基金会业务，各区民政局对本辖区内登记或者实地办公的各类基金会底数不清，无法对其开展有效监管，且各区民政局与辖区内各类基金会缺乏有效互动，容易导致社会爱心资源无法进行有效匹配，不利于本辖区内慈善事业的开展；二是因权限所限，区级难以协调基金会之间的关系，不利于各区社区基金会及中小型基金会成长。资源集聚的大型基金会活跃于上海市或者外省市，很少将业务发展聚焦于区级注册地或者办公地，导致本地社区基金会及中小型基金会一定程度上筹款难度增大，人才流动频繁，中小型基金会发展步履较慢，形成两极分化现象。三是跨部门职能业务发展造成的管理困境一直存在。浦东民政局和街道/镇内部，慈善业务管理指导职能和社区基金会业务管理职能都分属两个业务部门，一定程度上影响了社区慈善发展。总之，市—区—街道/镇等不同层级不同类型的部门管理之间，"条"与"块"间的协调联动不顺畅，不利于共同推动慈善事业发展的工作。

五　提升浦东慈善捐赠的对策建议

为了更好地促进浦东慈善公益事业的发展，推动募捐管理绩效的提升与

---

① 李健：《我国慈善组织信息公开研究》，中国社会出版社，2017，第 42 页。

规范化运作，建议在优化慈善捐赠机制、提升慈善组织募捐能力、跨部门联动建设慈善公益数据库和社会各界共建慈善公益生态方面进行改进提升。

（一）优化慈善捐赠机制

影响捐赠成效的深层机制是捐赠主体格局、募捐筹资机制、组织管理机制、监督透明机制、激发和利益驱动机制和税收激励机制等各类机制，[①] 涉及政府部门监管与激励、慈善组织自身发展、行业标准和行业自律、相关法律法规的完善等多方面。目前浦东特色的"联合捐"整体品牌已经形成规模，未来可以在上海其他区进行跨区联动募捐，争取能形成在全国范围内可复制推广的品牌募捐经验。与此同时，对于一些在全国范围内已经有知名度的慈善组织品牌项目进行再孵化，如真爱梦想公益基金会的"梦想中心"、联劝公益基金会的"一个鸡蛋的暴走""一个鸡蛋"项目。在此基础上，进一步打造出几个有浦东特色的慈善公益品牌，尤其是国际社区的慈善公益项目，未来争取在全国，甚至世界上都有影响力的慈善公益品牌。在外部环境规范上，积极推动各类基金会等慈善组织的公示透明机制，通过专业化、科学化和规范化建设，吸引全国的捐赠资源和海外捐赠资源，在慈善捐赠领域形成浦东品牌。

（二）提升慈善组织募捐能力

提升慈善捐赠数量的关键是提升慈善组织的募捐能力，可从以下几个方面着手。

一是创新慈善劝募方式。积极借鉴国外先进的募捐经验，[②] 将国外科学的慈善创新方法适时地中国化与本土化，如捐赠人建议基金（DAF）和"一众基金"的集体捐赠模式探索，前者取得了较明显的成功，后者历经 7

---

① 高功敬、高鉴国：《中国慈善捐赠机制的发展趋势分析》，《社会科学》2009 年第 12 期，第 52~61 页。

② 佩内洛普·卡格尼、伯纳德·罗斯编《全球劝募——变动世界中的慈善公益规则》，徐家良、苑莉莉、卢永彬译，上海财经大学出版社，2018，第 219~220 页。

年发展规模依然没有铺开。亟须通过慈善网络联盟的方式，在联盟内的组织推广这种社区内志愿捐赠与自主决策的慈善公益形式，有助于激发基层治理的内生活力。

二是专业化劝募培训。进行专业劝募员的培训，在美国、加拿大、英国等 20 多个国家都有一些专业劝募的资格认证与培训相关人才的学院，如美国职业筹款人联合会（AFP）和英国劝募研究院（IOF）等，上海也有一些专业的筹款机构。建议对于浦东的基金会和各类慈善类社会组织从业人员展开专业的劝募课程培训，请募捐成功的组织机构进行经验分享，构建浦东慈善捐赠联盟，充分借助"互联网＋"提升浦东慈善效能，进一步在浦东推动"联合捐"的品牌影响力。

三是募捐活动的常态化。慈善捐赠中的周期性很明显，如在"99 公益日"期间，联劝的互联网募捐额度会增长很快，在年报发布盛会之前，真爱梦想公益基金会的募捐额度也会大幅度提升，还有"联合捐"的 3 个月期间，上海市慈善基金会的浦东新区代表处募捐额度也会大幅度提升，浦东各方面也已形成行动惯性，在一年中的其他时间段，资金募集态势相对平稳。随着互联网募捐兴起，"千禧一代"逐渐成为社会年轻消费群体，作为浦东新区有政府特色的"联合捐"也应积极求变。建议以"联合捐"作为平台，与不同主体（如政府机构、自贸区管理局、基金会、企业、行业协会、商会等）进行合作，在全年举办各类活动，倡导慈善公益文化，培育浦东新区慈善公益生态，夯实浦东新区慈善公益基础设施，引领社会新风尚，打造有温度的浦东。

（三）完善慈善公益数据库

为了化解目前市局与区局慈善管理之间的"碎片化"状况，建议市区两级共建慈善公益捐赠数据库，结合国际和国内慈善指数的维度，将慈善捐赠数据的基本组成定为：基金会接收捐赠数额（公募与非公募）＋社会团体接收捐赠数额＋社会服务机构接收捐赠数额＋红十字会系统接收捐赠数额＋福彩公益金数额＋社区基金会接收捐赠数额＋慈善信托资金总额，如果可能，可以加上慈善超市接收捐赠总额和医院、高校、福利院等事业单位接收捐赠数额。具体数据采集方式就是鼓励上述相关接收捐赠的机构每年定期到统一的慈善公益捐赠数据库进行登记上报，从政府主导建设数据库，改为社会各界协助参与共建开放式的数据库，这也是创新监管体系的一种尝试，通过主动上报、信息公开来推动慈善事业管理的规范化与透明化。

（四）共建良好的慈善公益生态

慈善公益事业的健康发展并非一夕之功，离不开构建良好的慈善公益生态。需要政府、企业、慈善公益行业平台、慈善公益类社会组织、教育、媒体、大众等各个方面的共同努力，夯实慈善公益基础设施，营造良好的慈善公益文化氛围，让人人参与慈善公益成为一种时尚、一份习惯。这其中真正吸引捐赠者持续、信任捐赠的关键在于慈善公益项目的前景与质量，以及慈善组织资金管理的规范性与透明度，所以在打造优质慈善品牌项目的过程中，筹款的时候关注捐赠者的参与体验，尽量营造一种自愿愉快的捐赠氛围，并对善款的流向进行较为明晰的公示，使捐赠者了解善款的用途。建议将一些善款用于化解城市新贫困、乡村振兴中的留守儿童和流动儿童关爱，以及残疾人等弱势群体的就业保障方面，为化解社会问题，推动社会和谐做贡献。

总之，浦东开发开放 30 年以来，取得了引领全国的经济成就，也引进、培育和形成了在全国，乃至世界上都具有影响力的各类市场主体，现在又将建设成为高水平的改革开放的社会主义现代化建设引领区。在新时代开启新征程的奋进道路上，建议在捐赠领域，积极关注和吸引有影响力的各类市场主体投身公益，通过多种途径、多种方式，创新式地凝聚与联合企业、社会公众和慈善组织等不同主体，致力于构建政府引导、企业尽责、机构践行、社会动员、基金会募款、媒体传播、大众参与，并且有浦东特色的慈善公益生态圈。

B.3
浦东志愿服务发展报告

裘晓兰*

摘　要： 志愿服务是慈善活动的重要形式，作为上海志愿服务的领先地区，浦东志愿服务30年来不断发展，呈现出社会动员力日益提升、制度化建设持续推进、与浦东同发展共成长的良好发展态势。面向未来，浦东应立足社会经济发展的新形势和新格局，通过强化机制建设、提升服务能级、完善激励保障、注重文化营造和推动与新时代文明实践双向提升，进一步推动志愿服务事业迈上新台阶。

关键词： 志愿服务　精神文明建设　社会治理　新时代文明实践

志愿服务是社会文明程度的重要标志，也是社会良性运作和持续发展的促进力量。新中国成立后，中国特色志愿服务事业继承助人为乐、扶贫济困、守望相助等优秀传统文化，在雷锋精神的薪火相传中孕育而生，在改革开放后现代文明理念的涵育滋养中蓬勃发展。根据《志愿服务条例》的规定，志愿服务是指"志愿者、志愿服务组织和其他组织自愿、无偿向社会或者他人提供的公益服务"。可见，志愿服务是一种不以获得报酬为目的的自主的公益行为，兼备自愿性、无偿性和公益性三个基本特征。从中国志愿服务的内涵来看，"志愿服务与慈善精神高度契合，最能体现慈善活动本质

---

* 裘晓兰，上海社会科学院社会学研究所助理研究员，主要研究方向为志愿服务、青少年问题等。

特征，是慈善活动的重要方式"。① 作为一种高尚的道德实践和一项重要的社会慈善公益事业，志愿服务在促进社会和谐稳定、引领社会文明风尚、扩大民众社会参与、推进社会创新治理等方面发挥了积极而重要的作用。特别是 2016 年《中华人民共和国慈善法》的出台和实行，为健全志愿服务体系、推进志愿服务健康良性发展提供了根本保障。30 年来，志愿服务始终与浦东新区的发展同步前行，是推动浦东新区社会经济发展的巨大正能量。

一 浦东志愿服务30年发展历程

上海拥有着深厚的志愿文化。改革开放后，志愿服务在顺应上海经济社会发展和国际化大都市建设中渐成体系，特别是上海世博会长达 8 年的筹办过程中，各类志愿服务活动广泛开展，全社会参与志愿服务的良好氛围逐步形成，将上海志愿服务事业推向了一个新的高度。世博会以后，上海志愿服务实现了由"战时"向平时，由阶段性向常态化，由青年为主向全民参与，由松散型管理向制度化管理的转变。② 浦东新区的志愿服务发展总体遵循上海的发展轨迹，纵观浦东开发开放 30 年，不同时期的志愿服务也呈现不同的发展特征和发展态势。

（一）启动阶段（1990年至1990年代末）

1990 年 4 月 18 日，国务院正式宣布开发开放浦东，浦东迎来了划时代发展的新起点。与此同时，在"五讲四美三热爱"活动蓬勃开展背景下浦东的志愿服务也开始逐步发展。这一时期浦东新区的志愿服务主要有两种形式：一是传承 20 世纪 60 年代开始的"学雷锋"活动，各行各业广泛开展的学雷锋做好事活动成为志愿服务的实践舞台。二是 1987 年民政部倡导在全国开展社区服务，浦东也随之组织开展了各类社区志愿服务活动，并成为

---

① 吕晓莉：《慈善法与资源服务的新发展》，《中国民政》2016 年第 13 期，第 40~41 页。
② 上海市精神文明建设委员会办公室：《上海志愿服务发展报告（2015）》，第 6 页。

这一阶段浦东志愿服务的主要亮点。在浦东新区社会发展局的推动下，浦东新区社区服务志愿者队伍迅速扩大，至 1995 年已有 5 万多名志愿者活跃在社区，主要开展敬老助残和便民利民的各项社区服务。

整体看，这一阶段浦东的志愿服务尚处于起步阶段，志愿服务活动散见于社会生活的各个层面，呈现自发和有组织的活动并存的态势，同时也存在服务项目单一、群众参与面窄、组织化规范化程度不高等初期发展特征。

（二）整合阶段（1990年代末至2010年）

进入 1990 年代后期，群众性精神文明创建活动在上海全面展开，在精神文明建设的浪潮中逐步发展壮大，在发展中走向整合，是这一阶段浦东志愿服务发展的主要特征。1998 年 4 月，浦东成立了专门从事社会公益活动的全区性社会团体——浦东新区志愿者协会，原本由民政、文明办、工青妇，以及各行各业分别组织管理的志愿者队伍借此得到了有效整合；2005 年 3 月，浦东志愿者网上宣传、交流、管理的综合信息平台"浦东志愿者家园网"正式上线运行；2006 年 6 月，浦东新区人大常委会会议审议通过上海第一个关于志愿服务的工作决定《深化志愿服务工作，推进精神文明建设的决定》，这些为浦东新区志愿服务的进一步拓展提供了支持。

一方面，社区志愿服务在整合中逐步走向规范和系统，成为浦东志愿服务最基础、最重要的组成部分。2006 年 4 月，全市首家社团登记注册的社区志愿者协会——花木志愿者协会成立；2006 年 10 月，全市首家社区级义工团体——浦东新区川沙新镇华夏社区义务工作者协会注册成立，社区志愿服务的内容和形式不断拓展。另一方面，志愿服务在各类专项活动、重大活动中展现风采，成为浦东志愿服务的亮丽名片。2005 年 3 月，浦东新区在世纪公园启动了地铁志愿服务活动；2007 年 10 月，世界夏季特殊奥林匹克运动会在上海举行，浦东有 2500 名来自高校和社区的志愿者为特奥运动员提供了语言翻译、场地引导、社区接待等志愿服务；2008 年的世博会筹备及举办期间，浦东新区有 17 万志愿者积极参与宣传推广、现场问询、交通导乘、提携行李、助残帮扶等志愿服务活动。

整体看，这一阶段浦东志愿服务在市民群众的参与性、组织体系的完备性、项目活动的多样性、队伍管理的规范性等方面进行了积极探索，呈现服务舞台越来越宽广、活动内涵越来越丰富、参与人群越来越多元化的发展态势。

（三）发展阶段（2010年至2020年）

世博会之后，在党和政府"加强社会建设、创新社会治理"的重要战略部署下，作为创新社会治理的有效途径和加强新形势下精神文明建设的有力抓手，上海志愿服务得到了进一步的提升和发展。[①] 与此相呼应，浦东志愿服务也在内涵和形式上有了进一步的提升拓展，展现出新的发展态势。

一方面，志愿服务制度化规范化建设加速，枢纽型志愿服务组织的桥梁纽带作用得到进一步拓展。志愿者协会作为浦东志愿服务核心枢纽组织的功能进一步加强，不仅在 2013 年 12 月作为首批团体会员单位和理事单位出席了中国志愿服务联合会成立大会，更是在 2015 年 5 月成功获评"中国社会组织评估等级 4A 级社会组织"。与此同时，2014 年 12 月浦东新区文明单位志愿服务联盟成立，2015 年 3 月浦东新区设立志愿服务发展专项基金，2016 年 5 月"浦东志愿者家园网"正式对接中国志愿服务联合会"志愿云"系统等举措，为推动浦东志愿服务事业发展提供了有力支持和保障。另一方面，顺应社会治理精细化发展趋势，志愿服务以社区为基地的功能得到进一步优化。2010 年，在潍坊街道试点社区志愿者注册登记工作的基础上，浦东新区全面推进了社区志愿者注册登记工作；2013 年 7 月，浦东新区完成了街镇社区志愿服务中心建设的全覆盖；2014 年 7 月，浦东新区正式启动了推进公益基地创建工作，"学雷锋"志愿服务集市（广场）实现街镇全覆盖；2020 年，浦东新区在全面启动依托志愿服务推进新时代文明实践中心建设的同时，志愿服务主动对接进博会、垃圾分类、抗击疫情等重大活动和公共事件，在积极投身浦东新区的社会治理过程中发挥了颇有成效的

① 见上海市精神文明建设委员会办公室：《上海志愿服务发展报告（2015）》，第6页。

作用。

整体看，这一阶段浦东的志愿服务事业有了极大拓展，在充分发挥体制内引领、党员模范带头的作用下，志愿服务不仅在社会生活的各个领域广泛开展，同时在制度建设和机制保障等方面也都有了进一步的完善，表现出服务舞台越来越宽广，活动内涵越来越丰富、参与人群越来越多元化的发展特征。

二 浦东志愿服务发展现状

浦东新区因改革开放而生，因改革开放而兴。30 年来，浦东敢闯敢试，始终走在上海改革开放和现代化建设的前列。作为上海志愿服务的领先地区，浦东志愿服务整体呈现社会动员力不断提升、制度化建设持续推进、与浦东发展同发展共成长的良好发展态势。

（一）志愿服务社会动员力不断提升

随着志愿精神的普及，浦东新区越来越多的人选择注册加入志愿者队伍，各类志愿服务组织迅速发展，各级志愿服务阵地不断拓展，志愿服务活动和项目日益丰富，志愿服务社会动员力和影响力日渐扩大。

1. 志愿者队伍日趋壮大

志愿者队伍是志愿服务事业的基本保障。浦东通过志愿服务统筹协调机制发挥导向引领作用，建立了注册志愿者库，招募、储备、培训了一支常态化志愿者队伍。截至 2021 年 5 月，浦东新区在全国志愿服务信息系统"上海志愿者网"实名认证注册志愿者达到 89.1 万人，占常住人口的 16%。从年龄分布上来看，18 岁以下占比 1.8%，18—35 岁占比 23.4%，35—60 岁占比 37.8%，60 岁以上占比 37%。从性别分布来看，注册志愿者中男性占比为 47.2%，女性占比为 52.8%。从活跃度来看，志愿服务时长大于 0 的实名注册志愿者数为 50.1 万，占总数的 56.2%。从参与活动类型看，社区服务和垃圾分类是志愿者参与比例最高的两项活动类型，呈现出浦东志愿者参与志愿服务活动的社区化、生活化特征。整体来看，浦东实名认证注册的志愿者人数呈现不断上升的趋势（见图 1），从 2017 年底的 54 万，到 2018 年底的 57 万、2019 年底的 62 万，再到 2020 年底的 88 万，保持持续增长势头，同时也超额完成了《国民经济和社会发展第十三个五年规划（2016—2020 年）》提出的"注册志愿者人数占居民人口比例达到 13%"目标任务。在数量增加的同时，浦东也涌现出了一批获得全国性表彰的优秀志愿者，如 2015 年度获得全国最美志愿者表彰的上海市癌症康复俱乐部会长袁正平，2017 年度获得全国最美志愿者表彰的上海市浦东新区侨联周浦义诊组志愿者方厚贤，2018 年度获得全国最美志愿者表彰的上海市浦东新区周浦医院泌尿外科副主任医师刘峰等。

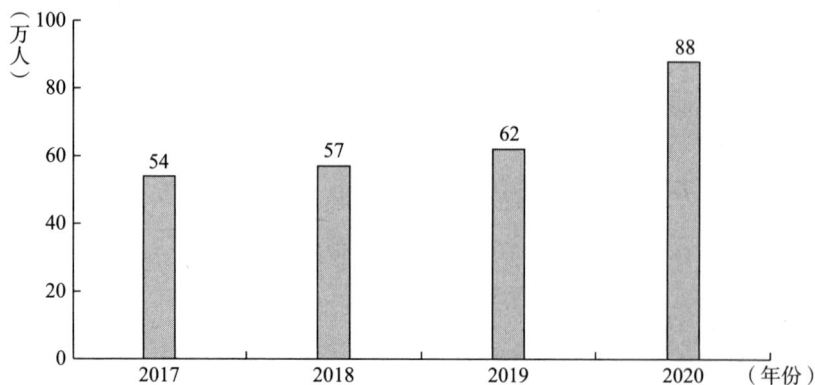

图 1　浦东新区实名注册志愿者人数

资料来源：全国志愿服务信息系统上海志愿者网。

2. 志愿服务阵地日益拓展

阵地是志愿服务顺利开展的重要保证和依托。浦东积极推进志愿服务阵地建设，截至 2020 年底，已建成区级志愿服务指导中心 1 家，社区志愿服务中心 37 家，志愿服务站点 1300 多个，构建了区、街镇、村居三级志愿服务阵地网络。根据《上海市志愿者服务基地管理办法（试行）》的规定，志愿者服务基地是指在社会公益事业中，具有长期的公益性服务岗位、服务项目，通过志愿者的服务，体现城市文明、城市精神的公共场所和窗口单位①。近年来，在区文明办的努力推动下，科技馆、博物馆、文化馆、公园、医院等一批公益性场所积极参与志愿服务基地建设，截至2020年底共建成区级志愿者服务基地50家。同时，区民政局根据《上海市民政局关于各区推进公益基地创建工作的通知》精神，自2017年起积极推进公益基地创建，截至2020年底已创建了1262家公益基地，超额完成市下达的2017—2020年四年创建1030家的指标任务。这些志愿服务阵地的拓展为浦东广大市民参与服务活动提供了平台保障。

3. 志愿服务组织和项目蓬勃发展

志愿服务组织建设是志愿服务事业发展的基础所在。随着浦东经济社会的发展，近几年一批组织化程度较高、人员相对固化、活动常态化的新型志愿服务组织积极涌现。根据全国志愿服务信息系统"上海志愿者网"的统计，截至2021年5月，浦东新区在"上海志愿者网"登记的各类志愿服务团体数达到3825个，比2019年底新增加了约800个，比5年前的2016年增加了1200多个，增速显著。从组织团体的类型来看，志愿服务组织中35.9%归属于社会团体，21.3%归属于党政机关，12.1%归属于各类事业单位，11.4%归属于居委会或村委会，8.1%归属于企业，还有少部分归属于群团组织、社会服务机构和基金会等，呈现多元构成。同时，浦东也培育了一批优秀志愿服务组织，其中上海浦东手牵手生命关爱发展中心获得了2015年度全国最佳志愿服务组织称号，上海浦东新区高行爱心妈妈志愿服务队获得了2015年全国志愿服务示范团队称号，浦东残联志愿服务总队获得了2020年度全国最佳志愿服务组织称号。整体看，浦东志愿服务组织规模在不断扩大，结构在日益完善，活跃于助残帮困、为老服务、社区综合服务、文化体育、教育宣传等多元领域，有效促进了各类志愿服务项目的开展，在浦东志愿服务发展中发挥了极为关键的作用。截至2021年5月，浦东新区在全国志愿服务信息系统"上海志愿者网"上登记的经常性开展的

---

① 见《上海市志愿者服务基地管理办法（试行）》第二条："本办法所称的基地是指：在社会发展和公益事业中，具有长期的志愿服务岗位和项目，通过志愿者的服务，弘扬城市精神，体现城市文明程度的公共服务机构、公共文化设施、景区景点和窗口单位等。"

志愿服务项目数量超过40000个，涉及垃圾分类、疫情防控、文明劝导、便民服务、平安守望、敬老帮困、助残助学、医疗卫生、环保科普等众多领域。

（二）志愿服务制度化建设持续推进

制度化是推动志愿服务规范化的重要保证，也是志愿服务持续健康开展的有力支持。近年来，浦东新区全面推进志愿服务制度化建设，在完善志愿服务工作架构、构建志愿服务长效支持机制、促进志愿服务内涵建设等方面取得了较大进展。

1. 志愿服务"双向协同、共同参与"工作架构已然成形

以《慈善法》和《志愿服务条例》的相关规定为基本遵循，结合上海社会经济发展的实际情况，上海形成了由市文明委领导，市文明办统筹协调，市民政局负责行政管理，市教委、市总工会、团市委、市妇联等单位和部门共同参与的志愿服务总体工作格局。在此指导下，浦东新区通过多年的探索实践，在区委和新区政府的领导和支持下基本形成了文明办和民政局"双向协同"，各相关部门协作，企事业单位、社会组织、各类媒体等社会多元主体"共同参与"的志愿服务发展架构，建成了区级、社区、村居三级志愿服务工作组织网络，通过志愿引领、服务保障、对接民生，多管齐下推动浦东志愿服务事业的全面深入发展。

2. 志愿服务长效支持机制基本建成

一是积极推进制度建设。浦东新区先后出台和修订了志愿服务相关法令和规章制度，如1998年伴随浦东新区志愿者协会的成立首次发布了《浦东新区志愿者协会章程》，2013年根据市文明办和市民政局的总体部署发布了《浦东新区关于开展志愿服务记录制度工作的通知》（浦文明办〔2013〕57号）等，为志愿服务的规范化发展提供了制度保障。

二是不断完善管理体系。按照市级工作部署，浦东新区立足区域特征不断推进志愿服务各类管理机制的建设和完善，如进一步完善了对志愿者招募、注册、培训、管理、调配、考核、激励等机制，民政、文明办协同各街

镇相关部门、各居村委、社会公益组织、社区行业服务协会、社区居民自发组织等共同推进了社区志愿服务管理监督机制的建构和完善等。

三是强化志愿服务资金和保险保障。除了盘活各类市级项目和社会项目的资金外，2015年浦东新区特别成立了上海市志愿服务公益基金会浦东新区志愿服务专项发展基金，这也是上海市志愿服务公益基金会旗下第一个以区为范围的子基金，携手关注志愿服务的各类爱心企业和个人通过募集资金、物资支持等方式共同为推动浦东志愿服务事业发展提供支持和保障。同时，通过全面落实注册志愿者和专业类志愿者的多重意外保险保障，积极推进志愿者的安全保障。凡通过上海志愿者网实名认证的志愿者，均会自动获得20万元保额的志愿服务意外保险；如注册志愿者在参加志愿服务活动期间，因从事志愿服务活动而遭受意外伤害的，均可以通过志愿活动组织方帮助申请保险理赔。

3. 志愿服务内涵能级不断充实提升

一是推进志愿服务专业培训。除了常规培训之外，浦东新区按照志愿服务项目的专业化要求以及志愿者、志愿服务组织的不同需求，进行了有针对性的专业培训。如区委宣传部（文明办）、浦东志愿者协会联合为浦东社会组织、志愿服务组织和志愿者举办了《志愿服务条例》的专题培训班；结合浦东新区"上海公益基地"创建项目，区民政局委托浦东新区公益组织项目合作促进会针对街镇和社会组织、企业、"家门口"服务站（中心）等开展了"上海公益基地"创建专题培训等。同时，为进一步推进志愿服务健康发展，浦东新区探索多元途径推进内涵式发展，如区文明办主办了以培育志愿服务组织者为主要内容的"志愿从心发展——志愿服务组织者成长工作坊"，通过开展志愿云系统专题培训提升社区志愿者管理人员的业务水平和管理技能等。

二是推进信息化平台建设。现代信息技术是推动志愿服务事业发展的有效手段，浦东自1990年代中期起就一直在探索利用现代信息技术提升志愿服务的效能。如在社区服务中心建立志愿者队伍信息库，以便对接居民的服务需求；率先在潍坊街道试点社区志愿者注册登记工作等。2005年，浦东新区建立了志愿者工作信息发布、动态管理的公共服务平台——浦东志愿者家园网，至 2016 年浦东志愿者家园网正式对接中国志愿服务联合会"志愿云"系统，以及 2018 年"公益上海"平台正式上线后，更是实现了志愿服务信息化平台的能级提升。

三是推进社区志愿服务功能优化。浦东新区积极对接市政府实事项目"完善社区志愿服务中心民生服务功能"，进一步推进社区志愿服务中心的功能优化升级，在 2019 年"创新、创优"上海市社区志愿服务示范中心创建评选活动中，浦东新区陆家嘴街道社区志愿服务中心荣获管理创优示范中心称号，浦东新区塘桥街道社区志愿服务中心荣获管理制度创新示范中心称号。

（三）志愿服务与浦东发展同发展共成长

社会良性运行与进步离不开榜样示范与引领，志愿服务作为社区建设、社会治理、文明进步的"前行者"和"引领者"，坚持与浦东发展同发展共成长，成为浦东三十年开发开放的坚实保障和内驱动力。

1. 助力社区治理，志愿服务推进城市化进程

1990 年代以后，伴随浦东开发开放，城市化进程也不断深入。在城市化的推进过程中，人口密度提高、构成趋向复杂化、流动性相对放大，继而产生了联防治安、环保卫生、生活服务等社区管理要求，使社区管理面临巨大的挑战。在此背景下，浦东于 1995 年起积极推进社区建设，在加强基层政权建设和行政区划整合的同时，通过推动志愿服务发展，着力社区文化建设，发动多方共同参与社区治理，形成了社区共建的良好氛围。至 1996 年，全区已经建立了 15 个街道、镇社区服务中心和 253 个居委社区服务分中心，有社区志愿者成员 59000 多人，社区服务网点 700 多个，志愿服务内容涉及生活助困解难、精神安慰谈心、法律咨询、保健指导等诸多领域。之后，党的十八届五中全会提出加强和创新社会治理，推进社会治理精细化，构建全民共建共享的社会治理格局。以此为指导，浦东在 2015 年以后加快推进社区志愿服务体系完善，截至 2020 年底，全区已建成社区志愿服务中心 37

家，创建公益基地 1262 家。通过社区志愿服务中心和公益基地的建设和功能优化，浦东在推动社区志愿服务发展模式不断创新的同时，也有效提升了基层互助服务能力，构建了互动协助的社会治理体系。其中，东明路街道、塘桥街道、洋泾街道和金杨新村街道分别获得了 2015 年度、2016 年度、2019 年度和 2020 年度全国最美志愿服务社区的荣誉称号。可以说，志愿服务是浦东新区社区服务工作开展与发展的重要载体，是浦东新区推进城市化进程中的有力依仗。

2. 对接民生需求，志愿服务促进社会和谐

坚持以人民为中心，是慈善事业的根本立场，也是志愿服务的核心内涵。从浦东志愿服务的实际发展来看，坚持聚焦社区、关注民生、以群众需求为导向是其一贯坚持的方向。一方面，立足社区、不断完善社区志愿服务体系建设，不断提升社区志愿服务民生功能。2010 年上海世博会召开之际，浦东新区潍坊、陆家嘴、沪东、东明、塘桥等街道开展组织大型志愿服务活动，打造每月 20 日的特色活动，并延续至今。"志愿服务日"活动以社区居民的实际需求为导向，挖掘社区志愿服务资源，开展了一系列义诊、维修、理发、咨询等便民助民的志愿服务活动，使"服务他人、奉献社会"蔚然成风。另一方面，立足居民生活需求，加强志愿服务资源与民生需求的对接。结合 3 月 5 日"向雷锋同志学习"纪念日和 12 月 5 日国际志愿者活动日等节点开展全区性志愿服务活动，持续推进一批服务民生的区级重点志愿服务项目：如围绕"六进社区"的工作，积极推进开展丰富的志愿服务活动；在社会援助领域，针对特殊群体，开展外来建设者关爱、帮困助学、结对助残、老人关护、重病救助等志愿服务活动；积极推进环境整治、交通文明等各类"学雷锋"志愿服务活动；部署推进"邻里守望——党员人人做公益"专项志愿服务行动等。其中，新沪商"人之老"社区助老志愿服务项目和"风信子"脑卒中健康志愿服务项目获得 2019 年度全国最佳志愿服务项目称号，绿洲食物银行志愿服务项目获得 2020 年度全国最佳志愿服务项目称号。

3. 服务战略大局，志愿服务融入浦东发展

进入新时代以来，志愿服务作为创新社会治理的重要实践，作为凝聚实现中国梦强大力量的重要纽带，在浦东建设现代化社会的新征程上发挥了重要的作用。

一是积极参与重要活动。浦东志愿服务成为世博会等重大活动的中坚力量。2010 年 5 月 1 日至 10 月 31 日，世博会在上海成功举办，其中志愿服务持续时间之长、参与人数之多、涉及面之广，均为新中国历史上之最。而浦东作为世博会的主要场馆地，更是全程全方位参与了志愿服务活动。2008 年 11 月，浦东新区"百名迎世博浦东新区市民志愿者宣讲团"和浦东迎世博文明劝导志愿者服务大队正式成立；2010 年 4 月 20 日，世博会志愿服务试运行，世博志愿者行动正式开始。整个世博会期间，浦东共有 17 万志愿者参与世博会园区志愿服务活动，累计服务 8193 万人次，服务时间超过 5 亿小时，为世博会的圆满结束做出了巨大贡献，同时浦东的志愿服务也在实践中茁壮成长。

二是投身疫情防控。2020 年，突如其来的新冠肺炎疫情给民众的生活和健康带来了巨大威胁，在重大突发公共卫生事件面前，广大志愿者挺身而出。在新冠疫情的防控阻击战中，浦东新区积极贯彻落实党中央和市委的工作要求，会同区相关职能部门、群团组织、广泛动员各志愿服务组织开展志愿服务，参与疫情防控，彰显爱心善意和责任担当，成为联防联控、群防群控的重要力量。疫情发生后，区文明办、区志愿者协会在第一时间发起了《关于号召广大志愿者、志愿服务组织积极有序参与疫情防控的倡议书》，近千名机关干部、企事业单位青年志愿者参与机场隔离点防疫工作、防护用品生产工作、援鄂家庭一对一支援帮扶等志愿服务活动；社区志愿者入村入户，进小区、进商圈、进市场，量体温、送口罩、登记入户资料、排摸情况。2020 年浦东新区各层面各条线各行业共有 5 万多名志愿者参与了一线防控，发布社区防疫服务项目 2200 多个，为疫情防控做出了重大贡献。

三是着力共建新时代文明实践中心。2018 年，中央深改组研究通过《关于建设新时代文明实践中心试点工作的指导意见》首次提出建设新时代

文明实践中心，并明确在全国 12 个省（市）的 50 个县（市、区）开展第一批试点工作。2019 年以后，新时代文明实践中心建设试点工作进入大范围推开、高质量发展新阶段。浦东新区在市委统一部署下，以志愿服务运行机制为支撑积极推进新时代文明实践中心建设，推动新时代文明实践中心建设和社区志愿服务体系建设相互融入。至 2020 年底，浦东已打造形成"1 + 36 + X"区、街镇、居村三级新时代文明实践中心阵地网络，依托"家门口"社区服务站基本建成 1328 个新时代文明实践站，依托志愿服务基地、爱国主义教育基地等打造了 221 个新时代文明实践点，依托园区、开发区设立了 1 个新时代文明实践特色阵地联盟，建立了"10 + 36 + N"志愿服务队模式，成立了新时代文明实践志愿服务总队。

三 浦东志愿服务面临的挑战与未来发展

随着开发开放的不断深入，浦东的志愿服务事业取得了长足发展，但也依旧面临一些问题和挑战。面向未来，浦东要立足于社会经济发展的新形势和新格局，继续推进体制机制创新，不断引领社会治理功能转型升级，并由此进一步推动志愿服务事业迈上新台阶。

（一）浦东志愿服务发展面临的问题与挑战

浦东志愿服务在发展过程中依然存在一些短板和不足，主要体现在以下几方面：

1. 志愿服务协调机制有待进一步完善

根据 2016 年的《慈善法》和 2017 年发布施行的《志愿服务条例》，目前志愿服务的管理职能主要集中在市文明办、市民政局和工青妇等群团组织。从上海的实际情况看，市文明办和市民政局同时针对基层开展志愿服务工作，折射出"多头管理、各自为政"实际问题。如在志愿服务组织登记注册和培训管理等方面文明办和民政实行两套体系，且彼此间数据和系统无法共享，不仅增加了基层的工作负担和管理成本，也由于没有统一管理标准，在一定程度上降低了服务和工作成效。如此情况在浦东新区也存在，如何在现有管理机制下打通部门间的工作壁垒，在发挥各自优势的基础上对志愿服务事项进行统筹协调，有待进一步探索完善。

2. 社区志愿服务内涵有待进一步拓展

社区志愿服务是志愿服务的主要形式，也是回应群众需求与满足社会需要的重要依托。近年来，浦东依托社区志愿服务中心和社区生活服务中心，切实推进各类社区志愿服务项目，取得了显著成绩。但从内容看，"社区志愿服务日"等主要活动多将志愿服务活动和项目范畴集中在便民利民的生活类方面，如何通过社区志愿服务平台，将社区福利服务、社区公益招投标项目、社会救助及社区防灾救灾等志愿服务资源进行有效整合，进一步拓展社区志愿服务的内涵和外延，进一步对接社会和人民的服务需求，有待进一步研究加强。

3. 志愿服务动员机制有待进一步优化

上海志愿服务发展过程中行政力量推动是不容忽视的特征之一，整体看，政府主导的组织化动员机制在浦东的志愿服务发展中也起着重要的作用。如在上海志愿者网登记的志愿服务组织中归属于体制内的占了半数以上就是一个体现，而社会化程度不高也导致了志愿者的活动主体意识不强、志愿服务专业化程度有待提升等问题的客观存在。随着社会的不断发展进步，依赖政府主导的动员机制也在一定程度上制约了志愿服务的进一步发展。如何推进志愿服务的社会化拓展，进一步完善社会引导与激励保障机制，有待进一步探讨落实。

4. 志愿服务文化氛围有待进一步营造

近年来，浦东在志愿服务发展环境的营造上持续推进，志愿者队伍不断扩大。但从整体情况来看，无论是与全市实名认证注册志愿者占常住人口比例21%相比，还是与全市实名注册志愿者66.9%的活跃度①相比，浦东新区都还有提升的空间。与此同时，高龄志愿者占据了相当比例也是浦东新区的

---

① 数据来源于全国志愿服务信息系统上海志愿者网，截至2020年12月31日。

特征之一，从浦东实名认证注册志愿者的年龄结构来看，目前 60 岁以上的老年志愿者占了三分之一以上，而 18—39 岁的青年志愿者相对较少。如何加强志愿服务精神的宣传，扩充青年志愿者队伍，在全社会形成志愿服务的参与氛围，有待进一步思考探索。

（二）浦东志愿服务的未来发展

党的十九届五中全会把推动志愿服务事业发展摆到事关国家建设的重要位置，提出"健全志愿服务体系""广泛开展志愿服务关爱行动"新时期志愿服务发展的目标任务。以习近平新时代中国特色社会主义思想为指导，坚持"人民城市人民建，人民城市为人民"重要理念，进一步推动浦东志愿服务内涵化高质量发展是下一阶段的主要方向。

1. 加强机制建设，健全志愿服务统筹协调体系

在《慈善法》和《志愿服务条例》相关规定的基础上，2020 年修改实施的《上海市志愿服务条例》明确了本市志愿服务的工作机制，浦东新区应据此进一步优化志愿服务统筹协调工作机制，在强化区文明办在志愿服务发展中统筹规划、协调指导、督促检查和经验推广职能的同时，积极加强区民政局在志愿服务中的行政管理功能，特别是加强区民政局在拟订促进志愿服务事业发展政策措施，开展志愿者队伍建设、志愿服务组织登记和志愿服务活动规范等方面的管理职能。同时，以文明办和民政为主的志愿服务管理部门也要积极进行沟通协调，统一管理规范、完善管理体系，力争做到信息共享、资源整合，减少基层的工作压力和重复劳动，以取得"1＋1"大于 2 的效果。

2. 提升服务能级，推进志愿服务健康有序发展

作为社会治理和推动社会发展的重要载体，推进志愿服务专业化、规范化发展是必然趋势。《志愿服务条例》明确提出，"国家鼓励和支持国家机关、企业事业单位、人民团体、社会组织等成立志愿服务队伍开展专业志愿服务活动，鼓励和支持具备专业知识、技能的志愿者提供专业志愿服务"。从政策层面为专业志愿服务发展提供了支持。一方面，要通过强化法制保

障、健全包括志愿者和志愿服务组织、项目的监督、评估等流程在内的管理机制，保障志愿服务的规范化运行，推进志愿服务健康发展。另一方面，要着力提升志愿者和志愿服务组织的专业化水平，通过将现代社会工作的科学理论和技术的培训指导与培训机制全面结合、针对不同群体的特征和需求开展专项培训等方式，进一步提升培训的针对性和专业性，为提高志愿服务队伍和志愿服务机构的专业化水平提供支持；通过条块联动将志愿服务团队、基地等优质专业资源，以及专业社会力量与基层社区的需求相对接，吸引和培育一批由科技人士、医师、律师、心理咨询师等专业人士组成的各类志愿服务团队，提供专业化、高质量的志愿服务。

3. 完善激励保障，促进志愿服务长效发展

完善志愿服务激励和保障机制有利于满足志愿者的需求，激发志愿者的积极性，促进志愿服务的可持续发展。一方面要立足志愿者的发展需求，将服务他人、奉献社会与提升自我相结合，将民众对美好生活的高层次追求与社会责任意识相融合，有效使用精神、道德、信用等多元形式拓展志愿服务褒奖激励机制内涵，增强志愿者参与志愿服务的获得感和满意度，从根本上激励民众对志愿服务的积极性。另一方面，要积极统筹资源，引导政府相关部门、社区共建单位、社会团体及公益组织等各类公共资源和多维层面的社会力量为志愿活动提供支持和援助，如通过进一步落实实名注册志愿者和专业类志愿者的保险保障，为志愿者提供健康体检、医疗急救、心理疏导等服务支持，为志愿者、志愿服务组织、志愿服务阵地有序参与志愿服务提供有力保障。

4. 注重文化营造，提升志愿服务社会影响力

要注重志愿文化建设，加强对志愿精神的宣传广度和深度，在全社会营造志愿服务的文化氛围。一方面，要积极发挥电台、电视、报社等主流新闻媒体，以及微博、微信、微视、微电影等移动化智能化融媒体的作用，加大对优秀志愿者、志愿服务组织和志愿服务活动的宣传和推广力度，加强对志愿服务的新闻宣传和舆论引导，形成全社会关心、支持和参与志愿服务的良好社会氛围。另一方面，要合理利用区域优势资源，加强志愿者、志愿服务

组织和志愿服务项目的日常先进典型选树和培育，积极探索推进具有浦东新区特色的志愿服务推进示范点和示范阵地建设，发挥"点亮一盏灯，照亮一大片"示范引领作用，扩大志愿服务的影响力，带动和推进浦东新区志愿服务的整体发展。

5. 围绕中心工作，推动志愿服务与新时代文明实践双向提升

建设新时代文明实践中心是党中央着眼于深入学习贯彻习近平新时代中国特色社会主义思想、适应新时代人民群众对精神文化生活新期待做出的重大部署。从上海的实践来看，将志愿服务作为推进和深化新时代文明实践工作的重要载体，推动双向提升是总体要求。在此引领下，浦东应根据市委的总体要求，一方面，立足浦东社区志愿服务的发展优势，进一步推进资源共享共建，促进新时代文明实践中心建设与社区志愿服务体系的相互融合，积极构建新时代文明实践中心统筹规划、社区志愿服务组织实施、社区志愿服务队伍各展所长、社区志愿服务站点承接落地的志愿服务工作体系；另一方面，要着力加强基层文明实践志愿服务队伍建设，全面发挥基层党员干部的先锋模范作用，继续做实做强以党员干部为骨干、基层群众为主体的志愿服务队伍，宣传弘扬新时代文明实践和志愿服务文化，吸引更多人投身于新时代文明实践和志愿服务活动之中。

B.4
浦东福利彩票与慈善公益发展报告

黄晨熹　王天童　徐婷婷*

摘　要：　改革开放以来，浦东福彩发行总量逐年增长，但因疫情等因素
影响增速减缓；福彩公益金在培育公益组织、落实服务项目、
回应民生需求等方面成效突出，但浦东福彩在公益性形象、招
投标资金、非理性购彩等方面遭受挑战。浦东福彩应加快放管
服改革；依托社会组织发展基础，激活浦东公益金使用活力；
加强品牌建设，重塑福彩公益形象，提升福彩结构竞争力。

关键词：　福利彩票　彩票公益金　公益招投标

福利彩票是指国家为筹集社会福利基金，用于举办残疾人、老年人、孤
儿社会福利和康复事业，帮助困难群体而进行的有奖募捐活动。① 彩票最早
出现在二千年前的古罗马，我国南宋时期也有类似彩票形式的博彩出现，此
时的彩票仅被视为一种公众自愿参与的民间机会游戏。16 世纪下半叶，英
国首次发行国家彩票，并将收入用于修建公共设施。② 彩票发行开始被赋予

---

* 黄晨熹，华东师范大学社会发展学院副院长，华东师范大学社会工作系和人口研究所教授、
博士生导师，主要研究方向为社会政策、社会福利、社会救助、公益慈善等。王天童，华
东师范大学社会发展学院社会工作系研究生，主要研究方向为社会福利与学校社会工作。
徐婷婷，华东师范大学社会发展学院社会工作系研究生，主要研究方向为社会福利与社会
救助。
① 民政部：《民政部关于开展社会福利有奖募捐活动的通知》，1987。
② 黄永正、王桂忠：《法国、英国彩票运营模式研究及对我国体育彩票的启示》，《商业经济》
2019 年第 11 期。

促进社会公益事业及社会公共或半公共事业发展的内涵。

中国福利彩票正式发行于 1987 年。经过 30 多年的发展，由中国福彩及中国体彩构成的中国彩票事业成为中国最大的公益慈善事业。2020 年中国福彩以 207 亿美元的销量在全球各彩票机构中排名第三，[①] 仅 2020 年福彩产生的公益金就达 444.58 亿元，是彩票发行前（1985 年）的 148 倍。截至 2017 年，中国福利彩票发行量累计超过 17950 亿元，以"扶老、助残、救孤、济困、赈灾"为公益金使用宗旨，筹集公益金约 5379 亿元，直接和间接受益者超过 5.71 亿人次，提供就业岗位 40 多万个。[②] 在社会福利事业、残疾人事业等公益事业方面做出了突出贡献。

20 世纪 90 年代以来，上海浦东新区既是我国经济改革开放的排头兵，也是行政体制改革和社会治理创新的排头兵。基于这样的背景，浦东福利彩票和慈善公益事业发展坚持创新发展之路，彰显鲜明浦东特色和上海特点，为我国慈善公益发展添上不容忽视的一抹亮色。

一 改革开放以来浦东福利彩票与慈善公益发展历程

根据浦东新区福利彩票与慈善公益发展特点，并结合全国和上海市福利彩票发行状况，笔者将浦东新区福利彩票发展分为三个阶段。

（一）1995—2008 年共生发展期

1987 年上海作为第一批 10 个省市开始试点发行福利彩票。1995 年 6 月，上海市福利彩票发行中心正式成立，为上海市民政局直属的独立核算、自收自支事业单位，业务上受中国福利彩票发行管理中心的领导，负责本市福利彩票发行与销售工作。上海福彩业务开始在市级层面有了初步的统一管理体制。

---

① 数据来源：《La Fleur's 世界彩票年鉴》，2020。中国体育彩票销量为 290 亿美元，排名第一；意大利乐透马蒂克（Lotto Matica）销量为 211 亿美元，排名第二。

② 沈小钰：《浅谈新形势下福利彩票的社会责任》，《中国民政》2018 年第 1 期。

1998 年 8 月，中国福彩中心发行"抗洪赈灾彩票"，上海福彩发行中心积极配合相关销售工作的开展成功在 5 个月内筹集 15 亿元公益金，"地方一分不留，民政一分不用"，全额于 1999 年 4 月 1 日上缴国家财政，用于灾后重建。这是福彩史上第一次发行专项公益福彩，在民众心中建立了正向的公益形象。

1999 年 10 月，上海福彩发行第一张地市级电脑福利彩票"上海风采"，打开"大奖组"后的电脑福利彩票市场，此后全国各地纷纷发行"风采系统"电脑福利彩票。

2008 年 1 月，财政部《关于印发〈彩票公益金管理办法〉的通知》明确将彩票公益金按 50：50 的比例在中央与地方间分配。该分配比例一直沿用至今。

在这一阶段由于福彩发展初期发行规模比较小，起步网点也较少，市级福彩销售中心可以覆盖管理各区县业务，此时上海各区县成立募捐办公室，安排一到两位工作人员配合市级销售中心开展工作，因此可以说该阶段浦东新区福利彩票的发展是融于上海福彩发展的，但该阶段上海福彩管理架构、公益性形象初步建立以及特色票种的发展，在现在看来也深深影响着浦东彩票的发展。在 2009 年南汇区正式划入浦东新区后，浦东新区福利彩票吸取上海福彩发展经验，结合浦东新区域特色，逐渐形成了具有浦东特色的福彩发展之路。

（二）2009—2010 年角色定位期

2009 年 4 月，上海市民政局发布《关于福利彩票公益金资助项目实施公益招投标意见》（沪民计发〔2009〕18 号）。文件明确"为进一步加强福利彩票公益金资助慈善公益项目的评审和管理"，上海率先探索彩票公益金的使用新形式——公益招投标（创投）。实施公益招投标（创投）的基本方针为"资助项目更加注重投入基层社区；通过项目资助，更加注重培育、扶持慈善公益性的社会团体、民办非企业单位和专业性社会工作组织的发展；更加注重吸引社会资金的共同参与；更加注重宣传和引导社会关心、参加与福利彩票有关的各项活动。"且在资金使用方面"公益金用于公益招投标的金额比率应当逐年增长。"

同年 5 月，上海浦东非营利组织发展中心承办了首届上海社区公益创投大赛，[①] 6 月由上海市社区服务中心承办的上海社区公益招投标随后启动，通过福彩公益金资助的方式，资助安老、助残、扶幼、济困共 4 个社会福利项目，资助资金 153.12 万元。浦东新区成为上海第一个同时试点公益招投标及公益创投的行政区。

2012 年 7 月，上海市民政局《关于建立上海社区公益服务项目招投标平台的通知》（沪民计发〔2012〕83 号）将社区公益服务项目招投标工作平台和创投工作平台合并为上海社区公益服务项目招投标平台。[②] 随后该模式于全国推广，公益招投标成为除资助固定福利项目外，彩票公益金使用的重要手段之一。

在这一阶段中，虽然浦东新区福利彩票仍未完全形成独立运营体系，但作为开发开放的典范，浦东新区依旧走在了改革创新的一线，率先尝试了公益招投标的福彩公益金使用方式，使浦东新区福利彩票先进、创新的角色定位逐渐清晰。在公益招投标开始试行之前，我国的福彩公益金福利供给模式是典型的政府主导模式，即政府在福彩公益金的筹集、分配、给付、输送过程中都处于绝对的主导地位。2009 年浦东公益招投标不仅创新了福彩公益金的使用形式，还大胆地将社会组织纳入福彩公益金福利供给模式中，开创了政社合作的新型福利供给模式。2009 年浦东公益招投标的成功试点也为后期上海乃至全国的"政府购买社会组织服务"政社合作模式奠定了重要的实践基础。

（三）2011 年至今浦东特色发展期

2011 年，随着福彩事业的发展和福彩销售规模、网点的扩增，福彩工

---

① 王劲颖：《公益招投标和公益创投实践的差异分析及思考》，《社会福利（理论版）》2012 年第 2 期。

② 王劲颖：《上海公益招投标与公益创投的制度变迁》，《中共青岛市委党校青岛行政学院学报》2014 年第 1 期。

作人员的队伍开始进行扩充和建设。上海各区先后成立了独立的福彩管理机构和队伍。2011 年浦东新区福利彩票服务中心成立，并开始系统运营浦东新区福利彩票。成立首年，浦东新区福利彩票年销量突破 5 亿元。

2014 年，浦东新区福利彩票市场专管员队伍成立，同年浦东新区公益招投标项目资助金额超两千万，达到 2185.03 万元。

2015 年，浦东新区公益招投标项目资助社会福利项目数达到峰值 62 个，其中安老领域社会福利项目 27 个、助残领域社会福利项目 16 个、扶幼领域社会福利项目 11 个、济困领域社会福利项目 8 个。

2018 年，浦东新区共销售福利彩票 10.07 亿元，首次突破十亿元大关，募集公益金 6092 万元。

2020 年，浦东新区即开票销售 1.11 亿元，同比增长 28.4%，成为上海福彩自销售以来首个福彩即开票年度销售破亿的直辖市的区。

2020 年，中国福彩中心推出首款全国联销电脑票游戏"福彩快乐 8"，上海浦东作为首批 13 个试点地区之一进行试点销售。

在这一阶段，浦东新区福利彩票正式进入了浦东特色发展时期。首先在业务管理架构上，浦东新区福利彩票中心的成立及市场专管员队伍的建立使浦东新区福利彩票的发展和规划更贴合浦东新区发展特色；在福彩公益金使用上，浦东新区公益招投标逐渐发展成熟，在 2014 年和 2015 年先后突破自身资助金额及项目最大值；在福彩公益金筹集上，浦东新区福彩销量从 2011 年有明确数据记录以来一直保持稳定增长，保持在上海地区的前列。

虽然经审计风暴、互联网彩票禁售、限制高频快开游戏品种等彩票行业震荡及 2020 年新冠疫情影响，但浦东新区福利彩票凭借自身鲜明的创新特色依旧在行业中发展良好。2011—2020 年，浦东福彩共销售福利彩票 105.87 亿元，筹集浦东新区区级公益金 6.38 亿元，为浦东公益慈善界注入源源不断的新鲜能量及资金，成为浦东公益慈善发展不可忽视的强劲助力。

二 浦东福利彩票发行销售规模及结构变动特征

（一）福利彩票发行总量逐年增长，但增速减缓，近年因疫情等影响"两彩"①销量均出现回落

1. 浦东新区福彩销量逐年增长，但增速逐步减缓

区级福彩销售记录统计始于 2011 年浦东新区福利彩票服务中心成立。从图 1 可见，自浦东新区福彩服务中心成立以来，浦东新区福利彩票销量呈现稳步增长的趋势，从 2011 年的 5.28 亿元增加至 2019 年的 10.39 亿元，年均增长率为 8.8%。其中，2013—2018 年间，浦东新区福利彩票保持上海销售总量第一，并于 2018 年突破 10 亿元大关。据统计，从 1998 年到 2020 年，浦东福利彩票总销量已逾 105.87 亿元。

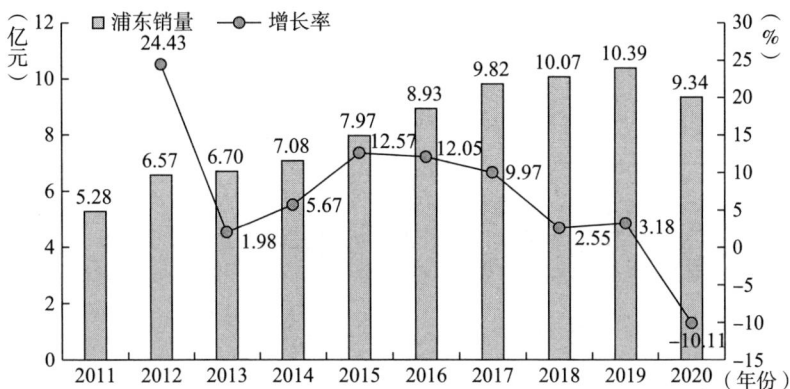

图 1 2011—2020 年浦东新区福利彩票总销售金额变动情况
资料来源：浦东新区福利彩票服务中心。

值得注意的是，2015 年以来尽管浦东新区福彩销量逐年增长，但增速逐步减缓，年度增长率从 2015 年的 12.57% 降至 2019 年的 3.18%，降低了

---

① "两彩"：指"福利彩票"与"体育彩票"。

9.39 个百分点。由于受到疫情及销售政策调整①等多方影响，2020 年浦东新区福利彩票销量首次出现负增长，同比降低 10.11%。

2. 浦东新区体育彩票销量相对稳定，自2019年起销量呈下降趋势

从图 2 可见，自 2016 年以来，浦东新区体育彩票销售额从 6.12 亿元上升至 7.20 亿元，总体来看涨幅较小。值得注意的是，在 2018 年，体彩增长率高达 44.93%，且销售额为 8.58 亿元，达到峰值。由于政策等影响以及对于体育彩票"防沉迷"的严格管控，体育彩票的销售量于 2019 年起出现下降趋势，可见，扩大销量和责任彩票的矛盾冲突开始显现。

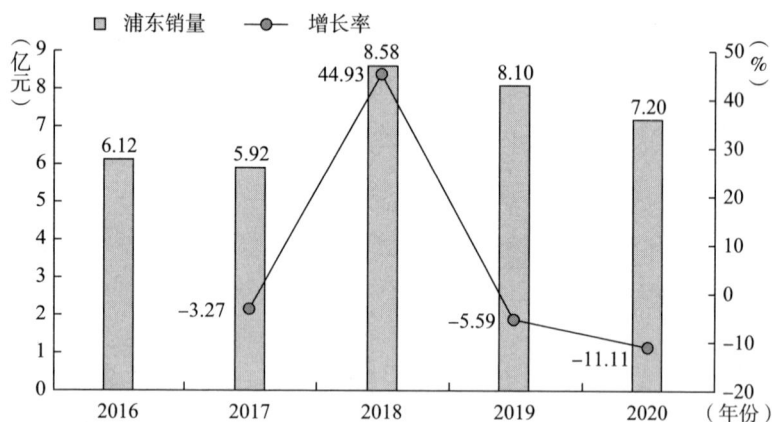

图 2　2016—2020 年浦东新区体育彩票总销售金额变动情况
资料来源：浦东新区体育彩票管理中心。

3. 2016—2020年"两彩"销售情况对比

从图 3 数据中可以看出，2016—2020 年间，浦东福利彩票销量均高于体育彩票销量。但依据趋势来看，体育彩票的增长趋势较福利彩票更快，福彩销量与体彩销量之间的差距正在逐步缩小，2016 年体育彩票较福利彩票销售总额低 2.81 亿元，2020 年两者差距已降至 2.14 亿元。

---

① 2020 年中国福彩发行中心叫停包括"连环夺宝"等在内的 100 款即开型福利彩票游戏，直接影响福彩销售。

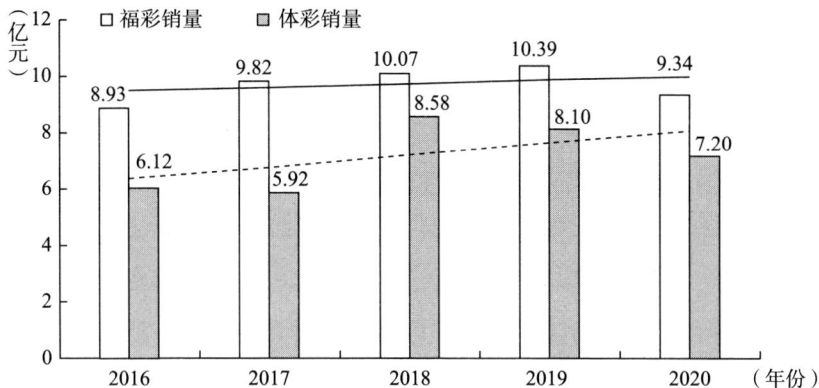

图 3　2016—2020 年"两彩"销售情况对比

资料来源：浦东新区体育彩票管理中心、浦东新区福利彩票服务中心。

（二）福利彩票销售量构成基本稳定，传统型彩票最受欢迎且销售额稳中有升，新型福利彩票销售受政策影响大

如表 1 所示，2019 年浦东新区共销售福利彩票 10.39 亿元，其中传统彩票、即开票和中福在线的销售量分别为 8.29 亿元、0.87 亿元和 1.24 亿元，分别占总销量的 79.79%、8.37% 和 11.93%。与 2016 年相比，传统彩票比重增加 4.54 个百分点，即开票增加 0.64 个百分点，而中福在线降低 4.98 个百分点。2020 年 3 月，由于财政部同意了中国福利彩票发行管理中心提出的停止销售"连环夺宝""幸运五彩""开心一刻"等 7 款中福在线视频型彩票游戏的申请，中福在线部分热门游戏停止销售。不过，即开票销售量有明显增长，显示两者之间可能存在一定的替代性。

表 1　2016—2020 年浦东新区福利彩票销量及其构成变动

年份	传统彩票		即开票		中福在线①		总销量	
	亿元	比重(%)	亿元	比重(%)	亿元	比重(%)	亿元	比重(%)
2016	6.72	75.25	0.69	7.73	1.51	16.91	8.93	100.00
2017	7.78	79.23	0.59	6.01	1.45	14.77	9.82	100.00
2018	7.96	79.05	0.56	5.56	1.55	15.39	10.07	100.00

① 　注：2020 年被叫停。

年份	传统彩票		即开票		中福在线		总销量	
	亿元	比重（%）	亿元	比重（%）	亿元	比重（%）	亿元	比重（%）
2019	8.29	79.79	0.87	8.37	1.24	11.93	10.39	100.00
2020	8.17	87.47	1.11	11.88	0.06	0.64	9.34	100.00
合计	38.92	80.16	3.82	7.87	5.81	11.97	48.55	100.00

资料来源：浦东新区福利彩票服务中心。

传统福利彩票主要包括双色球、快三和其他传统彩票三种类型。从传统福利彩票的销售结构及变动看（见图4），双色球和快三是传统型福利彩票销售市场的主力军，其中2020年双色球销量为3.50亿元，占福利彩票销售总额的42.80%，快三销量为3.75亿元，占45.90%。两者合计占总销量的88.70%。而从近三年的变化情况看，快三销量较快增长，2020年其销量已经超过双色球。

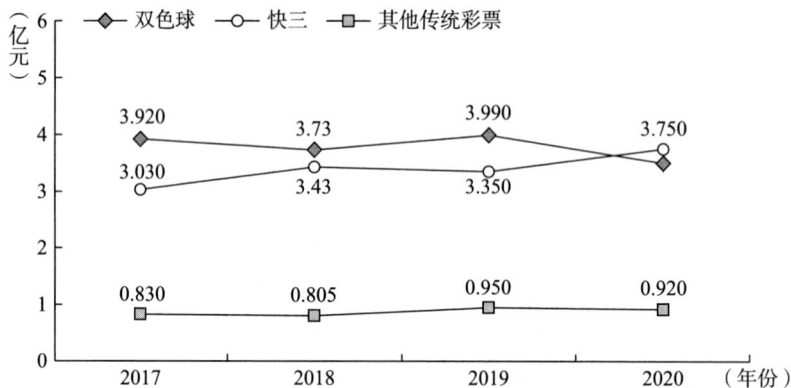

图4　2017—2020年浦东新区传统福利彩票销量及构成变化
资料来源：浦东新区福利彩票服务中心。

三　浦东福利彩票公益金的筹集分配及其成效

我国福彩销售额的使用由彩票奖金、彩票发行费及彩票公益金三部分内容构成。其中《彩票公益金管理办法》明确彩票公益金分配使用范围为

"用于社会福利事业、体育事业、补充全国社会保障基金和国务院批准的其他专项公益事业"。福彩公益金成为福彩助推社会公益慈善发展的重要体现。

根据《彩票管理条例》和《彩票公益金管理办法》规定，中央和地方彩票公益金分配比例为50∶50。其中中央集中彩票公益金在全国社会保障金、中央专项彩票公益金、民政部和体育总局之间分别按60%、30%、5%和5%的比例分配，地方留成彩票公益金由省级财政部门、民政、体育等有关部门研究确定比例。上海市地方留成彩票公益金的市、区分配比例为6∶4。本报告所讨论的浦东新区福利彩票公益金指扣除上交市及国家部分公益金后，根据票种以及销售额返还的仅用于浦东新区社会公益事业发展的福利彩票公益金总额。

（一）福利彩票公益金的筹集分配和使用

1. 福利彩票筹集金额随福利彩票销售量同步增长，累计筹集福彩公益金5亿元

图5显示，浦东新区福利彩票筹集福彩公益金与福利彩票销售量同步增加，从2011年的0.30亿元增加至2019年的0.63亿元，翻了一番。2020年由于受到福利彩票销售量下降因素影响，福利彩票公益金也有所降低。据统计，2011—2020年，浦东新区累计筹集福利彩票公益金约5亿元。

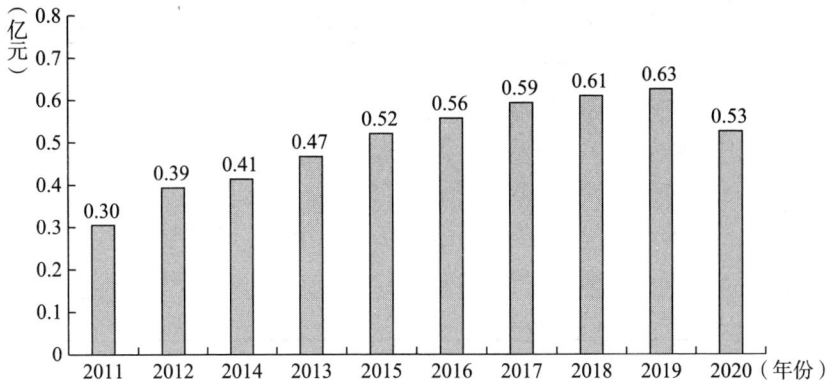

图5　2011—2020年浦东新区福利彩票公益金筹集情况

资料来源：浦东新区民政局。

2. 福彩公益金主要用于老年福利、社区建设和社区公益服务等，其中老年福利约占75.11%，社区建设及社区公益服务约占24.07%

福利彩票公益金是我国社会福利资金的重要来源之一。[①] 如表2所示，2016—2020年，浦东新区福利彩票公益金共支出2.21亿元，其中老年福利1.66亿元，占75.11%，排在首位，主要用于养老机构的设施维护以及养老机构的老人慰问。其次是社区公益服务（0.36亿元），占16.47%，主要用于公益招投标的资金支持。再次是社区建设（0.17亿元），占7.60%，主要用于社区慈善超市的开发建设。儿童福利支出较少，约0.02亿元，占0.78%，主要用于儿童福利机构的慰问以及儿童文化福利建设。救助帮扶支出只发生在2019年，支出总额和比例均较小。

表2　2016—2020年浦东新区福利彩票公益金使用情况

年份	老年福利		儿童福利		社区建设	
	万元	比重（%）	万元	比重（%）	万元	比重（%）
2016	2110.86	58.24	18.99	0.52	350.00	9.66
2017	3449.96	77.94	6.67	0.15	313.00	7.07
2018	3387.16	77.49	51.34	1.17	351.85	8.05
2019	5477.48	87.83	48.95	0.78	264.00	4.23
2020	2151.57	63.06	45.85	1.34	397.50	11.65
合计	16577.03	75.11	171.80	0.78	1676.35	7.60

年份	社区公益服务		救助帮扶		合计	
	万元	比重（%）	万元	比重（%）	万元	比重（%）
2016	144.53	31.58	—	—	3624.38	100.00
2017	657.06	14.84	—	—	4426.69	100.00
2018	580.70	13.29	—	—	4371.05	100.00
2019	435.99	6.99	10.05	0.16	6236.47	100.00
2020	817.02	23.94	—	—	3411.94	100.00
合计	3635.30	16.47	10.05	0.05	22070.53	100.00

资料来源：浦东新区民政局。

---

① 黄晨熹：《社会福利》，上海人民出版社，2020。

（二）福利彩票公益金资助公益招投标支出及成效

公益招投标指上海市民政局将公益金资助项目的评审工作委托给第三方公益性组织，由其面向社会公开招标、投标，并将评审结果报市民政局，由市民政局实施审批的活动总称。[①] 2009 年公益招投标在浦东试点举办，是浦东新区创新使用福彩公益金的一大亮点，该形式不但提升了公益金的使用效率，还挖掘培育了浦东诸多优秀社会组织。

1. 浦东新区福利彩票公益金资助公益招投标项目的中标数量和资助金额均呈现先增后减的态势，资助项目类型以安老为主

自 2009 年至 2020 年（见表 3），浦东新区公益招投标累计中标项目共423 个，覆盖"安老、助残、扶幼、济困"领域，累计投入项目资助的市、区福彩资金约 1.59 亿元，覆盖全区 36 个街镇。2014 年资助金额达到峰值2185.03 万元，2015 年中标项目达到峰值 62 个。此后浦东新区福利彩票公益金资助公益招投标项目的中标数量和资助金额呈递减态势，2020 年浦东新区公益招投标中标项目共计 19 个，中标金额 734.55 万元，共有 12 家社会组织中标，组织项目实施。

表 3　2009—2020 年浦东公益招投标资金[②]使用情况

年份	中标数量（个）	资助金额（万元）	覆盖领域（个）				
			安老	助残	扶幼	济困及其他	共计
2009	4	153.13	1	1	1	1	4
2011	50	1980.49	23	7	7	13	50
2012	49	2375.71	21	12	8	8	49
2013	45	1908.06	27	2	9	7	45
2014	54	2185.03	25	9	14	6	54
2015	62	2084.55	27	16	11	8	62

---

① 上海市民政局：《关于福利彩票公益金资助项目实施公益招投标的意见》（沪民计发〔2009〕18 号），2009 年 5 月 15 日。

② 浦东公益招投标资金中的 50% 来自市级福彩公益金，另外 50% 来自浦东新区福彩公益金。

年份	中标数量（个）	资助金额（万元）	覆盖领域（个）				
			安老	助残	扶幼	济困及其他	共计
2016	37	1553.99	36	0	1	0	37
2017	34	1063.50	33	0	1	0	34
2018	34	858.71	28	3	1	2	34
2019	35	963.17	30	2	1	2	35
2020	19	734.55	15	1	2	1	19
合计	423	15860.90	266	53	56	48	423

资料来源：浦东新区民政局。

2. 浦东新区福利彩票公益金资助公益招投标成效

自 2009 年以来，浦东新区福彩公益金资助公益招投标在培育扶持公益组织、推动落实服务项目、优化资源满足居民需求方面起到了显著工作成效。

（1）培育扶持公益组织茁壮成长

通过公益招投标的竞争机制，福彩金为符合民生需求的一些公益组织提供了发展壮大的良好机遇。从社会组织服务对象年龄来看，在累计中标的62家社会组织中，其服务对象已经覆盖了老年人、中年以及青少年；从社会组织服务对象的服务性质来看，已培育的社会组织服务范围已经包括低保人员社会救助服务、社会福利服务、就业服务、社区管理与服务等。可见，福彩金通过公益招投标的形式，以"公益资本"的投资形式，激发了社会组织参与公益事业、关注公益服务、投身公益事业的积极性，培育了公益领域的社会组织的成长，并通过对社会组织的投资，优化区域公共资源配置效率，间接解决社会问题。

（2）推动落实服务项目可持续发展

在浦东新区公益招投标的 423 个累计中标项目中，安老、助残、扶幼、济困等领域均已得到全面覆盖，多项特色项目已成为浦东特色。例如在困境儿童服务领域，"浦东新区困境儿童关爱服务项目"和"小就小了，弯就弯了，朵朵花儿开——浦东新区南码头街道、宣桥镇贫困智障儿童支持服务项目"已成为浦东新区福利彩票公益金资助公益招投标项目的特色典范。

浦东新区困境儿童关爱服务项目由浦东新区民政局委托上海东方社会工作事务所实施。项目积极响应《国务院关于加强困境儿童保障工作的意见》（国发〔2016〕36号）和《上海市关于加强困境儿童保障工作的实施意见》（沪府发〔2017〕32号）政策号召，旨在为浦东新区内6—17岁的90名困境儿童提供专业心理疏导、关爱陪伴与专业法律援助等相关服务。项目立足实际需求，目前已累计服务20户困境儿童家庭，通过实地探访儿童及其家庭，通过儿童需求评估及家庭监护指导个案服务、儿童健康讲座、家庭监护指导讲座以及线下法律咨询服务等，对困境儿童进行关爱帮扶，促进儿童健康成长。

"小就小了，弯就弯了，朵朵花儿开——浦东新区南码头街道、宣桥镇贫困智障儿童支持服务项目"致力于使每一位南码头街道特殊儿童都获得康复的权力和机会，真正实现"人人享有康复"的目标。项目从2012年获得浦东新区公益招投标资金支持伊始，已持续服务8年。服务内容涉及残疾儿童的语言、认知、情绪、行为、运动和社会适应能力康复训练，通过以艺术为主题的丰富多彩的康复活动，让孩子身心的成长有了全面的综合提升。

可见，浦东新区福利彩票公益金资助公益招投标项目不仅推动了公益服务项目的成长为项目提供了发展空间，更通过监督和培育为项目提供了可持续发展的生命力。

（3）回应民生需求，优化资源效率

一方面，浦东新区福利彩票公益金通过网站公开发布、提交评委评审、公示中标结果等工作流程，并通过网站、媒体和社区动员等形式，向社会发布公告，征集项目，不仅保证了招标过程的公平竞争，更能够最大程度保证中标项目源于人民、用于人民。另一方面，资助公益招投标项目通过中期评估评审、结项验收、"改拨为招"等推进措施，持续跟踪项目推进情况，确保了公益资源的质量和使用效率。

四 浦东福利彩票发展面临的问题与挑战

2011年浦东新区福利彩票发行中心成立至今，浦东新区福利彩票在安老、助残、扶幼、济困领域为浦东慈善公益事业发展持续提供着大量的资金支持。但近年来，不论是从销量数据还是公益金使用数据上看，浦东新区福利彩票已然进入了发展攻坚期，新时代福利彩票发展面临着宣传、销售、公益金使用效能、公益形象建立的多维度挑战。

（一）收支两条线管理体制致福彩中心公益性弱化，销售及宣传遭受影响

回溯中国福彩的组织架构不难发现，不同于国外的"收支一体"，中国福彩设有公益金筹集（福彩销售）以及公益金管理使用两个平行部门，在随后发展中，虽然公益金管理使用的职责从民政部转移至财政部，但总体都贯彻着"收支两条线"的管理策略。

"收支两条线"管理一方面明确了部门间的主体责任，即民政福彩发行中心负责彩票的发行销售；财政部负责福彩公益金的管理与支出，防止出现部门内部"自收自支"，规范了福彩公益金的使用；另一方面，由"收支两条线"建立起的公益金使用"防火墙"也模糊了福彩销售端——福彩中心的公益性。福彩中心被普遍认为是一个"销售部门"，又因其销售的"彩票"不同于其他商品，带有"机会游戏"甚至是"赌博"的大众刻板印象，福彩中心被置于一个尴尬的角色地位。

在福彩发行销售、福彩公益金管理、福彩公益金使用三个端口中，福彩发行销售点直接面向购彩者以及大众，本应是体现和宣传福彩公益责任形象的最佳阵地，但福彩发行销售部门与福彩公益金管理使用部门分立，沟通交流不频繁，公益金使用情况并未及时反馈于福彩发行销售部门，使"线下销售点公益宣传"这一公益形象宣传途径未被最大化利用。在实际操作过程中，浦东福彩中心曾想利用新媒体对浦东福彩的销售及公益金使用进行宣传，但公众号内容因"涉及敏感词汇"被屏蔽成为常态。同样的理由也使其被广告投放公司拒之门外。因角色定位公益性模糊，矫枉过正而造成的销售、宣传受阻，成为浦东新区福利彩票的发展桎梏。

（二）不断上扬的商业地价和不断强化的线下销售模式导致福利彩票面临布点困难和运营成本不断攀升的挑战

为规范彩票市场，2008 年 1 月财政部、民政部、国家体育总局三部委联合通知，全面叫停利用互联网销售彩票。这使线下销售成为彩票唯一合法的销售途径。因此，地区的彩票销量情况在一定程度上与该地区的福彩销售网点布点密度、便民性及合理性直接挂钩。

浦东新区经过 30 年的开发开放，已然成为世界上首屈一指的商业地区。商业的高度发展一方面有利于浦东新区福利彩票销售点的发展，但同时也对浦东新区的福彩销售网点布点带来了极大的挑战。不断上扬的商业地价使运营成本日益增长，逐步压缩着福彩的销售利润空间；加盟式布点方式在通过低门槛吸引彩票终端的销售人员的同时，也增加了销售人员队伍的流动性，使线下彩票销售点的稳定性受到挑战。

（三）项目固化及"防弊"思维使公益招投标资金持续降低，影响公益金效能发挥

浦东利用公益招投标形式使用福彩公益金的创新性有三：一是促进福彩公益金的高效使用；二是借机构建社区层面的供需对接平台，社区需求直接通过社区社会组织项目招投标的形式予以发现和解决；三是培育优质社会组织及项目，待项目成熟后，可以去争取其他资金进行后续的发展支持。

公益招投标作为浦东创新使用福彩公益金的特色做法，在促进政社合作的同时，也调动了社会组织的发展积极性，使公益金使用效率增强，旨在形成良性循环。除 2009 年浦东新区首次试点公益招投标外，2011—2015 年浦东新区公益招投标进入高速发展时期（见图 6），资金盘稳定在 2000 万元左右，中标项目数在 2015 年达到 62 个。但从 2016 年开始，公益招投标的资金盘则逐渐萎缩，2020 年回落至 734.55 万元，中标社会组织仅有 12 家。公益招投标资金的逐年降低，影响公益金效能发挥，成为浦东福彩公益金使用方面的重大挑战。

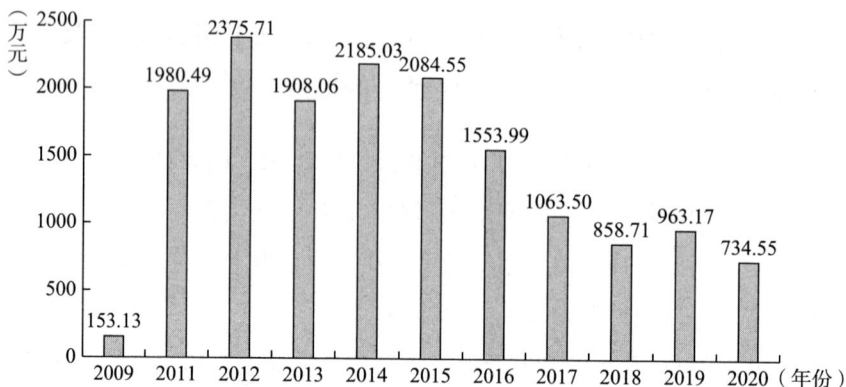

图6　2009—2020年浦东公益招投标资金盘变化情况

资料来源：浦东新区民政局。

　　但通过近年的中标项目数据（见图7）发现，浦东公益招投标中标项目个数同样从2016年开始出现萎缩情况，除安老领域以外，助残、济困、扶幼领域中标大量缩减，甚至出现零中标的情况。体现出中标的社会组织及项目逐渐固化在了养老领域。养老领域项目确实是结合浦东社会发展的普遍需求，但是由于覆盖面较窄，导致浦东公益招投标在助残、济困、扶幼领域的社会创新和需求回应的能力表现不足。此外，新投标的社会组织因为没有经验，中标率较低；成功通过招投标培育的成熟项目的引流"毕业"制度缺失，新项目竞争不过老项目，无法匹配社区新需求，也斩断了招投标资金盘的上扬动力。

　　另一方面，随着招投标流程的逐渐规范化和流程化，政府对社会组织项目的"防弊"思维方式逐渐凸显，[1] 尤其体现在公益招投标资金的申请、使用环节。现在这种"防弊"思维甚至逐渐发散到了招投标流程的需求评估阶段。在调研访谈中，负责招投标需求评估的工作人员表示"在预算上，其实到后来我就觉得做不来了，因为在提需求的阶段，他已经要求我明确做多少次活动，包括一次的活动可能用多少瓶水，是两块的还是三块的，要细

----

① 方琦、王伯承：《制度壁垒与角色偏差：政府购买社会组织服务困境研究》，《云南行政学院学报》2020年第5期。

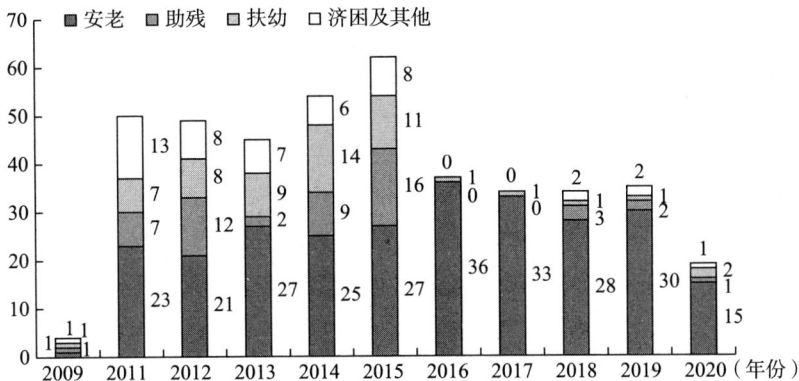

图7　2009—2020年浦东公益招投标中标项目个数变化情况

资料来源：浦东新区民政局。

化到这个程度。"如此细化的指标需求已经超出了需求评估的范围，更偏向于项目设计阶段需要考虑的因素，此时的项目基本已经被框死了，投标书与招标书基本上没有什么变化的余地，社会组织也没有发挥的空间，只能照猫画虎，社会组织的参与积极性也逐渐降低。

项目固化及"防弊"思维的产生，使公益招投标资金盘持续缩小的同时，也打击了社会组织参与的积极性，打破了浦东公益招投标原本的"资金高效使用—社会组织积极参与"的良性循环生态圈，影响浦东福彩公益金效能的发挥。

（四）非理性购彩和问题彩民现象缺乏切实有效的治理手段，不断侵蚀福彩的公益责任形象

国家发行福利彩票是党中央、国务院为发展社会福利事业和社会保障事业而制定的一项特殊政策，是民政部门开展社会救助活动的一种特殊方式。但因中国悠长的博彩历史以及福彩公益性宣传不充分，使福彩形象在大众层面被扁平化为"机会游戏"。吸引的购彩者群体从"想要力所能及为社会做些公益"的购彩者逐渐偏向"想靠彩票发笔横财"的购彩者。彩民购彩投机心理远大于公益动机，非理性购彩现象频发，甚至衍生出问

题彩民。

浦东新区福利彩票的购彩者中也存在这类"问题彩民"，该部分彩民往往沉迷购彩，期待通过彩票中奖来改变其现有的生活现状，更有甚者将未中奖的激愤情绪发泄于福彩销售点，影响社会安定的同时，也给福利彩票行业造成了极大的负面社会影响。

为扼制非理性购彩行为，国家先后发布多项条例，如中国福利彩票发行管理中心在 2019 年 12 月决定，将从 2020 年 3 月 20 日 24 时起停售包括"连环夺宝"在内的 100 款即开型福利彩票游戏，限制高频快开等成瘾性较强的彩种发行，引导大众理性购彩。但面对已经成为问题彩民的群体，目前浦东甚至是国内，都尚未形成一套完整的帮扶计划或服务体系。

五 福彩慈善公益事业高质量发展对策与展望

2021 年 7 月 15 日，中共中央、国务院发布《关于支持浦东新区高水平改革开放打造社会主义现代化建设引领区的意见》，赋予浦东新区改革开放新的重大任务，努力成为更高水平改革开放的开路先锋、全面建设社会主义现代化国家的排头兵，到 2035 年全面实现现代化治理。这要求浦东新区福彩和慈善公益事业要因应新时代、新要求和新挑战，在发挥自身特点优势的基础上，不断改革创新，促进政社合作及公众参与，形塑美好公益慈善形象，促进福彩事业高质量发展。

（一）发挥先行示范区优势，加快彩票领域放管服改革

"放管服"概念首次于 2015 年国务院召开的全国推进简政放权放管结合职能转变工作电视电话会议中提出。"放管服"就是简政放权、放管结合、优化服务的简称。"放"即简政放权，降低准入门槛。"管"即创新监管，促进公平竞争。"服"即高效服务，营造便利环境。2020 年，国务院总理李克强更是在 2020 年国务院政府工作报告中提出对"放管服"改革的纵深推进。浦东作为先行示范区应积极响应政策，加快在福利彩票领域的放管

服改革。

1. 加快彩票法立法，完善彩票法律体系

从国际经验上来看，彩票法律法规的制定对彩票行业的良性发展起着引导的关键性作用。英国早在1993年就专门颁布了《国家彩票法》以明确英国彩票市场秩序，[①] 法国政府先后颁布了《取缔随机游戏法》《公司法》两部国家层面正式法律，规范国家游戏集团对彩票的发行管理。目前我国彩票行业的全国性正式法规仅有一部2009年发布的《彩票管理条例》（以下简称《条例》），及之后发布的《彩票管理条例实施细则》（以下简称《细则》）。且《条例》只是一部行政法规，对彩票公益性地位的界定和公益金的公众参与权表述模糊，对监管体系缺乏社会监督的补充建设。应加快推动《国家彩票法》的制定，健全有关彩票的法律法规体系，规范中国彩票运营及管理，引导中国彩票良性发展。

2. 明确彩票监管职责分工，完善彩票监管体系

经过30多年的发展与管理架构调整，目前中国福彩由政府直接运营；发行审批权集中在国务院；民政部下中国福利彩票发行中心负责管理运营；财政部负责彩票公益金监管，形成了中国特色的"收支两条线"彩票运营模式。目前《条例》及《细则》对市场监管部门的职责并未明确规范至进行实际监管的地市及财政部门，自上而下的监管规范并未形成，浦东福彩可以着眼于监管中所遇到的问题，先行探索监管规范，为福彩发展贡献出力。

3. 吸引优秀公益人才，助力福彩公益发展

福彩虽然是以销售有奖彩券的形式筹集公益金，但不论是从"扶老、助残、救孤、济困"的发行宗旨，还是聚焦社会公益慈善的公益金使用原则上看，福彩本质上仍属于一项公益慈善事业。如何高效服务，营造便利环境，完善浦东公益责任形象，解决由非理性购彩衍生的"问题彩民"现象，扩大浦东新区福利彩票在浦东公益慈善事业中的影响力等方面，都需要专业

---

① 黄永正、王桂忠：《法国、英国彩票运营模式研究及对我国体育彩票的启示》，《商业经济》2019年第11期。

公益人才在其中建言献策。目前公益慈善界人才紧缺，浦东福彩同样也需要公益人才的注入，助力福彩的公益发展。

（二）依托社会组织发展良好基础，优化申请程序和投入方向，激活浦东公益金使用活力

1. 放宽公益创投预算申请，鼓励项目和组织的培育与发展

公益招投标作为浦东创新使用福彩公益金的特色，目前正面临着发展的瓶颈。如何调动起社会组织的参与积极性，将浦东公益招投标资金盘重新做大做活是目前所要解决的首要问题。政府应充分"放权"，鼓励社会组织在"扶老、助残、救孤、济困"这四大领域内，结合浦东的社区特色自行探索，挖掘切实的居民需求，让社会组织在需求发现端就有机会体现出自己的专业性，调动起社会组织扎根社区。同时浦东还应健全浦东公益招投标的"毕业引流机制"，将优秀项目推广至更多地方，也可提升新组织新项目的参与度。政府还应转变"防弊"思维，将社会组织看作拥有共同目标的专业助手，放宽公益创投预算申请，让社会组织有一展拳脚的平台和机会，调动社会组织参与积极性，促进社会组织专业化发展。

2. 对接市民实际需求变动，加大重点民生领域投入配比

目前福彩公益金使用主要集中在"安老、助残、扶幼、济困"领域，其中安老领域的投入最大。在《上海市基本公共服务"十四五"规划》中，除了提到老年照护领域的发展外，同时也强调了对未成年人、困境儿童、孤儿、重度残疾人、精神障碍患者等人群的服务保障兜底。浦东福彩可以根据上海及浦东的未来民生发展重点，拓展福彩公益金使用领域及配比，将福彩公益金更高效地运用于民生建设。

（三）加强宣传和品牌服务建设，重塑福彩公益形象，提升福彩机构竞争力

1. 加强公益金使用反馈，与销售宣传形成闭环，加强彩民公益意识

"收支两条线"是中国福彩的管理特色，同时也造成了销售端与公益金

使用端的信息壁垒，浦东应尽快建立福彩公益金的支出使用反馈机制，打开福彩筹集及公益金使用部门间的信息沟通渠道，加强公益金使用在销售端对彩民的反馈，将销售与宣传形成闭环，宣传浦东新区福利彩票的公益理念，削弱彩民的非理性购彩动机，加强彩民公益意识。

2. 短期宣传与长期深入的项目宣传双管齐下，打造浦东福彩品牌

在公益金使用宣传上，中国内地各省市其实百花齐放，如：构建地方福彩品牌，各地已经出现了很多以"福彩"冠名的路牌、建筑、养老机构、学校等公益项目，还包括单次活动冠名、社会公益项目冠名、福彩公益宣传冠名等，成为福彩品牌建设中的亮丽人文风景线；2009 年北京市民政局与北京电视台联合推出公益性访谈节目《大宝真情互动》，通过介绍身处困境仍自强不息的人物事迹，宣传福彩发行宗旨，扩大福彩社会影响力；江苏、浙江、山东、湖北等地通过福彩公益金资助建立或修缮当地养老院、残疾人福利院、儿童福利院，完善当地基础设施建设。

在调查研究中笔者发现，浦东福彩的公益金使用倾向于较为长期的项目合作，如浦东社区公益招投标一般是以一年为资助周期。项目周期长有利于服务的深入开展，但同时带来的问题是服务成效往往不能较快体现或是反馈，也较难用于宣传。

浦东福彩的品牌化经营偏弱，造成虽然资金投入很大，但在民众中"存在感不强"，浦东福彩今后可以借鉴上述其他地区的福彩金使用经验，将短期或单次公益资助也纳入福彩金的公益资助考虑范围，短期宣传与长期深入的项目宣传双管齐下，共同创设福彩的公益氛围。

3. 建立"问题彩民"服务体系，引导理性购彩树立责任彩票形象

"问题彩民"现象并非仅是浦东福彩发展过程中遇到的问题，在国外，各个国家早就将针对大奖得主的支持性服务以及问题及成瘾性彩民的预防服务纳入了责任彩票的构建过程中，引导彩民理性购彩。例如：法国对大奖得主提供中奖者服务，包括请专家为其制定财务计划人生发展规划引导中彩者合理使用奖金，为社会做积极的贡献；芬兰则通过实名制购买对彩民进行定期的电话回访，同时设立求助热线对成瘾性购彩者进行劝导及阻断购买，平

均每月阻断 1000 名游戏用户，其中 4% 的被阻断者寻求热线回访等服务。该项目取得了非常好的社会责任效应；① 美国将彩票公益金中的一部分用于建立专门研究机构，对成瘾性购彩者开展服务并跟进。

在回应"问题彩民"现象、树立责任彩票形象上，浦东福彩可以充分吸取国外先进经验，结合浦东公益金使用特点，建立起问题彩民的服务体系。例如，在公益金招投标中留出部分资金用于购买专业的社会组织服务，用于对问题彩民的专业服务以及跟进评估。

---

① 沈小钰：《国外责任彩票建设：背景、经验与启示》，《中国民政》2020 年第 12 期。

B.5
浦东社区慈善发展报告

唐有财　张佳华*

摘　要： 社区慈善是慈善事业的重要组成部分，浦东新区通过大力培育社区慈善组织、完善社区共治平台、加强政策支持和慈善氛围营造等措施，在公益募捐、志愿服务、公益氛围和社区慈善组织创新等方面取得了显著成效，形成了多方参与社区慈善的格局，建议未来进一步凸显社区慈善在第三次分配中的作用，推动社区慈善各主体在参与社区治理中的作用发挥，培育社区公益生态，发展社区公益文化，做好社区慈善的数字化转型。

关键词： 社区慈善　自治共治　社区基金　社区基金会

社区慈善是慈善事业的重要组成部分，代表着一个地区慈善发展水平，也是当地公益慈善文化、志愿服务精神和社区治理水平的重要表征。改革开放以来，随着居民公共意识的不断增强，大力推进慈善事业社区化是慈善事业发展的必然趋势，浦东新区在慈善捐赠、慈善项目、慈善组织等方面率先探索，初步形成了党建引领下的多方参与社区慈善事业的格局。本篇内容主要基于对社区慈善的概念界定，梳理社区慈善的国内外发展状况和主要特

* 唐有财，华东理工大学社会学系教授，上海公共经济与社会治理研究中心秘书长，上海市徐汇区凌云社区基金会理事长，主要研究方向为社会发展和基层社会治理。张佳华，上海市浦东新区善行公益服务中心秘书长，上海市青少年研究会理事，原上海市浦东新区陆家嘴社区公益基金会秘书长，主要研究方向为社会政策和社区治理。

征，梳理了浦东新区社区慈善事业的发展历程、社区慈善的主要内容和实现形式、社区慈善的主要成就和经验，在此基础上提出进一步推动浦东新区社区慈善事业的政策建议。

一 社区慈善及其发展

（一）社区慈善的概念界定

在慈善公益领域的研究中，社区慈善是一个较新的领域，对于社区慈善的研究和相关文献也较为薄弱。然而在 2010 年后，各种形式的社区慈善实践不断出现，并逐渐形成一个新的独特的领域。例如在基层社区出现的爱心互助、公益市集、群体关怀、社区营造活动层出不穷，近十年社区型基金会也在北京、上海、广州、深圳、成都、重庆等地得到快速发展。这些都是以社区为基础开展的慈善工作，这类实践具有很强的属地化特征，以社区为主体，强调社区成员的互助和对社区发展的赋能。

随着社区慈善实践的丰富，关于社区慈善的探讨也引起学界的关注，社区慈善研究发展迅速并逐渐成为一个独立的研究领域。[1] 郑功成将社区慈善、网络慈善和家族慈善作为近几年我国慈善事业的发展进步的重要体现。他认为，社区慈善往往与基层政权建设和群众自治组织有机结合，不仅符合中华邻里互助的传统与现行体制，而且畅通了社会成员参与社区治理的途径，增进了社会团结，进而可以为国家治理奠定稳定的根基。因此，我国应当将社区慈善作为慈善事业发展的重要方向，大力培育社区型慈善组织，鼓励社会慈善机构直接抵达社区或者通过社区慈善组织直接服务于社区居民。[2]

---

[1] 王筱昀：《如何培育扶持社区基金会——以美国礼来基金会为例》，《中国社会组织》2017 年第 4 期，第 34～35 页；吴子明：《"社区慈善"背后的社会趋向反思》，《华南师范大学学报（社会科学版）》2019 年第 6 期。

[2] 郑功成：《中国慈善事业的发展方向》，《社会治理》2020 年第 10 期，第 13 页。

在对于社区慈善的概念界定上，西方学者将社区慈善作为一种地方驱动的发展形式和资源，强调通过参与、协作和共治来赋能社区内部，促进地方发展，增强社区能力，建立社区信任。[①] 例如，Pond 和 Hodgson 指出，社区慈善事业既是一种地方驱动的发展形式，也是一种力量，它可以增强社区的能力和发言权，建立信任，最重要的是利用和建设地方资源，这些资源汇集在一起，建立和维持一个强大的社区。[②] 西方学者的定义注重社区慈善的目的。

国内学者对社区慈善的界定更多从社区慈善的内容出发。例如，凡奇将志愿奉献自己的时间、才能、物品、资金以回馈社区的行为，称为社区慈善。[③] 杨荣认为凡以社区为基础、向社区居民提供社会服务的慈善活动均可称之为社区慈善。[④] 闫磊将社区慈善定义为以社区为基础、以社区居民和社区整体发展利益为目的的慈善活动和慈善服务。[⑤] 谢中起和刘萌萌认为社区慈善的本质特征在于其结合了公益慈善事业与社区发展，这种结合使社会组织能够将社区中的多元主体调动起来，形成以社区为主导的公益性慈善网络，从而实现公益慈善的自发可持续发展。[⑥] 由此可见，社区慈善的形式是多样化的，不仅仅局限于资金方面。

综上所述，本篇报告将社区慈善界定为：通过非结构化或结构化的方式，发动社区多元主体为该社区的发展提供资金、时间、才能等形式的资源，从而增进社区自治共治、提升社区团结、促进社区内生发展的慈善行为。非结构化的方式主要是社区成员发起的互助利他行为，结构化的方式最

---

① Dana，R. H.，"What is Community Philanthropy?" *The Global Fund for Community Foundations* (2019).

② Pond，A. and Hodgson，J.，"How Community Philanthropy Shifts Power：What Donors Can Do to Help Make That Happen," *GrantCraft* (2018).

③ 凡奇：《什么是社区慈善？社区基金会可以做什么？》，凤凰网综合，2015 年 9 月 15 日，https：//gongyi. ifeng. com/a/20150915/41474732_0. shtml，最后访问日期：2015 年 9 月 15 日。

④ 杨荣：《社区慈善：我国慈善事业发展的新方向》，《东岳论丛》2015 年第 10 期，第 45 页。

⑤ 闫磊：《以社区慈善助推基层社会治理》，《中国社会报》2017 年 4 月 24 日，第 2 版。

⑥ 谢中起、刘萌萌：《以社区为基础的公益性慈善模式探究》，《中国公共管理论丛》2013 年第 1 期，第 106～107 页。

典型的就是社区基金（会）。从内容上看，社区慈善主要包括帮扶救灾、志愿服务、互助组织、社区基金会、慈善超市、社区食堂等内容。[①] 从目的上看，社区慈善不仅包括贫困救助和公益服务，还包括社区发展和社区赋能。

（二）社区慈善的主要特征

与传统慈善工作不同，社区慈善具有其特殊属性，主要体现为五个方面。

第一，社区慈善是"扎根型慈善"而非"输出型慈善"。社区慈善立足本地整合社区慈善资源，慈善资源主要用于当地社区发展。这与传统慈善中将资源集中在某一资金池，再以资助的形式输出到贫困地区的方式不同。因此，社区慈善是本地社区的公益蓄水池，其慈善资源的来源和使用都是本地社区。

第二，社区慈善不仅是"富人慈善"也是"平民慈善"。传统慈善的捐赠人通常是富人或大企业，他们以大额捐赠的方式提供慈善资源。社区慈善更强调社区居民和社区单位的常态化积累，倡导"人人可慈善、人人能受益"，具有很强的平民化属性，而不仅仅是依赖来自富人和大企业的大额捐款。例如，社区不定期举办公益市集为某一社区慈善项目筹资，或社区居民众筹资金共同建设某一社区公共空间，抑或是社区中自发建立的互帮互助行为。

第三，社区慈善是对地方公共福利资源的有效补充。地方政府的公共福利保障了社区居民的大部分日常需求，但政府很难全部包办居民的所有福利需求，特别是在"小政府、大社会"的发展导向下，鼓励发展社区慈善就是补充地方公共福利资源的最有效方式。因此，在邻里互助、儿童和老年人服务、社区文化建设、社区空间改善等方面，社区慈善发挥着重要的补充作用。

第四，社区慈善培育社区的自治共治。传统慈善是自上而下或由外而内的"输血"，而社区慈善则依托于自下而上或由内而外的"造血"。因此，无论是社区慈善活动的组织、社区慈善资源的筹集，以及社区慈善资源的使

---

① 由于慈善超市、志愿服务在本蓝皮书中有独立的章节，本篇内将不展开叙述。

用，都需要社区中多元主体的积极参与和共同决策。地方政府、社区居民、社会组织、社区单位等主体在长期的互动中，逐步形成社区自我管理和自我服务的自治共治状态。

第五，社区慈善鼓励以社会创新的方式解决社区发展问题。由于社区慈善是一种社区自发的行为，不具有行政化特征，因此在面对社区发展的新问题和老问题时，经常会萌发创新型的解决方案。例如面对社区文明养宠的议题，当前行政框架下没有对应的政府职能部门承担相应职责，但社区通过居民自组织或社会组织介入的方式，以众筹的方式解决了流浪动物扰民的问题，并促进了文明养宠。

（三）社区慈善的发展情况

国外的社区慈善起源于长期以来的交流、互助、团结和社区发展。当地人民相互帮助，共享资源，实现共同利益，作为一种包容和关怀的做法，在大多数文化和社区都存在。[①] 国外社区慈善的内容涉及广泛，既包括社区以外的现金、实物、服务注入，也包括社区内部成员的想法、创意、时间、资金等。区别于其他形式的慈善，社区鲜明的特点是发挥慈善的社区属性，社区成员通常对自己的社区更了解，并且可以长期在地参与社区内部的建设。[②]

19 世纪末后，社区慈善以社区基金会的形式进行了重新构想，希望通过这一方法应对工业化和城市化带来的复杂挑战。社区基金会被认为是结构化社区慈善活动的最大表现形式，能够吸引、管理和分发来自多个（主要是本地）慈善来源的资金，以实现各种社区目的。[③] 1914 年世界第一家社区

---

① Dana R. H. , "What is Community Philanthropy?" *The Global Fund for Community Foundations* (2019).

② Fukuyama, F. , "Trust: The Social Virtues and the Creation of Prosperity," *Free Press Paperbacks* (1995); Pentland, A. , *Social Physics: How Good Ideas Spread-The Lessons from A New Science*, (New York: The Penguin Press, 2014).

③ Sacks E. W. , "The Growing Importance of Community Foundations," *The Charles Stuart Mott Foundation and the Lilly Family School of Philanthropy* (2014).

基金会建立。截至 2019 年底，全球已有 1800 多个社区基金会。[①]

在中国，社区慈善的实践早已有之。中国古代素有施善行善的传统，如宋朝时期，民间社会兴起，商业经济繁荣，人口流动增多，民间救济活动活跃。改革开放后，中国重视社区建设并鼓励慈善事业发展。慈善事业的发展过程中，社区慈善逐步成为慈善事业发展中的重要组成部分。中国现行的社区慈善这一概念，其中"社区"指向现行行政区划下的社区。慈善则是尊重中国国情、符合中国语境下的慈善事业发展。[②]

社区慈善在中国的现代化进程中指将慈善事业和社区发展进行结合，以社区为场域，将捐助者、慈善组织和受益者连接成一个慈善网络，尽可能募集、整合各类慈善资源，优化、提高慈善服务，向社区居民提供慈善活动，以造福社区居民，助推社会发展。[③] 从定位来看，社区慈善具有强社区属性，关注社区发展、社区自治、社区创新、社区治理。从服务群体来看，社区慈善包括为社区弱势群体服务，也关注社区的居住环境，旨在为社区居民创造和谐宜居的生活环境。[④]

二 浦东社区慈善发展状况

（一）浦东社区慈善的发展历程和主要形式

浦东新区有着悠久的慈善传统，形成了自己独有的社区慈善模式，即在政府主导下，依托于社区开展丰富多样的社区慈善活动，创新社区公益的组织形式，培育社区慈善的社会氛围，形成了积极融入社区和积极参与慈善救

[①] Community Foundation Atlas，Facts，http://communityfoundationatlas. org/facts/（2015）；Dana R. H.，"What is Community Philanthropy?" *The Global Fund for Community Foundations*（2019）.

[②] Dana R. H.，"What is Community Philanthropy?" *The Global Fund for Community Foundations*（2019）；郑功成：《中国慈善事业的发展方向》，《社会治理》2020 年第 10 期，第 10～13 页。

[③] 徐丽敏：《关于我国慈善事业社区化发展的几点思考》，《前沿》2007 年第 1 期，第 201～204 页。

[④] 杨荣：《社区慈善：我国慈善事业发展的新方向》，《东岳论丛》2015 年第 10 期，第 43～48 页。

济活动的文化氛围。党的十八大之后，浦东新区将社区慈善事业放在社会治理体系和治理能力现代化的大格局下来思考，积极推进公益慈善"进校园、进社区、进楼组（宇）、进机关"工作，社区慈善事业获得了迅速的发展。经过几十年的发展，浦东新区的社区慈善已经形成了慈善联合捐、志愿服务、慈善超市、慈善救灾和社区基金会等重要的实现形式。

1. 慈善联合捐的探索与实践

发端于 1996 年的公益联合捐是浦东新区慈善公益领域内发起时间最早、活动规模最大、参与人数最多的社区慈善。1996 年，浦东新区借鉴与引进发达国家的经验，联合新区残疾人联合会、社会发展基金会、老年慈善福利会等 11 家社会团体和公益组织，举办了第一届"慈善一日捐"活动，上百家机构参与，52 万人参加，一天内公众募集资金达 312 万，浦东的居民也感受到做公益做慈善像过节一样时尚和开心。到 2003 年开始，"一日捐"发展到"一周捐""一月捐"，最终形成了统一、整体、系统的劝募活动"浦东新区慈善公益联合捐"，成为浦东慈善公益事业的一个活动品牌。截至 2021 年 1 月，浦东新区已经开展了十九届"慈善公益联合捐"活动，每届活动都吸引数千家企事业单位慷慨捐赠、几十万社区居民积极参与，历届联合捐募款总额累计共达 17.81 亿元，累计帮扶弱势群体超过 549 万人次。"联合捐"所募集的资金，主要采取以项目为导向的善款分配机制，由各街镇用于社区扶贫济困、环保、文化等慈善公益项目上。它整合了政府、非营利机构、企业以及社会大众的资源，不仅为捐赠者搭建了一个服务的平台；同时也为困难者开辟了一条可以缓解其困境的资金来源渠道。各街镇、社区开展慈善公益联合捐的活动形式包括但不限于拍卖、义卖、机关一日捐、爱心跑等，"联合捐"在某种程度上成为社区的慈善公益节，在开拓慈善资源、提升市民慈善意识、发动社区参与、缓和社会矛盾、激发社区活力、构建和谐社会等方面都起到了很好的作用。

2. 社区志愿服务的发展

志愿服务是社区公益慈善的主要实现形式，它是指社区志愿者基于志愿精神和公共责任，以社区为依托，自愿奉献自己的时间、精力和金钱等，为社区提供互助和公益的活动。浦东从 1995 年积极推进社区建设，其中一项举措就是推动志愿服务发展。浦东新区构建了统一的志愿服务平台，按照市、区、街镇、居村委层层递进细化社区服务队伍的管理和指导，有效提升了基层互助服务能力，为推进基层自治和社区治理奠定了良好的基础。至1996 年，全区就建立了 15 个街镇社区服务中心和 253 个居委社区服务分中心，社区服务网点 700 多个，汇聚了社区志愿者 59000 多人。其中，罗山市民会馆的实践和探索在国内社区服务发展史上有很大的影响力，会馆开设了50 多个服务项目，广泛吸纳和动员社区居民参与，积极推进社区教育、社区文化、社区互助等各类志愿活动，成为当地居民交流合作的重要场所，为社区居民开展活动提供了平台。截至 2020 年底，全区已建成街镇层面社区志愿服务中心 37 家，"家门口"志愿服务站点 1300 多个，创建公益基地1262 个。注册志愿者组织 3000 多个，注册志愿者人数高达 88 万人，其中，社区服务和垃圾分类是志愿者参与比例最高的两项活动类型，志愿服务活动呈现社区化、生活化的特征。社区志愿活动对于解决社区治理难题、增强居民的社区认同感、促进社区公益慈善发展都发挥了积极的作用。

3. 慈善超市的建设与发展

"慈善超市"起源于美国的"好意慈善事业组织"，主要通过接收、处理社区居民捐赠的旧物品，实现资源的有效再利用，并解决社区的就业问题。从 2004 年开始，浦东新区开始积极推动慈善超市建设，成立了第一家慈善超市。截至 2020 年底，浦东新区共有慈善超市 39 家，发挥着越来越重要的社区慈善平台作用。慈善超市作为一个慈善物资的接收点，承担着处理慈善物资，救助困难群众的责任，具有接受社会捐赠、开展慈善救助、捐赠物资义卖、慈善公益宣传、提供便民服务、设置志愿服务岗位、开展慈善公益活动等重要功能。浦东新区鼓励慈善超市社会化运营，符合条件的可以登记为社会服务机构，并且减免一部分水、电、燃气、电话费用。目前大部分慈善超市由社会组织运行，小部分由街镇自主运营。通过近年来的发展推进，慈善超市已成为各街镇开展慈善工作的重要平台，在帮助社区困难群众的同时，主动参与社区治理，传播慈善文化，成为提升浦东城市软实力的基层阵地。在疫情期间各街镇慈善超市主动作为，助力疫情防控，有的承担了区级防疫物资发放的职能，有的负责街镇防疫物资采购与发放，有的主动提供送菜上门等便民服务，更多的直接参与社区一线志愿服务。

4. 汶川地震后的公众慈善发展

2008 年汶川地震被视为是中国公益元年。汶川地震后，社会各界纷纷捐款，人们参与慈善活动的积极性不断提高，各种类型的公益慈善组织不断增加，社区志愿服务队伍不断扩大，民间公益获得了快速发展。公众慈善意识的提升为社区慈善发展提供了强大动力。据统计，2008 年汶川地震时，浦东新区社会各界救灾捐款资金超过 2 亿元，筹集各类救灾物资价值人民币590 万元。另外，浦东新区社会各界直接向中国红十字总会、四川省政府等有关机构捐款 1.398 万元，合计捐款达到人民币 3.87 亿元。① 2008 年，由上海市慈善基金会浦东新区代表处与在都江堰开展工作的浦东新区社工协会合作，通过"鸿雁牵手"行动，将浦东市民写给灾区小朋友的信件带到都江堰实地发放，通过信件的交流，让上海市民和受灾学生取得联系，以"人对人、手拉手"的结对助学的方式让上海的爱心人士帮助幸福镇受灾的学生。汶川地震对于社区慈善发展的意义在于，通过参与各种形式的抗震救灾，让广大市民都参与到慈善公益中来，公益不再是有钱人的专利，从事民间公益的人数不断增加，更多的人开始关注公益行业和机构发展，以及善款的管理和使用，为社区慈善的发展奠定了社会基础。此后，不管是"99 公益日"的公众捐赠，还是为支援一线防疫抗疫的疫情捐赠，浦东都展示出了公众参与慈善公益的力量。

5. 社区基金会的探索与发展

社区基金会是基金会的一种类型，是公益慈善的新理念、新形式和新发展，也是社区公益慈善的重要组织载体和实现形式。社区基金会兼具社区性和慈善性的特点，使其在社区慈善的推动方面独具优势。浦东新区在全市率先探索社区基金会建设，在设立模式上，鼓励先期设立社区基金，等条件成

---

① 《抗震救灾 浦东人民心系汶川》，《浦东开发》2009 年第 1 期，第 18 页。

熟后再建立社区基金会。具体操作上由街镇利用"慈善公益联合捐"的募集资金,与联合捐统一账户设立机构——上海市慈善基金会浦东新区代表处签订协议,建立社区基金,单列会计科目核算。在资金的使用上,尊重社区居民的权利,坚持"谁募集,谁使用""共同参与、共同管理"的原则;民主讨论,恪守约定,规范管理,公开运作。资金的用途主要为资助社区困难群众、开展社区社会服务及社区公益项目,鼓励居民间资助、互助、他助、群助以及来沪人员融入社区等。

2013年,浦东率先成立了全市第一家公募社区公益基金会——上海洋泾社区公益基金会。2015年试点登记上海市浦东新区陆家嘴社区公益基金会,2016年大力推进社区基金会建设,截至2020年底已有14家服务于浦东社区居民的社区公益基金会(见表1)。这为结构化社区慈善工作奠定了组织基础。通过建立社区基金的模式,不仅使善款使用更加公开透明,从而促进慈善资金的募集,也为开展社区共治、创新社会治理提供了新的平台和载体,具有很好的推广应用价值。

表1 浦东社区基金会名单

序号	组织名称	成立时间	特色项目
1	上海洋泾社区公益基金会	2013年8月9日	少年志、记忆咖啡馆
2	上海市浦东新区陆家嘴社区公益基金会	2015年9月25日	街区更新、长者膳食计划
3	上海浦东新区金杨社区公益基金会	2017年1月18日	亲瓶菜园、环卫工人关怀
4	上海浦东新区浦兴社区基金会	2017年2月6日	一米可食地景
5	上海市浦东新区沪东社区公益基金会	2017年5月10日	绿波益园
6	上海浦东新区东明社区公益基金会	2017年1月9日	公益之路 溢彩东明
7	上海浦东新区潍坊社区公益基金会	2017年10月24日	厨房帮扶
8	上海市浦东新区周家渡社区公益基金会	2017年1月9日	疫情防控、韵达助学
9	上海市浦东新区花木社区公益基金会	2017年8月2日	社区公益嘉年华
10	上海市浦东新区南码头社区公益基金会	2017年5月9日	南风益路行
11	上海市浦东新区上钢社区公益基金会	2017年2月27日	绿聚缘
12	上海市浦东新区塘桥社区公益基金会	2017年1月20日	食物银行、认知症关爱
13	上海浦东新区唐镇社区公益基金会	2017年1月9日	阳光公益系列活动
14	上海市浦东新区惠南镇社区基金会	2020年9月18日	"箱"遇惠南公益市集

社区基金会对推动社区慈善事业发挥了重要的作用。通过表2我们可以看到，2017—2020年浦东各家社区基金会共计接收捐赠收入3921.4万元，共计公益支出3925.8万元。这些资金为社区慈善的开展引入了源头活水。社区基金会资助的公益项目总计已到达446个，几乎每家社区基金会都形成了各自的社区慈善特色项目。其中陆家嘴的"街区更新"、洋泾的"少年志"、金杨的"亲瓶菜园"等特色项目具有广泛的示范效应。这些社区慈善项目的受益人次也从2017年的不到10万人次，增长到了2020年的接近40万人次，过去4年的累计受益总人次达到了近94万人次。

表2 2017—2020年浦东新区社区基金会运作情况数据

年份	捐赠收入（万元）	公益支出（万元）	公益项目（个）	受益人次
2017	1212.5	1266.5	102	96351
2018	788.6	718.9	104	199066
2019	813.3	775.2	151	254464
2020	1107.0	1165.2	89	388087
合计	3921.4	3925.8	446	937698

注：该表的统计以13家社区基金会数据为基础，不包括上海市浦东新区惠南镇社区基金会数据。

（二）浦东新区社区慈善的成就和主要经验

1.社区慈善参与主体多元化

在多年的政策引导和培育下，浦东新区的社区慈善发展在各方面都取得了积极成效。在社区慈善的机制方面，逐步形成了政府政策引导、社会多元参与和社区自治共治的发展格局。政府通过鼓励社区社会组织和备案类社会组织发展并给予政策支持和资金扶持，吸引了一批社会组织到社区开展社区慈善工作，增进了社区内自治团队的运作。居民、社会组织、社区单位在政策的引导下参与社区的自我管理与服务。

大体来说，社区慈善的主要参与主体和组织形式包括：一是专业慈善组织下沉社区，如上海市慈善基金会浦东新区代表处、联劝公益基金会、真爱

109

梦想公益基金会、恩派公益基金会等都注重向社区延伸与扎根，链接各方资源服务社区居民；二是培育社区社会组织发展，2015年开始，浦东新区鼓励各街镇、各部门以社区民生需求、多元主体参与及专业规范发展为导向，重点发展提供社区生活服务、推动社区互助救助、满足文化体育需求、促进基层治理和社区参与的四类社区社会组织，2020年社区社会组织达到了571家。① 已有社会组织很多也将业务延伸至社区，积极参与基层治理和服务；三是社区内生的各类备案类社会组织的发展，这些社会组织主要是居委孵化的各类自组织团队。浦东新区通过建设信息平台，培训、指导各街镇、居村加强对备案类社会组织的管理和活动指导，完善备案类社区社会组织（社区群众活动团队）的管理及服务。截至2020年，浦东新区备案类社会组织达到5857家，已经成为社区治理和公益慈善的重要参与力量。

2. 社区慈善服务项目品牌化

社区慈善最为贴近居民，因此社区慈善活动的设计也更加契合社区的需求。除了传统的以救贫济困为代表的社区关怀项目之外，浦东新区各街镇和社区的慈善服务项目注重把握需求导向进行服务创新，并形成了一系列品牌项目。如"爱心树"项目是由上海市慈善基金会浦东新区代表处、上海浦东新区慈爱公益服务社和上海国际社区中心共同发起的慈善特色项目，从2004年举办至今，已延续了17年，通过动员普通市民、爱心企业和国际友人为困难儿童购买节日爱心礼物的方式，让社会各界爱心人士及普通市民共同参与慈善。2009年开始试点的社区公益服务项目招投标，通过12年的发展，以1.5亿元的福利彩票公益金支持了400多个社区公益项目的实施，覆盖"安老、扶幼、助残、济困、其他社区公益"领域，打造出一系列品牌项目，成为社区慈善发展的重要引擎和示范。

随着社区基金会的成立，社区慈善项目更多拓展到社区自治和共治领域，开展了以社区环境改善为代表的社区更新项目，以社区关系促进为代表的社区营造项目，以能力成长为代表的社区赋能项目，以及以文化建设为代

① 数据来源：《2020年浦东新区社会组织发展年报》。

表的艺术社区等项目，不断拓展和丰富了社区慈善的内容。在这些项目中，居民的自主性、参与性、互助性、共益性得到了普遍的体现。这些项目的出现，为社区慈善提供了一种可持续的长期满足社区需求的运作方式。如以上海市浦东新区陆家嘴社区公益基金会的星梦停车棚项目为例，该项目通过与上海大学博物馆和艺术家的合作，链接了社区周围的资源为居民提供便利，将社区居民不容易接触到的三星堆艺术文化引入社区内，并且创新性地利用了停车棚的空间，在不影响居民日常生活的同时起到了美育教育的作用，提升了社区居民的生活环境和文化氛围。这类慈善项目的拓展也丰富了社区慈善的领域，提升了社会对于社区慈善的关注和认知度。

3. 社区慈善和共治平台建设阵地化

为搭建社区社会组织枢纽，完善社区层面服务管理平台，早在 2015 年，浦东在全市率先实现了 36 个街镇社会组织服务中心全覆盖，在社区层面搭建了社会组织发展、服务和管理的平台，为辖区内社会组织参与社会治理发挥平台和枢纽作用。2018 年，浦东新区又实现了各街镇社区社会组织联合会的全覆盖，进一步完善管理枢纽，加强了对社区社会组织的党建引领和行业规范。目前，新区 36 家社会组织服务中心中，近 70% 的中心获评规范化评估 3A 级以上，89% 的中心拥有独立办公场地，平均拥有从业人员 3.4 人，70% 的从业人员为专职，62% 的从业人员的学历为本科以上。

各街镇也积极探索公益园区建设，在全国发挥了示范引领作用。浦东新区陆续建立了 11 个街道层面的社会组织公益园区，其中相对成熟完善的有"金杨益天地""洋泾八九一公益坊""塘桥公益服务园""浦兴大爱园"，通过兴起一个点，带动一大片，吸引越来越多成熟、有能力的社会组织不断深入社区提供服务。

4. 社区慈善的政策支撑和扶持不断强化

社区慈善事业的发展需要顶层设计和科学引导。为了推动社区慈善蓬勃发展，浦东新区连续出台了多项政策，从顶层设计的角度为社区慈善的发展奠定了政策基础（见表3）。例如 2014 年与浦东新区民政局和财政局提交的《关于鼓励街镇成立社区基金或社区基金会的情况专报》，为在 36 个街镇全面试点社区基金，以及后续设立社区基金会提供了指引。2015年和2018年由浦东新区政府发布的《浦东新区关于进一步推进社区社会组织发展的指导意见》和《浦东新区民政局关于加大培育发展社区社会组织的实施意见》，为推动社区社会组织、备案类社区社会组织提供了政策依据。

2016年浦东新区政府《关于"十三五"期间促进浦东新区社会组织发展的财政扶持意见》及由浦东新区民政局和浦东新区财政局联合发布的《〈关于"十三五"期间促进浦东新区社会组织发展的财政扶持意见〉实施细则》，从激励的角度对社区慈善的发展起到积极的引导作用。例如，其中有一部分专门鼓励社区基金会提升募款能力，用好社区资源解决社区问题。对于浦东的社区基金会，按照其当年募集资金的情况给予一定额度的募款奖励。奖励标准为当年募集资金的5%，每个社区基金会每年奖励不超过20万元，募集资金中不包括财政资金的数额。

表3　浦东新区关于社区慈善相关的支持政策

发布时间	政策名称	文号	主要内容
2014	《关于鼓励街镇成立社区基金或社区基金会的情况专报》	浦东新区民政局、财政局工作专报2014年第28号	推动街镇设立社区基金或成立社区基金会
2015	《浦东新区关于进一步推进社区社会组织发展的指导意见》	浦府办〔2015〕14号	推动社区互助救助、满足文化体育需求、促进基层治理和社区参与的四类社区社会组织
2016	《关于"十三五"期间促进浦东新区社会组织发展的财政扶持意见》	浦府〔2016〕184号	通过财政扶持，引导社会组织在社会治理和服务中有所作为
2016	《〈关于"十三五"期间促进浦东新区社会组织发展的财政扶持意见〉实施细则》	浦民〔2016〕214号	细化财政扶持的条款和标准
2017	《关于促进浦东新区社区慈善超市创新发展的实施意见》	浦民〔2017〕55号	明确了慈善超市的功能定位，提出慈善超市发展的主要任务，明确保障措施
2018	《浦东新区民政局关于加大培育发展社区社会组织的实施意见》	浦民〔2018〕179号	推进社区社会组织和备案类社区社会组织参与社区治理

5. 社区慈善氛围越发浓厚

社区慈善事业的发展需要培育社区慈善的土壤，营造人人做公益的社会氛围，浦东新区以品牌活动为抓手，拓展社会组织参与社区治理服务的途径。通过一年一度的"浦东公益活动月""浦东社工节""浦东公益文化周""公益社区行"等品牌活动，调动社会组织参与社区治理的积极性，形成自下而上的活力。围绕"公益"与"社区"的主旨，探索开展包括企业在内的各类主体的"跨界合作"，"浦东公益活动月"累计发动超过300家社会组织积极参与社区发展，举办活动超过2000场次，参与及受益近40万人次。通过自治金、微公益等项目，越来越多的社会组织携手群文团队，积极参与社区自治，形成共商共治的社区氛围。[①] 浦东新区各街镇也在"慈善日""联合捐""志愿服务日"等节点开展形式多样的服务及宣传活动。

总体而言，浦东新区在社区公益慈善活动、社区捐赠、志愿服务、慈善文化培育、慈善组织创新等方面进行了大量的探索，取得了显著的成绩，对推动浦东新区整体公益慈善事业的发展发挥了重要的作用。但也要看到，社区慈善仍然处于起步阶段，发展的过程中还面临很多难题。一是社区慈善的意识和氛围还有待提升，居民的捐赠行为需要科学引导；二是社区慈善活动的行政化色彩还比较浓厚，无论是大型活动的组织，还是社区基金会等机构的运营还主要依靠行政力量来推动，社会化程度不高；三是社区慈善的专业化力量严重不足，社区慈善需要既了解社区又熟悉慈善的专业人士，目前紧缺这方面的专业人才；四是各类企事业单位参与社区慈善活动的平台、通道和机制还没有理顺，捐赠行为相对传统，没有与社区形成有机的联动。

三 推动浦东社区慈善发展的对策建议

社区慈善依托社区并服务社区，是未来慈善事业发展的重要方向。社区

---

① 参见上海市社会组织评估委员会：《2016—2017年浦东新区社会组织发展年报》，2018。

慈善的发展有助于完善社区治理结构、做大公益慈善的蛋糕、宣传共同富裕理念、营造"人人可公益"的社会氛围，对于推进我国慈善事业健康发展具有十分重要的意义。浦东新区社区慈善发展的起步较早，在慈善公益联合捐、社区社会组织培育、公益园区建设等方面先行先试，在全国起到了示范引领作用。在社区基金会的发展方面，浦东新区成立了全国首家公募型社区基金会，并探索了社区基金会的区级注册试点。这些发展很多都是全国首创，体现了浦东新区在慈善公益领域先行先试的排头兵作用和引领区定位，其成效也为上海乃至全国社区慈善的发展提供了示范样本。但从长远来看，社区慈善作为一个独特领域，其整体发展时间依然较短，在活动组织、机构运营、制度设计、政策支持等方面依然任重道远，还需要更多深入的实践探索。

首先，进一步凸显社区慈善在第三次分配中的作用。2021年8月召开的中央财经委员会第十次会议提出了构建初次分配、再分配、三次分配协调配套的基础性制度安排。此次会议将第三次分配提升到了战略性高度，并将其作为形成中间大、两头小的橄榄型分配结构的重要组成部分。第三次分配最主要的实现方式就是公益慈善，社区慈善也是其中的应有之义。浦东新区以慈善公益联合捐、社区基金会、救灾救济等为抓手，在持续性整合社会资源、提升百姓福祉方面起到了重要作用。在未来的发展中，如何进一步做大社区慈善的蛋糕，让更多社区居民享受到第三次分配的成果，是社区慈善能否在第三次分配中发挥重要作用的关键所在。

其次，推动各社区慈善主体在参与社区治理中的作用发挥。当前，发展社区慈善的重要性已经被写入中央政策文件。例如在2017年，《中共中央、国务院关于加强和完善城乡社区治理的意见》明确提出，"鼓励通过慈善捐赠、设立社区基金会等方式，引导社会资金投向城乡社区治理领域"。2021年，《中共中央、国务院关于加强基层治理体系和治理能力现代化建设的意见》进一步提出，"支持建立乡镇（街道）购买社会工作服务机制和设立社区基金会等协作载体，吸纳社会力量参加基层应急救援"。在浦东新区，社区慈善不仅要做大"蓄水池"，也要发展"协作载体"的功能，培育社区社会组织、社区基金会积极参与社区治理，深化社区共治自治，搭建共治自治平台，协助政府解决社区发展问题，满足居民需求。因此要进一步加大对于社区慈善组织的支持力度，提升其在基层社会治理体系中的位置，完善政府购买服务的方式，优化资源配置。对于已经成立的社区慈善组织，要完善其治理结构，理顺各类社区慈善组织与街镇、社区之间的关系，明确其主体地位。

第三，推动完善社区慈善持续健康发展的良好社区公益生态。浦东新区历来重视培育社区公益生态，特别是在针对社区慈善的财政扶持政策方面，通过政策配套、财政激励、租金优惠、人才奖励等措施，为社会组织的发展提供了重要支撑。然而，规模小、人员少、收入低依然是当前许多参与社区慈善的社会组织面临的困境，这些困境限制着社区慈善领域的专业性发展和可持续性拓展。如何进一步支持培育这部分力量，将决定这些社会组织是否能够更有效地整合资源并为社区提供专业服务。要加大社区慈善从业人员队伍建设，一是提高社区慈善领域从业人员的待遇，提升这一行业的社会影响力和职业声望，吸引优秀人才参与到社区慈善事业中来；二是加强对社区慈善特别是社区基金会从业人员的培训，不断提高其职业能力；三是与相关高校和科研院所合作，建立浦东新区公益慈善发展的智库。

第四，培育社区公益文化，构建社区声望体系。社区公益慈善需要大量的社区居民参与，他们对社区做出的贡献应该得到充分的肯定，只有这样才能带动更多的居民参与到社区公益事业中来。因此，政府和公益组织应该推动形成社区声望体系，建立社区治理和公益慈善的能人达人库，为社区能人达人进行赋能，宣传表彰他们的典型案例，依托新时代文明实践等平台宣传社区公益精神，让他们的爱心事迹被更多的居民了解，提升其在社区中的号召力和影响力。

第五，适应数字社会转型要求，为社区慈善提供科技支撑。社区慈善具有参与人数多、资源分散、形式多样、组织碎片化的特点，这在一定程度上影响了社区慈善的效率。信息化技术有利于社区资源的整合，应积极推动建立社区慈善的信息化平台，促进社区慈善需求方和救助方的有效对接，降低对接和匹配成本。在新区原有"供需对接·一站式"服务平台基础上，通过信息网络化技术，让社区居民能够及时感知慈善资源的流向和成效，增强居民参与社区公益慈善活动的意愿。此外，作为社区社会组织也要通过信息化等手段加强公信力建设，通过经验积累提升专业能力。

B.6
浦东互联网慈善发展报告

方正宇*

摘　要：　在《中华人民共和国慈善法》实施之后，中国的互联网慈善事业取得了一系列举世瞩目的成就，筹款金额快速增长，慈善形式持续创新。浦东在互联网慈善领域内积极探索，充分发挥区域内互联网企业众多的优势，努力提升慈善活动的专业化程度，依靠科技创新维护慈善公信力。从未来的发展趋势来看，互联网会在浦东慈善事业中占据越来越重要的地位。

关键词：　网络募捐　慈善法　互联网慈善

　　2019 年 4 月，民政部在官方网站上对于中国互联网慈善发展做出了概述和展望，给出的结论是："初步形成了一个鲜活的互联网慈善的'中国样本'"。① 可见在被《中华人民共和国慈善法》赋予正式的法律地位之后，互联网慈善已经取得了一系列突破性进展，并且获得了来自官方的高度肯定。

　　作为改革开放的一面旗帜，浦东在推动互联网慈善发展的过程中，积极探索打破常规的创新之路，努力促进"互联网＋慈善"的深度融合。浦东在互联网慈善的技术创新化、场景多元化、信息公开化和运行规范化等方

＊　方正宇，上海纽迈律师事务所律师，九三学社上海市委社会与法制专门委员会副主任，媒体评论人。

①　民政部门户网站，《互联网慈善的"中国样本"正在形成》，2019 年 4 月 4 日，http://www.mca.gov.cn/article/xw/mzyw/201904/20190400016396.shtml，最后访问日期：2021 年 10 月 28 日。

面，已经形成了相应的特色和经验，并为今后发展奠定了理论和实践的基础。

一 互联网慈善的定义与发展

伴随着互联网技术的高速发展，互联网慈善自 2000 年以来也经历了从无到有再到广覆盖的进程。在此期间，互联网慈善的内涵与特征逐渐明晰，相关的法律法规逐步完善，确保中国的互联网慈善得以在规范中寻求健康发展。

（一）互联网慈善的定义

1. 内涵与特征

根据联合国开发计划署的定义，"互联网慈善"一词的内涵包括在互联网上发生的传统慈善，和由于互联网而出现的新的慈善形态。[①] 可见"互联网慈善"的范围非常广，既包括借助互联网推进的传统慈善活动，也包括互联网企业积极投入的慈善活动，还有依托于互联网思维而形成的各种慈善创新活动。

与传统慈善相比，互联网慈善存在以下显著特征：第一，参与主体的年轻化。年轻人是互联网最主要的用户群体，要比年长者更倾向于通过互联网的形式参与慈善活动，也更容易接受那些具有创新精神的慈善形式；第二，活动形式的多样化。相比传统慈善以号召捐款捐物为主的单一形式，互联网慈善具有更为丰富的想象力，鼓励人们通过多种形式来传播慈善理念，比如旨在帮助渐冻症患者的"冰桶挑战"活动曾引发全球追捧；第三，沟通渠道的信息化。借助互联网技术快捷高效的传播方式，在捐赠人、受益人以及慈善组织之间，可以最大限度地消除传统慈善的信息不对称，以公开透明促进各方之间的信任与合作；第四，分工合作的专业化。由于互联网慈善的覆

---

① 联合国开发计划署，《中国互联网慈善——中国慈善版图的发展趋势》，2016 年。

盖领域相比以往更为广阔，需要参与分工合作的机构也要多得多，因此对于分工合作的专业性提出了更高的要求，需要在宣传推广、法治规范和技术开发等多个环节引入专业力量。

2. 《慈善法》填补规范空白

和其他基于互联网而产生的新生事物一样，互联网慈善在发展之初也面临着高速成长与无序发展之间的矛盾。一方面，互联网技术降低了参与慈善的门槛，有利于吸纳更多志在投入慈善事业的资源。但另一方面，网上也出现了不少假慈善之名行诈骗之实的违法犯罪活动，以及由于缺乏规范而产生的各种争议。外界曾多次呼吁，希望通过法律规范将互联网慈善纳入正确的轨道之中。

正是在这样的期待下，2016 年颁布并实施的《慈善法》中，专门添加了与互联网慈善有关的条款。其中最为重要的内容，出现在第二十三条第三款："慈善组织通过互联网开展公开募捐的，应当在国务院民政部门统一或者指定的慈善信息平台发布募捐信息，并可以同时在其网站发布募捐信息。"另外，《慈善法》第二十六条还规定："不具有公开募捐资格的组织或者个人基于慈善目的，可以与具有公开募捐资格的慈善组织合作，由该慈善组织开展公开募捐并管理募得款物。"

根据《慈善法》的上述规定，以往互联网上那种个人随意开展在线募捐的行为，将不再具有合法性，慈善信息平台则在互联网慈善中扮演至关重要的角色。这些平台不仅是慈善募捐信息的发布者，还将担负起审核信息真实性的职责，同时需要通过自律监管确保自身公信力，并接受来自捐赠者和社会公众的监督。

3. 配套措施逐步细化

《慈善法》的颁布和实施，对于互联网慈善做出了重要的界定。而在法律颁布之后，民政部等国家部委还先后颁布了《慈善组织公开募捐管理办法》《公开募捐平台服务管理办法》等行政规章，进一步细化了相关规定。比如针对《慈善法》第二十三条第三款所指的"可以同时在其网站发布募捐信息"，《慈善组织公开募捐管理办法》结合互联网媒体的形式发展，将

"其网站"的定义明确为"以本慈善组织名义开通的门户网站、官方微博、官方微信、移动客户端等网络平台"。[1]《公开募捐平台服务管理办法》则做出规定,对于那些由个人在网上自行发布的求助信息,网络服务提供者必须向公众承担告知义务,即在显著位置进行风险防范提示,说明相关信息不属于慈善公开募捐信息,其真实性只能由信息发布个人负责。[2]

2017年,民政部批准发布了两项重要规范,分别是《慈善组织互联网公开募捐信息平台基本技术规范》和《慈善组织互联网公开募捐信息平台基本管理规范》,以此作为涉及互联网慈善的推荐性行业标准,对于信息展示、信息管理、资金管理、风险管理以及相关技术参数提出了更具体的要求,在互联网慈善领域进一步实现了"有法可依"。上述标准明确了行业门槛,推动互联网公开募捐信息平台完善组织指定流程、加强服务能力建设和规范事中事后监管。

(二)互联网慈善的"中国模式"

1. 线上筹款规模稳定增长

2008年5月,四川汶川发生重大地震灾难,多家互联网企业为此开启募捐通道。在不到一个月时间里,淘宝网和腾讯网两大平台所募集到的善款分别都超过了2000万元,成为"互联网慈善"在国内的一次重要亮相。

在那之后,有更多主体参与到互联网慈善的活动中,所募集到的善款也出现了指数级增长。根据不完全统计,第三方线上平台在2014年的公益筹款总金额为4.36亿元,在2015年就上升到13.45亿元,2016年更是高达19.78亿元。[3] 在《慈善法》实施之后,开始由指定的慈善信息平台发布募捐信息,数据的统计公布也变得更加科学和透明。2020年7月,民政部副部长王爱文在中国互联网公益峰会上透露,2019年通过互联网募集的善款

---

[1] 《慈善组织公开募捐管理办法》第十六条。

[2] 《公开募捐平台服务管理办法》第十条。

[3] 参见公益人筹款联盟与阿里巴巴公益联合出品,《2015—2016年度中国第三方线上平台公众公益参与方式研究报告》,2017。

金额超过 54 亿元，比上年增长了 68%。[①]

通过单项慈善品牌活动历年来的数据变化，也能反映出互联网慈善的发展速度。以腾讯公益平台推出的"99 公益日"活动为例（见图 1），在 2015 年第一次举办时，共有 205 万人次参与捐款，捐款总额为 1.279 亿元。在那之后，"99 公益日"逐渐成为最具影响力的互联网慈善品牌之一，参与人次和捐款总额不断刷新纪录。在 2020 年的"99 公益日"，有 5780 万人次的爱心网友通过腾讯公益平台捐出善款 23.2 亿元。[②]

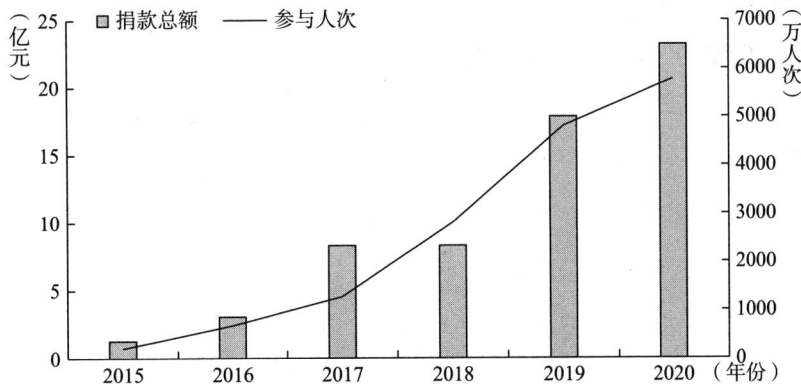

图 1 腾讯公益平台"99 公益日"历年规模
资料来源：腾讯公益平台历年公布数据。

2. 互联网企业扮演重要角色

在传统的慈善活动中，通常由中华慈善总会、中国红十字会等社会组织占据主导地位，依靠它们发起活动并号召包括企业在内的捐赠者施以援手。而在互联网慈善中，企业尤其是互联网企业被激发出更多的主观能动性，不再仅仅承担捐款捐物的任务。从设计策划到推进落实，在互联网慈善活动的整个过程中，企业都开始扮演起更加重要的角色。

---

① 《2019 年我国通过互联网募集善款超 54 亿元》，2020 年 7 月 17 日，http://www.gov.cn/xin-wen/2020 - 07/17/content_5527753.htm，最后访问日期：2021 年 10 月 28 日。

② 《19 亿人次参与公益互动，2020 年 99 公益日让善意持续"破圈"》，2020 年 9 月 10 日，ht-tps://new.qq.com/omn/TEC20200/TEC2020091000073600.html，最后访问日期：2021 年 10 月 28 日。

2016 年 8 月，民政部依照《慈善法》的规定，公布了首批 13 家慈善信息平台。从运营单位性质来看，8 家平台由企业运营，5 家由不同类型的社会组织运营。[①] 而在企业名单中，包括腾讯、淘宝、蚂蚁金服、京东、百度等，基本涵盖了当时国内影响力最大的一批互联网巨头。

在实际运营过程中，这些互联网企业充分发挥自身优势，结合自身产品特点推进开展慈善活动。比如腾讯在微信的支付界面中专门设置"腾讯公益"的入口，支付宝也将移动支付与慈善紧密结合。这些互联网巨头带来的巨大流量，为互联网慈善注入源源不断的动力。以民政部公布的 2018 年数据为例，在 20 家慈善信息平台募集到的 31.7 亿元善款中，腾讯公益募款17.25 亿元、蚂蚁金服募款 6.7 亿元、阿里巴巴公益募款 4.4 亿元。这些依托"腾讯系""阿里系"的平台，在推进互联网慈善过程中发挥了重要作用，并在融合慈善与商业方面做出了积极探索。

3. 慈善形式持续丰富创新

相比主要局限于捐赠物资的传统慈善，互联网慈善在形式上存在着更多的创新空间，有利于吸引更多人尤其是年轻群体参与其中。比如腾讯公益将"捐步"模式与"微信运动"相结合，只要用户当日步数超过一定数值就可以满足公益捐赠的条件，会由腾讯公益基金和爱心企业进行相应的捐赠。又比如，在阿里巴巴集团主导的"蚂蚁森林"项目中，推出了"卫星看树"和"实时看树"功能，借助于高科技的卫星地图技术，用户在网上实时观测到慈善项目所种植 1025 万棵树木对于周边环境的真实改变。上述形式不仅有利于平台募集善款，同时还在全社会推广了健身意识和环保意识，进一步丰富了互联网慈善的内涵。

很多互联网企业还会结合自身行业特点推出相应的慈善形式。比如主打新闻阅读的今日头条，推出了将阅读时间转化为公益捐款的项目；具有物流优势的京东，推出了旨在解决慈善捐赠物资运输问题的"物爱相连"公益平台；网

---

① 吴艾思：《民政部指定 13 家慈善信息平台规范互联网慈善发展》，载杨团主编《中国慈善发展报告（2017）》，社会科学文献出版社，2017，第 293 页。

易游戏推出了"会员积分换捐"计划，激励广大的游戏玩家为公益教育助力。

2020 年，由于受到新冠疫情的影响，各地扶贫产品销售和产业扶贫遭遇难题。为了帮助这些地区摆脱困境，外界除了积极捐款之外，还发展出直播助农、直播扶贫等新型互联网慈善形态，多家平台用直播带货模式对接扶贫工作，将政府官员和社会名人请进直播室，依靠公益直播活动带动贫困地区的农产品销量。

二 浦东互联网慈善的发展特点

浦东开发开放以来，经济和社会事业飞速发展，为新区的公益慈善事业创造了良好机遇和发展空间。与此同时，作为上海互联网产业的最大集聚区，浦东在册运营的非公有制互联网企业达 500 余家。[①] 因此在"天时地利人和"的共同作用之下，浦东形成了有利于互联网慈善健康发展的土壤，无论整体布局还是个体发展都显示出诸多亮点。

（一）联劝网发挥领头雁作用

注册地位于浦东的上海联劝公益基金会成立于 2009 年（当时名为"上海公益事业发展基金会"），是上海第一家民间发起的资助型公募基金会。由上海联劝公益基金会发起的联劝网，是民政部依照《慈善法》指定的首批 13 家慈善信息平台之一，也是上海地区的唯一一家。

成立以来，联劝网在互联网慈善方面交出了出色的答卷。截至 2021 年 2 月，联劝网汇集了来自互联网的 165 万多笔善款，筹款总额超 1.7 亿元，为约 600 家公益机构提供了互联网募捐服务。[②] 在民政部 2019 年发布的报告

---

① 上海浦东门户网站，《让党旗在浦东互联网阵地高高飘扬》，2020 年 8 月 19 日，http://www. pudong. gov. cn/shpd/news/20200819/006001_01e8358e－cda1－4255－938a－4a85eed5c10e. htm，最后访问日期：2021 年 10 月 28 日。

② 《联劝公益 2020 年报》，https://www. lianquan. org. cn/Know_ShowInfoDisclosure？id＝85&file＝Picture_GetMaterialPdf％3Fid％3D173，最后访问日期：2021 年 10 月 28 日。

中，联劝网与腾讯公益、阿里巴巴公益、蚂蚁金服公益、新华公益一起，成为被高度肯定的 5 家平台之一。它获得的评价是"结合自身特色，积极为慈善组织提供募捐信息发布与传播服务，成效显著，发挥了领头雁作用"。①

通过调研分析"领头雁"联劝网近年来的各种变化，有助于归纳总结浦东互联网慈善的发展特点，进而复制推广上海联劝公益基金会的成功经验。

1. 募款渠道的变化

在信息披露方面，上海联劝公益基金会不但会公布每年捐赠收入的总额，而且还会按月分别公布线上筹款和线下筹款的总额（见图 2）。汇总近五年的数据可以发现，上海联劝公益基金会的线上筹款总额稳步增长，在捐赠收入总额中所占的比例也处于整体提升的趋势，已成为主要的增长点。2016 年，线上筹款 2409.39 万元，占捐赠收入总额的 39.79%。到了 2020年，线上筹款的金额提升至 7747.70 万元，占比则达到了 48.88%。在有些年份，线上筹款的金额已经超过了线下筹款。

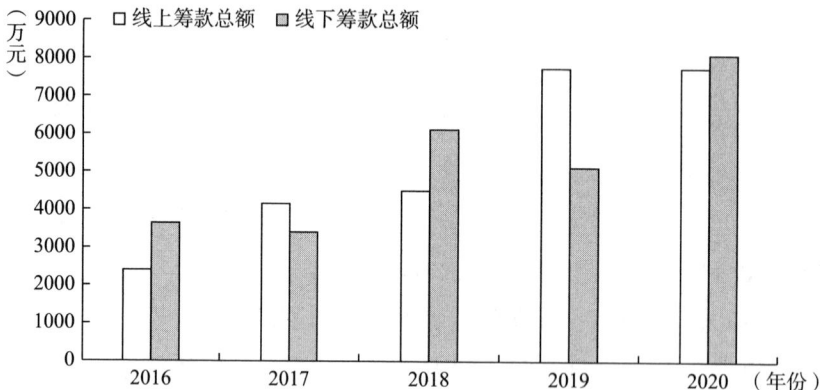

图 2　上海联劝公益基金会历年筹款金额
资料来源：联劝公益历年年报。

---

① 民政部门户网站，《互联网慈善的"中国样本"正在形成》，2019 年 4 月 4 日，http://www. mca. gov. cn/article/xw/mzyw/201904/20190400016396. shtml，最后访问日期：2021 年 10 月 28 日。

由此可见，互联网慈善未来会在慈善活动中占据越来越重要的地位。为了适应新形势，上海联劝公益基金会也将更多资源向线上渠道倾斜。在联劝网的主要筹资产品中，包括项目筹款、活动筹款、月捐日捐、物品义卖等，并且已经相继开发出单次捐、企业配捐、一起捐、团队捐等功能。2020 年，面对突袭而至的新冠肺炎疫情，联劝网开设"抗击新型冠状肺炎疫情专题"，发动了 12 万人次参与捐赠，累计筹款金额达到 3400 余万元。

2. 捐赠来源的变化

在传统慈善活动中，慈善组织往往偏向于争取来自企业的捐赠。相比之下，那些来自社会公众的捐赠，通常呈现出单笔金额少和笔数众多的特点，由此产生的烦琐统计工作，给基金会带来较高的运作成本。因此在很长一段时间里，慈善组织对于企业捐赠的重视程度普遍高过公众捐赠。

随着互联网逐渐深入到公众的日常生活，尤其是移动支付等新技术被普遍接受，公众通过互联网进行捐赠的途径变得愈加畅通，慈善组织也依靠技术进步大幅度降低了吸收公众捐赠的成本。正是在这种背景下，近年来公众已经取代企业，成为上海联劝公益基金会最重要的捐赠来源（见表1）。

表1 上海联劝公益基金会捐赠来源分类历年比例

单位：%

年份	2014	2015	2016	2017	2018	2019	2020
企业	67	31	39	36	43	26	37
公众	31	52	49	56	49	62	53

资料来源：联劝公益历年年报。

公众捐赠如同涓涓细流，哪怕单笔金额并不高，却能让众多善意持久流淌。截至 2020 年底，联劝网平台共接收善款约 5900 万元，平均单笔捐赠额约 110 元。上海联劝公益基金会确定的 2020—2024 年战略是"以捐赠人为中心"，目标之一则是提升参与人数，也就是进一步争取来自公众的支持。为此，联劝网为捐赠人提供了项目打分及评价功能，每位捐赠人可以结合自身的捐赠体验，对各个项目进行打分和发表评论。这种形式不仅表达了对于捐赠人的尊重，同时还满足了公众在互联网时代热衷于表达观点的需求，有利于在公众中建立核心理性捐赠人群体。

3. 合作方式的变化

互联网慈善的特点之一，就是借助来自多方的众多资源，参与整个过程的主体会变得更多。与主要依靠单一平台发挥作用的传统慈善相比，互联网慈善的合作关系往往显得更具多样性。比如在上海联劝公益基金会2020年获得捐赠收入的渠道中，排名前三位的筹款平台依次是腾讯公益乐捐平台、支付宝公益平台和联劝网。其他平台既是"同行"，也是最重要的合作伙伴，各方会在推进慈善活动的过程中形成合力。

所以在互联网慈善的体系中，慈善信息平台不仅要在捐赠人和受益人之间起到连接作用，还需要在慈善组织之间搭起沟通的桥梁。2020年，联劝网累计与23个省、直辖市的103家公募慈善组织建立了合作关系，并且推出了平台伙伴系统，搭配捐赠人维护系统SCRM，联劝网的线上自助服务功能已经提供给全国96家公募和621家非公募基金会。联劝公益机构自助系统为分布于全国的936家合作机构提供资金和项目管理自助系统，所具有的功能包括资金数据实时显示、资金拨付申请、项目反馈提交、项目结项处理、获取财务统计报表等。依托上述信息化建设工作，上海联劝公益基金会进一步强化了与各慈善组织之间的联系。

4. 活动形式的变化

考虑到新冠疫情对于线下活动的影响，针对"一个鸡蛋的暴走"这项已连续举办多年的慈善品牌活动，联劝网在2020年提出了"暴走主战场转为线上"的目标，号召在一个月中养成健康运动、坚持阅读、保护环境、做好垃圾分类、主动排队、拒绝野味、普及公勺公筷等文明习惯。

这样一个看似在特殊年份被动形成的举措，却在实际运作过程中成功地借助了互联网的影响力，引领人们选择和接受更文明的生活方式，在人际沟通、社会治理等多方面发挥出独特作用。在欢乐创新多元的主基调中，这些活动持续拓宽互联网慈善的活动形式，让公众意识到募集款项并不是举办慈善活动的唯一目标，帮助更多人打开了创新慈善形式的脑洞。

（二）浦东互联网企业共襄善举

浦东汇聚了一批较有影响力的互联网企业，包括哔哩哔哩、喜马拉雅、阅文集团等著名的"独角兽"企业。与腾讯或阿里巴巴相比，这些"独角兽"虽然整体实力有所不及，却是互联网行业某个细分领域中的龙头。而在参与慈善活动的过程中，这些浦东互联网企业并不片面追求"大而全"，而是更擅长结合自身在相关领域的行业优势，推动互联网慈善朝着进一步细分和专业的方向前行。

1. 推动网络扶贫

2021 年 2 月 25 日，习近平总书记在全国脱贫攻坚总结表彰大会宣布，我国脱贫攻坚战取得了全面胜利。① 在这场攻坚战中，浦东的互联网企业同样功不可没，其参与扶贫的方式则并不局限于传统的捐款捐物。

比如作为数字阅读平台和文学 IP 培育平台，阅文集团曾发起"阅书乐捐"公益行，前往云南文山壮族苗族自治州麻栗坡县参与扶贫工作。除了捐赠书籍和电脑在中学内设立"阅文图书角"之外，阅文集团还举办了主题为"文字点亮未来，梦想燃起人生"的讨论会，安排多位网文作家与当地师生进行面对面的交流，推荐适合师生们阅读的网络文学作品，帮助他们打开文学世界的大门。

又比如，互联网学习平台沪江网发起小胡杨网络教育公益项目，借助"互联网＋"开展贫困地区国家通用语言文字推广普及工作，先后为新疆、西藏多地提供普惠教育扶贫解决方案，组织当地教师接受网络培训，用互联网科技架起教育援疆、援藏的新模式，助力推普脱贫攻坚行动。

喜马拉雅公司在云南省勐腊县开展"希望工程—喜马小学堂"公益活动，为当地 19 所偏远乡村学校捐赠了 200 所"喜马小学堂"，依托平台提供丰富的线上学习内容，因此直接受益的师生人数超过了 8000 名。

可以发现，浦东互联网企业在上述扶贫工作中更侧重于发挥技术优势，

---

① 《全国脱贫攻坚总结表彰大会在京隆重举行》，《人民日报》2021 年 2 月 26 日。

不仅着眼于解决贫困地区当下的困难，更是通过用互联网传播知识、教育培训等形式，实现从"授人以鱼"到"授人以渔"的转变，以慈善的形式为当地发展积蓄后劲。

2. 贡献防疫力量

2020 年以来，在抗击新冠病毒疫情的战役中，浦东互联网企业也贡献了重要的力量。这些企业积极参与物资保障、善款捐赠、技术支撑、资源配置、舆情引导等各项工作，在慈善活动中灵活运用互联网技术和互联网思维。

比如针对疫情期间社会上流传各种谣言的乱象，主打移动聚合内容的趣头条 APP 主动出击，开设专门的辟谣页面，聚合来自人民网、中新网、澎湃新闻等权威媒体的辟谣资讯，在特殊时期发挥出稳定人心的重要作用。[1]

又比如，由于大批学生在疫情期间无法前往学校上课，多家浦东互联网企业推出了远程授课的公益项目。视频弹幕网站哔哩哔哩发起"B 站不停学"活动，鼓励各类学校和教育机构直播开课。音频分享平台喜马拉雅也开通了"在家上课"频道，助力广大学生"停课不停学"。除此之外，喜马拉雅还率先将声音贴片广告替换成疫情播报与防护提醒，向用户传递权威信息和可靠防护措施。

为增强众志成城抗疫的决心与信心，阅文集团面向旗下原创文学站点及网文作者，启动"我们的力量"征文大赛。在征集到的战"疫"故事中，既有《武汉加油》《在前线奋斗》等基于真人真事的现实题材作品，也有从不同视角勾勒特殊春节的都市小说，在公益活动中弘扬网络文学的正能量。

（三）互联网助力公开透明

在《国务院关于促进慈善事业健康发展的指导意见》中，将"确保公开透明"列为基本原则之一，要求慈善组织切实履行信息公开责任，接受

---

[1] 《浦东互联网企业：发挥行业优势 勇担社会责任》，2020 年 5 月 14 日，https://www.shjc-dj.cn/djWeb/djweb/web/djweb/home！info.action？articleid＝ff80808171a7e06701720e28941002af&catalogid＝40289f0f5a84374f015a843fceee0002#，最后访问日期：2021 年 10 月 28 日。

行政监督、社会监督和舆论监督。尤其在"郭美美事件"引发外界对于慈善事业的质疑之后，公开透明更是已经成为慈善的生命线。浦东在推进慈善发展的过程中，无论政府部门还是住所位于浦东的各家基金会，都努力发挥互联网科技的传播优势，让更多慈善活动以高效便捷的方式对外公开，将信息透明作为构建浦东慈善公信力的重要基石。

1. 真爱梦想基金会：按上市公司标准披露信息

上海真爱梦想公益基金会以发展素养教育、促进教育均衡为宗旨，是中国第一家按照上市公司标准披露年报的公益基金会，曾连续四年被《福布斯》评为"中国慈善基金会透明榜"榜首。

在公开透明方面取得的优异成绩，离不开基金会对于互联网技术的充分运用。在《真爱梦想信息公开管理制度》中明确规定："本基金会信息公开采用互联网公开方式。"公开方式除了基金会官方网站之外，还包括民政部门提供的统一信息平台以及基金会微信公众号等媒体。根据规定，基金会在开展各类互联网募捐活动时，首先需要在民政部门统一或者指定的互联网募捐平台上依法发布方案，同时还要在基金会的官网、官微、客户端等媒体上公布募捐方案，并且履行募捐公开信息公开义务。

在上海真爱梦想公益基金会的官网上，可以查询到包括年报、自主项目、特色项目和联合劝募等多方面的详细信息，还有英文版年报便于海外捐赠人查阅相关信息。通过这些在互联网上公开的信息，公众可以对基金会的运作进行全方位的了解。其中既包括筹款总额、支出总额等整体概况，也包括每一个具体项目的进展情况，甚至还有基金会主要员工的个人薪酬。另外，在公布年度收入明细的页面中，上海真爱梦想公益基金会列出了非常翔实的名单，哪怕是捐赠金额只有几百元的好心人，也能在年报中看到自己的名字。

2. 仁德基金会：线上线下，看得见的慈善进度

上海仁德基金会成立于 2011 年 12 月 9 日。2020 年，仁德基金会互联网项目累计的筹款金额达到 7754 万元，项目累计覆盖的受益人数达到 98.69 万人次（含预期覆盖的受益人数）。仁德基金会推出的"亲亲禾苗营养一

餐"项目,通过互联网在 5 年间募集善款超过 3000 万元,资助了 4.7 万名学生,荣获 2019 年国务院扶贫办全国社会组织扶贫 50 佳案例。在基金会中心网发布的 FTI2020 中小型公募基金会透明度榜单中,上海仁德基金会的得分为 93.5 分,评级为 A 级。

在仁德基金会的官方网站上,会定期发布针对各慈善项目进展情况的实地探访。比如围绕着"亲亲禾苗营养一餐"项目,基金会工作人员曾远赴贵州,对接受捐助的摆金中学和关山小学进行实地探访。通过官网发布的图文新闻,对外充分展现捐赠行为所取得的成效,让人看到了厨房内配备的消毒柜、食品留样冰箱、蒸车等基础设施,以及学生们在食堂内用餐的盛况,还有《食品安全管理员责任书》《厨房留样记录》《厨房晨检记录》《厨房台账》《餐饮具消毒记录》等配套措施的落实。依托互联网实现线上线下公开透明的流程管理,让这些慈善活动不但做到了让孩子们"吃得放心",更让捐赠人"捐得放心"。通过直观感受捐赠行为所带来的积极效果,捐赠人以及潜在捐赠群体会对基金会乃至整个慈善事业报以更多的信任。

以联劝网、真爱梦想基金会、仁德基金会为代表,浦东已经形成了一批积极参与互联网慈善的社会组织,比如在每年"99 公益日"期间,上海浦东手牵手生命关爱发展中心、上海仁渡海洋公益发展中心、金杨社区基金会等多家组织合作开展线上筹款。[①] 由阿里巴巴公益发起的"3 小时公益"等活动,也在浦东吸引到上海浦东非营利组织发展中心"恩派(NPI)"、上海仁渡海洋公益发展中心等社会组织的参与。

3. 微信公众号:慈善信息公开和问责的新渠道

伴随着移动互联网近年来的高速发展,互联网的流量入口也迅速从 PC 网页端流向手机自媒体端。对于慈善活动的组织者和参与者来说,除了将官方网站作为信息发布平台之外,更需要加强对于微博、微信等新媒体工具的应用。

浦东目前高度重视微信在新时代的传播影响力,开设了一系列与慈善有

① 《线上线下培养网民"随手公益"意识》,《浦东时报》2017 年 9 月 8 日。

关的微信公众号。比如在"浦东民政"的微信公众号上,会不定期发布《浦东三十年,公益再出发》《转角遇到爱,慈善超市也可以很"潮"》等文章,图文并茂地向公众介绍和展现浦东慈善事业的发展进程。

上海市慈善基金会浦东新区代表处则在微信上开设了"浦东慈善"的公众号,除了发布与慈善事业相关的会议信息、活动内容之外,公众号还会对每个月的捐赠情况和资助项目情况进行定期公示。在公示的捐赠情况中,又进一步细化为联合捐赠、日常捐赠和物资捐赠等多个项目,就连只有1元的捐赠金额,也会列出具体的捐赠单位和捐赠去向,主动接受问责。而在对于资助项目的公示中,"浦东慈善"一方面会列出项目名称和资助额、受益人数等信息,另一方面,又会隐去受助对象的真实姓名,在实现公开透明的同时不忘保护个人隐私权。

三 推动浦东互联网慈善规范前行的对策建议

在《"十四五"民政事业发展规划》中,对于规范发展互联网慈善提出了一系列具体的要求,包括健全促进互联网慈善发展的政策措施和监管体系,加大对于互联网慈善的支持引导力度,还要激励互联网慈善模式创新、业态创新、管理创新、技术创新,并且督促指导互联网募捐平台透明化、规范化发展。结合上述要求,浦东在发展慈善事业的过程中,既要积极接纳互联网带来的新思维、新模式,也必须谨慎面对新挑战、新风险。在规范化的基础上探索创新,应当成为指导浦东互联网慈善持续前行的核心思想。

(一)完善法治保障与行业自律

互联网慈善在带来高效便捷的同时,也因其新生事物的属性而隐藏着部分法律风险。比如2016年的"罗尔事件",就引发了此举到底属于个人求助还是慈善募捐的争论,而且由于求助者在网上发布信息的真实性往往难以验证,导致部分活动面临"诈捐"的质疑,这也成为互联网慈善在发展过程中无法回避的瓶颈。

因此，浦东在打造社会主义现代化建设引领区的过程中，应进一步强化互联网慈善领域的法治保障。除了依托《慈善法》等现有的法律规定之外，浦东还应当坚持大胆试、大胆闯、自主改，积极创新和健全规范互联网慈善的工作机制，进一步发挥行业自律的作用，健全以章程为主的内部管理制度。借助网络工具，帮助慈善组织完善协商制度建设和增强决策参与能力，强化对于互联网募捐信息平台的监管。浦东还应发挥国家社会信用体系建设示范城区的引领带动作用，将互联网慈善纳入社会信用体系建设，逐步完善涵盖慈善组织、互联网企业等参与主体的信用管理制度，以互联网思维加强慈善信息的共享互通，提前预防和精准打击各类损害慈善公信力的"诈捐"行为。

（二）构建多维矩阵化参与体系

将原先散落在各处的资源进行有机整合，然后形成同时惠及各方的合作体系，已经成为互联网时代的常见模式。互联网慈善的发展，也可以立足于构建多维矩阵化参与体系，突破传统的地域限制和行业壁垒，将各股有志于支持慈善事业的力量汇合到一起。

浦东在这方面可以借鉴 2020 年成立互联网企业党建联盟的成功经验，[1]坚持以党建为引领，汇聚慈善资源，加强跨界协作。在慈善组织分工发展更精细、更专业化的整体背景下，相互间更需要取长补短、紧密合作。无论在慈善项目的具体运作还是宣传推广过程中，都需要在统一认识的基础上，在各方之间形成反应快速、配合有效的联动机制，包括加强与腾讯公益、支付宝公益等主要平台之间的合作，以实现增加流量和提升效率的目标。还应当结合媒体形式发展的最新特点，与哔哩哔哩、抖音等各类新媒体平台进行深入合作，以推广慈善文化为主题，在网上推出符合广大受众尤其是年轻人兴趣的作品，努力营造全民慈善的氛围。

---

[1] 《上海互联网产业最大集聚区来了"红色拼团"！浦东互联网企业党建联盟成立》，《新民晚报》2020 年 6 月 11 日。

（三）融合技术创新与慈善转型

在浦东"十四五"规划与二〇三五年远景目标中，提出"强化创新第一动力，催生高质量发展新动能"。作为国家首个人工智能创新应用先导区，浦东在慈善领域也应当充分运用"科技向善"的力量，发挥先导区的平台优势和人工智能产业的技术优势，积极探索区块链等新技术在捐赠来源、善款追踪等方面的运用，争取建立防篡改的慈善组织信息查询体系，依靠科技创新提升浦东慈善所具有的公信力。

在慈善项目的运作过程中，除了传统的现金、物资等援助形式之外，还应当强化科技创新对于困难群体的帮扶作用，推动全民共同分享互联网时代的红利。通过技术创新，探索慈善与公共服务供给的深度衔接。需要发挥浦东在互联网教育领域的优势，以线上教学的方式免费推广优质教育资源，打造教育扶贫的新路径。结合"六稳""六保"的工作要求，在网上增加专业技能培训的免费课程，帮助更多人掌握乃至提升工作技能。

B.7
浦东社会工作参与慈善公益发展报告

朱眉华　黄剑锋　钱　燕　许艳萍*

摘　要：　20世纪90年代以来，浦东新区社会工作参与慈善公益过程
中，探索出一条项目化参与、服务领域扩展、专业性与本
土化并存的创新之路。针对当前浦东社工参与慈善公益在
队伍建设和专业服务方面存在的问题，结合典型案例的经
验，从促进制度化规范化发展、拓展合作创新多元路径和
引领全民公益社会风尚三个层面，提出浦东社会工作参与
慈善公益的发展方向。

关键词：　社会工作　慈善公益　项目化参与　服务领域

社会工作与慈善公益有着密不可分的关联，从源头上探索，可谓同源互
构的关系。从社会福利视角探索慈善公益的发展历程，大致经历了宗教慈
善、志业主义、志愿主义、专业主义和管理主义五个阶段。[1]社会工作的知
识基础也是建立在早期慈善公益的经验积累之上，从发展的时间序列上，也
经历了三个重要转型阶段：从最初的"友善访问员"，即个人慈善阶段；到

---

* 朱眉华，华东理工大学社会工作系教授，主要研究方向为社会工作理论与实务、儿童与家
庭社会工作。黄剑锋，上海交通大学安泰经济与管理学院博士后，主要研究方向为社会组
织管理。钱燕，华东理工大学社会与公共管理学院博士研究生，主要研究方向为社会工作
督导与评估。许艳萍，上海交通大学国际与公共事务学院博士研究生，主要研究方向为社
会工作与社会组织管理。
① 张世雄：《志业主义、自愿主义、专业主义与管理主义：从宗教慈善到非营利组织》，载郑
志明主编《宗教与非营利事业》，南华大学宗教文化研究中心，2000，第437~490页。

依托慈善组织会社的组织化慈善阶段；最后到拥有专门机构、专业方法和专职人员的社会工作阶段。[①] 所以，回溯历史可以发现，社会工作与慈善公益是一种同源互构的关系，正是早期慈善活动的实践和对传统慈善活动的反思，社会工作才能以"科学的慈善"这一形象而出现。[②]

虽然社会工作与慈善公益同根同源，但两者在价值理念、理论方法、发展路径上有明显的差异。社会工作从事的实务属典型的公益事业，但不仅仅局限于慈善领域。社会工作与慈善公益在发展进程中曾出现过分流与合流之态势。当前，在现代社会治理理论的指导下，学者不断倡导社会工作和慈善公益在社会发展中寻找合作空间。[③] 两者需要在理念和实践上加以借鉴各自的优势属性。在慈善公益事业中强化专业性和社会性，尤其是《中华人民共和国慈善法》的颁布，为慈善公益事业的发展构建起正式制度与非正式制度的多重连接。而社会工作发展也需要重拾公共性与本土性，在开展实务中整合公益资源，提升慈善公益效能。

一　浦东社会工作参与慈善公益的发展历程

上海市浦东新区的社会工作实务，是在全国和上海市专业社会工作发展的背景下进行的。浦东新区作为全国改革开放和经济发展的前沿区域，在建区之初就确立了公共管理与社会服务的专业化和社会化发展方向。浦东新区自1996年率先开展社会工作实践探索，开启了浦东社会工作的发展之路，也拉开了公益力量崛起的序幕。

（一）浦东社会工作发展的历程回顾

20世纪90年代以来，浦东社会工作经历了起步探索、快速发展和稳步

---

① 卢成仁：《社会工作的源起与基督教公益慈善——以方法和视角的形成为中心》，《华东理工大学学报（社会科学版）》2013年第1期，第44～52页。
② 赵环、徐选国：《"回归"抑或"超越"：社会工作与公益慈善的历史—当代关系辨析》，《学海》2017年第2期，第136～140页。
③ 朱健刚：《论社会工作与公益慈善的合流》，《社会科学辑刊》2016年第4期，第55～60页。

推进的持续发展过程。在解决好自身专业化、职业化的同时，浦东新区社会工作也越来越关注公益氛围的营造与公益资源的使用，这也是决定社会工作发展品质的重要因素，因此，浦东社会工作与慈善公益之间的融合是在探索中前行的。

1. 起步阶段（1996—2005年）：探索组织化与项目化的本土经验

1996年，浦东新区引进专业的社会工作者管理社区服务机构，支持建立罗山市民会馆，开启了社会工作实务的前期探索。为了培育本土的社会工作人才，华东理工大学社会工作系在同年开始招生，为日后浦东和上海专业化社会工作队伍的发展壮大起到了重要的奠基作用。1999年12月9日浦东社工协会成立，遵循"团结社工、服务社会、专业发展"的宗旨，组织化推进社会工作的发展。

在改革开放的实践上，浦东出现了本土社会工作实务发展的萌芽，也涌现了许多中国社会工作发展的"第一"：2000年，浦东社工协会进行了"社工站"的尝试，分别在学校、医院和社区建立了首批五个社工站，分别为：潍坊新村社区社工站、沪东新村社区社工站、东方医院社工站、育英学校社工站、罗山市民会馆社工站，社工站通过个案辅导、小组工作等形式开展特色志愿服务。2003年，浦东成立了全国首家以实务为取向的社会工作机构——乐群社工服务社，作为浦东土生土长的社工机构，乐群社工服务社承担起推进国内社会工作组织化的先锋角色。同年，专为街面上流浪乞讨人员提供慈善救助服务的民办非企业单位——上海浦东阳光慈善救助服务社注册成立，开始了慈善救助服务领域的专业探索，浦东新区社会救助管理社会化模式的探索由此拉开。2004年，浦东社工协会受中国社会工作协会委托，组织开展了国家社工职业标准的研究和起草，并由国家劳动部颁布了中国第一部《社会工作者国家职业标准》，标志着"社会工作者"正式作为一种职业得到国家的法定认可。

起步探索时期的浦东社会工作通过多种渠道扩展服务范围，资金来源渠道较为单一，以项目化方式参与慈善公益活动。代表性项目如：一是以服务为导向的政府采购项目。例如乐群社工服务社接受浦东新区社会发展局的委托，为新区的 6 所简易小学提供驻校社工服务，以帮助解决流动人口子女的家庭、个人和社交等方面的问题；二是基金会支持、政府与社团共同参与的项目。2003 年的非典型肺炎给全社会的正常发展带来了巨大冲击，为了消除社区居民的恐慌心理，由基金会、政府和社会组织多元主体共同参与的"抗击非典，与你同行"的社工服务计划正式启动。专业社工为普通居民、留观和隔离人员开通"彩虹"情绪支持热线，并深入社区提供危机介入服务，运用个案和小组工作的方法，缓解社区居民的恐慌情绪并提供信心支持。

2. 发展阶段（2006—2012 年）：建设专业化队伍与政社合作体系

2006 年，党的十六届六中全会提出"建设宏大的社会工作人才队伍"战略后，中国社会工作由零散化的区域试点，开始迎来了全方位推进的新时期。面对新的历史契机，浦东新区在充分发挥自身优势的基础上，围绕"社会化运作"和"实务型发展"的推进思路，通过培育社工人才队伍和构建政社合作体系，进入到快速发展时期。2007 年浦东新区组织部、人事局和民政局共同发布了《浦东新区社会工作人才队伍三年发展纲要》，从扩大人才队伍、开展培训和强化专业服务三方面，规划了浦东社工人才发展的蓝图。并于 2011 年，被民政部评为首批社会工作人才建设试点示范区。

2007 年开始，浦东新区成立了一批以中致社区服务社和上海公益社工师事务所为代表的社会组织，这些专业性较强的社会组织的实践，为浦东社会工作全方位参与慈善公益打下了坚实的基础。为扩大社会工作的示范效应，回应更多的社会需求，浦东社工协会通过项目化方式孵化了更多社会服务机构。2008 年 5 月，乐耆社工服务社注册为民办非企业单位，成为浦东新区首家专门从事养老服务的社会工作机构。同年，我和你助残服务社正式成立，致力于提供助残服务。2009 年成立的上海乐家社工服务社，主要面向失独家庭和青少年提供心理慰藉和身体健康教育。2011 年，上海首家开展婚姻家庭领域服务的社工机构——上海睿家社工服务社正式成立。2012年成立的上海尽美长者服务中心，是沪上首家专注于认知障碍社区支持的社会组织，致力于构建认知障碍全链条社区支持体系。由此可见，在快速发展阶段，关注于老年人、残障人士、青少年、家庭婚姻等领域的社工组织，如雨后春笋般在浦东新区扎根发芽。社工组织继续朝纵深向发展、服务领域愈益宽广，社会工作的专业效力开始在慈善公益领域发挥作用。

自2006年起，浦东社工协会受政府委托，承接市民中心之政社合作平台项目。每月18日举办一次"慈善义工日"，通过义工服务、市民捐赠、物品义卖等多样化形式，调动市民的积极性和创造性。在活动中引入社会工作的专业方法与理念，发挥"社会、社团、社工"三社联动的综合效应，使政社合作平台项目成为市民中心的最大亮点之一。在合作过程中，社会工作的专业性越来越受到政府的认可，在"5·12汶川地震"的救灾活动和"11·15静安大火"的善后服务，都有浦东社工积极参与的身影。

3. 稳步推进阶段（2013—2020年）：构建品牌化与规范化的社工生态

进入稳步推进阶段的浦东社会工作，主要侧重于构建"本土经验规范化"和"社工服务品牌化"的行业生态。在浦东社会工作发展共同体的合力驱动下，浦东新区社会工作朝着专业精细化、职业制度化和行业规范化的方向发展，并且获得了较好的社会认可。在稳步推进阶段，全区的专业社会工作者及社区社会工作从业人员超过16500人；上海浦东公惠社会工作服务中心被民政部授予第二批"全国社会工作服务示范单位"；上海乐群社工服务社连续三次被评为"全国百强社工机构"；上海公益社工师事务所被评为"上海市优秀女性社会组织暨巾帼文明岗"；上海乐爱社工师事务所被授予"上海市三八红旗手"集体称号。

随着政府购买服务力度的不断加大，浦东新区已涌现出了一批具有全国示范效应的机构。形成了在全国范围内有影响力的品牌项目，如"春禾启梦计划""青云腾飞计划""斯迪克计划""小志有约""一米书桌"等；在新冠疫情期间，开展了"在一起"新冠疫期哀伤陪伴联合行动等，积极践行行业使命，打造浦东社会工作专业服务的影响力。同时，还积极参与脱贫攻坚，一对一牵手帮扶云南省国家级贫困县，培育当地社会工作服务机构和专业人才。

浦东社工机构与复旦大学、华东理工大学、华东师范大学等沪上高校社会工作系联合建立了社会工作实习与见习基地。在社工机构与高校的双向互动中，也为新区的社工发展提供智力支持，浦东社会工作通过社会倡导进一步影响社会政策。政府在出台各项社会政策之前，往往依托高校和专业社工机构的调查研究、深入了解社会需求、及时反馈各方面信息，为政府提供现状分析及政策建议。

同时，浦东社工机构紧紧跟随信息化的发展趋势，利用技术赋能社会工作的开展和宣传。目前已经打造了"浦东公益网"微信订阅号、"浦东社工协会"微信公众号、"浦东社工"网站等宣传媒介，借助媒体宣传报道等使社会工作职业形象深入人心。稳步推进阶段的各项举措使社会工作的内涵和外延不断扩大。

（二）浦东社会工作参与慈善公益的特点分析

回顾梳理发展历程，可以发现浦东社会工作参与慈善公益不断凸显出项目化参与、服务领域拓展、专业化与本土创新的特点。

1. 项目化参与路径

当前，项目化参与是浦东社会工作参与慈善公益的重要路径，主要有项目招标、项目委托和公益创投三种形式。浦东社工通过项目化参与慈善公益，形成了"公益项目＋社会工作"的需求导向模式。项目化参与路径具有以下多重优势：一是保障社会工作参与慈善公益的专业性；二是因项目配置社工人员，能够将参与成本降到最低，符合公益组织"小财政支出规模"的运行状况；三是实现社会工作者参与慈善公益事业的灵活性。

2. 服务领域逐步拓展

浦东社会工作参与慈善公益的服务领域越拓越宽，且涵盖微观、中观、宏观各个层面。专业社工服务领域不断扩大，不仅涉及传统的民政工作，还覆盖到社区服务、慈善救助、人口计生、医务、学校、家庭等相关社会管理和公共服务领域，以及儿童、青少年、老年人、妇女、残疾人、流动人口等工作领域的社会工作专业服务。

3. 专业化与本土创新

浦东社会工作参与慈善公益发展还呈现出专业化推进和本土创新并存的特征。浦东社会工作的参与特色在于强调专业性优势的发挥，推动新区范围的社会服务走专业化发展道路，提升社会工作者的专业服务水平。除此之外，也充分考虑浦东新区的经济发展、文化价值与需求导向，充分运用"三社联动"实现社会工作在慈善公益中的"嵌入式发展"，找寻专业化与本土化之间的平衡点。浦东社会工作的本土创新有效推动了慈善公益的发展，尤其在服务标准的规范和专业人才的贡献等方面，都起到了引领性作用。

二 浦东社会工作参与慈善公益的发展现状

（一）浦东社会工作人才队伍的发展现状

1. 浦东社会工作人才队伍的规模与层次

人才队伍是社会工作发展的核心要素。根据浦东新区社会组织管理局检查统计数据，截至2020年底，全区社会组织从业人员总数达70866人。[①] 上海市浦东新区社工协会注册的有效个人会员人数为2173人，其中持证的个人会员有1853人。在1853名持证的个人会员中，全国助理社工师持证人数为628人、全国社工师持证人数为465人，两者共占总持证人数近60%（如图1所示）。根据统计数据，持证社会工作者中，"80后"为主力军，约占总体的40%；"90后"为"生力军"，约占总体的30%；另外的30%主要由"60后"和"70后"的"老法师"组成。由此可见，浦东社会工作人才队伍已初具规模，并呈现出专业化和年轻化的发展趋势。

同时，浦东着眼于提高社会工作现代化管理水平和社会公共服务产品供给能力，吸引并培养社会工作领军人才。目前浦东在全区109家社工机构培养了一批机构负责人、一批项目主管、一批资深一线社工及53名社工督导。

---

① 数据来源：浦东新区2020年度社会组织年检。

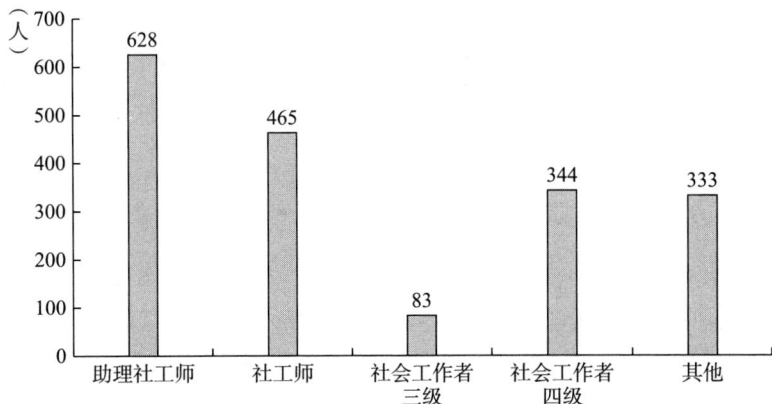

图1　持证个人会员的分布情况

注：持证指持有社会工作者职业资格证或其他证书，职业资格证书包括：助理社工师、社工师、社会工作者三级、社会工作者四级；其他证书包括：心理咨询师、人力资源证书等。

资料来源：浦东新区社会工作协会：《2018—2019年度上海浦东新区社会工作行业发展报告》。

2020年，在上海市评审出10位首批高级社会工作师，其中有三位来自浦东的社工机构，分别是上海市浦东新区社会工作协会的胡如意和钱燕、上海公益社工师事务所的许艳萍。综上可知，浦东社工人才综合素质进一步提升，人才梯队进一步完善。

2. 浦东社会工作人才队伍的相关政策与实践

浦东新区借鉴国际国内先进经验，积极规划适用于浦东新区社会工作人才的服务指导制度。先后制定起草了《浦东新区社会工作人才发展三年纲要（2010—2013）》和《浦东新区"十二五"社会工作人才发展规划》，人才发展规划是对国家人才发展战略中"将社会工作人才作为第六类人才"这一目标的积极回应。2015年，浦东新区印发了《关于社会工作督导人才队伍建设实施意见的通知》，为社工督导制度的最终确立和有效运行提供了组织和资金保障。随后出台了《2019年版浦东新区社会工作服务机构薪酬体系指导方案》和《社会工作专业人才能力素质模型1.0》。通过出台一系列的相关政策，指导浦东社会工作人才队伍建设。

3. 浦东社会工作人才队伍建设存在的问题与对策

当然，浦东社会工作人才队伍建设还存在诸多局限，主要体现在：第一，缺乏完善的人才引入机制。当前，浦东社会工作人才队伍的稳定性和队伍结构的合理性还有待提升，现行的职级和薪资体系并不能有效保障社工从业人员的生活品质，易导致优秀社工人才的流失。第二，社会工作人才队伍的培育机制不够健全。当前的行政化思维对社会工作人才有较高的专业需求，接受正统社会工作教育的人才在面临一系列突发问题时，缺乏应急和实战能力，往往处于"纸上谈兵"的状态。而基层工作中有丰富实践工作经验的从业人员，由于缺乏专业知识的系统培训，难以将本土经验进行提炼和升华，导致理论与实践无法有机融合。第三，社会工作的职位认定和岗位职责相对模糊，社会大众对社会工作的职业知晓率、认同度相对较低。目前大多数人仍将社会工作与志愿工作、义务服务相混淆，较低的职业知晓度和认同感，也制约着浦东社会工作人才队伍建设和发展。

因此，浦东新区应进一步完善政策法规，加大资金投入，推动社会工作人才队伍建设。一是继续完善社会工作职业制度体系。进一步完善社会工作者职业资格认证注册、职位晋升、薪酬激励等制度，吸引更多优秀人才从事社会工作职业；二是进一步完善专业人才分类培养体系。结合国家高级社工师考核与评审要求，培养更多的高级社工师和领军人才。继续加大督导人才培养力度，加强社会工作评估人才的培养，形成结构合理、能力卓越的社会工作人才队伍。

（二）浦东社会工作专业服务的发展现状

1. 专业服务机构基本情况总览

截至 2020 年底，浦东新区共有 2376 家社会组织，其中有 1930 家社会服务机构。图 2 的数据统计可以发现，2010—2020 年间，浦东新区社会服务机构呈现出波动式增长的态势。在前期阶段，社会服务机构的注册数量快速增长，到了稳步推进阶段，浦东新区社会服务机构的同比增长率明显下降，尤其是在 2020 年受新冠疫情的影响，同比增长率下降近 0.5%。进入稳步推进阶段，社会服务机构不再追求机构数量的快速提升，而是将重心从追求数量的增量改革，转移到追求专业服务质量的存量变革。

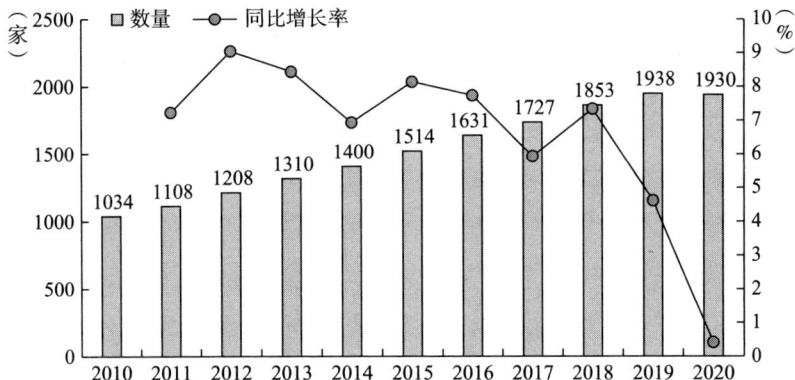

图 2 2010—2020 年浦东新区社会服务机构发展概况

注：当前社会工作机构大多数登记为民非组织，两者虽有区别但存在紧密联系，受限于数据资料，本部分数据运用浦东新区社会服务机构的相关数据，类推社会工作机构的发展状况。

资料来源：上海市浦东新区社会组织管理局 2020 年度统计报表。

2. 专业服务提供状况分析

浦东新区从 1996 年开始探索运用社会工作的方式来解决改革开放以来不断涌现的新问题，至今已经形成了一个"多领域、分层次、广互动"的专业服务新格局。图 3 的数据分析表明，当前浦东新区社会服务机构类型主

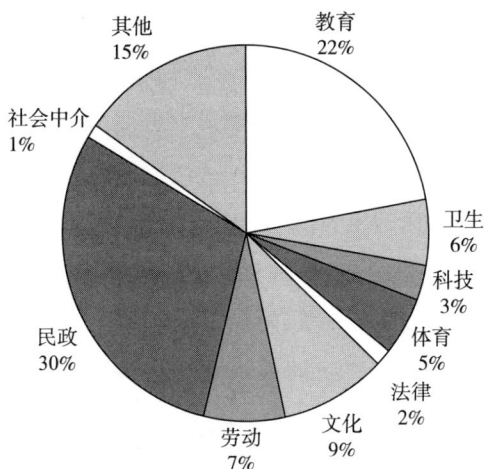

图 3 2020 年浦东新区社会服务机构类型构成情况

资料来源：上海市浦东新区社会组织管理局 2020 年度统计报表。

143

要集中在教育、卫生、科技、体育、法律、文化和民政事务等领域。

社会工作参与慈善公益领域，已经扩展到青少年、老年、社区矫正、外来人口服务和社会救助等多领域。并且，浦东新区社会工作参与慈善公益中，已经在老年、儿童青少年、助残、司法、医务、家庭和社区服务七大领域，形成了各具特色的品牌项目。

3. 专业服务发展中的瓶颈问题

当前，在专业服务方面存在的瓶颈问题主要体现在以下三个方面：首先，服务项目的营销宣传能力相对较弱。现代慈善公益有别于"酒香不怕巷子深"的传统慈善，需要拥有塑造项目口碑的能力，从而推动项目的经验拓展和创新；其次，自我"造血"能力有待增强。当前专业服务项目主要来源于政府的项目化采购，过多地依赖于财政资金，导致自我"造血"能力的不足；最后，服务对象与服务主体间缺乏有效的沟通和反馈机制。当前社工机构提供的慈善公益服务更多依据购买服务方的要求，对于服务对象群体的真实需求的调研和满足程度兼顾不足。并且，由于服务提供者与服务接受者间缺乏有效的沟通和服务反馈机制，导致了服务的实际效能不高、满意度相对欠佳的状况。

（三）浦东社会工作参与慈善公益的典型案例分析

1. "青云腾飞计划"——低保家庭资产建设干预项目

（1）案例背景

城市贫困是困扰全球的重要议题，为此世界各国政府都在积极探索切实可行的反贫困政策。20世纪90年代末，我国政府开始实施城市最低生活保障制度。该制度自运行以来，极大地缓解了我国城市贫困问题。与此同时，这一制度的缺陷也逐渐显现：救助理念消极、救助方式落后、救助标准偏低、救助范围狭窄、救助内容单一、救助主体薄弱、救助效率不高等。[①]

---

① 谢勇才、丁建定：《从生存型救助到发展型救助：我国社会救助制度的发展困境与完善路径》，《中国软科学》2015年第11期，第39~49页。

传统的以收入为基础的反贫困政策的弊端不断显现，而资产为本的社会救助政策及干预试验在世界各地不断实践。2014 年，在民政部－李嘉诚基金会和上海市浦东新区民政局资助之下，上海公益社工师事务所在上海浦东实施了大陆地区首个针对城市低保家庭的资产建设干预项目——青云腾飞计划。

（2）主要做法

青云腾飞计划——低保家庭资产建设干预项目运用资产建设理论，在上海市浦东新区的四个街镇招募了 100 户有初中到高中学生的低保家庭作为服务对象，探索资产建设视角下救助社会工作新模式。具体做法包括：

一是建立青少年教育专项家庭发展账户，推动储蓄习惯养成。在两年的项目执行过程中，项目团队完成了 100 户低保家庭的招募并与其签订服务协议，100% 为其建立青少年教育专项家庭发展账户，培养参与家庭对教育投资的理念和行为习惯。截至项目结束，100 户家庭中的 66 户家庭每月坚持存款 200 元，58 户家庭坚持参加超过 72 课时的培训。最终有 52 户家庭既做到了坚持每月存款 200 元，又能参加至少 72 课时的培训。

二是开展四大主题多元培训，积极回应家庭成长性需求。围绕以下四个方面进行干预：家庭关系与教育、理财规划及管理、青少年成长与生涯规划、家庭管理。完成了 45 场讲座/工作坊（同一讲座在三个点分别开展一场，以照顾服务对象家庭的就近参与），为 47 位参与家庭的青少年组织了为期三天的"心飞翔"夏令营，项目活动总参与人次为 1108 人次，期待帮助贫困家庭实现"资产惠享未来、知识成就希望"的美好愿景。

三是社工全程跟踪服务，陪伴目标家庭持续成长。针对服务对象家庭的特殊需求，开展了家访、个案等服务，完成了 20 个辅导个案、30 个咨询个案，电话、信件和家庭访问 593 次，服务主要涉及政策、就业、助学、亲子关系等方面。此外，为满足参与家庭青少年的英语学习和社交的需要，项目组又为这些青少年开展暑期英语夏令营活动，并成立青云腾飞俱乐部，逐渐形成每月两次固定活动。

（3）服务成效

根据项目前测和后测数据发现，参与家庭的青少年在自我教育期望，家长在家庭教育、养育孩子的观念与实践方面有了显著的正向变化。青少年的自我认知更加清晰，对未来有了更深度的思考和憧憬。家长能够更深切地了解子女成长阶段的心理特征以及如何与子女更有效地沟通。具体包括：

一是青少年成绩有显著提高，发展方向更明确。项目中关于青少年自我认知与探索、职业体验、未来规划与畅想的活动，如"学习与人生""行动派""梦想与未来"，以及"心飞翔"青少年成长训练营分享会等，让青少年逐渐形成清晰的自我认知、探索自我潜能，意识到学习的重要性，对未来有更深度的思考。其中，对于未来期望受到的最高教育程度的平均值从干预前的3.81，到后测时的4.18。如图4所示，青少年对于低保身份、课业表现、学习倦怠等的负面情绪明显下降。

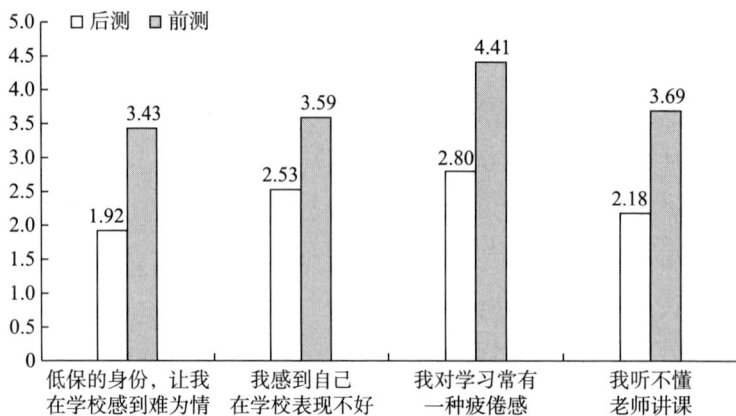

图4 干预组负向情绪前后测对比

二是教养观念方法有改善，家庭关系更和谐。根据项目前后测数据分析发现，参与家庭中家长在家庭教育方面有显著的正向改变。特别是对于养育孩子的观念与行为这一维度，后测平均值为110.7043，比前测数值提升了10.77%。项目组针对家长开展的"我与我最爱的人""亲子沟通技巧""如何帮助孩子成长""爱的双人舞"一系列关于家庭教育、亲子沟通技巧等亲职教育方面的活动受到家长普遍欢迎和好评，加上社工的跟进个案辅导，家长们学习到很多新知识，意识到孩子在成长阶段的不同心理特征和需求，设身处地地理解孩子的行为和情绪，注重沟通是态度的表达，尝试有效的沟通。

三是注重资源整合，多方联动更有效。项目组链接了一系列社会资源，与企业、高校和其他社会组织紧密合作，为服务对象提供优质服务的同时，形成了长期的合作关系，使社区资源得以可持续地有效利用。如宝龙城市广场、三林镇社区创新屋、华东理工大学、上海纽约大学、上海商学院等成为长期合作的社会资源。

四是依托媒体平台宣传公益理念。浦东电视台《创业故事汇》栏目为项目拍摄了专题片。上海公益社工师事务所社工团队多次在国内外社会工作研讨会上介绍和分享了"青云腾飞计划"项目，受到业界同人、政府部门的一致肯定，并在长三角区域得以推广。

2. "在一起"——浦东社会工作协会参与疫情下哀伤辅导项目

（1）案例背景

自新冠疫情突袭而至以来，从国家到地方均出台各类文件，如：2020年4月初国务院应对新型冠状病毒肺炎疫情联防联控机制综合组发布《新冠肺炎患者、隔离人员及家属心理疏导和社会服务方案》，5月初武汉市民政局办公室发布《2020年武汉市心理疏导和社会工作服务指引》，倡导关注新冠肺炎病亡者家属、新冠肺炎康复患者家庭、受疫情影响的特殊困难群体家庭、防疫一线工作人员家庭，重点为新冠肺炎病亡者家属提供支持服务。"在一起"联合行动是由上海市浦东新区社会工作协会联合多家民间机构发起的社会工作专业行动，是基于本土疫情下的专业实践探索与行动研究。

（2）主要做法

本项目借助上海和湖北两地专业合作之力，不仅为湖北提供专业服务，运用社会工作专业手法为丧亲家庭重建社会关系，协助个体、家庭度过哀伤关键期，重建失去亲人家属的生活关系、社区关系、社会关系，支持他们平稳地恢复家庭生活、社会生活的正常化；还通过业内资深专家的培训，提升当地社工在知识、技巧和态度等层面专业水平，为湖北培养一批专业的丧亲服务社工人才。具体做法是：

一是线上线下结合，为丧亲家属提供支持服务。"在一起"项目在上海联劝基金会的支持下，于2020年3月21日启动"社工伴行"服务团，为丧亲家属提供在线社工陪伴与支持服务。共计为25名服务对象提供包括线上陪伴服务、线上科普课堂以及团体正念辅导等，支持其能平稳地恢复家庭关系，让其社会生活回归正轨。5月1日起联合襄州社会工作者协会，针对襄州89名服务对象开展初步探访与评估服务，在地社工团队实地走访了襄阳市的丧亲家庭，建立家庭档案，并评估家庭风险，针对5户高风险家庭开展个案跟进服务；结合线上与线下形式，为丧亲家属提供防疫知识、心理调适、政策解读等小组服务；并开展社区宣传与倡导，为丧亲家属营造友善的社区生活环境。

二是哀伤服务社会工作者赋能计划。针对当地社会工作者缺乏疫情应对的知识与经验，在如何走近丧亲家庭，具备更好的服务理念与方法技巧等方面有着专业提升的需要。因此，"在一起"联合行动小组开展的"哀伤服务者赋能计划"于2020年5月8日正式启动，以"如何走进丧亲家庭"为主题，从认识丧亲家庭、首次接触丧亲家庭、丧亲者的自我装备等方面，请来自疫情服务一线的老师、资深社工以及哀伤辅导方面的专家授课，5次课程共有131名学员报名参加。同时，还邀请资深社工专家组成督导团队，为一线社工提供专业督导支持，共同探索后疫情时代社会工作本土化介入的路径与模式。

三是社会工作介入疫情服务专业指引开发。为了支持不同社会角色的丧亲家属处理哀伤情绪，"在一起"项目开发了针对社区工作者、殡葬人员、公众、社会工作者等不同人群的《哀伤陪伴的社会应对指南》，根据不同的需求开展相应的宣传教育，帮助专业人员和社会大众提升应对创伤事件的能力。

（3）服务成效

"在一起"联合行动从2020年3月中旬开始，已经通过"社工伴行"和"襄伴计划"两个子项目针对湖北武汉和襄阳地区近120位病亡者家属提供哀伤陪伴服务，为病亡者家庭开展辅导服务。

一是在组织动员机制上，"在一起"项目定位于民间发起的专业行动，其充分利用民间组织的优势，在疫情发生后迅速地形成联动机制，通过线上会议达成项目共识，并构建联动网络。

二是在合作模式上，"在一起"联合行动充分利用不同组织自身的优势，异地机构重点提供专业服务方向设计、进行筹款等，湖北在地机构面向丧亲家属提供直接的专业介入服务。并联合境内外的高校、实务专家们为一线服务团队提供专业督导服务。

三是在服务路径上，关注服务提供、人才培养、专业建设三个维度，着眼于公共卫生事件下如何为新冠丧亲者提供专业服务，陪伴这一特殊群体度过哀伤关键期，探索疫情下的社会工作介入模式与经验；在专业人才培养上，立足于本土公共卫生事件的服务需求，通过赋能课程加督导服务来培养更多的专业人才；三是针对疫情下的专业介入服务，总结和梳理本土介入与服务经验，形成可复制、可推广的经验总结。

3. 麦当劳叔叔之家——上海儿童医学中心公益空间

（1）案例背景

上海交通大学医学院附属上海儿童医学中心每年接诊来自全国各地患有血液肿瘤、先天性心脏病、罕见病等多类重大疾病的0—18岁儿童。2017年至2018年期间，医院社会工作部对血液肿瘤科患儿异地就医的基本情况做了调研，调研结果显示，两年里血液肿瘤科异地就医的患儿家庭占该科室就诊总人数70%以上，且就诊人数呈上升趋势。医务社工通过访谈血液肿瘤科医护人员了解到因血液肿瘤科患儿治疗总疗程平均需1至2年，这些家庭普遍须在医院附近租房，以方便往返医院就诊，租金是其最主要的非医疗性支出，同时也给一些贫困患者家庭带来了不小的经济压力。有部分来自偏远地区贫困家庭，患儿家属为了节约租金而选择群租、露宿等方式，这也增加了重大疾病患儿的感染风险。

"麦当劳叔叔之家慈善基金会"（McDonald House Foundation）是全球性的非营利性组织，旨在为异地就医的患儿及其家庭提供一个离医院只有几分钟的"家以外的家"。目前全球65个国家和地区已建成376个"麦当劳叔叔之家"。2006年，麦当劳中国和中国宋庆龄基金会共同成立了"中国宋庆龄基金会麦当劳叔叔之家慈善基金",通过可持续的募款机制,帮助促进中国儿童的健康和福利事业。经过近二十年的期盼,上海儿童医学中心于2019年正式向中国宋庆龄基金会麦当劳叔叔之家慈善基金提出申请建设"上海麦当劳叔叔之家",该项目于2020年12月在上海落地。

（2）主要做法

中国宋庆龄基金会、麦当劳中国与上海交通大学医学院附属上海儿童医学中心多方跨界合作进行了历时8个月的空间设计与改造。医院提供了院区内一幢建筑面积超过750平方米的楼宇,设计师以"森林"元素作为主题,打造了一个舒适、自然、绿色环保的"上海麦当劳叔叔之家",一层是志愿者活动室、办公室和捐赠墙,户外配套有爱心花园;二、三层共有12间家庭房,每间均配有独立的卫生间、子母床和阅读书桌,其中2间为无障碍家庭房,方便需要使用轮椅的患者;四层是童趣、阳光的综合功能区（包括厨房、洗衣房、游乐区、用餐区等）。患儿和家庭能从环境上处处感受到"关爱、温馨、希望"。

医院社会工作部将"上海麦当劳叔叔之家"纳入院区内30个公益空间服务体系,探索"基金会—企业—医院—社会组织"多方共同参与慈善救助模式。麦当劳中国作为发起单位,助力社会组织——"上海徐汇麦当劳叔叔之家患儿家庭援助中心"在上海市徐汇区民政局合法注册,其主要承担"上海麦当劳叔叔之家"运营服务,为孩子们提供安全稳定的高质量住宿环境的同时,提供一系列爱心支持服务。医院社会工作部则参与"上海麦当劳叔叔之家"理事会与入住家庭评估委员会筹建,重点负责入住家庭评估（见图5）等顶层设计,将社会工作服务理念、伦理原则与方法融入其中,确保服务透明、公平公正。

医院社会工作部通过共享"全国儿童医院社会工作论坛"等学术资源、《重大疾病儿童营养照护》等健康培训,帮助"上海麦当劳叔叔之家"服务人员持续提升专业化服务能力。

该项目整合社会资源,关注每一位重大疾病患儿家庭成员的需求,设计了"陪伴融入关爱计划""家长互助小组""宝贝课堂""家长课堂"

医院评估 ⇒	家庭入住 ⇒	家庭退房 ⇒	家庭服务回馈总结
领取【患儿家庭住宿申请表】	熟知【入住家庭住宿规范】	【住宿家庭问卷调查表】	每日住宿家庭微信群播报
主治医生评估	签署【住宿规范遵守同意书】	【退房检查表】	住宿家庭周会（家庭服务意见收集及消防安全知识普及）
社会工作部评估	签署【授权与保密协议】	交还房卡及钥匙卡，退回押金	家庭服务月报
评估委员会终审盖章	缴交押金/签收房卡及钥匙		
《入住通知单》	熟悉"上海麦当劳叔叔之家"环境		
	欢迎包		

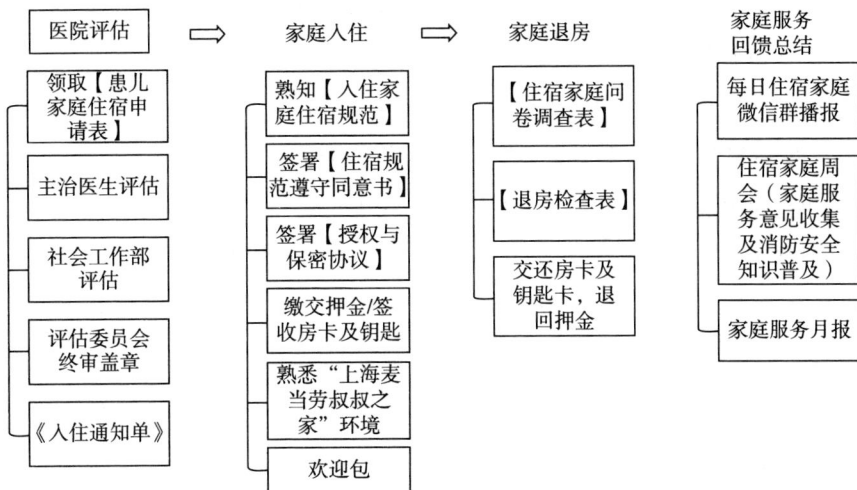

图 5 "上海麦当劳叔叔之家"家庭服务系统流程

四类社会服务，成为医院彰显人文情怀、倡导儿童与家庭友好的经典案例。

（3）服务成效

从公益慈善实践层面来看，"上海麦当劳叔叔之家"已形成慈善救助服务的科学评估机制，执行分层分类的救助原则，实施"全队、全人、全家、全程"的精细化个案管理服务模式，明确医务社工与各方参与公益性服务人员的岗位职责要求，充分发挥了公益慈善资源的效能。

2020 年 12 月至 2021 年 6 月，"上海麦当劳叔叔之家"累计服务了 49 户异地就医的重大疾病患儿家庭，其中最小的患儿为 2 个月，最大的患儿是 14 岁。受益家庭来自全国 15 个省市，其中江西省居多，所有家庭累计住宿总时长为 1894 天，平均住宿天数为 38 天，平均入住率也平稳增长。

自从启动"上海麦当劳叔叔之家"服务后，上海儿童医学中心慈善救助服务进一步得到了完善与提升。在保障贫困患者的就医权利、合理规范使用慈善救助资源的原则下，社会工作部为有需要的贫困患者及家庭提供就医期间必要的生活援助与社会支持服务，健全了医院内社会心理服务体系，兼顾慈善救助资源可及性和公平性，确保贫困患者不因各类经济压力影响其就诊，也杜绝了重大疾病患者露宿街头的情况，帮助患者更好地康复，避免不必要的医疗风险。

4. 浦东社会工作参与慈善公益的引领性作用

"在一起""青云腾飞计划"和"麦当劳叔叔之家"三个经典案例的探索，可以清晰地呈现浦东社会工作参与慈善公益的引领性作用和专业化贡献。具体而言：首先，社会工作服务对慈善公益的专业化推动。三个案例均通过科学化的项目方案设计和全过程服务跟踪，将社会工作理念和方法运用到慈善公益领域的项目实践，促进了社会工作与慈善公益的深度融合。其次，专业社会工作的参与助推了慈善公益的发展。三个经典案例都具有专业社会工作的服务特征，摆脱了传统慈善公益直接给予物质援助的手段单一性，通过心理建设、赋权增能等手段，丰富了慈善公益的参与形式，同时有效平衡直接救助与间接援助之间的关系，提升了慈善公益的科学服务水平。最后，需求导向下的社会工作参与模式，更符合当前慈善公益的发展路径。传统的慈善公益主要通过基金会捐助、物质援助为主要的帮扶形式，具有较强的供给导向特征，不能从微观层面满足弱势群体的心理和精神方面的需求。在慈善公益中融入社会工作的元素，不仅完善了慈善公益的发展理念，还凸显了实际的赋能效果。

三　浦东社会工作参与慈善公益的发展趋势

针对现阶段浦东社会工作参与慈善公益在人才队伍建设和专业服务领域的发展瓶颈，以及在提炼三个典型案例经验的基础上，从促进制度化规范化发展、拓展合作创新多元路径和引领全民公益社会风尚三个层面，提出浦东社会工作参与慈善公益的未来发展方向。

（一）促进制度化规范化发展

1. 制度化建设

首先，社会工作和慈善公益事业的发展离不开制度的支撑，因此浦东社会工作应该以《慈善法》出台为契机，自觉将社会工作纳入慈善公益的发展体系。其次，浦东可创新性完善分类化专业社会工作体制，保障社工人才队伍的稳定性。例如，对承担长期性政府购买服务项目（如社会救助、儿童福利、助残服务、戒毒工作、社区矫正等）的社会工作机构可采用定期评估长期支持的模式，以保障其持续稳定运行；对于一些补充性、发展性、前沿性、高水平的专业社会工作服务，通过政府购买服务、社会力量支持、服务收费等方式多渠道支持其发展。

2. 规范化建设

首先，规范政府购买社会工作服务程序，努力扩大政府购买社会工作服务资金的投入规模、支持范围与来源渠道。协调制定政府购买社会工作服务成本核算、立项评审、绩效评价、购买服务目录、投资项目库等配套政策。其次，研究制定专业社会工作服务机构标准和规范，引导社会力量参与民办社会工作服务机构发展。按照积极引导发展、严格依法管理原则，综合运用年度检查、社会评估、绩效评价、信用管理、信息公开等手段，促进民办社会工作服务机构完善内部治理，提升机构管理与服务水平。

（二）拓展合作创新多元路径

1. 打造合作平台

首先，依托上海市浦东新区社会工作协会的行业平台，促进协会成员的交流和学习，促进社工实务领域精耕细作，反思专业社会工作介入慈善公益的长效机制。特别是通过建立科学、合理的评估指标体系，为项目评估提供依据，以评促建，推动项目专业化、长效化发展。其次，打造政府、企业和社会等多元主体合作共建的公益创投平台。探索和制定公益创投的运营规范和制度标准，支持举办各种类型的公益创投项目和创投大赛。

2. 多元参与路径

慈善公益活动的开展，需要政府、企业、媒体、志愿者、社会组织、普通民众等多元主体的参与，他们共同构成了慈善公益的组织生态。因此，浦东慈善公益发展需要构建起"政府—市场—社会—个人"多维框架下的多中心治理模式。通过理顺多元行为主体的资源优势和职责边界，在慈善公益事业发展中形成多元主体有序参与和良性竞争的格局，实现各种慈善公益力量的优势互补和谐共生。

（三）引领全民公益社会风尚

1. 培育公益精神

公益精神是和谐社会的精神内核，也是个人与他人相联系的精神桥梁。因此，浦东社会工作参与慈善公益事业，需要充分发挥社工机构在培育公民精神方面的积极作用，营造公益文化氛围。同时，借助信息技术和网络媒介宣传公益文化、公益项目和公益人物典型，积极掌握舆论引导话语。

2. 倡导全民参与

首先，构建全民共建共享的社会治理格局，注重引导社会大众增强主人翁意识，激发社会自治、自主、能动力量；其次，扩展公民参与的渠道，通过开通志愿者服务信息平台，及时发布志愿服务需求信息，提高公民的参与度；最后，制定相关的奖励政策、激励机制，例如社会荣誉激励机制和社会回报激励机制，提升全民的参与积极性，真正形成全民公益的良好社会风尚。

B.8
浦东慈善组织参与防灾减灾救灾报告

周　俊　徐久娟*

摘　要： 浦东新区慈善组织在灾前预警与风险管理、灾中应急处理、灾后恢复重建中发挥重要作用，是对政府工作的有益补充。政府积极支持与引导、建构互助合作网络、有效整合社会资源、善于利用技术赋能，是浦东新区慈善组织在参与防灾减灾救灾工作中形成的重要经验。

关键词： 浦东新区　慈善组织　防灾减灾救灾

随着灾害治理复杂性的不断增强，除了依靠党和政府的力量，充分发挥慈善组织等非政府主体在灾害治理中的作用已经成为现实要求。在实践发展中，慈善组织早于 2008 年汶川地震中就有了首次"集体亮相"。此后，在芦山地震、鲁甸地震、九寨沟地震等自然灾害救助和新冠疫情防控中，慈善组织以更加有序的方式积极参与，在防灾减灾救灾中的功能不断凸显。

浦东新区地处东南沿海，台风、暴雨、高温、雨雪冰冻等自然灾害易发，同时，由于高楼林立、道路交通网密集，火灾、交通事故等事故灾难也呈现增多态势，防灾减灾救灾工作的重要性突出。浦东新区的慈善组织发展较为成熟，灾害救援类慈善组织作用突出，在防灾减灾救灾中扮演重要角色。本报告主要分析浦东新区慈善组织在防灾减灾救灾中的角色和功能，探

* 周俊，华东师范大学公共管理学院教授、博士生导师，主要研究方向为国家与社会关系，公益慈善研究。徐久娟，华东师范大学公共管理学院博士研究生，主要研究方向为社会组织参与社会治理研究。

讨慈善组织在作用发挥中形成的经验，以为促进慈善组织更加有效地发挥灾害救助作用和推动政府加强对救援类慈善组织的培育发展提供理论借鉴。

一 概念界定与政策依据

慈善组织广义上是指以实现社会公益为目标，从事公益慈善活动的社会组织，具有组织性、民间性、非营利性、自治性、志愿性等特征。慈善组织在扶危济困、灾难救助、促进社会公平、维护社会稳定等方面发挥作用，是政府社会保障和社会福利功能的重要补充。狭义上的慈善组织是指《中华人民共和国慈善法》（以下简称《慈善法》）中定义的"依法成立、符合本法规定，以面向社会开展慈善活动为宗旨的社会组织，慈善组织可以采取基金会、社会团体、社会服务机构等组织形式"。[①] 本报告中的慈善组织取广义概念。

防灾减灾救灾是指对各种自然的与人为的重大不幸事件的预防、应对和处置[②]。与灾害的发展和演进相关，学术界对灾害和防灾减灾救灾的研究不断精细化，灾害概念逐渐被突发事件概念所取代，并将突发事件分为自然灾害、事故灾难、公共卫生、社会安全四大类型[③]，同时，防灾减灾救灾概念被应急管理概念所取代[④]。应急管理是指对突发事件的管理，本质上是公共管理的一种特殊形态，要求在较短时间内，有效应对和处置突发事件，减少突发事件带来的不良后果。由于在四类突发事件中，慈善组织参与主要集中于自然灾害、事故灾难和公共卫生三类事件，社会安全类突发事件的参与很少，因此，本报告仅讨论前三类突发事件中的慈善组织参与情况。

慈善组织参与防灾减灾救灾有充分的政策依据。在中央层面，2006 年

---

① 参见《中华人民共和国慈善法》，第二章第八条。
② 金太军：《政府公共危机管理失灵：内在机理与消解路径——基于风险社会视域》，《学术月刊》2011 年第 9 期，第 5 页。
③ 参见《国家突发公共事件总体应急预案》，总则 1.3 分类分级。
④ 童星、张海波：《基于中国问题的灾害管理分析框架》，《中国社会科学》2010 年第 1 期，第 132 页。

颁布的《国家突发公共事件总体应急预案》明确提出要"动员社会团体、企事业单位以及志愿者等各种社会力量参与应急救援工作",首次将社会团体、志愿者等社会力量纳入突发公共事件治理体系。2015年,民政部发布《关于支持引导社会力量参与救灾工作的指导意见》,提出"引导社会力量与政府有关部门加强联系,在政府统一指挥和统筹协调下有序参与救灾工作",要求"通过政策保障、资金支持、完善服务、激励表彰等方式,鼓励和支持社会力量积极参与救灾工作。加强信息公开,及时发布救灾工作和灾区需求情况,强化对社会力量参与救灾的业务指导、协调服务、监督管理,引导和规范社会力量有序参与救灾工作。"2016年,《中共中央、国务院关于推进防灾减灾救灾体制机制改革的意见》指出,"制定和完善社会力量参与防灾减灾救灾的相关法规、行业标准、行为准则,搭建社会组织、志愿者等社会力量参与的协调服务平台和信息导向平台。"同年,《国家自然灾害救助应急预案》提出,"坚持政府主导、社会互助、群众自救,充分发挥基层群众自治组织和公益性社会组织的作用"。2017年,国务院办公厅发布的《国家综合防灾减灾规划(2016—2020)》提出,"坚持各级政府在防灾减灾救灾工作中的主导地位,充分发挥市场机制和社会力量的重要作用,加强政府与社会力量、市场机制的协同配合,形成工作合力","加强对社会力量参与防灾减灾救灾工作的引导和支持,完善社会力量参与防灾减灾救灾政策,健全动员协调机制,建立服务平台。"

2020年新冠疫情突袭而至,民政部等中央多个部委陆续发布了一系列政策动员社会慈善力量参与。民政部《关于动员社会慈善力量参与新冠疫情防控的通知》指出,"倡导各级慈善组织发挥自身优势、动员社会力量,采取切实有效措施,对湖北省武汉市等疫情严重地区提供支持,协助党和政府遏制疫情蔓延势头并做好后续相关工作,为全国各地疫情防控工作贡献力量"。

在地方层面,2012年,《上海市自然灾害救助应急预案》提出要"培育非政府组织和志愿者队伍,建立社区应急救助志愿者队伍,在灾害发生时积极展开自救互助,减少灾害伤亡"。

2017年,《上海民政防灾减灾"十三五"规划》指出,"探索社会力量的有效参与。加强政府在救灾减灾领域的规划指导，强化部门合作，培育社会组和志愿者，充分利用科技企业的市场优势，探索形成政府、社会和企业的三方合作、互动的格局"。2020 年，《中共上海市委、上海市人民政府关于提高我市自然灾害防治能力的意见》提出，"坚持鼓励支持、引导规范、效率优先、自愿自助原则，制定完善社会力量全方位参与防灾减灾救灾的相关政策法规。健全社会组织参与防灾减灾救灾的能力培训、评估监管和保障激励等机制，搭建社会组织、志愿者等社会力量参与防灾减灾救灾工作的统筹协调服务平台，引导、鼓励设立灾害类基金会等公益性社会组织，构建多方参与的社会化自然灾害防治格局"。

从总体上看，经历几次灾害性突发事件之后，我国逐渐在基础制度层面将防灾减灾救灾工作作为国家应急管理体系的重要组成部分，积极推进相关工作的科学化、现代化发展。与此同时，政府逐渐意识到，社会防灾减灾救灾工作的复杂性日益增强，需要多方社会力量协同参与、共同应对，而慈善组织也因在灾害救助中的积极表现获得了政府的信任。综合来看，既有政策体现出以下几方面特征：第一，中央和地方政策均鼓励、支持、引导慈善组织在防灾减灾救灾中发挥作用，逐渐向慈善组织开放"机会窗口"；[1] 第二，中央和地方政策对慈善组织在防灾减灾救灾中的功能做出了定位，即主要发挥补充政府功能不足的作用，同时要求慈善组织在政府的统一指挥和统筹协调之下开展工作；第三，在慈善组织参与防灾减灾救灾的能力建设与规范化发展方面，既有政策均提出了初步规定，但还不够具体。

二 浦东慈善组织参与防灾减灾救灾现状

浦东新区发生大灾害的频率不高，但是因临海且三面环水，夏季容易发生高温、台风、暴雨天气，秋季容易发生大雾天气，冬季容易发生低温天

---

[1] 张强：《"机会窗口"与应急管理中政社合作"新常态"——全面认知新冠肺炎疫情应对中的社会参与》，《中国非营利评论》2020 年第 1 期，第 2~7 页。

气，因而，城市内涝、高温、大雾、雨雪冰冻灾害是浦东的主要自然灾害。浦东生物医药、化学材料企业发达、相关科研院所较多，危险化学品泄漏等安全生产事故时有发生；普通住宅和商业楼宇密集，小范围火灾频发；道路交通网密集，人流和车流量大，交通事故频发，因而，安全生产、交通事故、火灾等是浦东面临的主要事故性灾难。故此，浦东慈善组织主要在地震、火灾、洪涝、交通事故等灾害中发挥作用。较为特别的是，由于2020年初突袭而至的新冠疫情是一场世界性的公共卫生危机，浦东慈善组织在其中也有积极表现。

国外学者 Robrt Heath 将应急管理划分为缩减（Reduction）、预备（Readiness）、反应（Response）、恢复（Recovery）四个阶段，形成了4R理论。① 国内学者薛澜认为，应急管理虽然以应对突发事件为中心，但工作范畴已经向外延伸，实现事前、事中、事后的全过程管理，三者可以从逻辑上相互区分，但是在实践中连为一体，相互结合、彼此包容、有机联动，很难彼此独立。② 本报告结合中外研究中对应急管理事前、事中、事后的阶段性划分，按照灾前预警与风险管理、灾中应急救援、灾后恢复与重建三个阶段对浦东慈善组织的参与现状进行分析。

（一）参与灾前预警与风险管理

由于具有广泛的社会触角和成员基础，慈善组织对特定突发事件的发生常常有敏锐的洞察力，因而能够在防灾阶段发挥重要作用。慈善组织可以实施风险消减项目和进行设施建设资助，开展危机管理教育和能力培训，这些工作能够降低政府对突发事件预警期的管理成本。

浦东新区红十字会③参与防灾减灾救灾的历史悠久，积累了丰富的经

---

① 罗伯特·希斯：《危机管理》，王成译，中信出版社，2004，第32页。
② 薛澜、张强、钟开斌：《危机管理——转型期中国面临的挑战》，清华大学出版社，2003，第104页。
③ 浦东新区红十字会成立于1995年，其业务内容覆盖广泛，主要包括救援救灾、应急救护、人道救助、遗体器官捐赠、造血干细胞捐献、志愿服务等。

验。红十字会主要从事备灾救灾工作和开展应急救护和防病知识的宣传、普及、培训工作。例如，浦东新区红十字会协助各个街镇制定社区应急预案、建立应急救援队伍和建设备灾救灾设施；联合浦东教育局和浦东应急局，深入各个中小学校，将应急培训知识融入学生课程，强化学生的应急意识，增强学生的应急培训技能；联合各类社区社会组织，利用其在地优势，培养社区居民危机意识和开展灾害认知教育，以提升公众的防灾减灾意识。此外，浦东新区红十字会与江苏、浙江、安徽等地的红十字会合作，签署《长三角红十字系统区域合作框架协议》，致力于搭建红十字应急救援联动平台，融合各类专业救援力量，共享救灾救援信息，构建覆盖长三角区域的红十字立体救援网络。

上海浦东三栖应急救援队①是一家专业型救援组织，主要职能是在各个企事业单位、社区建设微型消防站，面向专业人士进行 ERE 体系水域救援、ERE 体系舟艇操作、ERDI 公共安全潜水、地震破拆、战术护卫等救援培训，同时，面向普通公众进行溺水逃生、地震求生、野外求生、生活安全常识等宣传和培训。先后在江苏等省份进行消防冲锋舟驾驶技能培训、ERDI 国际公共安全潜水培训、IRIA 国际搜救教练联盟急流救生培训、ERE 急流 IRB 舟艇培训、地震破拆培训。协助上海周浦镇举行端午节龙舟赛护航演练，并协助周浦镇消防中队举行绳索训练演习。

上海浦东鸿鹄应急救援队②借助信息化技术探索应急救援新思路。该组织致力于将科技融入灾害治理、孵化培育应急救援类慈善组织、促进应急救援类慈善组织联合行动。目前拥有专业技术研发人员 30 多个，致力于智慧应急系统开发，其开发的"智惠应急安全用电智能监测系统"在全国多个医院、学校、加油站、银行、酒店等公共场所投入使用。在浦东新区民政局

---

① 上海浦东三栖应急救援队成立于 2018 年，目前救援队核心成员超过 70 人，均为原消防、特勤、陆海空三军特种兵。

② 上海浦东鸿鹄应急救援队成立于 2020 年，致力于应急保障物联网可视化管理服务平台、应急救援物资物联网精准定位设备等科技应急系统和设备的开发，目前拥有专业技术人员 30 多个。

的指导下，救援队建立了应急服务社会组织公益园区和应急教育实训基地，成功孵化3家专业应急救援慈善组织，面向社会公众举行了多场公共安全实训活动。

（二）参与灾中应急处置

在灾中应急处理阶段，慈善组织主要发挥资源筹集、服务提供和社会动员等功能，向受灾群体提供物质和精神支持，通过发挥专业优势，在政府无暇顾及的非规模化领域弥补政府功能的不足。

上海蓝天应急救援服务中心[①]是一家专业应急救援组织，致力于协助政府应急工作，对各种灾事故进行紧急救援，在山野救援、城市救援、水域救援、自然灾害救援、安全生产事故救援、意外事故救援、大型群众性活动的保障等领域都比较活跃。该机构积极响应汶川地震、玉树地震、雅安地震和舟曲泥石流等灾害救援，主动承担通往灾区的路面清障工作，为武警、公安等政府救灾力量进入灾区做好预备工作。在疫情期间，中心承担了浦东国际机场、虹桥国际机场、虹桥站等多个交通枢纽防疫物资的转运和协调工作。此外，中心还积极配合浦东多个街镇、社区，进行社区防疫消杀和紧急救助工作。

上海市慈善基金会浦东新区代表处（原"上海市慈善基金会浦东分会""上海市慈善基金会浦东代表处"，以下简称"浦东新区代表处"）在汶川地震、玉树地震、雅安地震、舟曲泥石流、新冠疫情等灾害中，积极发挥基金会募捐功能，为灾区积极筹集资金和物资。在汶川地震中，浦东新区代表处发起"浦川鸿雁牵手行动"活动，号召市民通过写信、资助求学、援建希望小学等方式，长期帮助灾区的孩子；发起"爱心加油站"项目，以"以工代赈"取代直接发放救灾物资方式，为灾区居民赋能。在新冠疫情中，浦东新区代表处累计收到社会各界捐款2792.14万元，其中1251.27万元用

[①] 上海蓝天应急救援服务中心的前身为中国蓝天救援队上海通讯分队，2010年由活跃在浦东的一批公益青年发起，并于2014年在上海市民政局正式注册成立，是上海第一个市级社团局注册的公益救援组织。

于湖北特别是武汉地区疫情防控工作，1540.87 万元用于浦东疫情防控工作；为浦东社区抗疫一线工作筹集物资 300 余万元，用于关爱社区一线防疫人员及志愿者；为浦东发热门诊医院筹集 5 台 CT 设备，价值 2250 万元（数据截至 2020 年 6 月底）。不仅如此，浦东新区代表处还制定发布《上海市慈善基金会浦东新区代表处资助社区开展抗击新冠肺炎疫情项目实施方案》，帮助街镇明确抗疫资金的具体用途和使用规范。

在新冠疫情中，上海联劝公益基金会为 2500 家医疗单位筹集医用隔离面罩 2800 个，医用手套 73000 副，防护服 13080 件，一次性医用口罩 51 万只，一次性口罩和消毒棉片 20 万只，3M 口罩 6 万只，KN95K 口罩 5 万只，消毒灯 600 台（数据截至 2020 年 4 月 13 日）。同时，基金会还开展多个抗疫专项资助项目，共计资助 32 家公益组织的 46 个项目，为湖北和上海各个社区提供物资援助、精准帮扶和心理援助等服务。

上海真爱梦想公益基金会在新冠疫情中不仅发挥了募集现金、物资等功能，还发挥自身在教育领域的专业优势，推出《真爱之声》在线家庭教育音频节目，关注未成年人心理健康、素养教育、校园欺凌问题；推出"线上家长会"直播节目，帮助家长和孩子在疫情期间构建和谐的亲子关系和家校关系；推出"智学计划"，帮助经济困难家庭实现在线学习。

像真爱梦想基金会这样发挥专业优势参与疫情防控的浦东新区慈善组织为数众多。比如，上海复恩社会组织法律研究与服务中心[①]面向湖北一线志愿者开设线上普法课程；上海浦东新区幸福家庭服务中心[②]动员百余名心理热线志愿者搭建"全国首条 24 小时免费'心理抗疫'热线"，为奋战在第一线的医护及相关工作者及其家属及群众提供线上心理咨询服务；多家行业协会商会在新冠疫情中，发挥其规范行业发展、动员会员单位的作用，比较

---

① 上海复恩社会组织法律研究与服务中心成立于 2012 年，是国内第一家社会力量发起的非营利组织法研究社会智库，也是一个为社会组织提供专业法律能力建设的支持型平台。组织宗旨是"促进社会组织依法合规运营，推动中国公益事业及非营利事业发展"。
② 上海浦东新区幸福家庭服务中心成立于 2012 年，是一家致力于家庭咨询、家庭成长、家庭矛盾排解的民办非企业单位。

典型的有上海浦东外商投资企业协会①、上海浦东国际商会②动员近百家企业捐款捐物，支持提早复工的外资企业正常开展生产。

上海乐群社工服务社在2003年非典型肺炎疫情时期关注民工子弟学校学生的卫生教育，开展卫生宣传、学生情绪安抚工作。新冠疫情期间，服务社协助政府开展小留学生回国隔离工作，负责信息统计与上报、留学生与家长对接、情绪安抚、信息咨询等工作，产生了积极的社会影响。

（三）参与灾后恢复重建

灾害给人带来的精神和心理创伤，需要时间治愈，更需要专业服务跟进。浦东慈善组织充分发挥其在社区服务、心理咨询等各个领域的专业优势，参与灾后重建与恢复，获得社会好评。

上海浦东非营利组织发展中心"恩派（NPI）"（以下简称恩派）在汶川地震后，在四川绵竹、北川等地联合当地社会组织开展"阳光社区中心"项目，为居民提供全方位的社区服务，帮助受灾居民进行心理恢复，重建精神家园。后新冠疫情时期，中心关注疫情给社区带来的创伤，联合多家机构尤其是业务与社区高度相关的房地产、银行、保险、物流等领域的企业，发起"社区战疫支持联盟"倡议书，号召关注社区脆弱群体和一线社区工作者，帮助弱势群体快速恢复生产和生活，持续开展社区重建工作。

浦东新区社会工作协会（以下简称浦东社工协会）也参与了汶川地震的灾后重建工作。在震后由浦东社工协会组织、协调的浦东社工服务队加入上海社工服务团到达都江堰，开展灾后社工服务，提供以督导、培训和资源中介为主要内容的服务。此外，浦东社工协会还关注疫情中失去亲友的群体，联合上海、湖北等地的多家机构发起"在一起"新冠疫情哀伤服务公

---

① 上海浦东外商投资企业协会成立于1993年，是由外商投资企业、台港澳侨投资企业、从事外商投资服务工作的机构和科研单位、外商在沪从事投资业务的机构及其他有关组织和社会人士联合组成的非营利性的社会团体。

② 上海浦东国际商会成立于2007年，业务范围主要包括政策咨询、信息交流、商务考察、培训、国际交流、主办、承办、组织参加国内外展览会、维护会员合法权益等。

益联合行动，通过整合专业力量，给予疫情中失去亲友的群体以心理支持，帮助他们度过哀伤期，重建家庭、社区、社会联系，恢复正常生活。项目实施以来，共为113名丧亲者家庭提供探访、疗愈课程、危机介入、资源链接等服务。

上海真爱梦想公益发展中心①关注新冠疫情结束后学校的公共卫生安全，推出"校园健康守护计划"，购买口罩、洗手液等卫生防护物资，制作成"校园健康守护包"，发放给四川、江苏、湖北、上海等地多所学校的师生，为疫情后中小学生返校开课做好准备。可以看到，在浦东慈善组织的参与实践中，专业类慈善组织主要利用其专业人才、技能和装备等优势，在灾前预警与风险管理、灾中应急救援等方面发挥作用；非专业类慈善组织主要发挥其资源筹集、志愿服务、社会动员等方面的优势，在灾中应急处置、灾后恢复重建等方面发挥作用。

面对多样、高效、持续的公共安全需求，以政府为主体的单一供给模式面临挑战，风险、权力和责任在政府、市场、社会之间的分担不可避免②。在这样的背景下，浦东慈善组织把握机会，充分展现在防灾减灾救灾中的价值。总的来说，慈善组织参与防灾减灾救灾的价值主要体现在：第一，通过嵌入政府救灾管理体制，响应政府需求、参与政府救灾工作，成为政府的有力协助者，即发挥政府的补充作用。第二，通过在一些政府无暇顾及的非规模化领域发起或参与多部门合作行动来减轻灾害事件的冲击，有效填补政府功能不足造成的服务缺口，即发挥政府的互补作用。③ 第三，由于贴近基层和实际问题，慈善组织具有灵活性、自发性、针对性、反应迅速等特点。在防灾减灾救灾中，慈善组织能够有效地进行公众动员，促进灾害应对共同体

---

① 上海真爱梦想公益发展中心成立于2012年，是一家致力于梦想中心建设、素质教育课程开发和推广、对梦想中心项目志愿者辅导培训的民办非企业单位。
② 薛澜：《中国应急管理系统的演变》，《行政管理改革》2010年第8期，第22~24页。
③ 周俊、刘静：《平衡补足与补充：危机时期社会组织功能审视——以上海真爱梦想公益基金会为个案》，《中国非营利评论》2020年第2期，第175~191页。

建设，减轻和预防灾害引发的社会风险，即发挥"社会粘合剂"[1] 作用。

三　浦东慈善组织参与防灾减灾救灾的基本经验

浦东慈善组织在灾前预警与风险管理、灾中应急救援、灾后恢复与重建三个阶段发挥各自专业优势，在资源筹集、服务供给、社会动员等方面对政府防灾减灾救灾工作形成了重要补充，获得了社会的广泛认可。整体看来，浦东慈善组织之所以能够积极和有效地参与防灾减灾救灾，主要是因为获得了政府的积极支持和引导、构建了互助合作网络、能够有力动员和整合社会资源，以及善于利用技术赋能。这四个方面的内容也是浦东慈善组织参与防灾减灾救灾中形成的宝贵经验。

（一）政府积极支持和引导

浦东新区政府认真贯彻和落实中央、上海市政策精神，高度重视发挥慈善组织在防灾减灾救灾中的作用，并积极支持和引导慈善组织发挥作用。

一是积极出台鼓励性政策和工作指南，支持慈善组织参与灾害治理。在此次新冠疫情中，浦东新区社会组织综合党委及时向新区各社会组织党支部及党员转发《关于在疫情防控阻击战中进一步发挥全区各级党组织战斗堡垒作用和广大共产党员先锋模范作用的通知》，动员党员和党组织在疫情防控中积极发挥作用。浦东新区民政局起草《关于支持本区社会组织同等享受有关疫情防控政策的请示》，为社会组织在疫情中的健康、平稳发展争取有利条件；制定《浦东新区社会组织参与新冠肺炎疫情防控工作指南》，积极引导行业协会商会、公益基金会、社区社会组织（含备案类群众活动团队）等社会组织参与疫情防控。

二是注重统筹协调，合理引导慈善组织参与。浦东新区设立公益组织项

---

[1] 吴金华、王娜娜：《国家应急管理体系中民间志愿组织作用发挥研究》，《吉林省社会主义学院学报》2015 年第 3 期，第 44～46 页。

目合作促进会，旨在加强对公益组织的指导和促进公益组织间合作，在慈善组织参与防灾减灾救灾中发挥了引导和促进联合的作用。比如浦东红十字在防灾备灾工作中需要与其他组织合作，通常由促进会在其中发挥中介作用。在新冠疫情中，浦东新区疫情防控领导小组下设由区民政局牵头、区审计局、市慈善基金会浦东新区代表处、区红十字会等参加的慈善捐赠统筹工作小组，以加强全区慈善捐赠款物的统筹协调、供需对接、有效分配使用和依法审计监督。

三是大力培育民间慈善组织的应急救援能力。为了提升民间慈善组织的应急救援能力，浦东新区应急管理局引导建立应急服务社会组织公益园，发挥孵化与培育功能，为应急救援类慈善组织发展提供支持，同时帮助它们提升统一行动能力和社会影响力。

（二）建构互助合作网络

为提升慈善组织在防灾减灾救灾中的行动效能，浦东新区慈善组织积极建构互助合作网络，通过信息共享、资源整合实现联合行动。例如在交通事故、台风灾害等的救援中，上海三栖应急救援队与上海蓝天应急救援服务中心经常紧密合作，分别发挥通过专业技能解决技术性问题和通过志愿服务提供后勤保障的作用。又如在新冠疫情中，恩派联合上海亲和宇宙老龄事业发展基金会、上海觉群文教基金会、新力公益基金等12家公益伙伴成立了"社区战疫支持联盟"。该联盟是社区"战疫"支持者交流、倡导与行动的平台，主要为一线社区工作人员（包括社工、志愿者、医护人员等）提供物资支持、能力建设和信息咨询等服务，帮助他们为社区居民提供更专业的服务。

（三）有效整合社会资源

浦东新区在促进慈善组织参与防灾减灾救灾的同时，十分重视动员和整合社会多方资源，鼓励和激发社会各界力量共同参与防灾减灾救灾，使其成为慈善组织发挥作用的社会重要基础。一是建立公共安全教育实训基地，① 通过沉浸式体验的学习方式，让社会公众学习特定灾害发生的原因、过程和结果，掌握防灾的知识和技能。在实训和学习中，社会公众不仅增强了灾害应对意识和能力，而且提高了响应党和政府灾害动员、参与慈善组织行动的能力。二是积极整合企业的专业力量，动员危险化工品生产和运输等相关企业履行社会责任，提供防灾减灾救灾专业技术与资源。浦东新区应急服务社会组织公益园与上海君昇电子信息工程有限公司、杭州拓深科技有限公司等企业达成了长期战略合作，动员它们在风险管理、应急处置、善后恢复等阶段分别提供风险评估、灾情信息分析、减灾技术、心理咨询与重建等专业服务。

（四）发挥技术赋能作用

为提升慈善组织参与防灾减灾救灾的能力，促进防灾减灾救灾资源整合，浦东新区充分利用技术优势，不断推进智慧应急管理建设。例如，浦东新区应急管理局组织开发了防汛防台智能化指挥应用场景，包括平台响应等级发布、电子签到、汛情研判、疫情防控及信息发布上报等多个功能，在提升应对各类突发天气灾害中的指挥决策和应急处置效率上发挥了重要作用。浦东新区应急服务社会组织公益园的应急教育实训基地建立了灾害综合监测预警平台、智能防灾减灾系统等智慧应急科技保障体系，目前正在加快灾害综合监测预警感知、网络终端设备布点建设、灾害相关数据共享应用。除此之外，该基地还在促进 AIoT（人工智能物联网）单位专业监测预警与政府应急管理部门综合监测预警的互相融合发展。

四　浦东慈善组织的参与短板与发展建议

尽管浦东新区慈善组织参与防灾减灾救灾的实践比较丰富，并且处于不断发展和提升的过程之中，但是从整体上看，慈善组织参与还存在一些亟须

---

① 该基地位于东方路 1287 号的浦东新区应急服务社会组织公益园内。

弥补的短板，主要体现在：既有政策对慈善组织参与防灾减灾救灾缺乏具体指导、慈善组织参与防灾减灾救灾的专业能力不足、专业类应急救援慈善组织的经费短缺三个方面。针对参与短板，本报告最后从完善慈善组织参与防灾减灾救灾的政策、提升慈善组织参与灾害治理的专业能力、拓展专业应急救援类慈善组织的经费来源三个方面提出了发展建议。

（一）参与短板

第一，既有政策对慈善组织参与防灾减灾救灾缺乏具体指导。中央和上海市的政策提出要鼓励和支持慈善组织等社会力量参与灾害治理，但对实践中应如何行动却缺乏具体政策规定。如《中共上海市委、上海市人民政府关于提高我市自然灾害防治能力的意见》提出"健全社会组织参与防灾减灾救灾的评估监管和保障激励等机制"，对于如何评估、如何监管、如何激励，却缺乏规定。浦东新区目前还没有根据上位政策出台具有操作性的政策规定，慈善组织参与防灾减灾救灾还缺乏政策指南。

第二，慈善组织参与防灾减灾救灾的专业能力不足。一方面，浦东新区应急救援类慈善组织的总体数量、人员、技能、装备等还无法满足现实需求，并且大多数组织的专业能力较弱，从事宣传教育和培训工作的组织较多，能够开展专业性应急救援的组织较少；另一方面，浦东新区非应急救援类的慈善组织参与灾害治理的方式多为动员社会捐赠和提供志愿服务，具有高度同质化的特征，难以体现慈善组织的专业优势。

第三，专业应急救援慈善组织的经费短缺。浦东专业应急救援组织的经费主要来自成员自筹、企业捐赠和少量服务收入。例如，上海蓝天应急救援服务中心的资金主要来源于组织中有资金实力的成员捐赠，上海三栖应急救援队资金主要来源于企业捐赠，以及少量培训消防队伍、社区公众的服务收入。捐赠性收入、服务性经费少，政府购买服务性收入仅存在于个别组织中，导致浦东专业应急救援组织普遍存在经费短缺问题，严重限制了组织专业技能和服务水平的提升，也限制了慈善组织参与灾害治理的效能提升。

（二）发展建议

首先，完善慈善组织参与防灾减灾救灾政策。慈善组织充分参与防灾减灾救灾需以清晰具体的政策规定为前提。因此，需要在国家和各级地方政府的应急预案中进一步明确慈善组织参与防灾减灾救灾的法定地位。就浦东新区而言，需要以中央和上海市相关政策为依据，在《中共上海市委、上海市人民政府关于提高我市自然灾害防治能力的意见》基础上，制定出台促进慈善组织参与防灾减救灾的政策文件，明确规定慈善组织在防灾减灾救灾中的角色和功能，将慈善组织纳入区防灾减灾救灾管理体系，建立区应急管理局领导下的各类机构和组织协同参与的机制，列举慈善组织的具体参与领域、参与途径和参与保障措施，以及规定对参与中突发情况的处置原则和参与评估、监管、激励等办法。

其次，提升慈善组织参与灾害治理的专业能力。一方面要提高应急救援类慈善组织的专业水平。应急管理部门可以分灾种对相关慈善组织进行培训，帮助它们认识浦东灾情和自身在浦东整体灾害治理中的作用和地位，指导它们制定参与防灾减灾救灾的行动方案，评估它们参与的实效和提出改进意见；同时需要加强应急救援类慈善组织的交流与合作，引导它们实现优势互补，联合发挥救灾的综合效应。登记管理机关需要在应急救援类慈善组织联盟、联合体建设方面提供更加宽松的环境，以促进这一类机构整体专业水平的提升。应急救援类慈善组织也需要不断加强学习和演练，努力提高自身的专业水平。另一方面要鼓励非应急救援类慈善组织在通常的动员捐赠和提供志愿服务之外，充分发挥专业优势参与灾害治理，对表现突出的慈善组织予以奖励，以发挥示范作用。

最后，拓展专业应急救援慈善组织的经费来源。针对应急救援类慈善组织经费不足的问题，需要采取措施改善其筹资结构。一是加大购买应急救援服务的力度。政府相关部门应将应急救援类慈善组织纳入工作体系，将相关防灾、减灾、救灾事项通过购买服务的方式交给慈善组织做，并且遵循"费随事转"原则为慈善组织提供经费支持，同时发挥培育发展慈善组织的作用。二是引导应急救援类慈善组织通过募捐和提供服务等方式增加经费来源。登记管理机关需进一步推进公益生态建设，为应急救援类慈善组织与具有公募资质的基金会创造联系机会，引导前者借助公募平台通过公益项目的形式获得社会捐赠。应急救援类慈善组织也需要增强自身的"造血"功能，通过市场化手段，通过提供专业性服务增加服务收入。

综上所述，浦东新区慈善组织在灾前预警与风险管理、灾中应急处置与救援、灾后恢复与重建中，利用优势积极发挥作用，已经成为一支不可忽视的灾害治理力量。浦东新区慈善组织灾害治理功能的发挥离不开政府和社会的支持，也是慈善组织自身不断努力的结果。在未来的发展中，浦东新区政府需要进一步加强对慈善组织参与防灾救灾减灾的政策支持和业务指导，尤其需要促进应急救援类慈善组织的联合；慈善组织也需要通过多种方式提高自身专业水平和筹资能力。

B.9
浦东慈善力量参与环保事业报告

俞祖成　欧阳慧英*

摘　要：　浦东慈善力量参与环保事业经历了探索发展期、稳定发展期，基本形成了以环保型社会组织为主体，各类志愿团队、企业力量和个人力量并存的格局。在浦东生活垃圾分类工作的不同阶段，浦东慈善环保力量扮演了环保宣传者、政策倡导者、经验研究者和技术创新者等不同角色。浦东慈善力量参与环保事业的成功经验表明社会治理中要坚持政府"元治理"，推动政社合作；强化企业社会责任，鼓励社企合作；发挥社区主体作用，带动居民参与；搭建交流平台，促进社会组织间合作。

关键词：　慈善力量　环保事业　浦东新区

　　自 20 世纪中叶以来，大规模的环境污染、局部地区的严重污染给人类社会带来了重大挑战，生态与环境保护逐步成为公共问题，进入慈善公益关注和行动的范围。世界经济论坛自 2007 年首次发布全球风险报告以来，每年都将环境问题引发的风险列为 21 世纪全球面临的最严重的挑战之一。2021 年《全球风险报告》显示，从未来十年发生概率来看，除传染病外，

---

* 俞祖成，上海外国语大学国际关系与公共事务学院副教授、博士生导师，上海外国语大学（全球）城市基层治理研究中心主任，主要研究方向为城市基层治理、社会组织发展。欧阳慧英，上海外国语大学（全球）城市基层治理研究中心助理研究员，主要研究方向为社会组织和社会治理。

全球前五大风险全都与环境相关。① 环境问题是全人类共同面临的问题，需要世界各国人民共同应对。中国早在 1983 年便将环境保护定为基本国策，此后陆续出台各项文件各类措施，提出要建立资源节约型、环境友好型的两型社会。2020 年，习近平主席在联合国大会上向世界承诺实现碳达峰、碳中和目标，这是中国深刻践行绿色发展理念的重要举措，也体现出环境保护的必要性和紧迫性。

生态文明建设离不开全社会共同参与，国家高度重视构建环境治理全民行动体系。党的十九大报告提出，要构建政府为主导、企业为主体、社会组织和公众共同参与的环境治理体系。2020 年中办、国办发布的《关于构建现代环境治理体系的指导意见》也明确提出要健全环境治理全民行动体系。这表明，充分发挥全社会力量开展生态环保工作势在必行。

浦东开发开放 30 余年来，在环境保护和生态文明建设方面取得了巨大成效：生态环境空间不断优化提升，生态环境质量不断改善，环境基础设施不断健全，环境管理体系日臻完善，全民参与格局不断形成。② 浦东始终秉持生态文明理念，在上海市的统一部署下，自 2000 年起滚动实施了 7 轮环保三年行动计划，完成项目约 850 个。③ 这些成就的取得离不开浦东慈善力量④的参与，环保发展事业也成为撬动浦东慈善力量参与浦东社会治理的支点。

本报告将从以下研究内容展开：首先，回顾 30 年来浦东慈善力量参与环保发展的历程，梳理浦东慈善力量参与环保发展的特点以及具体的参与途径；其次，集中结合浦东近年来对生活垃圾分类工作的推进，探究不同阶段

---

① World Economic Forum：*The Global Risks Report* 2021，世界经济论坛官网，http://www3. weforum. org/docs/WEF_The_Global_Risks_Report_2021. pdf，最后访问日期：2021 年 10 月 29 日。
② 生态环境部：《各地环保头条｜上海浦东新区生态文明建设历程与展望》，澎湃新闻网，2020 年 4 月 21 日，https://www. thepaper. cn/newsDetail_forward_7074179，最后访问日期：2021 年 10 月 29 日。
③ 《生态浦东：污染防治攻坚 30 年》，《浦东时报》2020 年 6 月 5 日第 6 版。
④ 本报告中的慈善力量主要指社会组织、各类志愿者团队等主体，也包含了参与慈善行为的企业和个人力量。

慈善环保力量在推动这一工作中发挥的作用；最后，总结慈善力量参与环保发展的浦东经验，挖掘社会建设领域的浦东智慧。

一 浦东慈善力量参与环保事业概述

自浦东开发开放以来，尤其是进入 21 世纪后，浦东大力培育社会组织，引导社会组织参与社会建设。浦东先后颁布实施多项支持社会组织发展的政策文件，[①] 成立公益组织项目合作促进会，通过开发各类服务项目，促进政社合作和社社合作。在政策支持下，浦东环保型社会组织逐渐发展起来并广泛参与到浦东环境治理中。

（一）浦东环保类慈善力量发展历程

20 世纪 90 年代正值我国环保型社会组织的兴起阶段，浦东慈善环保力量的发展大致与我国环保型社会组织的发展历程相吻合，分为探索发展期（1990—2004 年）和稳定发展期（2005 年至今）两个阶段。

1. 探索发展期（1990—2004 年）

1991 年，我国首个民间环保组织辽宁省盘锦市黑嘴鸥保护协会成立。[②] 三年后，我国第一个在民政部注册成立的民间环保型社会组织"自然之友"成立，标志着我国环保型社会组织的兴起。中共十五大后，中国经济发展愈加平稳，社会力量越发活跃。伴随北京申奥成功，受"绿色奥运"理念影响，人民环保意识日益增强，我国环保型社会组织迎来发展机遇。

浦东慈善环保力量紧跟中国环保型社会组织发展步伐，在浦东新区政府

---

① 如《关于促进浦东新区社会事业发展的财政扶持意见》《关于着力转变政府职能建立新型政社合作关系的指导意见》《关于促进浦东新区民间组织发展的若干意见》和《关于政府购买公共服务的实施意见》等。

② 中华环保联合会：《中国环保民间组织发展状况报告》，《环境保护》2006 年第 10 期，第61 页。

的支持下于探索中发展。浦东新区成立后，为了促进社会事业的发展，整合职能部门的重叠机构，于1993年首创社会发展局，实行"小政府、大社会、大服务"的管理体制。[①] 但进入21世纪之前，浦东环保方面的慈善力量十分薄弱，环保型社会组织还未形成，大规模的环保活动暂未出现。

1999年，随着浦东新区社会团体管理局挂牌成立，[②] 社会组织新增民办非企业单位（社会服务机构）和基金会两种类型，浦东社会组织数量增长明显。2003年，为促进辖区内社会组织的发展，浦东成立了"浦东新区民间组织服务中心"，为全区社会组织提供信息传递、需求反映、承接政府职能转化等专门服务。进入21世纪后，浦东出现了主要业务面向环境保护的社会组织。[③] 但总体数量屈指可数，登记在册的只有上海浦东新区书院环卫服务中心、上海市浦东新区环境保护协会和上海市浦东新区市容环境卫生协会。[④]

2. 稳定发展期（2005年至今）

2004年以后我国环保型社会组织发展迈入了一个新的阶段。2003年的"怒江水电之争"和2005年的"26度空调"事件标志着我国环保型社会组

---

① 陶希东：《浦东之路：社会建设经验与展望》，上海人民出版社，2010，第46~47页。
② 2018年机构改革后，不再单设浦东新区社会团体管理局，由浦东新区民政局加挂浦东新区社会组织管理局牌子。此处参考上海市民政局主编的《上海社会组织发展二十年》中的表述。
③ 这一论断的得出主要基于上海市社会组织公共服务平台的数据。于浦东新区民政局登记成立的社会组织中第一家主要业务面向环境保护的是上海浦东新区书院环卫服务中心，成立于2001年3月23日，主要业务涉及农村生活垃圾和工业污染垃圾的运输、处置。
④ 上海浦东新区书院环卫服务中心是2001年于浦东新区民政局登记成立的民办非企业单位，其业务主管单位为浦东新区书院镇人民政府，业务涵盖镇区、农村生活垃圾的处置，企业单位工业垃圾运输，工业污染垃圾的处置运输，农业垃圾的处置、运输，以及废旧物资处理等综合服务。上海市浦东新区环境保护协会是2001年于浦东新区民政局登记成立的社会团体，其业务主管单位为浦东新区生态环境局，主要业务为对环保产品、科技、服务、三废综合利用市场的行业自律、协调、监督，推广、交流环保技术成果，开展科技咨询与培训。上海市浦东新区市容环境卫生协会是2002年于浦东新区民政局登记成立的社会团体，其业务主管单位为浦东新区生态环境局，主要业务包括市容环境为主的调查研究、科技推广、咨询服务、专业培训和信息交流。

织进入了联合行动阶段。① 此后，我国环保型社会组织活动路径逐渐多样化。

2005 年以来，为配合十七大提出的"重视社会组织建设和管理""发挥社会组织在扩大群众参与、反映群众诉求方面的积极性"等要求，浦东新区在广泛调研的基础上出台了《关于加快新区社会事业发展财政扶持的意见》。2007 年又出台《关于促进浦东新区民间组织发展的若干意见》，为推动各类社会组织发展优化了政策环境。2007—2009 年，浦东先后创立非营利组织发展中心、街道镇社会组织服务中心和公益组织项目合作促进会。在浦东新区民政局和政府的支持下，浦东社会组织迅速发展，浦东慈善环保力量也借此壮大。上海市自然与健康基金会和上海市九段沙湿地自然保护基金会于上海市民政局注册成立，② 先后落地浦东。

2009 年以来，受北京奥运会和汶川救灾志愿高潮的影响，浦东社会组织发展整体迈上一个新台阶。2013 年，社会组织直接登记改革实施，发展环境进一步优化。此时，环境问题进一步凸显，十八大提出大力推进生态文明建设，环境保护受到越来越多的关注。浦东当下最为活跃的几个环保型社会组织也在这一时期涌现。上海仁渡海洋公益发展中心、上海浦东绿意环保促进中心、上海浦东乐芬环保公益促进中心以及上海浦东优态环境保护公益

① "怒江水电之争"事件是指在 2003 年 3 月，云南省政府与中国华电集团就怒江水电开发签订合同，然而该年 8 月在国家发改委召开的怒江中下游水电规划报告审查会上，怒江工程遭到了国家环保局官员的强烈质疑，随后专家学者和环保型社会组织介入工程争议，不久怒江工程被搁浅。"26 度空调"事件是指 2004 年、2005 年连续两年的 6 月 26 日，多家环保型社会组织联合发起"26 度空调节能行动向全社会发出倡议"，建议夏季用电高峰时将空调温度调至不低于 26 摄氏度，以减少能源消耗。2005 年，"26 度空调节能行动"因被媒体广为宣传扩大了影响力。2007 年，国务院办公厅下发《关于严格执行公共建筑空调温度控制标准的通知》，要求普通公共建筑室内空调温度设置夏季不低于 26 摄氏度，冬季不高于 20 摄氏度。

② 上海市自然与健康基金会是 2004 年于上海市民政局登记成立的非公募基金会，其业务主管单位为上海市生态环境局，该基金会支持自然与人居健康相关的课题研究、科学实验，奖励有相关贡献的单位与个人。上海市九段沙湿地自然保护基金会是 2005 年于上海市民政局登记成立的公募基金会，其业务主管单位为上海市生态环境局，日常筹集、管理和使用资金，以资助九段沙湿地及其他湿地生态保护和建设。

服务中心相继在 2013—2016 年注册成立;[①] 上海富国环保公益基金会这一国内首家与环保相关的基金会和上海弘毅生态保护基金会也先后扎根浦东。[②] 它们逐渐发展成为浦东慈善环保力量的主力军。

（二）浦东环保类慈善力量发展现状

经过 30 年的发展，浦东慈善环保力量形成了以环保型社会组织为主体，各类志愿团队、企业力量和个人力量并存的格局。现阶段主要体现为以下特点。

1. 规模扩大，质量优化

浦东慈善环保力量发展"质""量"并重。环保型社会组织数量经历了从 0 到 1 再到 N 的变化，质量上不论是从业人员素质还是自身专业化水平都有了很大的提升。上海市浦东新区民政局（浦东新区社会组织管理局）2020 年度统计报表显示，截至 2020 年底，在浦东新区民政局注册成立的环保型社会团体有 7 家，民办非企业单位有 8 家，于市级民政局注册登记的环保型基金会、社会团体和民办非企业单位也有不少纷纷落地浦东。其他慈善

---

① 上海仁渡海洋公益发展中心，简称"仁渡海洋"，是 2007 年成立、2013 年于浦东新区民政局正式登记的民办非企业单位，其业务主管单位是共青团上海市浦东新区委员会。仁渡海洋是目前中国大陆唯一专注于海洋垃圾议题的公益机构，业务内容覆盖海洋垃圾的清理、监测、研究、环保教育以及海洋公益行业能力建设。上海浦东绿意环保促进中心，简称"浦东绿意"，是 2015 年于浦东新区民政局登记成立的民办非企业单位，其业务主管单位为浦东新区生态环境局，业务覆盖环境保护的宣传、咨询和指导，开展相关环保活动，侧重促进社区、校园垃圾分类回收处理。上海浦东乐芬环保公益促进中心，简称"乐芬环保"，是 2016 年于浦东新区民政局登记成立的民办非企业单位，其业务主管单位为浦东新区生态环境局，业务内容涵盖环境科学宣传、交流和咨询，关注垃圾问题，侧重社区环保实践。上海浦东优态环境保护公益服务中心，简称"优态环保"，是 2016 年于浦东新区民政局登记成立的民办非企业单位，业务主管单位为浦东新区生态环境局，致力于都市水生态的项目建设和理念推广。

② 上海富国环保公益基金会是 2012 年于上海市民政局登记成立的非公募基金会，其业务主管部门为上海市生态环境局，日常资助环保低碳活动，支持各类环保事业及其他社会公益项目。上海弘毅生态保护基金会是 2016 年于上海市民政局登记成立的非公募基金会，其业务主管部门为上海市生态环境局，业务聚焦于生态保护、自然教育与绿色投资领域。

公益性社会组织、志愿团队的发展进一步壮大了浦东慈善环保力量，他们时常通过资金捐赠、活动参与以及项目合作的方式参与到浦东环保事业中。从人员构成来看，各组织中的核心成员几乎都接受过大学本科及以上教育。浦东环保型社会组织的出现和成长本身就意味着浦东慈善力量参与环境保护向着专业化水平方向发展，更值得一提的是，浦东现有环保型社会组织专注于更为细分的领域，例如海洋垃圾治理、生活垃圾分类、水生态建设、湿地和鸟类保护等。

2. 门类齐全，服务广泛

浦东慈善环保力量门类齐全，服务广泛，形成了以环保型社会组织为主体，各类志愿团队、企业力量和个人力量并存的格局。环保型社会组织中，社会团体、基金会和民办非企业单位并存。环保型基金会为浦东首创，2012年，基金业第一个环保公益基金会——上海富国环保公益基金会——在上海市民政局注册成立并落地浦东。这些组织的服务范围十分广泛，生活垃圾分类、湿地保护、蓝天守护、水生态建设以及碳排放减量等内容均有涉猎。各类志愿团队是浦东慈善环保力量的重要组成部分，除一般的志愿服务队外，浦东还创造性地在社区层面建立了综合协管服务社和四保公益服务社，为社区保洁、保绿提供了专人保障。辖区内跨国公司数量之多使浦东企业慈善环保成绩格外亮眼。截至 2020 年 7 月，共有 344 家跨国公司地区总部落地浦东，全市占比 46.1%。[1] 跨国公司发展成熟，社会参与度高，社会责任感强。2020 年，仅巴斯夫一家便捐赠了 210 万元人民币。[2]

3. 区域合作，协同发展

浦东慈善环保力量和周边慈善力量形成了良好的互动。一方面，浦东慈善环保力量辐射到周边地区，推动周边地区生态建设和环境保护。环保型社

---

[1] 上海市浦东新区人民政府：《外企扎根浦东有信心，上半年新区实到外资同比增长 11%，全市占比 46%》，上海浦东门户网站，2020 年 7 月 28 日，www. pudong. gov. cn/shpd/news/20200728/006001_41b50a14 - f408 - 4505 - 9a2a - 22ad2eb26021. htm，最后访问日期：2021 年 10 月 29 日。

[2] 巴斯夫：《巴斯夫大大中华区 2020 年度报告》，http://gc-report. basf. com/2020 - cn. html，最后访问日期：2021 年 10 月 29 日。

会组织可凭借自身的专业性、资金优势支持周边地区开展环保项目。例如，上海浦东优态环境保护公益服务中心曾推动崇明区东平镇前哨新村秸秆蘑菇种植项目以及为周边地区捐赠分类垃圾桶。另一方面，浦东周边慈善环保力量也参与了浦东的环保发展。如，普陀区上海绿佳环保公益服务中心以及徐汇区上海绿指印环保公益发展中心都曾来浦开展环保宣传教育以及垃圾回收活动。[①] 环境问题是跨越空间地域的问题，而浦东不仅是浦东人的浦东更是全国乃至世界人民的浦东，浦东的环保发展与上海和中国的环保事业密不可分。

4. 创新形式，实事求是

三十年发展，浦东社会建设始终坚持问题导向，不断开拓创新，环保领域同样如此。环保型社会组织建设浦东拿下了两个第一：基金业第一个环保公益基金会——上海富国环保公益基金会；中国大陆第一家专注于海洋垃圾议题的公益机构——上海仁渡海洋公益发展中心。2017年十九大召开后，为推进社区治理浦东创造性地在社区建立保洁、保绿、保序、保安四保公益服务社，为社区环境建设提供了专员保障。除机制机构创新外，浦东慈善环保力量也不断创新具体项目的活动形式。如，在社区垃圾分类宣讲培训中，社会组织尤其注重针对不同群体使用不同课件。环保宣传工作中涌现出了很多别具一格的微电影、动画、漫画等，充分体现了浦东新区的社会活力。

5. 管理完善，运行规范

在浦东新区政府的引导下，浦东慈善环保力量在稳步发展的同时也力求

---

① 参见袁婧：《让生活和梦想可持续！上海日报20周年公益社区环保集市启动》，文汇报官网，2019年7月7日，http://wenhui.whb.cn/zhuzhan/hsttupian/20190707/275357.html，最后访问日期：2021年10月29日。上海绿佳环保公益服务中心是2017年于普陀区民政局登记成立的民办非企业单位，其业务主管单位为普陀区人民政府宜川路街道办事处，业务覆盖社区环保公益服务和宣传，实施垃圾分类回收以及其他有利于社会发展的公益服务项目。上海绿指印环保公益发展中心，简称"绿指印"，是2017年于徐汇区民政局登记成立的民办非企业单位，其业务主管单位为上海市徐汇区人民政府徐家汇街道办事处，主要业务为策划和组织社区环保宣传及公益活动，普及环保知识，实施垃圾分类、回收，承办政府及有关组织委托的环保工作。

规范、健康发展。2013 年，浦东社会组织直接登记改革政策的实施使不少已成立的组织都能登记在册，于 2007 年成立的上海仁渡海洋公益发展中心终于在 2013 年登记成功。伴随着 2016 年《中华人民共和国慈善法》（以下简称《慈善法》）的出台，浦东新区民政局采取了一系列帮助社会组织了解政府管理政策的举措，为社会组织提供查询登记信息的平台，开通浦东社会组织服务热线，为参与规范化评估的社会组织提供咨询辅导等。浦东新区民政局还依托 2003 年成立的浦东新区民间组织服务中心为社会组织开展各项规范管理能力建设的培训活动。在民政局和社会组织的共同努力下，浦东环保型社会组织一概按要求登记注册，配有明确的主管部门，认真做好各项行动备案，积极配合年终审查，向社会公开信息。

（三）浦东慈善力量参与环保事业的途径

凭借自身灵活性、专业性的特点，以环保型社会组织为主体的浦东慈善环保力量在 30 年的发展历程中多途径参与浦东环保发展。

1. 推动出台环保政策

政策倡导是社会组织的一项重要功能，[1] 浦东慈善环保力量对推动浦东环保政策的出台起到了咨询作用。环保型社会组织聚集了一批环保志士，长期从事环保宣教、环境监测等环境保护一线工作，具有很强的专业性，对环境问题的认识也更贴近现实。《上海市生活垃圾管理条例》出台前，浦东环保型社会组织开展了大量的前期调研工作，就"为什么分类？怎么分类？"举办了大量的宣传教育活动。通过长期的调研实践，社会组织意识到立法对推进垃圾分类的重要性，多次向政府部门建言献策，呼吁立法。2020 年 7 月，仁渡海洋向上海市发展改革委员会提交了《关于〈上海市关于进一步加强塑料污染治理的实施方案〉的若干意见》，此为近期浦东环保型社会组织咨政的案例。

---

① 郁建兴、王名主编《社会组织管理》，科学出版社，2019，第 9 页。

2. 资助环保相关项目

慈善凭借友爱、互助等价值观和精神感召公众，在社会资源动员上有独特的优势。浦东慈善环保力量通过吸纳社会资金资助环保研究、环保活动的开展。上海市自然与健康基金会专注于支持有关自然与人居健康的课题研究、科学实验及相关项目，2019年累计资助超过80万元。① 上海弘毅生态保护基金会曾于2019年12月协助筹办了第一届华东区域自然教育论坛和第二届海峡两岸环境教育学术研讨会。具体环保活动上，上海联劝公益基金会长期支持乐芬环保的"捡拾中国"项目。② 2017年，上海富国环保公益基金会助力崇明华西村文明城市创建工作，为推进华西村全域生活垃圾分类减量工作，捐献了价值25080元的分类垃圾桶。③

3. 培养优秀环保人才

于社会组织和环保行业而言，人才始终是推进事业向前发展的重要力量。浦东环保型社会组织通过聘用、激励、培训、扶植等形式培养了大批优秀的环保人才。浦东环保型社会组织从无到有，工作人员们在实践和经验借鉴中逐步成长起来。部分组织十分重视环保领域内的交流，时常举办业界沙龙，在交流中促进工作者们的成长。另外，环保型社会组织为志愿者们开展了大量的培训工作，帮助他们从事海岸线检测、社区垃圾分类指导等环保工作。在开展中西部生态保护活动时，环保型组织也注重培育、扶植当地的保护管理力量。例如，上海弘毅生态保护基金会"额吉的草原"项目旨在鼓励和支持当地"阿爸阿妈"以力所能及的力量进行草场

---

① 《2019年基金会年度工作报告摘要》，自然与健康基金会官网，www. nature-health. cn/gong-gao. html，最后访问日期：2021年10月29日。

② "捡拾中国"项目发起于2014年，旨在通过组织捡拾和宣传、倡导、影响更多的人行动起来，通过"随手捡拾，随手公益"的理念倡导，共同改善我们所处的环境。2018年该项目成为上海浦东乐芬环保公益促进中心主营项目，并将世界清洁日落地中国，推动了中国有史以来最大规模的环境清理行动。

③ 《基金会公益项目——为华西村崇明创城工作助力》，上海富国环保公益基金会官网，2017年4月30日，www. fullgoal. com. cn/contents/2019/3/5 - 0d40750c7a0a46c193bc699d985a09a7. html，最后访问日期：2021年10月29日。

恢复和家园守护。① 类似活动为我国中西部环境保护和生态建设培育了大量的工作人员。

4. 举办环保志愿活动

环境保护不是空洞的口号，浦东环保型社会组织通过举办各种环保志愿活动带动个体力量参与到环境保护的实践中。上海仁渡海洋公益发展中心举办的"爱我生命之源"净滩项目多年来持续推动公众参与海洋垃圾治理，每年带动上万名志愿者参与清理上百吨海滩垃圾。上海浦东乐芬环保公益促进中心也发起了类似的"捡拾中国"项目。据统计，该项目 2019 年吸引了全国上千家团队近 20 万人参与。② 随着人们环保意识的增强，这些活动受到越来越多的社会关注和参与。低敏感性和公益性的环保志愿活动也成为带动公众参与公共事务、盘活社会资源的支点。

5. 宣传绿色环保理念

浦东环保型社会组织通过开办讲座、组织培训、举办主题活动、借助媒体报道等各种形式宣传环保理念。近 10 年来，随着互联网和社交媒体平台的发展，其宣传形式也在不断创新。例如，上海浦东绿意环保促进中心成立五年来，策划并制作完成了与环保宣传有关的 4 部微电影、12 期系列漫画、6 期系列动画，用以宣传环保理念。此外，浦东绿意积极与社区、企事业单位等合作，结合学雷锋、植树节、世界环境日、世界清洁日、国际志愿者服务日等主题节日开展各类大型环保主题活动，通过举办主题摄影大赛、再生物品手作大赛、公益植树认领活动等，向广大居民传递绿色环保生活理念。借助媒体报道，绿色环保理念也实现了二度传播。

---

① "额吉的草原"项目是一个关注草原生态严重退化地区守护者们的公益平台，支持和倡导"人人公益保护地"的保护模式。鼓励和支持中国草原沙化最严重区域的阿爸阿妈在自己承包的草场，或者合法流转的草场以个人力所能及的力量进行草场恢复和家园守护，贡献于国家的生态保护和边防守护，让他们在保护草原的同时逐步过上好的生活。

② 澎湃新闻：《世界清洁日 | 500 人到上海海滩捡垃圾，参与环保行动》，2019 年 9 月 23 日，https://baijiahao. baidu. com/s？ id = 1645477796173962506&wfr = spider&for = pc，最后访问日期：2021 年 10 月 29 日。

二 浦东慈善力量参与环保事业的典型： 生活垃圾分类工作

上海市于 20 世纪 70 年代起在各区推进垃圾分类小规模试点工作，探索垃圾分类的有效形式。步入 21 世纪后，上海市被国家建设部确定为全国 8 个生活垃圾分类收集试点城市之一。随着世博会的召开，上海市将生活垃圾分类工作纳入"市政府实事工程"，并借鉴台北案例开始在居住区推进干垃圾、湿垃圾、可回收垃圾和有害垃圾的分类模式。2017 年 3 月，国务院出台《生活垃圾分类制度实施方案》，明确在 2020 年底前，上海等 46 个城市应先行实施生活垃圾强制分类制度。为落实这一要求，上海市人大常委会于 2017 年将《上海市生活垃圾管理条例》列入重点调研项目，并于 2018 年列为正式立法项目。不久该条例颁布并于 2019 年 7 月 1 日正式实施。

浦东新区垃圾分类工作经历了同样的发展阶段。伴随浦东生活垃圾分类工作进展和浦东慈善环保力量发展，浦东慈善环保力量于 2010 年后开始大规模参与到生活垃圾分类工作中。

（一）试点阶段：科学调研谋出路

浦东新区自成立始就进入了上海市生活垃圾分类治理的历史阶段中。前期由于浦东慈善环保力量薄弱，社会参与较少。进入 21 世纪，尤其是 2013 年浦东政府鼓励第三方参与垃圾分类以来，浦东慈善环保力量开始大规模地参与到浦东生活垃圾分类的工作中。

1. 宣传理念，推广"绿色账户"

浦东慈善环保力量围绕"为什么分类、怎么分类"多渠道、多形式宣传环保理念，鼓励更多的居民分类投放垃圾，开展了大量的垃圾分类进社区、进学校、进企事业单位的活动。环保型社会组织还依靠自身专业力量创造性地制作了不少垃圾分类环保公益微电影、系列漫画以及动画，通过社交平台投放。在浦东图书馆、社区文化中心以及街镇居委等的支持下，这些宣传材料的曝光率大大提高，起到了积极的宣传效果。每逢学雷锋、植树节、世界环境日以及世界清洁日等主题节日，环保型社会组织也会积极开展主题摄影大赛、再生物品手作大赛等活动，吸引更多公民参与垃圾分类。

伴随新一轮垃圾分类的推行，2009 年开始的上海的"绿色账户"积分换实物激励机制在 2013 年焕然一新，开始鼓励第三方参与运营。在社会参与精神①的引导下，浦东新区政府将浦东绿色账户的运营管理工作委托给上海浦东绿意环保促进中心。2016 年起，浦东绿意与合作街镇开展绿色账户试点，探索垃圾分类鼓励机制的新模式，试点活动开展以来，试点社区居民垃圾分类知晓率超过 90%。在试点开展的过程中，浦东绿意不断发现问题、解决问题，为后续绿色账户在全上海的推广提供了极具参考价值的案例和解决方案。

2. 参与试点，研究可行做法

2016 年，浦东新区环保局、财政局和浦发集团共同策划了浦东新区生活垃圾收运处一体化整体方案，严格控制收运和处理环节的分类质量。其中城区模式选定于上钢新村街道先行试点，浦东绿意作为"专业 NGO"参与到试点工作中，承担宣传、培训和调研评估工作，逐步探索并形成几种适用不同社情的"干湿"分类推广模式。经过不断的摸索与思考，浦东绿意先后完成《德州五村垃圾分类试点项目分析结果》《探索收运处一体化 破解垃圾分类难题》等专题报告，并通过各个渠道递交给政府相关部门，为全区推广收运处一体化整改提供了经验参考。

除参与、评估试点工作外，浦东绿意还主动调研研究垃圾分类工作推进中出现的问题。为推广社区垃圾干湿分类，区环保市容局废管中心曾采购大量可降解塑料垃圾袋发放给试点社区，但之后改为发放垃圾分类补贴费。对此，不少居民反映可降解垃圾袋购买难。浦东绿意了解信息后第一时间开展

---

① 合作治理理论主张公共事务治理的多元性，强调社会力量要参与社会治理。在我国环境治理领域中，党和国家高度重视环境保护全民行动体系的建立，要求社会力量参与环境治理。实践层面，社会参与精神有两方面的含义，一是政府要鼓励、支持、引导社会力量参与公共事务的治理，二是社会组织、公民个体等要积极主动参与社会治理。

实地调研，并就可降解垃圾袋供应问题提出了若干建议，后得到区委领导批示。此外，结合实践经验，绿意还向区委提交了《关于开展浦东新区特色中小学环境保护教育常设课程的建议》，积极为新区垃圾分类宣传工作建言献策。

3. 分析问题，呼吁相关立法

在长期实践和调研的基础上，环保型社会组织意识到无法可依的局面阻碍了垃圾分类工作的进一步推进。缺乏强制性手段，居民实际参与度和分类质量都难以快速提升。环保人士在各类报告中积极指出这一问题，呼吁制定地方性法规来规范企业和个体行为。通过与其他地方垃圾回收案例的比较，环保型社会组织发现浦东新区垃圾分类工作中顶层设计还有待提高，因此也呼吁制定标准化的协同机制，设立行业规范。另外，他们也对企业参与生活垃圾分类工作提出了建议，呼吁行业主管部门和属地政府制定垃圾分类相关企业的考核办法、作业规范和奖惩机制，落实体制机制保障。

（二）立法阶段：建言献策促完善

2017 年 3 月，国务院出台《生活垃圾分类制度实施方案》，明确要求在2020 年底前，上海等 46 个城市应先行实施生活垃圾强制分类制度。作为对这一方案的回应，上海市人大常委会将《上海市生活垃圾管理条例》列入重点调研项目。在这一背景下，浦东环保型社会组织在持续开展宣传活动、公众教育，推广绿色账户的同时，开展了新一轮调研，摸查社情民意。

1. 合作调研，了解民意

2017 年，浦东环保型社会组织积极与高校开展合作，谋求建立更为专业的调研团队。如，浦东绿意与复旦大学社会发展与公共政策学院以及上海财经大学社会学系签署共建协议，成立了垃圾分类试点项目调研团队，为从试点到全区推广的迈进提供专业指导。另一方面，环保型社会组织开始关注前几年垃圾分类的宣传效果，开始入户调研，挨家挨户询问居民对垃圾分类的认识，并将民意反映给人大和政府。此外，环保型社会组织协助政府就强制实行垃圾分类开展试点工作，先后于周家渡街道、上钢新村街道、塘桥街道等先行与居民签订垃圾分类承诺书，帮助人大在条例出台前掌握民意，了解民众的实施意愿，确保条例出台有一定的社会认同基础。

2."开门立法"，积极建言

上海市人大力求立法工作取得"最大公约数"，积极推动"开门立法"，将条例草案通过媒体向社会公布。各类环保人士纷纷抓住机遇，积极向人大建言。立法听证会上，小区垃圾分类宣讲员等社会志愿者表示公共区域设置干垃圾和湿垃圾桶足矣，越简单执行效果越大。从事相关社会垃圾分类活动的社会组织人士也积极通过各种渠道提出条例修改建议，其中关于加强顶层设计等的意见被立法工作组采纳。《上海市生活垃圾管理条例》的出台，不仅推动了上海市生活垃圾分类工作，也推动了社会力量在公共事务中的参与。

3. 强化宣传，全面推广

2017年起，为协助浦东新区生活垃圾分类减量推进工作联席会议办公室推进垃圾分类工作，浦东环保型社会组织深入社区，开展培训讲座、入户宣传、软件指导、社会调研以及定期回访等工作，帮助居民深入了解垃圾分类相关知识，以及垃圾分类投放的具体操作。2018年，上海市成立了首批垃圾分类专项志愿者，浦东也迅速推进垃圾分类志愿工作，于小区、学校、企事业单位等各处招募志愿者。广泛志愿队伍的成立一方面推动了社区垃圾分类工作的落实，另一方面也起到了先进带头作用，有利于引导居民塑造垃圾分类观念。

（三）实施阶段：多措并举助落实

2019年《上海市生活垃圾管理条例》正式实施，浦东新区垃圾分类推进工作进入高潮，浦东慈善环保力量进一步壮大的同时也助力了条例的落实工作。

1. 宣传条例，提升居民义务感

条例的出台并不代表垃圾分类工作的解决，还要看条例是否能落实。2019年，浦东环保型社会组织迎来了新任务：如何让群众了解、执行条例成了当务之急。浦东主要的几个环保型社会组织深入社区，向居民宣传条例，介绍垃圾分类之后"如何处理，如何变废为宝"，意在提升居民的义务感和价值感，进而外化于行动中。除举办专题讲座外，环保型社会组织还不定期在社区举办废弃物再生手作展、公益微电影和摄影展以及各类环保主题便民服务，让居民切身感受到垃圾分类的意义和价值。宣讲团队尤其注重对青少年的环保宣传教育，多次举办垃圾分类进校园系列活动，自主开发了投壶、卡牌、飞行棋等多种更适于向青少年群体推广的垃圾分类小游戏。

2. 推出服务号，助力垃圾识别

条例正式实施后，"侬是什么垃圾"式的戏谑语迅速在社交媒体上走红。这既显示出网友们对垃圾分类话题的高度关注，也反映了公众在分类投放垃圾时面临的困扰——类似核桃壳等日常垃圾到底是什么属性的垃圾？其实，类似的问题环保型社会组织在试点和调研阶段早已预料到。2019年2月，在条例出台1个月后，浦东绿意便发布了"绿意环保"垃圾分类查询记录微信服务号，以便用户随时查询垃圾分类知识、索引各类废弃物的正确分类。垃圾分类已经逐渐成为一种新潮流，类似的垃圾分类查询工具极大地便利了人们的生活，既能帮助居民准确识别垃圾属性，也为条例的落实提供了一份保障。

3. 协助奖惩，落实分类管理

条例正式实施后，浦东继续推广绿色账户工作。在浦东绿意的推广下，截至2020年底，浦东36个街镇全部开通绿色账户，覆盖了11万余户居民。三年多以来，浦东绿意开展或指导协办积分兑换社区线下活动400余次，奖励践行生活垃圾分类的居民。另外，由居委会、物业保洁员、小区党员组成的小区志愿者队伍开展了站岗监督工作，确保社区居民分类丢弃，对乱投放、误投放的居民进行指导讲解。浦东新区还启动了"一名城管一面旗，垃圾分类我先行"活动，城管执法队员广泛参与到社会垃圾分类工作中，成为社区环保的慈善力量，将宣传与志愿工作相结合，将处罚与宣传引导相结合。

4. 科技创新，发展循环经济

除环保型社会组织、志愿者团队和个人外，浦东境内环保企业也积极推动垃圾分类减量工作。长期扎根浦东的巴斯夫致力于创造化学新作用，将经济利益与社会责任和环境保护结合起来。《上海生活垃圾管理条例》出台以后，巴斯夫与"饿了么"联手，将其研发的 ecovio® 材料应用于外卖包装盒。区别于传统的一次性食品容器，覆有 ecovio® 涂层的包装盒在使用后可直接归类到湿垃圾用于堆肥。如此，既便利了食用外卖的消费者，也促进了资源的循环利用。无独有偶，上海浦东环保发展有限公司长期专注于垃圾处理工作。在浦东逐步推广垃圾分类的过程中，公司关闭了垃圾填埋场，致力于垃圾焚烧发电和综合处置发电，兼顾经济利益和社会责任。

三　浦东慈善力量参与环保事业的经验启示

社会力量已经成为我国环保发展事业的重要推动力量，促进社会力量参与社会治理也是推动我国治理体系和治理能力现代化的必然要求。开发开放以来，浦东的社会建设始终走在了全国的前列，浦东慈善力量参与环保发展的历程也为推动协同治理提供了宝贵的经验。

（一）推动政社合作，坚持政府"元治理"

社会组织同政府的关系大致可以分为以下四种类型：冲突对立；互不干涉；紧密依赖；① 合作共生。从浦东的环保发展来看，政府与社会力量形成了一种合作伙伴关系。在生活垃圾分类治理的案例中，这种合作共生的伙伴关系表现得尤为明显。社会组织就生活垃圾分类开展调研，向政府部门积极建言献策；政府部门善于与社会组织合作，通过购买服务等形式让社会力量参与垃圾分类的落实。二者的合作产生了"1 + 1"大于 2 的效果，双赢的同时推动了浦东生活垃圾分类工作。

---

① 紧密依赖指社会组织独立性不强，对政府有依赖关系。

在社会治理中，国家或政府主导的治理模式一直存在两面性：政府统一规划管理能综合考虑公共利益，扮演比较公平的角色；但是政府主导也可能存在官员牺牲公共利益而维护小我的情况。基于此，合作治理倾向于将"多主体合作"视为其核心要素，侧重"强调合作网络的权威，将社会组织、市场等力量置于与政府平等的地位，但是学者们发现对于国家的'自然排斥'，似乎同样会带来失灵的问题，到最后仍然会拷问国家这个'元治理'主体的责任"。[①] 从浦东政社合作的实践来看，政府部门在尊重合作各方平等性的基础上，并没有放弃"元治理"的主体地位。事实上，浦东生活垃圾分类工作始终在政府政策的引导下推进。开发开放初期浦东城市化程度低，公共服务短缺，社会力量不成熟，这样的条件决定了垃圾分类工作离不开政府的推动。在邓小平同志"一年一个样，三年大变样"思想的引导下，浦东社会建设紧跟经济建设，迅速发展。浦东政府在政策、制度和资源供给方面发挥了不可替代的作用，加快财政扶持，开展人员培训，宣传管理政策，并成立了社会组织服务中心、促进会等为社会组织提供各项服务。尽管浦东做法不可能完全规避政府"元治理"的消极作用，但浦东政府为浦东社会力量的发展优化了政策环境，提供了更多发展的空间和可能，与社会组织形成了紧密的联系。因此，政社合作中应坚持政府的"元治理"地位，单纯或完全否定之并不符合实际。

（二）鼓励社企合作，强化企业社会责任

社会和谐与繁荣离不开企业社会责任感的强化。[②] 企业社会责任与慈善公益事业在宗旨和目标上具有一致性，因此社企合作既能促进企业经济责任和社会责任的统一，也能推动慈善公益事业的发展。浦东良好的营商环境吸引了众多企业纷纷入驻，国际化氛围强化了企业的社会责任感，企业也成为浦东慈善发展的助推力。浦东社企形成了良好的互动模式：企业协助培育社

---

① 吴晓林、郝丽娜：《"社区复兴运动"以来国外社区治理研究的理论考察》，《政治学研究》2015 年第 1 期，第 50 页。

② 林毅夫：《企业承担社会责任的经济学分析》，《经济研究信息》2007 年第 1 期，第 18 页。

会组织，支持社会组织的发展与成长；社会组织带动企业社会责任的履行，为其参与慈善公益活动提供平台。

2006年，上海浦发银行率先在国内银行业发布《企业社会责任报告》，致力于打造中国金融界的低碳银行，引导中国绿色经济的发展。2011年浦发集团下的浦东环保发展有限公司与其他5家环保企业共同筹建了绿意环保促进中心，专注生活垃圾分类宣教等工作。运营过程中，企业给予了很大的资金支持，企业员工也很好地补充了绿意的人力资源。类似地，优态环境保护公益服务中心也由企业投资人出资创办，浦东现有环保型社会组织背后都不乏企业力量的支持。反过来，这些社会组织又推动企业参与环保发展，为企业承担社会责任创造渠道和提供平台。绿意便时常走进企业开展环保宣教活动，在垃圾分类管理条例出台后承担了不少企业员工、保洁人员的垃圾分类培训工作。而环保型社会组织举办的各项环保活动也成为企业团建的平台。截至2020年上半年，已有118家企业或品牌与仁渡海洋合作参与净滩计划，其中强生公司已连续12年参加活动。2021年1月，巴斯夫邀请了全国各地环保和教育类社会组织参与利益相关者对话活动，并与它们共同创建了有关应对塑料污染挑战的合作项目。企业聚集了大量的社会资源和财富，企业社会责任的履行是增强社会力量的重要途径，社企合作有助于盘活社会资源。

（三）带动居民参与，发挥社区主体作用

研究全盘社会结构须着眼于具体社区，[①] 建设大社会应从改变小社区开始。社区作为城市生活的基本单元，是市民日常活动的空间载体，一定的人员基数保证了社会组织的活动开展效率。浦东政府一方面引导社会力量在社区开展活动，另一方面也注重培育社区慈善力量，以期带动更多的居民参与到垃圾分类以及更广泛的环保活动中。

2016年，新区政府印发了《关于"十三五"期间促进浦东新区社会组

---

① 费孝通：《乡土中国》，北京出版社，2004，第133页。

织发展的财政扶持意见》，奖励长期扎根社区，服务有效的社会组织。在政策引导下，社会组织走进社区，将绿色环保理念传播到社区。2019 年下半年，浦东绿意在浦东社区举办了超过 250 场有关垃圾分类的宣讲活动，并就如何开展社区垃圾分类提供培训服务。巴斯夫等环保企业也以社区为阵地，成立社区咨询委员会，于社区开展科普讲座，举办大型环保主题科普活动，以期带动当地社区的可持续发展和居民环保理念的养成。为满足社区居民的实际需求，浦东各街镇相继组建了社区基金会、社区服务队等，为居民参与社区环境治理提供平台，探索社区环境社区维护的多样化模式。目前，浦东社区慈善力量在改善社区环境工作中取得了一定的成效。例如，通过社区基金会的资源链接，浦东新区陆家嘴街道崂山三村社区经过两年的改造从老旧小区一跃成为"新村"，小区绿化率达 30%，各项公共设施一应俱全。再如，陆家嘴社区公益基金会就居民关心的流浪猫问题于 2018 年推出了"喵星人 TRN（捕捉、绝育、放归）计划"，一定程度上有效规避了潜在的公共卫生问题。然而，因流浪猫绝育存在社会争议该项目曾被叫停，社会逐渐形成一定共识后才得以回归。这一案例显示在白领阶层较为集中的浦东开展社区治理存在特殊的挑战，在解决新问题时存在很大的不确定性。尽管如此，浦东社区慈善力量仍需迎难而上，不断解决现实问题。例如，浦东生态环保局时常接到关于噪音、光污染等问题的投诉，但目前很少有社区慈善力量关注到这类问题。

（四）促进社会组织间合作，搭建交流平台

在浦东环保发展事业中，不仅政社、社企、社社之间合作密切，社会组织间的交流与合作也十分突出。社会组织间的交流与合作有利于信息和资源共享以及慈善公益共同体的塑造，凝聚社会力量。目前，浦东社会组织间的交流机制主要分为三种：政府搭建型、社会组织自组织型以及企业和学界提供型。

首先，政府对社会组织信息交流、资源分享起到了引导作用。2009 年 12 月 15 日，上海市第一个旨在扶持公益性社会组织的公益服务园——浦东

公益服务园开园。浦东把辖区内具有一定代表性的公益性社会组织汇聚到一起，整合式提供服务，实现资源共享。在此基础上，园区社会组织践行"自我服务、自我管理"的原则，定期召开机构联席会议，共商园区事务，共享有关信息。其次，浦东环保型社会组织间也开发出自己独特的交流机制，如读书会、沙龙等。浦东环保公益圈里流行着"三三制"的说法，即每月第三周的星期三浦东环保人聚集探讨浦东环保发展。上海浦东优态环保公益服务中心也举办了类似的读书会活动，在业内人士读书交流的同时增强浦东环保型社会组织间的联系，实现信息互通、资源共享。再次，企业和高校举办的各类研讨会也为环保型社会组织提供了交流的平台。例如，巴斯夫会不定期召集环保型社会组织向其介绍最新研究成果，交流行业信息。上海各高校于世界环境日、世界海洋日等开办的主题讲座，不定期举办的沙龙、研讨会等均会邀请环保型社会组织的负责人参加，这也为他们提供了更多的交集。正是有了充分的交流，浦东社会组织在创办时十分注重错位发展，有利于资源的有效配置。

专题报告篇

Special Reports

B . 10
浦东慈善发展指数研究报告

李 骏　苑莉莉　孔语佳*

摘　要：　本报告从三个不同角度设计指标体系，并计算相应指数来衡量浦东慈善发展状况。2017年横向比较指数显示浦东慈善发展相对于上海参照值占优，2017—2020年纵向比较指数显示浦东在慈善主要领域都有所发展，2020年街镇比较指数显示浦东不同街镇社区之间的慈善发展状况差异较大。本报告基于数据分析提出了保持以政府支持为最大特色的优势地位、推进慈善公益事业数字化转型等总结与建议。

关键词：　慈善指数　不平衡性　提质增效　数字化转型

---

* 李骏，上海社会科学院社会学研究所研究员、所长，主要研究方向为当代中国社会研究，包括社会分层与流动、社会治理、城市社会学等。苑莉莉，上海社会科学院社会学研究所助理研究员，主要研究方向为慈善公益。孔语佳，上海社会科学院社会学研究所硕士研究生，主要研究方向为社会保障。

一 慈善发展指数研究的回顾

（一）慈善发展指数的研究意义

1. 为慈善公益研究奠定数据基础

慈善发展指数具有多维度、多层面的指标体系，为相关数据的采集构建出一个整体框架，推动数据采集成为常态化工作，为今后慈善公益研究提供便利。同时，慈善发展指数涵盖了历年、各街镇的数据，为今后慈善领域相关研究积累了充足的横向及纵向数据。

2. 以评促建推动慈善事业发展

慈善发展指数树立地区慈善事业工作导向，引领慈善事业发展方向。地区慈善发展指数帮助评估工作得以在更大范围内有效开展，通过对各指标进行打分评价，不仅可以对上一个工作周期进行总结，也可以根据评估结果对下一轮工作提出具体要求与目标，为政府针对性施策提供参考，为各相关部门明确职责提供标准，为推进各方面慈善工作提供动力。

3. 量化评估助力数字化转型

2021年，上海市人民政府发布《关于全面推进上海城市数字化转型的意见》，指出"全面推进城市数字化转型成为上海主动服务新发展格局的重要战略，是超大城市治理体系和治理能力现代化的必然要求"，提出"2035年成为具有世界影响力的国际数字之都"的目标。慈善事业作为社会保障体系的重要补充，需要得到各方社会力量的支持，对慈善事业的量化评估将数字化思维引入慈善工作评价，推进搭建与完善线上数字化平台，为更加快速高效地统筹、链接各方社会资源提供助力，实现社会各方对慈善数据的共建共享。

（二）国外的慈善发展指数

1. 全球慈善指数（Index of Global Philanthropy and Remittances）

全球慈善指数对经济合作与发展组织（OECD）提出的仅仅通过衡量政

府援助来衡量国家慷慨程度的方针提出了修正，重新探讨了公共部门和民间机构在国际援助中各自发挥的作用，并将关注的重点放在民间机构的国际援助上。

该指数 2008 年及之前版本为全球慈善指数（IGP），其中，公共部门的援助水平主要通过政府捐助额占国民总收入的百分比衡量，对民间援助的衡量指标则包括基金会国际捐款额、公司国际捐款额、私人和志愿组织国际捐款额、国际义工时间（折算成美元价值）、对国际学生的教育资助额、宗教组织在海外捐款额等。

2008 年，全球爆发金融危机，公共部门援助额大大下降，而国际汇款的形式能够在更多方面灵活发挥作用。因此从 2009 年开始，该指数改为全球慈善与汇款指数（IGPAR）。2016 年报告显示，[①] 根据 ODA 标准（对外援助总额达到国民总收入的 0.7%）对各个国家的政府援助水平进行排名，达到标准的五个国家分别是：瑞典、卢森堡、挪威、丹麦和英国。由于该指数强调民间国际援助，因此美国成为捐助总额最多的国家，而中国虽然在国际援助中发挥越来越重要的作用，但由于大多数捐款流向政府组织，导致中国的慈善力量无法得到合理的体现。

2. 世界捐助指数（World Giving Index）

世界捐助指数对全球一百多个国家的共约十几万民众进行抽样调查，比较各国国民的慈善行为。该指数由三个关于捐助行为的指标构成：过去一个月是否帮助过陌生人、过去一个月是否捐过钱、过去一个月是否做过义工。在对三个指标分别进行排名及对比的基础上，还对各个国家乃至各大洲捐助指数进行比较，较为普遍的特征是，发达国家的民众更倾向于捐款，发展中国家的民众则更倾向于向陌生人提供实际帮助。

CAF 世界捐助指数 2014—2018 年五年排名的前五位是：缅甸、美国、新西兰、澳大利亚、爱尔兰，但 2018 年排名第一的是印度尼西亚。[②] 2020

---

① Hudson Institute, *Global Philanthropy And Remittances* 2016, 2016, p. 9.
② CAF, *World Giving Index* 2018, 2018, p. 12.

年，受新冠肺炎疫情影响，该指数的国家排名发生了很大变化，但印度尼西亚再次位列第一。2018年及以前，中国在三项指标上的总量排名位于前列，人均排名处于低位。[①] 但到了2020年，中国的排名出现明显上升。与2018年相比，2020年全球帮助陌生人的人数创下新高，捐款总额也在增加，但义工服务则变化不大，这可能与疫情对捐助的激发和对服务的限制有关。另外，总体来看，近些年发展中国家的贡献度明显增加，而发达国家的贡献度持续下降。[②]

（三）国内的慈善发展指数

1. 中国城市公益慈善指数

中国城市公益慈善指数是由中国慈善联合会开发的一套对城市慈善事业发展水平进行综合监测和评价的指标体系，被称为"城市爱心GDP"。该指数是我国的第一个慈善事业评估指数，也是第一个全国性慈善指数。[③] 它不仅推动政府部门、社会组织和各方力量开始重视慈善数据收集，也为后续地方慈善指数研发以及使用打下基础，更为慈善事业数字化管理提供了思路。

该指数依据的是民政部"全国百名城市慈善普查"，覆盖不同行政等级、不同发展程度的城市，既包括北京、上海等直辖市，也包括各省会城市、地级市和部分县级市。该指数于2011年发布第一届评估结果，至今已评估五届。第五届指标体系在之前四届的基础上进行了调整简化，从社会捐赠、社会组织、志愿服务、政府支持四个方面和规模、结构、贡献、增长率四个维度对城市公益慈善事业进行全面评估，指标总数从原来的51个精简为45个。[④]

---

① 李小云：《中国"慈善捐助指数"全球倒数第二》，https://www.sohu.com/a/191334216_795819，最后访问日期：2021年9月20日。

② CAF, *World Giving Index 2021*, 2021, p. 6 – p. 7.

③ 王亦君、焦敏龙：《第五届中国城市公益慈善指数发布》，http://news.cyol.com/yuanchuang/2018–11/08/content_17765629.htm，最后访问日期：2021年9月20日。

④ 中国慈善联合会：《第五届中国城市公益慈善指数报告》，2018年，第1页。

2. 浙江城市慈善发展指数

浙江城市慈善发展指数由浙江省慈善联合总会委托浙江工业大学法学院福利与法治研究中心开展研究，于 2019 年首次发布《2017—2018 年浙江省城市慈善发展指数报告》，覆盖浙江省各地级市和各区县。[1] 该指数从慈善捐赠、慈善组织、慈善服务、政府支持、慈善基地五个方面和规模量、参与度、影响力、成长性四个维度共 38 个指标对城市慈善发展状况进行分析和报告，包括城市排名、分项排名和单项排名。浙江城市慈善发展指数是我国首个省级层面的慈善指数，进一步细化了慈善工作成果的评估体系，成为浙江省对所辖各地市慈善事业工作的重要考评依据。

3. 广州市区域慈善指数

广州市结合所辖 11 个区的慈善事业实际发展状况，制定了广州市区域慈善指数，是全国首个市级层面慈善指数体系，于 2019 年和 2020 年连续两年对广州市公益慈善事业整体发展状况进行全面测评。[2] 该指数从慈善活动力、慈善组织力、慈善贡献力、慈善影响力、慈善透明力、慈善发展力 6 个维度 55 个指标评价广州市各个行政区域的慈善事业发展情况，对 11 个区按指数得分高低进行排名，反映全市及各辖区慈善事业的工作成效，为相关部门针对性地改进相关政策提供依据。

（四）慈善发展指数的比较

对上述国内外五个慈善发展指数可以进行一个简单的比较，见表 1。

表 1　国内外五个慈善发展指数的比较

指数名称	测评目标	指标数量	数据性质	数据来源	排名功能
全球慈善指数	国家对外援助	8	统计数据	–	国家排名
世界捐助指数	国民捐助行为	3	调查数据	研究机构的抽样调查	国家排名
中国城市公益慈善指数	地区慈善发展水平	45	统计数据	研究对象的自我填报	城市排名

---

[1] 浙江慈善联合总会：《2017—2018 年浙江城市慈善发展指数报告》，2019 年，第 7 页。
[2] 周如南：《区域慈善指数体系建构与应用》，中国社会出版社，2019 年，第 25 页。

指数名称	测评目标	指标数量	数据性质	数据来源	排名功能
浙江城市慈善发展指数	地区慈善发展水平	38	统计数据	研究对象的自我填报	城市排名 区县排名
广州市区域慈善指数	地区慈善发展水平	55	统计数据	研究对象的自我填报	区县排名

从测评目标和指标数量来看，两个国外指数——全球慈善指数和世界捐助指数的测评目标均较为单一，指标数量也都偏少。前者仅衡量国家的对外援助情况，有8个指标。后者仅衡量国民的捐助行为，只有3个指标。相比之下，国内三个指数都是对地区慈善发展水平的综合测评，指标数量也因此都达到30—50多项。

从数据性质来看，绝大多数指数都依赖的是汇总性的统计数据，只有世界捐助指数是以抽样调查数据为基础，涉及全球一百多个国家的约十几万民众。显然，通过这种大规模的抽样调查来获取数据进而计算指数，成本是很大的。进一步考察会发现，国内三个指数不仅在数据性质上都依赖于统计数据，而且在数据来源上也都依赖于研究对象的自我填报。也就是说，中国城市公益慈善指数的各项指标数值来自全国100个城市的自我填报；浙江城市慈善发展指数的各项指标数值来自省内各个城市和区县的自我填报；广州市区域慈善指数的各项指标数值来自市内各个区的自我填报。自我填报式的数据收集法，可能是高效的，但不一定是准确的。

从排名功能来看，每个指数都能对研究对象进行排名，这也正是指数最直接的研究意义所在。全球慈善指数和世界捐助指数能对国家进行排名。在国内，中国城市公益慈善指数是第一个国家层面指数，能对国内城市进行排名；浙江城市慈善发展指数是第一个省级层面指数，能对省内城市/区县进行排名；广州市区域慈善指数是第一个市级层面指数，能对市内区县进行排名。

从指标体系来看，国内三个指数具有高度的继承和发展性。中国城市公益慈善指数包括社会捐赠、社会组织、志愿服务、政府支持四个方面和规模、结构、贡献、增长率四个维度。浙江城市慈善发展指数包括慈善捐赠、慈善组织、慈善服务、政府支持、慈善基地五个方面和规模量、参与度、影响力、成长性四个维度，结构和内涵基本相似，主要是多了慈善基地，同时指标数量有所精简。广州市区域慈善指数虽然直接从慈善活动力、慈善组织力、慈善贡献力、慈善影响力、慈善透明力、慈善发展力六个一级指标进行设计，指标数量也大为丰富，但仍能看到前两个指数的框架性影子。

二　浦东慈善发展指数的设计

（一）基本原则

根据上文对国内外已有慈善发展指数的比较分析，本报告确立了浦东慈善发展指数的基本原则，主要有以下几点。

1. 构建国内首个区级层面指数，能对街镇进行测评和排名

中国城市公益慈善指数、浙江城市慈善发展指数、广州市区域慈善指数分别在国家层面、省级层面、市级层面具有首创意义，将指数的排名功能从城市推进至区县层次，但是没有解决"最后一公里"的问题，尚未对街镇的慈善发展情况进行测评和排名。对浦东（新区）慈善发展指数进行研究和设计，填补了这个空白。它是国内第一个以区级政府为主体发布的慈善发展指数，不仅能够反映浦东新区相对于上海市的发展情况，还要能够反映区内各个街镇（社区）的发展情况。它的出现，将完成"全国—省级—市级—区级"的多层次慈善发展指数体系建设。

2. 继承国内指数的核心体系内容，使指数具有相对可比性

如前所述，国内已有的三个指数具有高度的继承性，在指标体系的框架上颇多相似，尤其是中国城市公益慈善指数和浙江城市慈善发展指数，两者的共同指标重叠率达到60%—70%。因此，浦东慈善发展指数不能完全另辟蹊径，而应该首先站在前人的肩膀上，继承和延续国内指数的核心体系与关键指标，这样才能保证新旧指数具有可比性。同时也要指出的是，国内已有三个指数的设计也具有差异性和发展性，在具体指标数量上也不尽相同，

因为它们的研究对象层级和特点毕竟有所不同，浙江、广州等不同地方的慈善发展环境和工作方式成效等也不可避免地有所区别。类似地，浦东慈善发展指数也要反映浦东新区的特点，同时也要在某些必要的方面（尤其是方法层面）对已有指数的不足进行创新和发展。

3. 精简冗余指标增加特色指标，直接统一调取数据

中国城市公益慈善指数和浙江城市慈善发展指数在设计上都包含一个维度：增长率或成长性，即计算相邻两年的指标值变化情况并将其作为新的指标。本报告认为，从指标构建方法上来看，这不是实质性指标，因而是冗余的。如果需要动态考察指数变化或发展情况，只需要对静态反映年度实质情况的指数进行纵向比较就可以了。因此，浦东慈善发展指数删去了增长率或成长性指标，改为通过对历年指数值进行比较来研判发展趋势。同时，为了反映浦东新区慈善发展的特点，又增加了少量特色指标。

另外，如前文所述，国内已有指数在数据来源上都依赖于研究对象的自我填报，不一定准确。由于各个街镇不一定掌握与慈善公益领域相关的各个条线部门在本社区的相关数据，若让其自行填报，不仅缺乏可行性与准确性，还会给基层增加工作压力。因此，本报告直接从浦东新区民政局调取相关数据，保证了数据的出处和口径一致性，因而也就保证了数据的可靠性和准确性。当然，这种数据来源必然会限制数据可得性，因此本报告也不得不舍弃理论上应当包括但实践中无法获得的某些具体指标。

（二）指标体系

按照上述基本原则，为从三个不同的角度研究浦东慈善发展情况，本报告设计了三个指标体系，分别是：浦东慈善发展横向比较指标体系、浦东慈善发展纵向比较指标体系、浦东慈善发展街镇比较指标体系（详见表2）。其中，前两个指标体系都基于国内已有三个指数的高度重叠性指标，都包括慈善捐赠、社会组织、志愿服务、政府支持四个方面（每个方面又都包括规模、结构、质量三个维度），区别只在于浦东慈善发展纵向比较指标体系还比浦东慈善发展横向比较指标体系多了一个方面——基地站点。由于这两

个指标体系的大部分内容无法分解或落实至街道层级，因此浦东慈善发展街镇指标体系只包括社区基金、社会组织、志愿社区、基地站点四个方面共十多项指标。

表 2　浦东慈善发展指标体系

指标（方面）	指标（维度）	指标（具体）	全国	浙江	广州	浦东横向	浦东纵向	浦东街镇
慈善捐赠	规模	D1. 捐赠总额[a]	√	√	√	√	√	–
		D2. 募集福利彩票公益金总额	√	√	√	√	√	–
	结构	D3. 捐赠总额占 GDP 比例	√	√	√	√	√	–
		D4. 人均捐赠额[b]	√	√	–	√	√	–
	质量	D5. 捐赠总额占财政支出比例	√	–	–	√	√	–
		D6. 人均捐赠额占人均可支配收入比例	√	–	–	√	√	–
社会组织	规模	O1. 社会组织数量	√	√	√	√	√	–
		O2. 慈善组织数量[c]	√	√	–	√	√	–
		O3. 社区社会组织数量[d]	√	–	√	√	√	√
		O4. 社会组织从业人员数量[e]	√	–	–	√	√	–
	结构	O5. 每万人社会组织数量	√	√	–	√	√	–
		O6. 每万人社区社会组织数量	√	–	–	√	√	√
	质量	O7. 社会组织从业人员数量占城镇就业人口比例	√	–	–	√	√	–
		O8. 3A 级及以上社会组织数量占社会组织数量比例	–	–	√	√	√	√

续表

指标（方面）	指标（维度）	指标（具体）	全国	浙江	广州	浦东横向	浦东纵向	浦东街镇
志愿服务[f]	规模	V1. 注册志愿者数量	√	√	√	√	√	√
	结构	V2. 注册志愿者数量占人口比例	√	√	√	√	√	√
	质量	V3. 注册志愿者数量占城镇就业人口比例	√	–	–	√	√	–
政府支持	规模	G1. 财政资金购买社会组织服务总额	√	√	√	√	√	–
		G2. 福利彩票公益金购买社会组织服务总额[g]	√	√	√	√	√	–
		G3. 公益性捐赠税前扣除资格和非营利组织免税资格认定数量[h]	√	√	√	√	√	–
	结构	G4. 财政资金和福利彩票公益金购买社会组织服务总额占财政支出比例	√	√	–	√	√	–
		G5. 公益性捐赠税前扣除资格和非营利组织免税资格认定数量占社会组织数量比例	–	√	–	√	√	–
	质量	G6. 财政资金和福利彩票公益金购买社会组织服务平均金额	√	–	–	√	√	–
基地站点[i]	—	S1. 慈爱公益服务社	–	–	–	–	√	√
		S2. 慈善超市	–	–	√	–	√	√
		S3. 经常性社会捐助工作站点	–	–	√	–	√	√
		S4. 公益园区	–	–	–	–	√	√
		S5. 公益基地网点	–	–	–	–	√	√

续表

指标 （方面）	指标 （维度）	指标（具体）	全国	浙江	广州	浦东 横向	浦东 纵向	浦东 街镇
社区 基金	—	是否成立社区基金会	–	–	–	–	–	√
		社区基金会接受捐赠金额	–	–	–	–	–	√
志愿 社区	—	志愿团体数量	√	√	–	–	–	√
		获得国家级"四个100"最美志愿服务社区称号	–	–	–	–	–	√

a. "捐赠总额"应当包括基金会接收、红十字会接收、政府部门接收、其他单位接收等所有渠道，但由于本报告调取的数据源只能准确掌握基金会接收捐赠情况，因此仅使用基金会接收捐赠总额。其他涉及捐赠的指标均如此。

b. 涉及人均、每万人或人口的指标，按惯例均指常住人口。

c. "慈善组织"在本报告中仅包含正式认定的慈善组织。

d. 浦东横向和浦东纵向指标体系中指注册类社区社会组织，浦东街镇指标体系中指备案类社区社会组织。其他涉及社区社会组织的指标在统计口径上均如此。

e. 包括专职和兼职。其他涉及社会组织从业人员的指标均如此。

f. 全国、浙江、广州慈善指数在志愿服务方面都含有志愿服务时间指标，但本报告调取的数据从2019年才开始采集相关信息，而我们要从2017年开始计算指数，故暂时舍弃。

g. 浙江城市慈善发展指数中，为G1、G2合并形成的"全市财政购买社会组织服务总金额和通过彩票公益金购买社会组织服务总金额"。广州市区域慈善指数中，本项表述为"支出福彩公益金总额"。

h. 广州市区域慈善指数中，仅统计了"获得公益性捐赠税前扣除资格的慈善类社会组织数量"。

i. 浙江城市慈善发展指数中，本分项使用民政厅2019年慈善基地考核相关指数。广州市区域慈善指数中有"慈善超市、社会捐助工作站点总数"指标。

（三）指数计算

浦东慈善发展横向比较指数是以上海市各项指标的总体值或区县平均值为参照值或基准值，反映浦东相对于上海的慈善发展情况。上海市各项指标的数值来自第五届中国城市公益慈善指数和上海市民政局，[①] 分为两种类型：绝对值和比例值，对前者本报告将上海总体值除以16得到区县平均值

---

① 第五届中国城市公益慈善指数上海市的原始数据也来自上海市民政局，本报告也通过浦东新区民政局向上海市民政局调取了相关数据。

为基准值，对后者本报告直接用上海总体值为参照值。第五届中国城市公益慈善指数指向的时间节点是 2017 年，因此浦东慈善发展横向比较指数指向的是 2017 年。

浦东慈善发展纵向比较指标体系是以浦东新区 2017 年各项指标的数值为基准值，反映浦东过去历年来的慈善发展情况。

以上两个指数的计算方法很简单，就是分别以上海 2017 年基准值和浦东 2017 年基准值为分母、以浦东 2017 年实际值和 2018—2020 年实际值为分子，用除法得到。表达为公式即：

$$横向比较指数 = \frac{浦东 2017 年数据值}{上海 2017 年基准值} \qquad 公式 1$$

$$纵向比较指数 = \frac{浦东年度数据值}{浦东 2017 年基准值} \qquad 公式 2$$

显然，这两个指数的取值，若大于 1 表明慈善发展状况更好或趋于上升，若小于 1 表明慈善发展状况较差或趋于下降，而取值大小就直接反映了更好/上升或较差/下降的程度。

浦东慈善发展街镇比较指数是对街镇进行测评和排名，以反映各街镇慈善发展的相对高低情况，指向的是最近的年份 2020 年。它的计算方法，与国内已有三个指数的计算方法一致，先计算单项指标得分，再计算分项指数得分，最后计算综合指数得分，公式分别表达为：

$$单项指标得分 = \frac{街镇指标值 - 指标最小值}{指标最大值 - 指标最小值} \qquad 公式 3$$

$$分项指数得分 = \sum_{1}^{N} 单项指标得分 \times 权重 \qquad 公式 4$$

$$综合指数得分 = \sum_{1}^{N} 分项指数得分 \qquad 公式 5$$

其中，各单项指标的权重见表 3。分配权重的依据是，先对四个分项的权重进行（大致）均匀分配，再对每个分项内每个指标的权重进行均等分配。

表3　浦东慈善发展街镇比较指数权重

分项指数及权重	单项指标及权重
社区基金（24）	是否成立社区基金会（12）
	社区基金会接收捐赠金额（12）
社会组织（24）	社区社会组织数量（8）
	每万人社区社会组织数量（8）
	3A级及以上社会组织数量占社会组织数量比例（8）
志愿社区（28）	注册志愿者数量（7）
	注册志愿者数量占人口比例（7）
	志愿团体数量（7）
	获得国家级"四个100"最美志愿服务社区称号（7）
基地站点（24）	慈爱公益服务社、慈善超市、经常性社会捐助工作站点（8）*
	公益园区（8）
	公益基地网点（8）

＊将这三项归在一起的原因是，它们的量非常小。

三　浦东慈善发展指数的分析

（一）浦东慈善发展横向比较指数（2017年）

如前所述，该指数是以上海市各项指标的总体值或区县平均值为参照值或基准值，反映浦东相对于上海的慈善发展情况。它包括四个方面：慈善捐赠、社会组织、志愿服务、政府支持，每个方面又可分为规模、结构、质量三个维度。下面依次进行分析。

图1显示的是浦东慈善捐赠情况，横坐标取值为1表示以上海参照值为基准值，纵坐标取值大于1或小于1表明浦东相对于上海参照值所处的水平，6个柱状图代表6个指标（D1—D6，具体含义见表2）。该图表明，浦东在捐赠和募集福利彩票公益金这两个指标上较好（达到近2倍甚至更高），但在反映结构和质量意义的指标上并不占优，其中捐赠占GDP比例这一指标（D3）的取值只相当于上海参照值的一半。

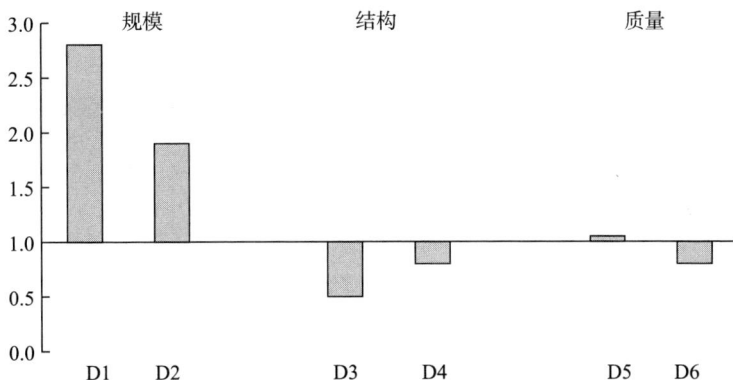

图1 浦东慈善捐赠相对于上海参照值的情况

图2显示的是浦东社会组织情况，横坐标取值为1表示以上海参照值为基准值，纵坐标取值大于1或小于1表明浦东相对于上海参照值所处的水平，8个柱状图代表8个指标（O1—O8，具体含义见表2）。该图表明，浦东在社会组织的规模维度四项指标上均较好，达到1.5至3.3倍之多；但是，在社会组织的结构和质量指标上，除了3A级及以上社会组织数量占社会组织数量比例这一指标（O8）明显高于上海参照值之外，其余三个指标与上海参照值相比存在微弱差距。

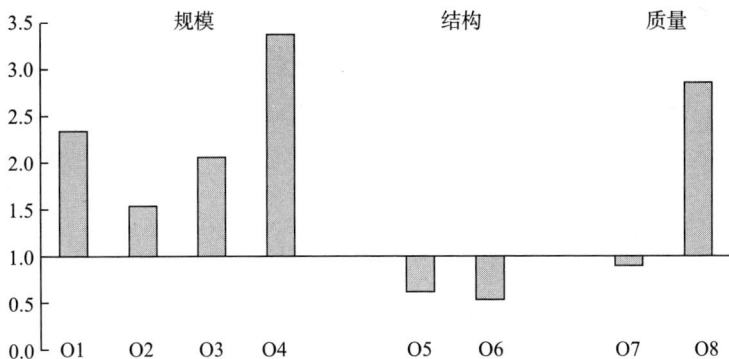

图2 浦东社会组织相对于上海参照值的情况

图3显示的是浦东志愿服务情况，横坐标取值为1表示以上海参照值为基准值，纵坐标取值大于1或小于1表明浦东相对于上海参照值所处的水平，3

个柱状图代表3个指标（V1—V3，具体含义见表2）。该图表明，浦东在志愿服务的规模指标上较好，注册志愿者数量高达上海参照值的2.3倍；但是，在志愿服务的结构和质量指标上并不占优，与上海参照值相比有微弱差距。

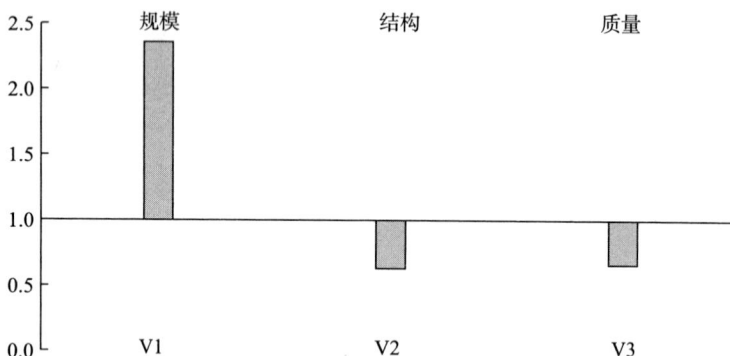

图3　浦东志愿服务相对于上海参照值的情况

图4显示的是浦东政府支持情况，横坐标取值为1表示以上海参照值为基准值，纵坐标取值大于1或小于1表明浦东相对于上海参照值所处的水平，6个柱状图代表6个指标（G1—G6，具体含义见表2）。该图表明，浦东在政府支持方面，无论规模、结构、质量哪个维度，所有指标都较好。尤其是在反映规模意义的指标上表现更加突出，福利彩票购买社会组织服务总额（G2）为2.7倍，公益性捐赠税前扣除资格和非营利组织免税资格认定数量（G3）为3.6倍，财政资金购买社会组织服务总额（G1）为4.5倍。

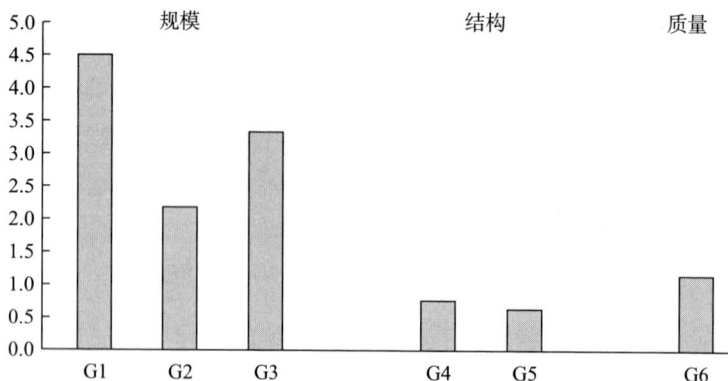

图4　浦东政府支持相对于上海参照值的情况

对四个方面指标各取平均值以及取总平均值，得到图5。它显示，相对于上海参照值（记为1），浦东在慈善捐赠、社会组织、志愿服务、政府支持四个方面的发展水平均高出或占优，具体数值分别为1.3、1.8、1.2和2.6，因而在慈善发展总体指数上自然也表现较好（为1.7）。如果比较这四个方面，显然政府支持的指数分值最高，它是提升浦东慈善发展总体指数分值的最大因素。

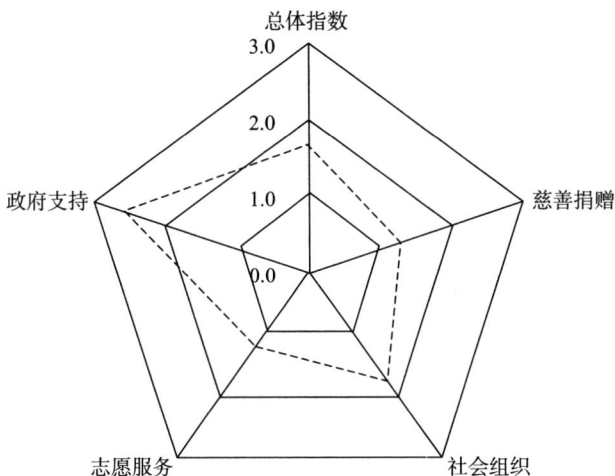

图5　浦东慈善发展相对于上海参照值的情况

（二）浦东慈善发展纵向比较指数（2017—2020年）

如前所述，该指数是以浦东新区2017年各项指标的数值为基准值，反映浦东过去历年来的慈善发展情况。它包括五个方面：慈善捐赠、社会组织、志愿服务、政府支持、基地站点。下面依次进行分析。

图6显示的是浦东慈善捐赠发展趋势。可以看到，6个指标中的5个都具有同样的模式，在经历了2018—2019年的基本平稳期后于2020年有明显的上升趋势。另外一个指标募集福利彩票公益金总额（D2），在2018—2019年本来也遵循同样的平稳发展趋势，但在2020年却小幅下降到只有2017年的89%，这与全国彩票销售的总体趋势一致，据悉原因主要在于受疫情及部分彩票游戏调整影响。

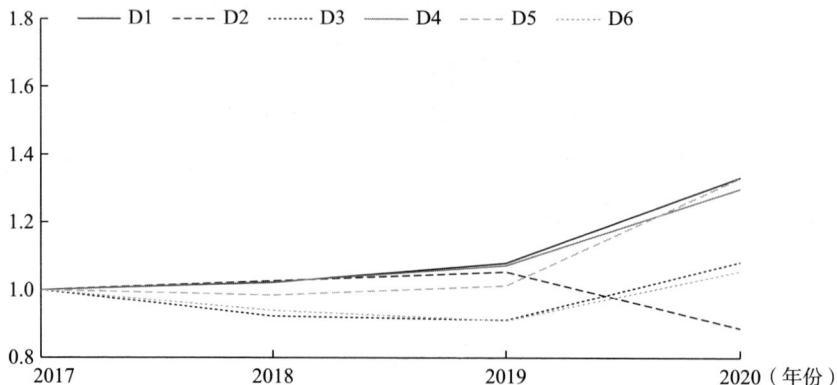

图 6　浦东慈善捐赠发展趋势

图 7 显示的是浦东社会组织发展趋势。[①] 可以看到，8 个指标的提升都不大（最高的仅约 1.2 倍）。其中，社区社会组织数量（O3）和每万人社区社会组织数量（O6）这两个指标于 2019—2020 年还略微收缩（低于 2017年 5% 左右），3A 级及以上社会组织数量占社会组织数量比例（O8）这个指标于 2018—2019 年还出现小幅收缩（低于 2017 年 15% 左右）。这应该与中央和地方有关部门加强社会组织管理的政策背景有关。

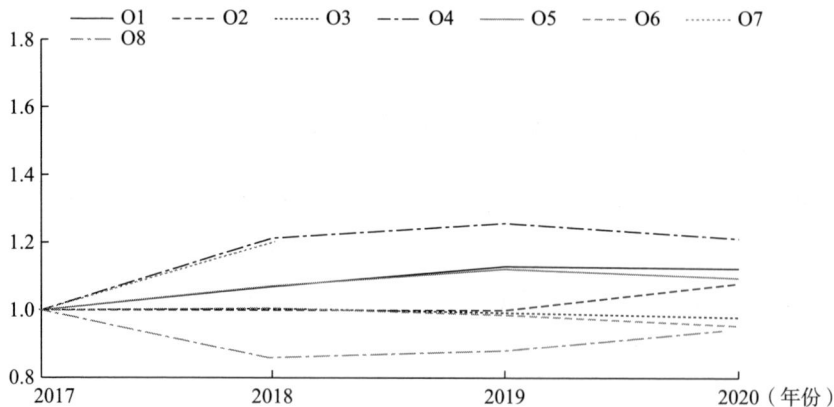

图 7　浦东社会组织发展趋势

---

① "社会组织从业人员数量"指标缺乏 2020 年数据。"社会组织从业人员数量占城镇就业人口比例"指标缺乏 2019—2020 年数据。

图 8 显示的是浦东志愿服务发展趋势。[①] 可以看到，志愿服务在规模（注册志愿者数量）、结构（注册志愿者数量占人口比例）、质量（注册志愿者数量占城镇就业人口比例）上都实现了持续、稳定、显著的发展。尤其在 2020 年，志愿服务的规模和结构都出现了大幅提升，这应该与 2020 年志愿者在抗击新冠肺炎疫情工作中的突出贡献有关。

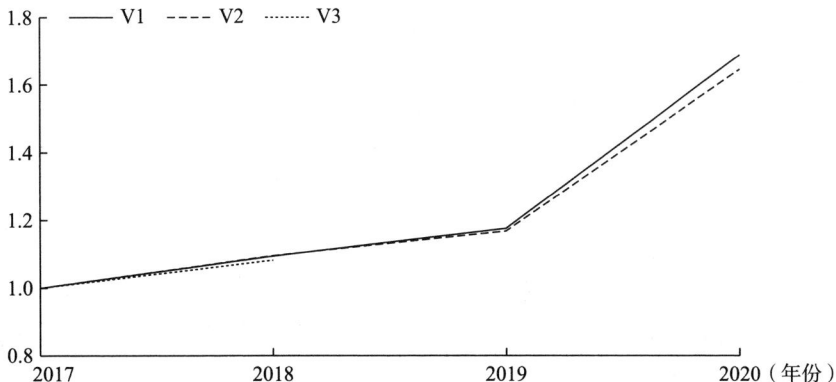

图 8 浦东志愿服务发展趋势

图 9 显示的是浦东政府支持发展趋势。[②] 可以看到，6 个指标的变化模式可以分为三组。财政资金购买社会组织服务总额（G1）、财政资金和福利彩票公益金购买社会组织服务总额占财政支出比例（G4）、财政资金和福利彩票公益金购买社会组织服务平均金额（G6）这 3 个指标在 2018 年大幅上升 1.5—1.7 倍，但随后在 2019 年有所微降。福利彩票公益金购买社会组织服务总额（G2）这个指标在 2018 年有所微降，到 2019 年大幅攀升至 1.4 倍。公益性捐赠税前扣除资格和非营利组织免税资格认定数量（G3）及其占社会组织数量比例（G5）这两个指标，则出现微弱下降迹象，2018 年和 2019 年只相当于 2017 年的 80%—90%。

图 10 显示的是浦东基地站点的发展趋势。[③] 可以看出，慈善超市

---

① "注册志愿者数量占城镇就业人口比例"指标缺乏 2019—2020 年数据。

② 尚缺乏政府支持的若干指标在 2020 年的数据，因此这里不展示。

③ 基地站点的有关指标缺乏 2017 年数据，因此图中以 2018 年为基准值进行计算。

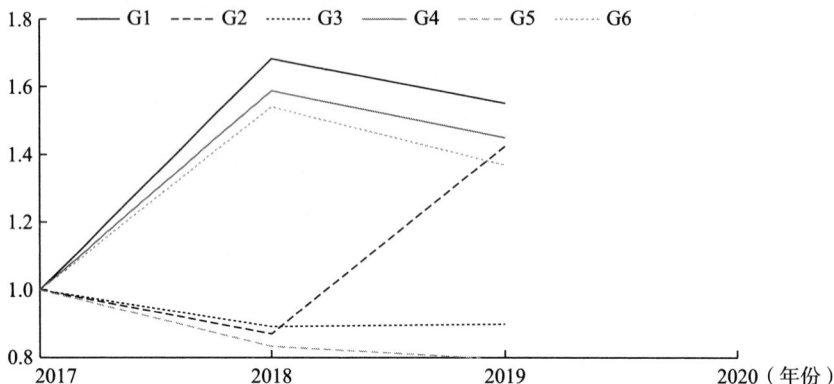

图9 浦东政府支持发展趋势

（S2）、经常性社会捐助工作站点（S3）这两个指标基本处于饱和状态没有再发展，慈爱公益服务社（S1）、公益园区（S4）这两个指标有微弱发展（1.03—1.2倍），而公益基地网点（S5）这个指标则近乎直线上升实现了跨越式大发展，2019年跃升至3.9倍，2020年继续攀升至6.4倍。

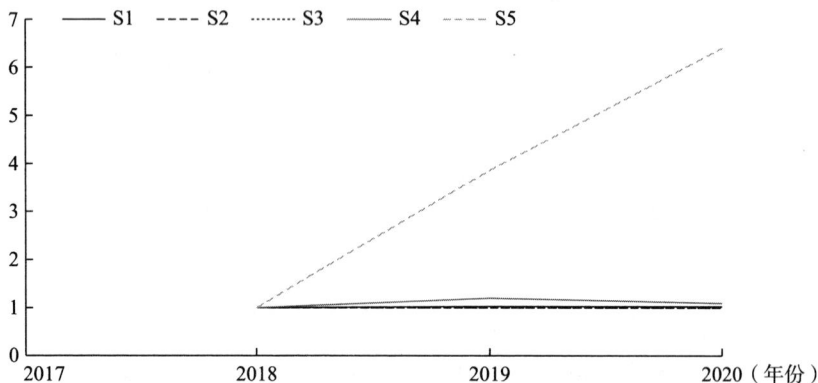

图10 浦东基地站点发展趋势

对五个方面指标各取平均值以及取总平均值，得到图11。它显示，综合来看，浦东在慈善的各个领域都有所发展。只是，在慈善捐赠、社会组织、政府支持三个方面的发展较为平缓。然而，在志愿服务尤其是基地站点两个方面的发展却相当稳定和强劲，2020年已达到2017年与2018年的1.7倍和2.1倍。据了解，这两个方面的大发展与浦东新区有关部门的政策导向及工作推动有很大关系。

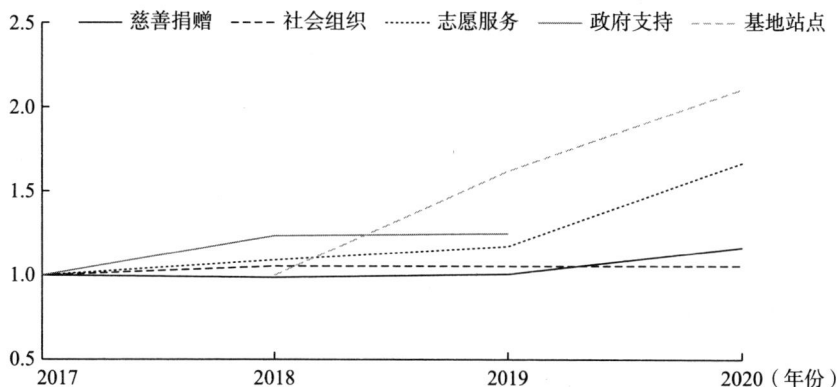

图 11　浦东慈善发展趋势

（三）浦东慈善发展街镇比较指数（2020 年）

如前所述，该指数是对街镇进行测评和排名，以反映各街镇慈善发展的相对高低情况。它包括四个方面：社区基金、社会组织、志愿社区、基地站点。计算出浦东每个街镇的综合指数得分后，可以按分数高低将它们划分为三个梯队。第一梯队是得分最高的 4 个街道，第二梯队是得分在中位值以上的 14 个街镇，第三梯队是得分在中位值以下的 18 个镇。第一梯队集中处于浦东的特定区域，包括洋泾街道、金杨新村街道、陆家嘴街道、塘桥街道；第二梯队以这个特定区域为中心，呈"T 字型"向外辐射，一是沿黄浦江连片延伸，包括沪东新村街道、浦兴路街道、潍坊新村街道、南码头路街道、周家渡街道、上钢新村街道、东明路街道、三林镇等，二是向东南方向腹地展开，包括花木街道、张江镇、唐镇、川沙镇、周浦镇、惠南镇等；第三梯队则基本处于浦东的边缘地区，在行政建制上都是镇。

第一梯队街道为何在慈善发展综合指数上得分最高？表 4 列出了它们在四个分项上的得分排名情况，呈现出了不同的特点。陆家嘴街道在社区基金这个分项上排名第一，塘桥街道在基地站点这个分项上排名第二，都分别找到了一个突破口或发力点，具备"单项"优势。洋泾街道则形成了"双强"

211

格局，在志愿团体/社区和社区基金两个分项上都很突出，分别排名第一和第二。金杨新村街道则是典型的"全面"发展，在四个分项上都排名第三。当然，四个街道的共性是，在所有四个分项上的得分排名都高于中位值，即不存在明显短板。相比之下，有些街镇虽然在某个分项上排名第一，但由于在其他分项上得分低于中位值，即存在明显短板，而使其无法跻身第一梯队。

表4　第一梯队街道在四个分项上的得分排名

	社区基金	社会组织	志愿社区	基地站点
洋泾街道	第二	高于中位值	第一	高于中位值
金杨新村街道	第三	第三	第三	第三
陆家嘴街道	第一	高于中位值	高于中位值	高于中位值
塘桥街道	高于中位值	高于中位值	高于中位值	第二

四　总结与建议

（一）保持以政府支持为最大特色的优势地位，使"长板更长"

与2017年上海的参照水平相比较，浦东的慈善发展在总体指数和四个方面均占优，而这在很大程度上是由浦东在政府支持方面的突出优势所决定的。进一步考察政府支持在规模、结构、质量上的表现，浦东在所有六项指标上也是全部超出上海的基准水平，有些指标甚至高出很多。因此，浦东在慈善发展上形成了以政府支持为最大特色的优势地位。然而，浦东的政府支持在经历2018年的微弱上升后就趋于平缓，并没有显示出持续强劲的发展势头。类似地，浦东在慈善捐赠、社会组织方面的发展也出现2018年后趋缓的迹象。当然我们也留意到，福利彩票公益金购买社会组织服务总额这个指标在2019年大幅攀升，公益基地网点这个指标在2019—2020年近乎直线上升实现了跨越式大发展，反映出浦东在政府支持和引领方面新的积极变化。据了解，浦东通过政府引导与扶持力图把已有的慈善超市做大做强而非简单扩大数量，首创公益园区为社会组织办公集聚和联动发展提供硬件支持，严格落实市民政局建立的"万家公益基地"的指标要求直接推动了公益基地网点的跨越式发展。但是，反映政府支持力度和质量不断增强的这类指标并不太多。地区之间的竞争性发展有如逆水行舟，不进则退，浦东应高度重视自己在慈善发展领域的特色和优势所在，继续大力发挥政府支持的引领作用，使"长板更长"。

（二）保证社会组织稳定发展的同时，更加注重提质增效

比较浦东慈善发展在慈善捐赠、社会组织、志愿服务、政府支持四个方面的变化趋势，社会组织的发展是最稳定或变化不大的，若干指标还出现了略微收缩或下降。例如，社区社会组织数量和每万人社区社会组织数量，2019 年至 2020 年低于 2017 年 5% 左右；（正式认定的）慈善组织的数量 2017 年至 2020 年也始终在个位数字上徘徊。慈善组织数量的停滞可能与《慈善法》的要求有关，一旦认定为慈善组织就要依法履行很多信息公开和规范化管理的义务，所以很多社会组织不愿意主动认定为慈善组织。社会组织数量的减少可能与中央和地方政府加强社会组织管理促进其健康有序发展的政策大背景有关。2019 年上海市民政局将依法清理名存实亡的社会组织作为年度重点工作，对"僵尸"社会组织予以清理和注销，当年就关闭了 483 家社会组织，[1] 其中浦东 77 家。从全国范围来看，近年来社会组织的总量增长也在放缓。[2] 因此，社会组织当前进入一个数量相对稳定但注重提质增效的新阶段。浦东在这方面已经有所举措，例如：第十届浦东新区公益活动月主题活动吸引了 400 多家社会组织参与，举办了 1000 多场活动，受益人次达 150000 人；浦东新区公益服务项目"供需对接·一站式服务"平台 2018 年至 2020 年在对接的服务项目数量和资金等方面都屡创佳绩。但限于数据可得性，本报告还未能纳入慈善活动数量、受益人数、荣获奖励等更多反映

---

① 上海市民政局：《上海社会组织发展报告书》，2019 年，第 74 页。
② 杨团主编、朱健刚副主编：《中国慈善发展报告（2020）》，社会科学文献出版社，2020 年，第 3 页。

社会组织发展质量的指标。因此，浦东应在保持社会组织稳定发展的同时，更加注重提质增效，从而在社会组织发展的新阶段继续保持优势。

（三）正视规模的双重效应，加快提高结构性和质量性指标

浦东相对于上海，在慈善发展的规模性指标上优势非常明显和突出，这在慈善捐赠、社会组织、志愿服务、政府支持四个方面都是如此，具体指标包括捐赠和募集福利彩票公益金总额、社会组织及从业人员数量、注册志愿者数量、财政资金和福利彩票购买社会组织服务总额等。但是，一旦计算占总体比例、每万人数量等结构性和质量性指标，浦东在除政府支持之外的其余三个方面的许多指标上都低于上海参照水平。背后的原因在于浦东之大，其地域和人口规模在上海所有行政区中都居于首位。2021 年第七次人口普查显示，浦东的常住人口达到 568.15 万人，占全市 22.8%，仍然高居上海各区之首。规模效应既可能是正面的——在大分母的基础上可以比较容易地做大分子，但也可能是负面的——分子不足够大还是会被分母稀释，这正是形成浦东规模性指标较好而结构性指标难以占优的关键所在。2017 年以来，浦东在规模性、结构性、质量性指标上的发展基本上是同步的，这意味着有规模但结构质量不匹配的格局可能并未改变。因此，浦东不能满足于规模性指标的优势，而是要正视规模的正负两方面双重效应，花更大的力气想方设法加快提高结构性和质量性指标。

（四）重视街镇社区的不平衡性，促进城乡共同发展

浦东不同街镇社区之间在慈善发展状况上的差异十分之大，这主要表现在三个方面。首先，不管是分项指数还是综合指数，排名靠前和靠后的街镇在分数上都相差有 10—20 倍之多。以社区基金会为例，36 个街镇中约一半街镇还没有成立社区基金会，而成立的社区基金会中，有全年没有获得任何捐赠的，有仅获得数万元捐赠的，也有获得百万元以上捐赠的，差异甚大。其次，除了处于第一梯队的四个街道，很少有街镇同时在四个分项上的表现都比较好，即分项指数上的表现差异较大。有些街镇虽然在某个分项上排名

第一，但由于在其他分项上存在明显短板，而使其无法跻身第一梯队。最后，街道和镇之间的差距相当明显。第一梯队没有镇，相反第三梯队全都是镇，而后者占了浦东所有街镇社区的一半。这说明，浦东内部的城乡经济社会发展差距也延伸到了慈善公益事业领域。诚然，本报告建构的浦东慈善发展街镇比较指标体系受数据可得性局限不尽全面，但上述三个方面已充分显示出浦东慈善发展在街镇社区之间的不平衡性，需要引起足够的重视。党的十九大提出的社会主要矛盾已经转变为人民群众日益增长的美好生活需要与不平衡不充分发展之间的矛盾这一论断，同样适用于慈善公益这个本来就服务于人民美好生活需要的领域。在"十四五"乃至2035年期间，浦东要高度重视和解决街镇社区慈善发展的不平衡性，尤其是要缩小城乡社区之间的差距促进城乡社区的共同发展。

（五）优化信息数据系统，推进慈善公益事业数字化转型

如前所述，我们对浦东慈善发展指数的探索性研究，是从上海市民政局和浦东新区民政局直接调取相关数据，没有口径一致、真实准确的数据源，就不可能建构科学合理的指数。但在调取数据的过程中也发现，有些数据不可得，有些数据不完整，有些数据归属于其他政府部门而不能方便获取甚至获取无果。例如，国内已有的三个指标体系都包括持证社工数量这个指标，但因社工注册制度未全面落实，无法获得区级注册社工准确数据而不得不舍弃；志愿者服务时间、志愿团队数量这两个指标，只是近两三年才开始有数据采集，因此在构建和计算浦东慈善发展横向比较指数（2017年）时不得不舍弃；注册志愿者数量这个指标，区级层面数据与街镇层面数据并不完全一致，因为许多志愿者在注册时没有勾选所在街镇；彩票公益金总额及其购买社会组织服务金额，应当同时包括福利彩票和体育彩票，但本次数据采集未能到位；公益性捐赠税前扣除资格和非营利组织免税资格认定数据，民政局并不直接掌握而只能从税务局网站搜寻整理；志愿服务数据同时存在于民政和宣传两个部门，因此不得不反复沟通决定究竟以哪个部门的数据为准。目前来看慈善公益信息数据系统至少存在三个层面的问题：一是浦东民政自

身的信息系统有待进一步完善，二是上海民政信息系统有待向区级赋权与赋能，三是浦东新区政府民政部门与其他部门之间的数据有待共享与整合。当前，上海正在全面推进城市数字化转型，应当优化信息数据系统存在的这些问题，推进慈善公益事业数字化转型。

B.11
浦东慈善文化发展报告

郑乐平*

摘　要：　本报告描述和分析了近年来浦东新区慈善文化发展现状和趋势，新的慈善理念和实践，以及新区企业在履行社会责任方面的创新实践。最后，针对浦东新区慈善文化建设存在的问题，提出了相应的对策建议：普及现代慈善文化和理念、提升慈善公益组织的现代慈善理念，打造"社会责任＋竞争力"的浦东模式，以及加强慈善公益研究。

关键词：　慈善文化　企业社会责任　慈善文化传播

慈善文化是慈善事业的核心组成部分，是引导和推动慈善事业发展的重要因素，研究和分析浦东新区近年来慈善文化理念和实践的演变，可以为我们全面了解其慈善事业的发展提供一个很好的观察视角。

一　慈善文化的定义、构成及功能

（一）慈善文化的定义

Philanthropy（慈善）这个词来自古希腊，原意是"爱人类"。中国《说文》中，也有类似的诠释"慈，爱也"，"善，吉也"。慈善行为不一定付诸

---

* 郑乐平，上海社会科学院社会学研究所副研究员，主要研究方向为慈善公益、社会组织。

有形的、物质的东西。慈善发自内心，见之于行动，体现为对他人的关心和同情。《牛津高级英语词典》给慈善下的定义是，"促进他人福祉的愿望，其主要方式是慷慨地捐钱给慈善事业"。

有关慈善的明晰思考要求我们对其做出界定，即明确慈善与非慈善的动机、手段和目的之间的边界。任何恰当的定义都必须考虑"慈善"这个词语在现实生活中是如何应用的，而单纯的描述是不够的。美国学者莱斯特·萨拉蒙将慈善定义为，"私人为了公共目的而奉献时间或有价值的东西"。①罗伯特·佩顿和迈克尔·P. 穆迪则将慈善定义为"出于公共利益目的的志愿行动"。②

慈善文化的概念有广义和狭义之分，广义的慈善文化指的是人类在长期的社会实践中形成的慈善意识、慈善行为、慈善组织及相应的典章制度。狭义的慈善文化则专指引导人们践行慈善的思想、理念和价值观。本报告采用的是广义的慈善文化定义。

从结构角度来分析，慈善文化可以划分为如下四个层面：

- 观念层面：思想、理念和价值观等。
- 制度层面：各种社会规范、典章制度（符码化的文化）。
- 行为层面：惯习、生活方式、行为模式。
- 物质层面：与慈善团体、机构相关的外显文化，如慈善组织的名称、徽标（logo）、网站设计等。

慈善公益事业是通过慈善捐赠、志愿行为和慈善公益机构来增进人类的福祉的集体性、制度性、组织化的行为。政府和市场的力量是强大的，但亦有其局限，在政府和市场缺位的地方，就要发挥慈善公益组织的独特作用。当然，慈善公益不仅仅是弥补政府或市场之不足，它也有其自身的独特性和比较优势。慈善公益组织不仅仅是给予，还要以各种创新的手段和方法解决

---

① Salamon，Lester. The State of Nonprofit America（Brookings Institution Press and the Aspen Institute，2002）.

② 罗伯特·佩顿和迈克尔·P. 穆迪：《慈善的意义与使命》，中国劳动社会保障出版社，2013。

棘手的社会问题和社会需求。用专业、高效、透明的运作方式，推动社会发生改变，造福于需要帮助的弱势者和贫困者，造福于社会。

（二）慈善文化的构成及功能

慈善文化的构成及功能可以从如下三个层面来加以具体的分析：观念层面、制度层面和行为层面。

1. 在观念层面上，慈善文化的一个重要功能是通过观念的传播、理念的倡导，来改变人们的观念和行为，使世界成为一个更公平、公正和美好的地方。如浦东"联合捐"倡导的"人人做慈善，行行可慈善"的理念；联劝倡导的快乐自主有成效的公益慈善文化；仁德基金会秉持的"怀仁爱之心，行贤德之举"的理念，以关怀社会中的弱势群体和有需要的群体为己任，积极开展帮扶老、弱、病、残、孤等群体的公益活动。

2. 在行为层面上（包括个人行为和组织行为），慈善文化是通过组织化、制度化和集体性的行动，通过项目化运作来产生某种影响，来引起某种变化。慈善公益不是简单的做好事、做善事，而是通过组织化的运作来填补政府与市场的空白，是与政府、市场一起协作，形成协同治理的优势，从而产生协同或复合效应。

3. 在制度层面上，慈善文化具体体现为规范公民和慈善组织捐赠行为、慈善公益活动和志愿服务的各种法律、规范和典章制度。如国家颁布的《中华人民共和国慈善法》《中华人民共和国公益事业捐赠法》《基金会管理条例》《志愿服务条例》等。慈善行业和慈善机构制定的规范慈善组织行为的细则，如《中国公益慈善组织透明度评估体系指标与细则》等。

二　浦东慈善文化发展的新趋势

近年来，浦东慈善文化建设出现了如下新的发展趋势，并涌现了一批堪称业界翘楚，并在不断创新、持续进化的慈善公益机构。

（一）新的慈善文化和理念的崛起

进入 21 世纪以来，尤其是近 5 年来，在浦东慈善公益领域出现了许多新的慈善文化现象和新的慈善理念。这一转变背后的深层原因有这样几点：其一，外部社会因素。当代社会是一个日趋多元化、复杂的社会，其产生的各种社会问题，如贫困问题、贫富差别问题、环境问题、弱势群体的就业、生计、教育和扶助问题等，单靠简单的救助，给予资金和物资的帮助，已不再是最有效的（尽管我们承认在大灾大难时资金和物资的救助仍是最需要的）；其二，来自企业和个人捐赠的压力。越来越多的企业和个人捐赠者不再满足于只是将捐款交给慈善机构即可，而是希望慈善机构能够透明地、有效地使用这些善款，以发挥其最大的成效和影响力；其三，来自政府监管的压力。政府监管的加强亦要求慈善机构以项目化运作的方式更有效、更透明地使用捐款及政府购买服务的资金；其四，来自慈善机构间的竞争压力。在一个竞争日趋激烈的公益领域或公益市场，为了吸引和争取更多的捐款和项目资金，迫使各个慈善公益机构不断提升自己的透明度、公信力和专业化水平；其五，内部因素。慈善公益机构本身不再满足于简单的资金和物资的救助，而是希望通过更有效、更专业、更系统的方式来创造社会价值，以及解决各种棘手的社会问题；其六，全球趋势的影响。放眼世界，无论发达国家还是发展中国家，如何在做好事时把好事做好，做得更有效已成为一种新的趋势。另一方面，各种新的慈善理念、新的运作模式（社会企业、社会投资和影响力投资等）已蔚然成风。

近年来，新的慈善文化理念逐渐成为各类慈善公益组织的基本行为准则，成为组织的使命、愿景和价值观的核心要素。

1. 面向特殊群体"授人以渔"

现代慈善文化的一个趋势是从"治标"向"治本"的转变。换句话说，是从"授人以鱼"转变为"授人以渔"。浦东社会组织在参与脱贫攻坚中，积极引导、培养当地居民自我发展、自主脱贫的意识和能力。浦东慈善公益组织开展了各种具有创新意义的慈善公益项目，填补了不少特殊群体帮扶的空白点。在"扶助特殊群体"的项目类别中，关爱对象除了以往慈善活动普遍侧重的助老、扶贫、助残，开始逐步向不同的弱势群体转移。如针对智障人的项目；针对罕见疾病患者的项目；面向边缘青少年开展的项目等。关爱农民工子女和留守儿童主题亦得到格外重视，项目内涵丰富、形式多样。

2. 注重专业化、精细化，打造新型慈善组织文化

在许多综合定位，跨界服务的项目背后，也呈现出定位日趋精细化、专业化。这些慈善公益项目的服务对象较窄，却能够准确定位，为其对象提供更完善、更专业、更精细的服务。以养老服务为例，瑞福养老服务中心托管的南码头老年人日间照料中心，成功打造了社区老年日托服务的新模式；福苑养老服务中心与浦兴街道合作，探索建立了上海市第一个社区长者照护之家；乐耆社工服务社大力推广"社工＋义工"的互助服务方式；上海浦东手牵手生命关爱发展中心致力于开展临终关怀志愿服务。

3. 关注慈善公益的传递和再生产

针对乡村教师的很多项目，如真爱梦想的"梦想课堂"在关爱乡村儿童素质教育之外，以乡村教师为对象的活动也开始显现，而且在教师身上产生的效果和影响，还会传递给更多的学生，造成效果的放大化和公益理念的再生产。洋泾社区公益基金会推出的"小小志愿军"系列、"少年志——洋泾中学生社区公益挑战赛"项目，着眼于辖区内少年儿童，运用"优势视角"和"服务－学习"理论，提升孩子们参与社区志愿服务的意识和能力。

4. 技术赋能，促进新技术、新媒介、新公益的融合

新媒介的运用让人眼前一亮：一些公益机构和公益项目基于二维码、H5、智能手机 APP、新媒体等技术，通过"新技术、新媒介、新公益"的积极探索，帮助公益组织获得更多的传播和关注，实现科技和公益的结合。如仁德基金会利用互联网的优势，打造线上线下的工作模式，积极开拓多样化的资源渠道。仁德不仅借助腾讯、支付宝、阿里巴巴、美团、微公益等互联网平台对项目进行了宣传和筹资，还通过线下活动、微博互动以及企业定向募捐等方式来增加机构资金来源的多样化。

5. 倡导低碳环保、提升生活和环境质量

近年来，浦东新区不少慈善公益组织积极投入环境保护、垃圾分类和儿童、青少年环保意识的培养。例如，自 2007 年起仁渡海洋持续在上海组织开展净滩活动，上海浦东乐芬环保公益促进中心也于 2014 年始发起了类似的"拾捡中国"项目。① 优态环境保护公益服务则主张结合每周的探索实践或社团活动，将环境保护教育作为常设课程引入幼儿园和中小学课堂；或鼓励学校与社会服务机构合作，真正拓展校外环保科普课堂，通过游戏提高孩子们的兴趣、加深对垃圾分类的理解并强化记忆，提升儿童和青少年环保意识。

案例 1："绿洲食物银行"——减少食物浪费造成的碳排放，活化社区里的余量物资、余量人力资源

上海绿洲公益发展中心的"绿洲食物银行"项目于 2014 年落地浦东，在塘桥街道、洋泾街道分别开展以"社区资产"为视角，社区余量食物资产为介入重点的实践。发掘、动员、活化社区里的余量物资、余量人力资源，并通过社区志愿者的服务重新构建社区关系，创新探索社区发展的新模式。

"绿洲食物银行"项目自 2014 年至 2019 年抢救了 523 吨即将被浪费的食物，价值超 3169.1 万元，援助了 765167 人次。该项目解决了一个"余量食物浪费"无解难题，通过专业方法抢救可能被浪费的食物，减少食物在上下游环节的浪费，以及因食物浪费造成的碳排放，从而减轻对环境污染的压力。通过运用安全有效的食品监管反馈机制，用"余量食物"帮助弱势群体，传递人间最美善意。②

---

① 参见本书领域报告篇 B.9《浦东慈善力量参与环保发展报告》。
② 资料来源：上海市浦东新区社团管理局《浦东新区社会组织发展年报 2019》（内刊），第 75~76 页。

（二）企业社会责任和企业公民意识不断深化

2007 年，浦东新区在全国率先建立"政府引导、企业自觉、行业自律、社会监督"的企业社会责任体系。2010 年，浦东新区发布了国内首份地方政府区域竞争力报告，在全国起到了良好的示范作用。"十二五"规划期间，浦东新区出台了《浦东新区加快推进企业社会责任体系建设三年行动纲要（2011—2013）》，围绕新区"十二五"规划，探索试点企业社会责任区域达标评估和行业达标评估。

浦东新区范围内的不少企业积极履行社会责任——"权益责任、环境责任、诚信责任、和谐责任"，涌现出许多优秀案例。例如，巴斯夫的"1＋3"计划，即"1 家中国可持续发展工商理事会会员企业＋3 个供应链上的合作企业（供应商＋客户＋物流服务供应商）"；浦东公交的"方便在最后一公里"项目，围绕地铁主干线开通社区巴士线路，方便社区居民出行；东亚银行公益基金项目不仅为乡村教育提供经济支援，更搭建平台，帮助乡村教师提升教育技能。上海市外高桥第三发电有限责任公司秉承"提供绿色火电，创造优质生活"的理念，将企业社会责任融入发展战略，以科技创新为基点，开展节能减排研究和创新。使两台机组的节能减排和安全运行水平获得了飞跃，实现零耗能脱硫，颠覆耗能减排的被动环保观念，成为世界上率先叩开最低发电煤耗整数关口 280 克/千瓦时的电厂。[①]

2013 年，浦东发起设立了国内第一个"企业社会责任公益基金"，希望更多的企业在自身发展的同时，投身公益事业，践行社会责任。浦东新区建立了全国第一个企业社会责任标准，对企业进行评估和奖励。目前新区约有300 家企业通过了社会责任评估，其中约一半为跨国企业。[②]

2016 年 5 月，浦东外商投资企业协会，浦东新区旅游业协会，浦东新区企业，企业家联合会，浦东现代物流行业协会，浦东新区印刷行业协会，

---

① 参见浦东新区建立企业社会责任体系联席会议办公室编：《企业社会责任实践的引领者——浦东新区企业社会责任经典案例》，北京：企业管理出版社，2014，第 9 ~ 10 页。
② 参见《浦东时报》2013 年 8 月 22 日，第 2 版。

浦东新区养老服务行业协会和浦东新区质量技术协会7家行业协会商会发布社会责任报告，并于2016年浦东新区第八届公益活动月期间集中向社会公开发布，希望以此推动更多的行业协会商会编制社会责任报告。

案例2：《浦东时报》社——打造上海首个"全透明、纯公益、公众化、直投式"的公益集市

《浦东时报》社创立于2011年11月，为了让报社在公益的道路上承担起更多的社会责任，2013年8月24日《浦东时报》与上海市慈善基金会浦东分会（现改为浦东新区代表处）联合主办了"集善地"公益集市。

"集善地"自启动以来，开创了全透明的公益平台模式，在每次公益集市中的每一项支出都会予以公示，每一项收入都有即时显示，每一笔募资基金的分配均采取投票制度，集市中产生的所有募资基金都于当日闭市时投放到大家投票的公益机构。

另外，"集善地"公益集市尝试创办了"小小集善地"儿童志愿者板块，让5—12岁的孩子在实际参与公益活动的过程中，学习成为一个有爱心、懂理财、善于独立思考、勇于承担社会责任的新一代。

自2013年8月24日举办以来，"集善地"透明度高、参与面广，取得了良好的社会成效。2013年"集善地"总收入34141.4元，共募得善款12125.16元。此外，圆梦基金配资10000元。"集善地"帮助"有爱梦圆"善终关怀社区服务、浦东新区重度残疾人居家养护、浦江童声合唱团贫困儿童、浦东团委为了江孜孩子——"暖心接力"、浦东盲人协会用爱点亮读书看世界的"眼睛"和知了公益助盲系列志愿活动等6个项目完成募资。

（三）慈善文化的传播日趋多样化

近十年来，新区的慈善公益组织在慈善文化传播方面产生了较大的社会

影响力。

1. 浦东公益活动月、公益文化周和"中华慈善日"活动

一年一度的浦东公益活动月、浦东公益文化周、浦东"中华慈善日"活动等品牌活动，围绕"公益"与"社区"主题，探索开展包括企业在内的各类主体的"跨界合作"，调动慈善公益组织参与社区治理的积极性，形成自下而上的活力。

浦东公益活动月。作为浦东新区慈善公益领域中的优秀品牌项目——浦东公益活动月，从公益示范基地走向全区的浦东社会组织公益活动月已成功举办十二届，参与的社会组织的数量从第二届的41家，发展到第十一届的400家，呈逐年递增态势；举办活动场地从第二届的81个，发展到第十届的1000个。受益人次最少为3万，最多达15万，推动了社会组织、社区和社工"三社"联动和现代慈善公益文化和理念的传播（见表1）。

表1 浦东新区历届公益活动月主题及数据统计

届次	主题	参与社会组织数量(家)	举办活动场地（个）	累计参与受益人次
第一届	迎世博	—	—	—
第二届	与世博同行	41	81	—
第三届	创文明城区 展公益风采	67	111	—
第四届	享公益生活 建幸福浦东	114	153	30000 +
第五届	联结公益力量 助力社区成长	116	200	43787
第六届	更美的社区 更好的生活	148	244	50000 +
第七届	益社区 乐生活	220	307	50000
第八届	"益"起感受 浦东的温度	299	502	118831
第九届	汇行公益 绘爱浦东	276	500	50000 +
第十届	不忘公益初心 筑梦幸福浦东	400	1000	150000
第十一届	勇担公益新使命 助力浦东新发展	400	600	50000
第十二届	而立浦东 公益新际遇	228	400	50000

注：本表内容部分来自浦东新区民政局历年《浦东新区社会组织发展报告》，部分来自百度网关键词搜寻。

浦东公益文化周。该项活动由浦东新区区委宣传部、民政局、团区委联合发起，上海吾同公益文化促进中心举办，目的是为了挖掘和整合潜在的社会公益文化资源，聚焦、分享和传播先进的公益理念（见表2）。

表2　浦东新区历届公益文化周主题

年份	届次	主题	活动数量	参与人次
2012	第一届	聚焦公益文化　传播公益理念	—	—
2013	第二届	分享公益故事　传播公益理念	—	—
2014	第三届	践行公益精神　传播公益理念	—	300
2015	第四届	创益改变你我	15	1500
2016	第五届	遇见梦想　益艺生辉	13	3300 +
2017	第六届	梦想"益"起飞	—	—
2018	第七届	心公益享未来	—	—
2019	第八届	"心声·新生"	6	—

注：本表内容部分来自浦东新区民政局历年《浦东新区社会组织发展报告》，部分来自百度网关键词搜寻。从2018年开始，浦东新区公益活动月从上半年移到下半年，覆盖了公益文化周的活动。

浦东"中华慈善日"活动。2016年《慈善法》正式颁布后，每年9月5日被定为"中华慈善日"。浦东新区通过历届"中华慈善日"主题活动等载体，宣传慈善文化、弘扬志愿服务精神，积极推进慈善文化进学校、进机关、进企业、进社区活动，努力营造全民慈善氛围，倡导"人人慈善、事事可为"的慈善文化精神。2020年，浦东新区第五届中华慈善日活动以"大爱抗疫，'益'心建城"为主题，聚焦疫情防控和常态化管理中，浦东新区爱心企业及社会人士、社会组织做出的杰出贡献，引导社会各界关注和了解慈善公益组织在参与城市社会治理和应急管理中的作用（见表3）。

表3　浦东新区历届"中华慈善日"主题活动

年份	届次	主题
2016	第一届	宣传《慈善法》
2017	第二届	携手慈善　与爱同行

续表

年份	届次	主题
2018	第三届	守护记忆，为爱接力——关爱认知症患者
2019	第四届	善心益行 筑梦童行
2020	第五届	大爱抗疫"益"心建城

资料来源：浦东新区民政局《而立浦东 与爱同行——浦东公益慈善大事记》（内刊），2020年。

2. 丰富多彩的社区慈善文化主题活动

近年来，浦东新区积极推进丰富多样的社区慈善公益主题活动，如2019年推出了洋泾社区基金会的少年志、友邻节、陆家嘴的慈善之夜、社区微更新、浦兴的一米"可食地景"小农园、金杨的亲瓶菜园、潍坊的公益活动月、周家渡的"会说话的照片"为老摄影公益服务、花木的社区公益嘉年华、唐镇的阳光公益系列活动等品牌公益项目都博得了良好的口碑。社区基金会依托公益项目运作，也逐渐获得各界认可，又可以激发新一轮来自个人或企业的社区定向捐赠，实现公益资金的良性循环。①

3. 知名公益出版物、公益论坛

《社会创业家》（*Social Entrepreneurs*）杂志是由上海浦东非营利组织发展中的"恩派（NPI）"出品的公益杂志，其前身为业内拥有悠久历史的《NPO纵横》，2009年更名改版后，旨在打造中国社会创新领域的首选媒体和咨询平台。它以社会创业者和公益职业经理人为目标受众，鼓励那些正在和将要进行社会创新的实践者在"取势""优术""明道"三方面不断修炼自己。杂志面向全国发行，覆盖全国大部分省市自治区（含港台地区）。杂志稳定读者包括几千家活跃在不同领域的社会组织、企业CSR部门、基金会、相关政府部门、学术机构、志愿者组织以及各种媒体从业者。

映绿公益论坛。该论坛始于2004年，每年举办一届，邀请政府部门、学术机构、公益界等人士共同参加，多方就不同的公益话题进行深度探讨。该论坛促进了多部门间的合作，为浦东乃至全国的公益组织搭建了有效的交

---

① 资料来源：浦东民政局《2019年浦东新区社会组织发展年报》（内刊），第85页。

流平台。

三　慈善文化建设存在的问题

近5年来，浦东的慈善文化有了蓬勃的发展，无论区层面、社区层面，还是慈善公益组织、企业和学校都涌现了不少令人惊喜的案例和做法，但仍存在一些值得我们关注和思考的问题。

（一）现代慈善文化及理念仍未普及

普通民众的慈善意识和慈善参与度仍比较低，反映在人均捐赠金额、人均志愿参与时间都比较低。这不仅与慈善事业发展较早的欧美国家相比有较大差距，与世界平均指标相比尚有一定距离，而且与我们的经济发展水平也不相匹配。另外，虽然儿童、青少年参与慈善活动的现象逐渐增多，但普及程度仍然偏低。中小学学校教育仍然偏重于学科成绩和分数，很多社会活动、慈善活动仍偏重于形式，还没有将此视为培养青少年慈善意识、志愿意识和慈善习惯的重要手段。

（二）慈善公益组织的组织文化有所欠缺

从现有的慈善公益组织来看，现代慈善理念还未深入到每个组织的基因中去，这体现在如下几个方面：（1）专业化管理水平有所欠缺，与卓越的慈善机构还存在着一定的差距。这主要体现在如下几个方面：其一，从业人员的知识结构、专业水准和整体的人才结构与高效的慈善组织运作管理之间存在着一定的差距；其二，项目设计能力、创新能力、执行能力、管理能力和自我评估能力等还存在着不足；其三，缺乏社会企业家人才。一个卓越的慈善机构需要拥有若干名具有创新思维、开拓精神的社会企业家，他们能够敏锐地觉察到社会趋势和需求，并能调动和整合各方面的资源，通过创新性的运作模式和跨界合作来解决那些棘手的社会问题，以及满足日趋多样化的社会需求。一些慈善公益组织还是习惯于采用传统慈善的运作方式，还不善于采用专业化的运作方式,不仅做善事,还力求把善事做得更有效;(2)社会动员能力不强。习惯于依托政府、借助政府的力量,但自己本身的社会动员能力、志愿者招募和管理能力比较弱;(3)国际化程度低。从现有的慈善公益组织来看,开展国际交流和交往的程度还比较低。

(三)企业社会责任和企业公民意识有待增强

尽管企业社会责任和企业公民的理念不断融入企业文化之中,也有越来越多的企业承担起企业的伦理责任、法律责任、经济责任和慈善公益责任(参与公益活动、救助弱势群体和捐助慈善公益事业),企业社会责任报告也为一些企业,尤其是大型央企所采纳,但从总体上来说,企业社会责任意识和企业公民意识还未成为大部分企业经营者和员工的自觉意识,企业排污问题、食品安全问题、生产安全问题等问题仍时有发生,企业慈善公益意识的淡薄,企业积极参与慈善公益活动的比例不高,意味着大多数企业还未将企业社会责任和企业公民意识融入企业的文化和企业战略中。

(四)慈善研究和传播仍有不足

近年来,慈善公益研究虽然不断深入,但系统性、连续性和长期性研究仍比较缺乏,对海外的研究和国际比较研究仍不够深入。另一方面,在媒体的宣传方面,主流媒体对于现代慈善文化和理念的传播仍有不足,反而一些公益机构出的杂志显得更丰富多彩、更新颖,更能反映业界最新的变化。

四 对策建议

我们认为,要让浦东新区现代慈善文化发展迈向一个新的台阶,让浦东慈善公益事业在参与社会治理、扶助弱势群体、解决棘手社会问题和突发性疫情和灾难,以及促进社会变革中发挥更大的作用,应从如下一些路径着手:

（一）普及现代慈善文化和理念

为了进一步普及现代慈善文化和理念，浦东新区要进一步利用其原有的优势，继续办好浦东公益活动月、浦东公益文化周、浦东"中华慈善日"和"浦东社工节"等品牌活动，通过这些丰富多彩的活动，让新区各类人群和青少年了解慈善、认识慈善，激发他们参与慈善公益的兴趣和热情。各类慈善公益组织应将招募志愿者和志愿者管理作为自己的一项重要工作。要设计针对各类人群（如企业员工、机关工作人员、学生、社区居民等）的志愿活动和志愿服务，让他们在各种有趣、有意义的志愿活动、志愿服务项目中感受到奉献自己的时间、技能和精力带来的快乐和社会价值。

（二）提升慈善公益组织的文化创新力

我们面对的世界，是社会形态日益复杂，新问题、新技术和新需求层出不穷的时代，传统慈善文化、思维和手段已经无法有效应对，我们需要建构和创造一种升级的慈善文化来加以应对。要提升慈善公益组织的现代慈善理念，须从如下一些事项入手：1. 使命和愿景要契合不断变化的现实。可以看到，一些优秀的慈善公益组织的使命和愿景能够很好地契合不断变化、日趋复杂的社会形态、社会问题和日益多样化的社会需求，将使命和愿景贯穿组织的内部治理、能力建设和业务模式，并体现在组织成员的认同感和行动层面。2. 培育和倡导社会创业家精神。社会创业家拥有独特的能力禀赋和战略远见，拥有比大多数人更加强大和自信的内心世界。他们善于调动和利用各种资源，创造新的产品和服务，开拓新的市场和领域，视变化为常态，并希望在改变自我的同时，改变世界。

（三）打造"社会责任＋竞争力"的浦东模式

企业领导层应当有计划地将 CSR 融入企业竞争力和企业文化之中，而作为这种整合过程的核心是高层管理者的承诺和积极投入。如果 CSR 是企业文化和战略的不可分割部分，那么企业领导层必须不断就 CSR 的战略意义和操作过程在组织内部展开持续的对话，并且与其主要的利益相关者进行持续的对话。要使 CSR 成为企业经营不可分割的部分，不仅需要良好的愿望和优秀的企业领导，而且需要在组织结构、企业报告和激励手段等方面做出相应的调整，如完善 CSR 的组织框架；设立专门的部门或专职人员；编制针对 CSR 的财务状况表；订立 CSR 的测量和奖励制度；发布 CSR 的年度报告等。这些组织化的、制度化的设置将会使 CSR 成为一种持续的、日常的运作，真正融入企业战略和企业文化中。

（四）加强慈善公益研究

为了进一步推进浦东新区慈善公益研究和慈善文化传播，可以从如下两个方面着手：1. 定期开展慈善公益调查（包括居民调查和慈善公益机构调查），以给慈善公益研究提供科学、系统、可以进行纵向比较的实证研究数据。这一方面区政府应有一定的资金投入，建立或委托专门的慈善研究团队开展慈善公益调查，并在此基础上对这些数据进行开发、研究，以给区委、区政府的决策，相应的制度、法规、政策的完善，慈善公益机构的自身发展提供实证性的研究成果。2. 深化慈善公益文化研究，探析现代慈善文化的发展规律和特性。在这方面，不管是慈善公益研究机构，还是慈善公益组织都应该积极投入这方面的研究。此外，研究人员与实务工作者应该有良好的合作，以弥补各自的短板和不足，以更有效地推进现代慈善文化的发展。

B.12
浦东慈善公益人才队伍建设与发展报告

张　波　陈宝忠*

摘　要：　慈善公益人才队伍是慈善公益行业高质量发展的基础和关键。开发开放以来，浦东新区在全力发展经济的同时，也非常重视慈善公益事业发展，并从党建引领、制度建设、组织培育、行业建设、专业发展、项目运作等多方面着手，聚集了一批慈善公益人才队伍，但目前依然面临一些困境。未来，浦东亟须从优化制度环境、强化支持力度、更新慈善公益认知、规范机构人力资源管理等方面努力，推动慈善公益人才队伍进一步发展。

关键词：　慈善公益　浦东新区　人才队伍

一　引言：慈善公益事业需要高素质人才队伍

在我们社会中常存有一种误解，就是慈善公益人人都可以做，并不需要专业人才。之所以说是误解，是因为我们经常对慈善公益参与者与慈善公益从业者二者并没有区分开来。慈善公益参与者是指所有参与慈善公益活动的组织或个人，包括慈善公益组织、捐赠者（个人或机构）、志愿者、受益人

---

* 张波，上海政法学院政府管理学院社会工作教研室主任、副教授，主要研究方向为人口社会学。陈宝忠，中共上海市浦东新区党校副校长，上海市浦东新区行政学院副院长，主要研究方向为社区治理和社区党建。

等。慈善公益从业者，是指具有一定价值理念、专业的知识、经验和技能、在慈善公益岗位专职从事慈善公益活动的人，他们是慈善公益事业的直接参与者。本报告所指的慈善公益人才就是指慈善公益从业人员。与其他人才类型不同的是，慈善公益人才具有几个特点：第一，具有对美好社会向往和服务社会的慈善原动力；第二，具有突破传统、突破自我、勇于革新的学习适应能力；第三，具有两种以上专业知识和技能，并且能够融会贯通解决问题的能力；第四，认同机构组织使命、主动寻找发现任务目标并承担职责；第五，能够独立制定行动计划、以预期目标推动自己及他人为高质量结果而努力；第六，能够通过积极沟通，与伙伴建立积极工作关系，并通过自己感召力影响他人。[1]

从慈善公益文化角度，我们社会倡导一种人人慈善、人人公益，也就是我们社会中每个人都可以是慈善公益参与者。但从行业发展角度来说，并不是每个慈善公益参与者都是慈善公益人才，只有在慈善公益机构中专职从事慈善公益事业的人才是慈善公益人才，其中包括社会工作人才、社会组织人才、慈善组织人才等各类人才类型。从职业特征来讲，慈善公益人才认同慈善公益事业的愿景和使命、能够把慈善公益、公共管理、企业管理等多学科的知识和技能运用到具体的慈善公益活动和项目，直接从事社会服务、解决社会问题。[2]

慈善公益人才队伍是慈善公益行业高质量发展的基础和关键。正如德鲁克所说，一个卓有成效的非营利组织的管理者，必须挖掘并超常发挥人才本身所拥有的人力资源潜能，因为人才资源的贡献决定了组织的绩效。[3] 从国家层面来看，随着我国公益慈善事业发展，国家非常重视慈善公益人才队伍的建设。在《国家中长期人才发展规划纲要（2010—2020 年）》中，国家

---

[1] 莫德瑞特等：《公益组织/素质能力库 2.0 及应用手册》，https://www.vzkoo.com/doc/30691.html，第 7 ~ 10 页。

[2] 谢家琛：《加快公益慈善管理的人才培养 促进公益慈善事业可持续发展》，《中国民政》2016 年第 20 期，第 34 ~ 35 页。

[3] 彼得·德鲁克：《非营利组织管理》，吴振阳等译，机械工业出版社，2011，第 112 页。

把社会工作人才与党政人才、企业经营管理人才、专业技术人才、高技能人才、农村实用人才一样列入国家人才队伍建设行列。2016 年，《关于改革社会组织管理制度促进社会组织健康有序发展的意见》明确要求把社会组织人才工作纳入国家人才工作体系。国务院出台的《关于促进慈善事业健康发展的指导意见》中提出"加强慈善从业人员劳动权益保护和职业教育培训，逐步建立健全以慈善从业人员职称评定、信用记录、社会保险等为主要内容的人力资源管理体系，合理确定慈善行业工作人员工资待遇水平"，并在《慈善法》中"国家鼓励高等学校培养慈善专业人才，支持高等学校和科研机构开展慈善理论研究"。

1990 年开发开放以来，浦东新区在全力发展经济的同时，也非常注重经济与社会的协调发展，尤其是非常重视慈善公益人才服务建设。1997 年，浦东新区在全国率先从中国青年政治学院引进 36 名社会工作专业首届本科毕业生从事本土慈善公益事业，由此开启浦东慈善公益人才队伍建设和发展历程。30 年来，浦东新区已经聚集了一大批慈善公益人才队伍，其中含有相当比例的硕、博士学位获得者以及海外留学归国者等高层次人才，在引才、留才、用才等方面积累了较为丰厚的经验，同时也存在一些问题。站在新的历史时期，系统总结和梳理浦东新区慈善公益人才队伍建设经验、深刻分析慈善公益人才队伍面临的问题并提出对策建议，这既能为我国其他地区慈善公益人才队伍建设提供较好的借鉴，也能为浦东"十四五"期间慈善公益人才队伍建设提供较好的政策参考。

二 浦东慈善公益人才队伍发展概况及做法

（一）基本概况

开发开放之初，为了呼应"小政府、大社会"的发展战略，浦东社会发展局承担了传统民政、教育、卫生、人口计生等相关条线的职能，并积极探索公共管理与社会服务的社会化，积极培育慈善公益组织快速发展。与之相应的是，浦东新区从事慈善公益职业的人员不断发展壮大，并呈现出以下几个特征：

1. 慈善公益人才队伍呈现急剧增长趋势

截至 2020 年底，上海全市共登记注册社会组织 16911 家，其中社会团体 4262 家、民办非企业 12116 家、基金会 533 家。其中截至 2020 年底，全市登记认定慈善组织 493 家，其中基金会 466 家，社会团体 1 家，社会服务机构 26 家。随着社会组织数量增加，社会组织从业人员急剧增加，2007 年仅为 4.4 万人，到 2019 年增加至 42.87 万人。

据统计，截至 2020 年底，在浦东注册的社会组织共 2376 家。[①] 这显然与活跃在浦东新区的社会组织数量不相符，其根源在于很多活动在浦东新区的慈善公益组织都在上海市民政局注册。据 2016 年国家统计局上海调查总队的调查结果，浦东新区社会组织专职人才约占上海市总量的 20% 推算，目前活跃在浦东新区的专职社会组织人才约有 8.6 万人。[②] 根据《浦东新区 2020 年社会组织发展年报》，2020 年底浦东新区社会组织工作人员总数为 73480 人，其中专职人员 59063 人，这一数据明显低于在浦东区域内活跃的慈善公益人数。

2. 慈善公益组织中专职人员占七成以上

由图 1 所示，根据统计，浦东新区注册的社会组织从业人员中，社会团体专职占比最低，为 27.5%，高达 72.5% 的从业人员都是兼职人员。相对而言，基金会和社会服务机构中专职人员占比均达到七成以上，其中基金会为 71.43%，社会服务机构达到 82.94%。

---

① 浦东新区民政局、浦东新区社会组织管理局：《2020 年浦东新区社会组织年报》，2021 年 1 月，内部资料。本报告中所使用的分析数据均来自《2020 浦东新区社会组织年报》。

② 慈善公益组织主要包括基金会、一些专门从事各领域公益服务的民办非企业机构或社会服务机构，是社会组织的重要组成部分。由于目前统计依然以社会组织（社会团体、民办非企业或社会服务机构、基金会）为口径，缺乏专门统计资料，且难以单独将其计算。所以本报告分析中以社会组织中民办非企业或社会服务机构、基金会数据来替代慈善公益行业数据，以社会组织人才替代慈善公益人才。

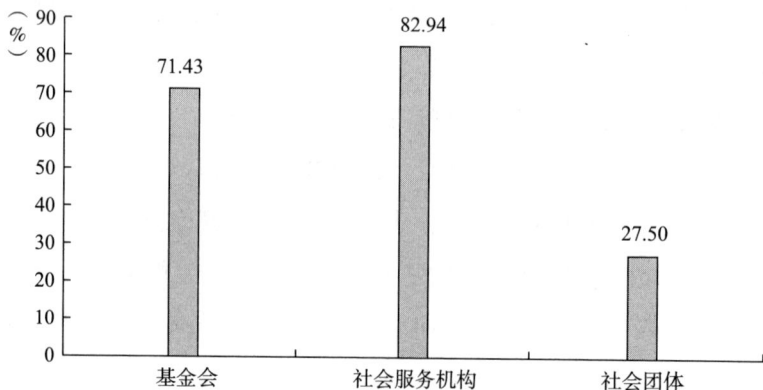

图1 浦东新区社会组织专职人员占比

资料来源：浦东新区民政局和社会组织管理局，《2020年浦东新区社会组织发展年报》（内部资料）。

3. 慈善公益组织人才素质总体较高

由图2所示，在浦东注册的社会组织中，基金会从业人员学历层次最高，社会团体次之，社会服务机构相对较低。其中在基金会工作的大学本科、专科占比达50%、硕士及以上学历达到35.71%，而且海归人员占比达到14.29%；在社会团体中，大学专科、专科学历达到68.52%，海归人员占比也达到8.58%。相对而言，社会服务机构学历层次偏低，但大学本科以上学者也达到了47.43%，而且海归人员占比也有0.62%。

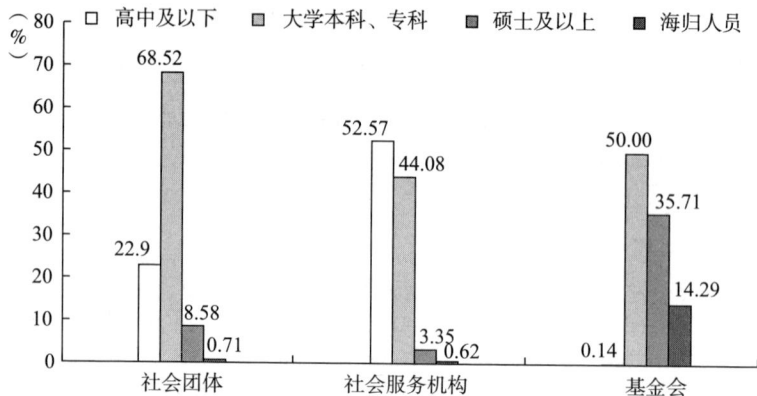

图2 浦东新区社会组织学历结构

资料来源：《2020年浦东新区社会组织发展年报》。

从业人员中担任区县级以上党代表 76 人，人大代表 48 人，政协委员 53 人，其中专职人员担任区县级以上党代表 24 人，人大代表 11 人，政协委员 14 人。从全市来看，大专及以上学历者占社会组织从业人员总数比重也接近 50%，且留学半年以上归国人员 0.39 万人。由此可见，浦东新区从事慈善公益行业人才素质较高。而且发展较好的慈善公益组织人才素质更高，以真爱梦想为例，全职员工中本科学历占 71%，研究生以上学历占 27%，留学人员占比达 15%，其中不乏英国剑桥大学、日本早稻田大学等世界名校毕业生。同时，浦东新区还涌现出了一批具有全国影响力的慈善公益领军人才。

4. 慈善公益人才队伍以中青年为主

由图 3 所示，全区社会组织人才队伍以 35 岁以下与 35—50 岁的中青年群体为主，其中，基金会人才队伍里 35 岁以下占比为 71.42%、35—50 岁占比为 14.29%，中青年总共占比高达 85% 以上；在社会服务机构，35—50 岁群体为主体，占比高达 44.63%，35 岁以下和 50—60 岁分别占比为 22.58%、27.65%，中青年人才占比也接近 70%。相对而言，在社会团体里，人才队伍年龄层次偏高，35 岁以下、35—50 岁、50—60 岁以及 60 岁以上占比分别为 20.37%、37.78%、17.48%、24.37%，中青年人才占比接近 60%。

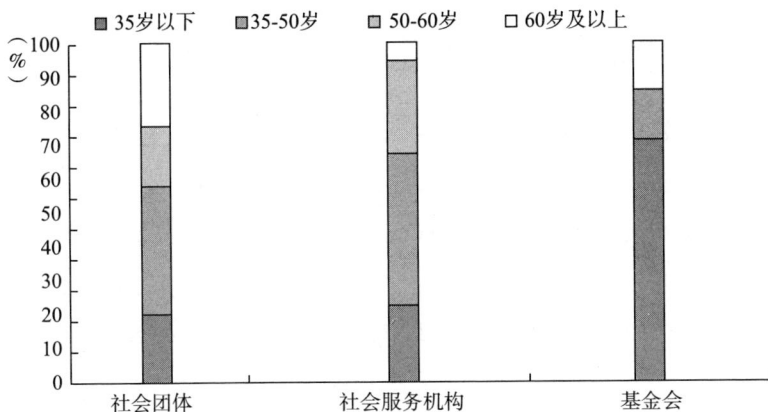

图 3 浦东新区社会组织年龄结构

资料来源：《2020 年浦东新区社会组织发展年报》。

5. 慈善公益人才拥有职业资格证占比偏低

由图4所示，在浦东新区民政局登记的社会组织中，从业人员拥有职业资格证占比偏低，其中拥有社会工作资格证书的在基金会占比最高，为21.43%；拥有其他资格证书的社会服务机构最高，占比为31.73%，社会团体为15.59%。总体来看，社会服务机构从业人员中拥有职业资格证书比重最高，达到36.32%，基金会和社会团体从业人员拥有职业资格证书比重均只占两成左右，相对偏低。

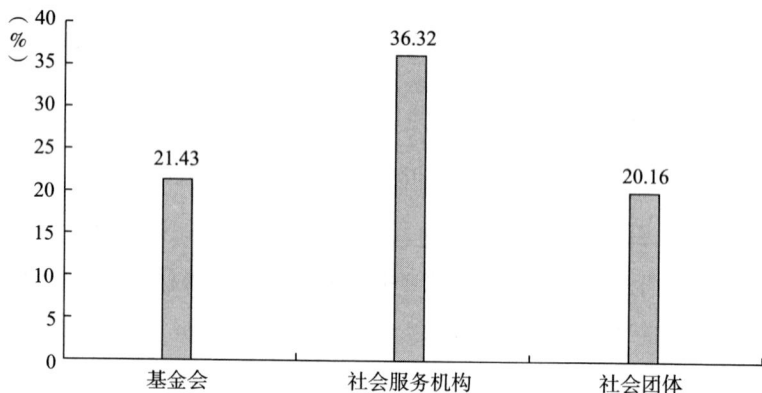

图4　浦东新区社会组织拥有职业资格证书占比
资料来源：《2020年浦东新区社会组织发展年报》。

（二）主要做法①

1. 党建引领：主导推动慈善公益人才队伍发展

浦东新区党委、政府始终高度重视慈善公益人才队伍发展，把慈善公益人才队伍建设纳入人才高地建设的重要内容，充分调动新区各部门积极性，引进、培育和开发各类层次的慈善公益人才队伍，并逐步形成了党组织引领、政府各部门协同负责、共同参与的慈善公益人才队伍发展的领导格局，

---

① 本部分引用由笔者2015年撰写的《社会工作本土化:浦东模式及产生的问题研究》一文。张波:《社会工作本土化:浦东模式及产生的问题研究》,《辽宁行政学院学报》2015年第3期,第45~49页。

其中包括由区党委、政府集中履行社会工作宏观规划、环境优化、机制完善与政策引导等方面职责，组织部（人事局）牵头，民政局主导，司法局、教育局、卫生局、公安局、总工会、团区委、妇联、上海市慈善基金会浦东分会等各职能部门参与建设，街道、镇政府负责实施推动社会管理与社会服务落地工作。

其次，浦东高度重视发挥党员在慈善公益行动中的先锋模范作用，连续举办了 19 届慈善公益联合捐活动、12 届浦东公益活动月等品牌活动，各级党委开展了形式多样的慈善公益活动。2020 年全民抗疫时期，浦东以"大爱抗疫，'益'心建城"为主题开展慈善捐赠活动，据统计，截至 2020 年 8 月底，浦东新区政府各部门和 36 个街镇接受捐赠物资 605.47 万件、引导社会捐赠资金达 5672.58 万元、慈善组织共接收捐赠折款 894.36 万元。

同时，浦东非常注重慈善公益组织党建工作，实现慈善公益组织党组织全覆盖，同时在慈善公益活动中，主动把党员纳入机构监事和管理团队，发挥党员模范带头作用，积极参与机构各项公益创新项目。

2. 制度建设：制定完善的慈善公益人才发展环境

在国家、市各项政策规章指导下，浦东政府因地制宜，主动出台一系列推动慈善公益人才队伍发展的区域政策，营造良好的制度环境。

一是在社会组织发展方面，浦东利用综合配套改革试点先行先试优势，主动推动政府职能转变，发挥慈善公益组织作用，建立新型政社合作关系，先后出台《关于着力转变政府职能建立新型政社合作关系的指导意见》《关于进一步转变政府职能充分发挥街道办事处社会管理综合协调作用的若干意见》《关于促进浦东新区民间组织发展的若干意见》等。

二是主动发挥各级财政职能作用，支持慈善公益组织快速发展，先后出台《关于促进浦东新区社会事业发展的财政扶持意见》《关于"十二五"期间促进浦东新区社会组织发展的财政扶持意见》《关于"十三五"期间促进浦东新区社会组织发展的财政扶持意见》《浦东新区政府购买服务管理实施办法》等政策。

三是在全国率先出台建立社会工作制度、设置社会工作岗位、开展社会工作专业服务的政策，2003 年出台了《关于在浦东新区社会事业系统推进社会工作职业化、专业化的试行意见》，要求在教育、卫生、民政、残联、老龄、人口和计划生育等系统设立社会工作机构或岗位，开展社会工作专业知识普及培训工作，推进落实社会工作专业服务；在全国率先出台社会工作人才队伍建设规划，即 2007 年 3 月出台了《浦东新区社会工作人才队伍建设三年发展纲要》，提出了未来三年社会工作三大目标、十大任务和三方面保障措施，对新时期引导促进慈善公益人才发展提供政策依据。2015 年，区府办出台《关于社会工作督导人才队伍建设实施意见》，推动浦东慈善公益人才高端化发展。

3. 组织培育：打造纵横交错的慈善公益服务平台

总体而言，浦东慈善公益组织发展经历了由培育孵化（政府支持、机构孵化、项目培育）到自主建立、自主经营转变，目前已经集聚了一大批在全国有影响力的慈善公益机构，为慈善公益人才提供了广阔的事业发展平台。

在发展早期，浦东慈善公益机构是在政府支持下成立的。比如 2000 年，浦东社工协会在政府支持下建立了首批 5 家社工站，包括潍坊新村社区社工站、沪东新村社区社工站、东方医院社工站、育英学校社工站、罗山市民会馆社工站；2004 年，在市政法委和综治办积极推进"预防和减少犯罪工作体系"建设下，上海市阳光社区青少年事务中心、自强社会服务总社、新航社区服务总站成立，浦东新区设立了相应的三个工作站，运用专业方法来服务服刑解教人员、监外服刑人员、吸毒人员、社区青少年等人群。

在机构培育方面，浦东社工协会注重在项目推进中不断孵化社工机构。比如乐群作为全国首家民间发起的社工机构，就是在民工子弟学校项目运作一年之后，按照需求稳定、项目成熟、队伍得到锻炼的标准由社工协会及时注册成立的；再比如乐耆、乐爱社工服务社，都是在为老服务项目组、助残服务项目组的基础上先后成立。2007 年 4 月，上海浦东非营利组织发展中心"恩派（NPI）"成立全国首个"公益孵化器"，并于 2008 年 12 月成功孵化了"屋里厢"社会服务机构，这些机构成为浦东吸收和培养专业人才的重要基地。

随着浦东慈善公益生态环境的不断优化,尤其是 2008 年汶川地震开启了中国公益元年,很多民间资本开始不断进入慈善公益行业。其中 2008 年成立的真爱梦想公益基金会、2009 年成立的联劝公益基金会等已经成长为服务全国的有影响力的慈善公益组织。同时浦东还注重调动社区公民积极性,激发社区居民自治能力,推动社区发展,成立社区公益基金会。

4. 行业建设:构建协同发展慈善公益行业共同体

1999 年 12 月 9 日,上海市浦东新区社会工作者协会(后改为"上海市浦东新区社会工作协会",简称"浦东社工协会")注册成立,以此拉开了专业组织推进浦东慈善公益发展的序幕。成立之初,协会共有 148 名会员,主要由浦东新区社会工作者、社区建设和社会福利工作者,以及相关专家学者组成,协会会长由著名社会学和社会工作专家、华东师范大学社会学系吴铎教授担任,目前已经发展成为拥有团体会员 57 家和个人会员 2000 余名的行业自律机构。浦东社工协会的主要服务内容包括社会工作者培训、社工服务项目研发、政策咨询、对社工机构的服务和培育。过去 20 多年社工协会积极引进专业人才、培育社工机构、举办社工知识培训、承接政府购买服务项目、拓展社工服务领域、宣传社工价值理念等,对推动政社合作以及提高社会工作的知晓度和认同度发挥了重要的作用。

2008 年 11 月,旨在扶持公益性社会组织发展的"浦东公益服务园"试运行,并于 2009 年 12 月正式运作。浦东公益服务园是一个集项目培育、机构孵化、公共服务、专项托管、人才输送、培训规划、制定标准、整合宣传、项目合作等功能于一体的公益生态园,是内地首个公益组织集聚的创意、创业园区。再者,新区主动加强"社社合作、抱团发展",由新区公益组织项目合作促进会牵头开展的"公益人体检"已连续实施 10 年,累计服务公益人 2000 余人次。其次,新区慈善公益组织主动打造公益人自己的节日——浦东新区公益文化周,促进慈善公益组织人才之间的跨界交流与合作。同时浦东社会组织开展联合人才招聘,吸引海内外优秀慈善公益人才聚集,比如 2020 年在新冠疫情严峻形势下,浦东社会组织联合开展"云招聘",共有 31 家社会组织提供了 62 个岗位,吸引 2041 人次、收到简历 248 份、面试了 137 名候选人。目前浦东慈善公益机构已与高校社工院系、非营利机构等合作，开展社会工作的理论和实务工作，逐渐形成了以慈善公益机构为主体、非营利性机构和高校社工院系共同组成的"浦东慈善公益发展共同体"。

5. 专业发展：多种形式提升慈善公益人能力素质

第一，浦东始终积极推进慈善公益人才的专业化职业化进程。2003 年，浦东新区社工协会受新区社会发展局委托，研究起草推进社会工作职业化的具体方案。并在此基础上制定和出台了《关于在浦东新区社会事业系统推进社会工作职业化、专业化的试行意见》，建立社会工作人才职业化发展机制。这是国内第一个由政府出台的社会工作职业化文件，极大地推进了浦东新区社会工作的职业化、专业化的进程。2004 年，在区人才交流中心的支持指导下，浦东花木街道开始在社区管理和社区服务领域内设置社区工作岗位，对岗位要求和人员素质要求进行科学划定，并建立统一、分门别类的岗位职系。同时，在浦东民政局委托下，浦东社工协会负责社会工作的行业规范制定等行业管理工作，分别于 2007 年、2013 年和 2019 年发布社会工作服务机构薪酬指导标准，为政府购买社工服务成本预算提供参照。

第二，浦东非常注重慈善公益人才队伍能力发展。新区支持性社会组织每年开展各种专业培训，包括新登记社会组织负责人培训、社会组织财务人员培训、项目实施与管理培训等课程，覆盖机构管理、项目管理、个人发展三大类 51 项内容。并搭建起慈善公益人才发展梯队，形成包括社会工作督导培养计划、社区引导师培养计划、家事调解师培养计划等，提升人才专业素养。新区还与江浙沪地区 13 所高校达成人才合作协议，通过配选督导、提供实习岗位等方式为年轻人从事公益提供机会，同时还开展合作编写专业教材，如与华东理工大学出版社合作出版《社会工作案例精选》《社会工作者全国职业资格鉴定培训教材》（一、二、三、四级及基础知识，共 5 本）、《社会工作者职业资格鉴定习题集》等，邀请高校教师走进培训讲台，为慈善公益人才提供能力支持。

第三，浦东还积极参与早期全国社工行业职业标准建设。2004 年 6 月，受国家劳动和社会保障部委托，浦东社工协会制定了《社会工作者国家职业标准》，对社会工作职业范围、工作内容、等级划分、技能要求和知识水平等提出了规范性要求，并对社会工作者的培训、考核、岗位设置、薪酬标准等提供了标准和依据。2004 年 7 月至 10 月，浦东社工协会组织有关专家研究制定了《社会工作者》技术文本，并同时组织编写了一本 42 万字的培训试用讲义。2005 年 9 月，浦东社工协会受上海市就业指导中心研发中心和鉴定中心的委托组织了首次社会工作者国家职业资格鉴定，其中 140 名考生中 40% 通过了培训和鉴定。

6. 项目运作：不断完善政府购买慈善公益服务机制

作为全国率先开展政府购买服务的地区，浦东新区不断探索政府购买服务机制，运用项目化运作模式推动慈善公益事业发展和人才队伍发展。2005年之前，浦东新区政府购买社会服务以政府委托购买为主；2005 年后以政府邀标为主；2007 年开始，新区政府已开始率先在一些领域做招投标，如少数民族项目、妇联的家庭服务项目。2009 年后，市民政局探索改革福利彩票公益金资助社区公益服务的方式，开展了公益招投标，让有资质的公益性社会组织通过竞标提供优质服务；此外还通过公益创投大赛，面向全社会征集社区服务的创意"金点子"和操作方案，获得资助的机构可获得 5 万—20万元的创业投资奖励。在 2010 年市民政局组织的首届创投大赛中，新区共有 14 家机构、15 个项目入选，约占 50%。在资金投入方面，新区政府将政府购买服务资金并列入公共财政预算。2008 年，民政部门第一次有了预算内的政府购买服务资金 400 万元。2019 年 9 月上海推出"上海市政府购买社会组织服务供需对接平台"，鼓励社会组织推出服务项目，新区社会组织积极参与，共有 59 家社会组织报送了 427 个服务项目。至 2019 年，新区财政安排购买服务经费达 29.67 亿元，其中基本公共服务领域 21.85 亿元（包括教育、社会救助、养老服务、残疾人服务、医疗卫生等），社会管理服务1.26 亿元，行业管理与协调性服务 1.37 亿元，技术性服务 1.06 亿元，政府履职所需的辅助性事项 4.13 亿元。[1]

① 张淑贤：《浦东探索政府购买服务取得积极成效》，《浦东时报》2019 年 10 月 11 日，第 02 版。

同时，浦东慈善公益组织通过组建精品慈善公益项目，广泛动员社会民众积极参与，逐渐形成了一些在全国范围内较为有名的慈善公益项目，其中有 10 个项目入选了新区社会组织品牌项目，比如 2011 年由上海联劝公益基金会发起的"一个鸡蛋的暴走"，为 0—18 岁贫困儿童提供营养健康、教育发展、安全保障、社会融合等；2016 年由上海真爱梦想公益基金会发起的"儿童素养教育社区梦想中心"，专门为 6—12 岁城乡社区青少年及家庭提供梦想课程和亲子活动，促进社区与家庭融合，提升社区居民参与社区建设积极性；2009 年由上海手牵手生命关爱发展中心发起的守护天使临终关怀志愿服务项目，为合作医院培育安宁志愿者、为医院舒缓疗护病房输送志愿者并提供督导服务等。

三 浦东慈善公益人才队伍发展面临的困境

调研发现，虽然浦东新区慈善公益人才队伍建设取得了显著成绩，但由于慈善公益行业的宏观发展以及地区慈善公益机构的微观管理双重因素影响，浦东新区慈善公益人才队伍发展依然面临一些困难或者问题，主要包括以下方面：

（一）制度环境约束性强但政策支持力度不够

《慈善法》明确规定，慈善组织中年度管理费用不得超过当年总支出的百分之十，特殊情况下，年度管理费用难以符合前述规定的，应当报告其登记的民政部门并向社会公开说明情况。这是一个法律限制性条款，具有合理性。但这一条款并没有细则，其中管理费中人力资源费用占比、员工内部工资结构都需要慈善组织自我规划管理。由此衍生出的一个结果是，内部员工薪资结构差异较大，"被平均"心理打击基层员工积极性，而且在不同基金会之间管理费用支出差异、员工薪资差异也较大。同时在制约性治理模式下，公益组织涉及的服务领域是有限的，但这种有限约束与公益组织多元化发展往往会产生碰撞，目前政府并没有建立起如经济领域的"负面清单"供慈善公益组织对照参考。

另一方面，虽然目前全国各级政策逐渐认识到慈善公益行业对高品质社会发展的重要性，但政府对慈善公益人才关心支持力度明显不够，主要包括：一是虽然我们把社会工作人才纳入国家人才队伍建设体系，但在地方支持政策中，很少把社工人才纳入其中，比如上海落户政策中每年都会把户口指标给创新科技企业，但很少给予慈善基金会；二是由于慈善公益人才自身公益性质，薪资难以与企业尤其是科技企业相比，但目前很多公共福利政策都是以市场化方式以缴纳社保基数进行"一刀切"；三是慈善公益组织最重要的是人才资源，但是在政府购买服务以及其他管理机制中，政府机构经常重视服务考核轻视人才发展。

（二）行业人才培育难以适应慈善公益行业发展

通过走访发现，目前区域内很多慈善公益机构都面临的困难是难以招聘到专业化的慈善公益人才，其中招聘难度最大的是项目管理、高级管理类岗位。这很大程度上归因于宏观环境因素：第一，目前我国专门对慈善公益学历人才培养的高等教育机构偏少、毕业人数偏少。据统计，我国大陆以公益慈善项目作为专门培养方向的各类高校不超过 15 所。[①] 与之相比，"十三五"期末，我国社会组织已增至 86.6 万个，各级民政部门登记认定的慈善类组织达 7396 个，其中基金会 5062 个、社会团体 1875 个、社会服务机构459 个。[②] 毕业生培养人数与蓬勃发展的慈善公益行业形成强烈反差。第二，社会工作专业毕业生从事慈善公益行业比重偏低。社会工作是与慈善公益类行业最为接近的学科，经过多年发展，全国已有 82 所高职院校开设社工专科专业、348 所高校开设社工本科专业、150 所高校及研究机构开设社工专业硕士教育，还有 17 所高校开设社工方向博士点，每年培养

---

① 蓝煜昕、马倩雯、李可嘉：《中国公益慈善学历教育发展报告》，2019 年版，https://www.vzkoo. com/document/690a3cfe19d1f42c4306e6089cb208ae. html，最后访问日期：2021 年 8 月10 日。

② 中国公益研究院：《"十三五"期间我国慈善事业发展取得七大成就》，2020 年 2 月 3 日，http://www.bnu1. org/show_2105. html，最后访问日期：2021 年 8 月 12 日。

毕业生近 4 万名。[①] 但由于慈善公益人才的薪酬待遇、社会地位、职业前景、工作稳定性等方面与公务员、企事业单位存在差距，很多社工毕业生毕业后转向其他行业。据走访发现，目前从事慈善公益的社工毕业生多是专科生和硕士研究生，本科毕业生从事公益慈善行业者偏少。全国各项调查得出，社会工作专业毕业学生最后从事与社会工作相关职业的占比低于40%。[②]

（三）慈善公益组织人才流动频繁但后疫情期有所下降

留不住人才是慈善公益行业的头等难题，目前这一问题在浦东新区各类慈善公益机构依然突出。其中主要原因是薪酬水平偏低，难以承担上海高昂的生活成本。据调查发现，2019 年上海市社会组织从业人员的月平均工资约为5250 元，与城镇私营单位就业人员平均工资（约5251 元）持平，但是远低于上海市城镇单位就业人员月平均工资为9580 元和商业机构平均薪资水平[③]。《2020 年上海市社会工作行业报告》显示，上海市专职社工平均月薪大于9000 元的占 0.52%；7000—9000 元的占 15.6%；5000—7000 元的占41.3%；3000—4000 元的占 42.6%。[④] 走访发现，人才流动频繁还与职位发展前景、工作时间等有关，有较好发展前景的人才离职率明显低于职业发展前景不明确的人才，高学历慈善公益人才离职率要低于中等学历人才，入职1—2 年慈善公益行业人才的离职率普遍偏高，工作时间越长离职率越低。同时慈善公益行业工作压力较大也是离职率高的原因之一。此外，随着慈善公益行业的快速发展，职工离职率呈现逐年下降趋势，尤其是后疫情时期，市场上工作岗位竞争更为激烈，慈善公益行业人才离职率下降明显，以

① 中国社会工作联合会：《2018 年度中国社会工作发展报告》，2019 年 3 月 22 日，http://www.chinadevelo-pmentbrief. org. cn/news－22678. html，最后访问日期：2021 年 8 月 12 日。

② 曾守锤、黄锐、李筱：《社会工作本科毕业生就业问题研究：一个批判性回顾》，《华东理工大学学报》（社会科学版）2014 年第 6 期，第 45～52 页。

③ 上海市民政局：《2020 年度上海市公益行业薪酬及人才发展调研报告》，内部报告。

④ 上海社会工作协会：《2020 年上海市社会工作行业报告》，2020 年 6 月 23 日，https://www.sohu. com/a/403770612_120055063，最后访问日期：2021 年 8 月 16 日。

真爱梦想基金会为例，2015 年职工离职率接近 30%，2019—2020 年，职工离职率降至 15%（如图 5 所示）。

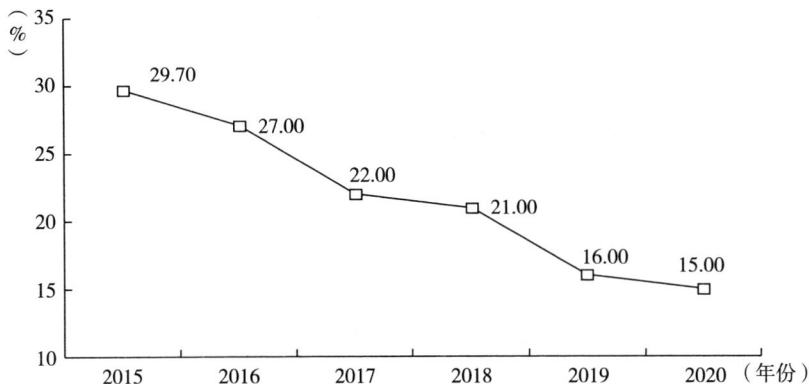

图 5　2015—2020 年浦东新区真爱梦想基金会职工离职情况

资料来源：《2015—2020 年真爱梦想基金会年报》。

（四）组织内部人才资源管理机制需要进一步完善

一方面，目前我国慈善公益组织多处于早期发展阶段，本身发展生命周期决定着难以进行人力资源系统管理；另一方面，由于政府对慈善公益类社会组织行政管理经费支出的约束性管理，很多机构更愿意把有限的行政管理经费支出用于提升员工工资待遇，对人力资源管理投入相对较少。这一问题在浦东新区慈善公益组织也同样存在，具体表现在：一是薪酬管理主要由内部决议商定，缺乏科学化的薪酬管理体系，包括缺少薪酬激励机制、涨薪机制等。员工薪酬由机构规模、收入等因素决定，机构不涨薪现象极为普遍。受新冠疫情影响，很多公益机构资金来源缩减明显，明显影响到慈善公益人才待遇。二是慈善公益人才缺乏明确的机构职业发展规划与职业发展前景，尤其是对本科以下学历者。据调查，在慈善公益组织内部，硕士及以上、海归学历者发展前景较为明确，基本都是朝着机构管理层发展，而本科、专科学历者只能从事基层实务类工作，向上发展机会较少，发展前景模糊。三是由于机构内部运营差异较大，运营较好的机构非常注重员工培训，如恩派、真爱梦想、联劝等，尤其注重员工文化价值观建设、后备人才培养等；还有很多运营一般的机构需要依赖行业中介组织，但据行业机构反映，后疫情时期由于财政经费减少，政府部门购买行业中介组织培育慈善公益人才经费也相应减少，行业人才开发能力不足。

（五）慈善公益行业认知度及社会地位影响人才发展

随着我国人民生活水平的提高，社会公众对"美好社会"向往明显提升了人们对慈善公益行业的认同度，最显著的表现就是社会公众参与慈善公益活动的意愿明显增强，很多人也愿意为慈善公益出资出力。目前我国拥有新浪微公益、京东公益、公益宝、新华公益、轻松公益、联劝网、广益联募、美团公益、水滴公益等众多筹款平台，上亿居民参与平台筹资，近几年筹集资金增长率都在20%以上，2019年达到54亿元。尽管如此，但是公众对公益慈善行业认知依然非常少，并没有认识到专业人才对慈善公益行业发展的重要性，认为从事慈善公益行业都应该是志愿性的，这对慈善公益行业人才发展带来了困难。实质上，社会公众认识到慈善公益行业的道德高度同时又降低了慈善公益职业地位，而政府在推动慈善公益行业发展时宣传了慈善公益的道德高度但没有正确引导慈善公益职业的市场性，由此造成目前慈善公益行业认同度偏高、慈善公益人才社会地位偏低的尴尬局面。这一局面带来的最终问题表现就是慈善公益行业人才收入低、社会认可度低、社会地位不高等。

四 推动浦东慈善公益人才队伍发展的对策建议

为推动浦东慈善公益人才队伍进一步发展，借鉴国内外发达地区慈善公益人才队伍建设的经验，我们认为，接下来浦东需要从以下几方面努力：

（一）优化制度环境，提升对慈善公益人才发展的支持力度

政府对慈善公益行业的社会效应及其人才价值的认可是推动慈善公益人

才发展的基础。在推动社会高品质发展时期，在政府有限能力前提下，主动吸纳市场与社会资源发展慈善公益，发挥慈善公益服务社会和治理社会能力，提升人民生活的幸福感、获得感，这是现代化社会主义国际大都市建设的重要议题。推动慈善公益行业发展，除了推动慈善公益理念外，尤其重要的是推动慈善公益人才发展。由此建议：一是探索制定慈善公益服务领域"负面清单"，在厘清政府公共服务领域基础上，整理出慈善公益组织不宜进入的服务领域，进一步释放慈善公益组织活力，构建政府与慈善公益组织的良性互补关系；二是加大对政府购买公益服务力度和稳定性，在核算购买服务资金时提升机构人才资源发展成本费，要认识到人才是开展高品质公共服务的根本条件，而硬件设备、项目设计等都需要人去执行；三是推动把慈善公益人才发展纳入政府人才支撑体系中去，由于目前慈善公益人才的社会效应与获取报酬的不对等性，可以对公益行业优秀人才实施特殊人才引进政策，在人才落户、住房、子女入学、个税减免等方面提供政策便利；四是打通慈善公益行业人才发展通道，由于慈善公益行业本身的社会服务性，在慈善公益机构历练后的人才能够更好地参与公共服务，浦东可以试点对拥有慈善公益类工作经验的人才报考公务员、事业编制等优先录取或加分录取，在慈善公益行业发展较好的人才可以试点直接公开招聘为公务员、事业编制员工，主动吸纳社会优秀人才进入体制内。

（二）发挥政府、高校、慈善组织等多方作用，培育高素质慈善公益人才

培育高素质行业人才是慈善公益行业人才发展的源泉。目前大家一方面抱怨慈善公益行业学历人才培养较少，另一方面又抱怨社工本科人才不愿从事慈善公益行业，培养源头的问题在于高校学科思维所致。从宏观层面，整合现有公共管理领域慈善公益研究方向与社会工作专业培养势在必行，要依托于现在社会工作学历教育培养体系，主动研究慈善社会工作专业人才培养。民政部党组成员、副部长王爱文在走访调研慈善机构时，就明确要求"加快推进慈善社工领域政策制度建设，支持引导慈善社工力量在服务大局

中更好发挥作用，深入研究慈善社工工作的基本规律和实践经验，建构适应中国本土实际的慈善社工理论与实务体系，走好具有新时代中国特色的慈善社工之路。"① 作为社会主义现代化建设引领区，浦东新区可以与上海市高校、慈善公益机构共同积极合作，共同研究慈善社工制度建设、慈善社工理论和实务经验、慈善社工人才菜单式培养等。包括：一是成立慈善社工研究院，民政部门选取上海市一至两所试点高校，由高校社会工作专业、公共管理专业慈善公益研究方向、浦东发展较好的机构共同组成慈善社工研究院，定期开展慈善社工领域课题研究；二是探索由政府、高校以及慈善公益机构合作开展订单式慈善社工应用型人才培养，从学生进入到最后工作进行严格把关，真正做到协同式人才培养模式；三是推动公益慈善文化进入各级学校课堂，民政部门要主动与教育部门合作，试点推动学生从小到大学阶段的慈善公益文化教育，让学生从小感受到自身的社会责任感。

（三）加大现代职业慈善公益力度宣传，更新社会公众的慈善公益认知

在信息化时代，社会公众既是慈善公益的参与者，又是慈善公益的监督者。随着人们物质生活水平不断提高，人们开始有更多的资金、时间等投入到慈善公益活动中，但同时由于信息化时代，人们对慈善公益行业的监督范围更加广泛，对慈善公益善款的收益和支出尤为敏感。在传统慈善公益理念中，存在着慈善公益是富人的事情、是人们的善行、参加慈善公益都是志愿的、不应该领取薪酬的、慈善收益应该全部用于慈善公益活动中去等认知。而现代慈善公益是职业化、专业化、机构化、大众化的，即是说，现代慈善公益是所有社会大众都可以参与，是专业化的机构、专业化的人员进行运营的一种职业活动。在传统慈善公益向现代慈善公益转变过程中，社会大众的认知水平跟不上变迁是正常的，是文化变迁的一个普遍现象，这就需要

---

① 民政部：《王爱文走访调研慈善社工领域社会组织》，2021 年 2 月 9 日，http://www.mca.gov.cn/article/xw/mzyw/202102/20210200032029.shtml，最后访问日期：2021 年 8 月 25 日。

发挥舆论引导宣传作用，引导社会公众更新慈善公益的固有认知。一方面，我们要继续宣传慈善公益活动的社会力量，号召社会大众参与到慈善公益活动中来；另一方面，我们要尤其注意宣传现代慈善公益的理念，宣传慈善公益人才在慈善公益活动中的重要作用，要让人们认识到，社会中暴露出的慈善公益行业问题实质上是传统慈善公益理念导致的，而真正职业化、专业化慈善公益经理人运营的慈善公益是公开透明的，要让普通社会大众放心把资源、资金、时间投入到慈善公益，而且也能理解慈善公益人才拥有资格领取市场化的薪酬待遇，并且鼓励社会中优秀人才投身到慈善公益职业。

（四）增强行业自治能力，发挥行业中介对慈善公益的监督管理作用

在约束性治理模式下，慈善公益行业发展也相对拘束，由于慈善公益行业的社会性特点，党委、政府在加强对慈善公益组织更多进行政治审查和监督的同时，可以适当放权给行业中介组织，加强行业中介对行业机构的规范与引导。国内外经验表明，行业自治能力对慈善公益行业良性化、规范化发展至关重要。开发开放30年来，浦东新区社会工作行业发展已经积累了丰富的经验，并且在社工行业规范建立、职业序列发展都为全国做出重要贡献。但是慈善公益行业作为一个新兴行业，全国范围内的慈善公益行业规范、职位序列等仍都处于探索阶段。作为慈善公益行业发展的先行区，浦东新区可以积极探索建议行业规范标准体系，具体包括：第一，构建慈善公益行业准入机制。在总结构建慈善公益行业人才能力素质模型基础上，对进入慈善公益行业人才进行资格认证，并纳入慈善公益机构评估指标中去。第二，构建慈善公益人才职称序列。参照浦东新区社会工作职级序列，探索制定出慈善公益行业人才职称职级序列，打通出慈善公益行业人才的职位晋升空间，并建立相应职称职级序列的薪酬待遇标准，特别是对高级职业经理人待遇进行规范并向社会公示。第三，构建行业监督检查机制。由行业中介组织定期组织政府机构、行业机构等代表对区域内行业机构业务进行指导和监督工作，对违规、不合理行为进行及时制止。第四，加强行业人才的能力培训。行业机构定期组织一些讲座、工作坊、专题培训班等，在提升行业人才能力素质的同时，也能够给区域内行业组织之间提供交流机会，增强行业类相互之间的合作交流。

（五）强化机构内部文化建设，规范慈善公益组织人力资源管理

慈善公益机构人力资源管理是提升慈善公益人才发展的落脚点，因为每个慈善公益人才最终都是在慈善公益机构内开展工作。不仅政府、社会各界认识到慈善公益人才的重要性，而且慈善机构内部更要认识到慈善公益人才对机构发展的关键性作用。所以，慈善公益组织必须要重视机构内部人力资源的投入，机构主要领导亲手抓人力资源管理工作，推动机构人才发展。具体而言，慈善公益组织必须科学规范内部人力资源管理，包括：一是成立人力资源管理部门，制定人力资源发展规划，在人才招聘、能力开发、绩效管理、员工发展等方面具有计划性，构建具有梯度化的人才队伍发展计划，在行业评估中可以纳入机构评估指标；二是提升内部慈善公益文化建设，制定专门的文化建设专项支持计划，提升内部人才对慈善公益的价值认同和自我认同，这是降低员工离职率、提升员工对慈善公益机构认同感和慈善公益文化认同感的重要法宝；三是建立科学化的薪酬管理制度、绩效评估制度和员工激励机制，员工激励不仅包括薪酬激励，还包括精神激励、岗位晋升激励等，机构内部需要建立公开透明的内部激励机制，让员工看到自己发展的空间，提升员工自身的工作能动性；四是注重机构内部员工职业生涯管理，要根据员工个人特点、岗位特点、工作目标等与员工共同建立员工的职业生涯发展规划，让员工在每个发展阶段都能够体验到目标达成的满足感；同时，慈善公益组织还要与机关事业单位、企业以及其他慈善公益组织合作，为员工提供对外培训交流机会，让他们在与外部交流中获得自身发展和职业认同。

B.13
浦东慈善超市发展报告

摘　要： 基于浦东新区慈善超市概念界定、政策规制、原则要求和实践历程等认知，结合现状调研，可系统分析其运营基础、模式、功能、战略、特征和成效等内容，由此提出浦东新区慈善超市高质量发展优化策略，推进慈善超市实现更好的社会效益，为社会造福。

关键词： 浦东新区　慈善超市　社会效益

慈善超市作为一类舶来于西方、植根于本土、运用超市运营形式可持续践行慈善目标的创新型组织，近年来于国内发挥了重要的慈善治理作用，成为落实第三次分配、构建社会公平正义和宣扬世间善意的重要平台，[1] 有效凝聚了政府、企业、社会组织和民众等主体力量，实现以慈善超市为纽带，促进多元主体在协同发展中推进慈善项目建设、传播慈善发展理念以及宣扬慈善精神文化，达成慈善事业共建、共治、共享的效果。[2] 上海市作为慈善超市的发源地，一直以来领跑全国、走在前列，不断推进慈善超市布点建

---

* 徐家良，上海交通大学国际与公共事务学院特聘教授、博士生导师，中国公益发展研究院院长，中国城市治理研究院研究员，主要研究方向为第三部门与公共组织、慈善事业与社会组织发展。张圣，上海交通大学中国城市治理研究院、国际与公共事务学院博士研究生，主要研究方向为社会组织与基层治理、慈善事业发展、慈善法律制度建设。

① 徐家良、彭雷：《运营战略、种群关系与生态位：慈善超市生存空间新框架》，《中国行政管理》2019 年第 11 期，第 104～110 页。

② 李友梅：《当代中国社会治理转型的经验逻辑》，《中国社会科学》2018 年第 11 期，第 58～73 页。

设。其中，浦东新区作为上海市城市建设创新示范区域，其慈善超市发展也独具特色。截至 2020 年底，浦东新区慈善超市共计 39 家，街镇覆盖率已达 100%，数量也是全市之最。在 2019 年上海市慈善超市测评中，浦东新区获评 A 等级，可以说在全市处于领跑地位。

一　浦东新区慈善超市基本认知

浦东新区慈善超市基本认知部分意在立足浦东新区慈善事业发展，综合把握慈善超市概念界定、政策规制、原则要求和实践历程四个方面主要内容，为深入辨析浦东新区慈善超市发展现状搭建较为系统的认知体系，以求在多角度理解浦东新区慈善超市实践之上，对浦东新区慈善超市发展实情进行阐述及现状评判。

（一）浦东新区慈善超市概念界定

浦东新区慈善超市在推广中主要是在借鉴西方经验基础上以公益、志愿、非营利等属性偏好为运营要求，系统开展有一定"造血"能力的运营行为。① 只不过慈善超市运营中采用的必要商业化手段，最终也是为了持续创造社会效益，可以说本质上与致力于社会效益的社会组织，乃至慈善组织无异。因而在《上海市浦东新区社区慈善超市建设规范实施指南（2012版）》中明确指出"社区慈善超市是指以解决本社区内困难群众（包括城乡低保户、高于低保标准的边缘困难户和因突发事件造成生活困难的其他居民）的临时生活困难为目的，以有针对性的募集和发放为主要形式的社会救助机构，它是社会捐助和慈善事业结合的重要载体，是新型社会救助体系在基层的重要平台。"② 该概念将慈善超市目标和特性与致力于社会效益的

---

① 徐家良等：《改革开放后上海社会组织创新发展研究》，上海交通大学出版社，2018，第 158～159 页。
② 此处"社区慈善超市"与后文"街镇慈善超市"同属一类，属于街道管辖范围的慈善超市，特此说明。除部分政府文件标题或内容中采用"社区慈善超市"外，报告其他部分将使用"街镇慈善超市"命名，以此与上海市文件统一。

社会组织（含慈善组织）联系起来，将慈善超市视为社会效益达成的重要组织和联通多主体参与慈善建设的关键平台。

之后在 2018 年 1 月上海市民政局印发的《慈善超市设施和服务规范指引》中，将浦东新区对社区慈善超市的概念进行了扩充，认为"慈善超市是以社会公众自愿无偿捐助为基础、借助超级市场管理和运营模式，为困难群体和居民提供物质帮扶、志愿服务和商品销售服务的社会服务机构。"进一步肯定了浦东新区对慈善超市的概念判断，证实了浦东新区慈善超市"慈善为本、超市为用"这一定位准确性，[1] 同时，也说明了在社会效益这一根本目标不变情况下，慈善事业发展存在着与商业化运营模式相结合的可能，展现出慈善事业创新性、持续性发展活力，以此达成更好的慈善治理效果。

（二）浦东新区慈善超市政策规制

为引导浦东新区慈善超市在规范运营基础上充分发挥出较为理想的社会效益，浦东新区民政局制定了一系列政策制度，从建设实施、革新探索和战略优化等多个环节予以规制。

其一，在建设实施上，浦东新区最早出台社区慈善超市建设规范实施指南，强化浦东新区慈善超市标准化建设。在 2012 年上海市浦东新区发布了《上海市浦东新区社区慈善超市建设规范实施指南（2012 版）》，系统规范了浦东新区慈善超市的术语和定义、方针及原则、定位及功能、申请及审批、选址及设计、设备及配置、运营及管理、建章及立制、人员及要求、服务及规范等内容，该指南由上海市浦东新区民政局提出，并由上海市浦东新区社区建设指导中心、上海市慈善基金会浦东新区代表处（原上海市慈善基金会浦东新区分会）起草，指南内容全面、要求完整，涉及浦东新区慈善超市建设实施各方面标准，使浦东新区慈善超市具备了达成社会效益的基

---

[1] 李雪萍、陈伟东：《社区慈善超市：慈善为本 市场为径》，《社会主义研究》2006 年第 4 期，第 71～74 页。

础条件和基本能力。

其二，在革新探索上，浦东新区推出了慈善超市创新发展实施意见，旨在推陈出新实现慈善超市现代化建设。2017 年为了推进浦东新区慈善超市街镇全覆盖、标准化工作，促进慈善超市创新发展，根据《民政部关于加强和创新慈善超市建设的意见》《国务院关于促进慈善事业健康发展的指导意见》《上海市政府关于促进慈善事业健康发展的实施意见》等文件精神，浦东新区民政局印发了《关于促进浦东新区社区慈善超市创新发展的实施意见》，明确指出浦东新区慈善超市在贯彻落实党中央关于"重点培育和优先发展公益慈善类社会组织""支持慈善事业发挥扶贫济困积极作用"等指导思想前提下，坚持公益属性、社会导向，因地制宜地推进慈善超市各方面运营条件达标，并不断推动慈善超市与时俱进、革新发展，满足新时代人民群众对于慈善事业发展的多元化需求。此外，为进一步激发浦东新区慈善超市活力，还制定了《福利彩票代销网点联营销售条件》《关于鼓励慈善超市引入福利彩票销售服务的通知》《关于慈善超市引进福利彩票销售服务的指引》等指引性文件，规范了慈善超市引进福彩销售的流程、方式等，将福利彩票销售服务有序并入浦东新区慈善超市之中，以此创新慈善超市运营形式，也进一步增强了自身可持续运营能力，有利于其创造更多社会效益。

其三，在调整优化上，浦东新区顺势而为，根据当下社会发展要求制定必要的慈善超市运营规划。浦东新区规制的慈善超市运营方略根据现实发展状况实时调整，如浦东新区民政局在 2017 年发布了《关于街镇慈善超市"爱心券"资助项目调整的通知》，就"爱心券"发放方式做出了调整规划，即"自 2018 年起慈善超市'爱心券'帮困物资将不再由区里统一配送，改为给予每家慈善超市 6 万元拨款，由各街镇自行采购发放，资金来源为福利彩票公益金。"同时，具体明确了资金划拨、资金使用和实物帮困等要求。另外，做好动态调整，如在疫情期间，浦东新区相继发布了《浦东新区慈善超市新型冠状病毒感染的肺炎疫情防控工作提示》《关于做好浦东新区各慈善超市复工工作的通知》和《关于做好慈善超市新型冠状肺炎疫情防控有关工作的通知》等文件，对疫情期间慈善超市发展做出了相应部署和指导，提出了慈善超市内部防疫要求，倡导慈善超市参与防疫一线，贡献力量。

（三）浦东新区慈善超市运营原则

基于《民政部关于加强和创新慈善超市建设的意见》《国务院关于促进慈善事业健康发展的指导意见》和《上海市政府关于促进慈善事业健康发展的实施意见》等政策文件，结合浦东新区民政局《上海市浦东新区社区慈善超市建设规范实施指南（2012 版）》《关于促进浦东新区社区慈善超市创新发展的实施意见》等政策要求，浦东新区慈善超市在运营中主要反映出坚持公益属性、社会化转型、资源整合和可持续发展四方面基本原则。

第一，浦东新区慈善超市始终坚持公益属性。浦东新区慈善超市把服务社会公众特别是困难群众作为慈善超市建设的出发点和落脚点，综合发挥出款物募集功能、困难群众救助功能、志愿服务功能、便民服务功能和慈善文化传播功能等多样化慈善功能，[①] 将公益之心贯彻到底。

第二，浦东新区慈善超市逐渐朝着社会化方向转型。为改变传统政府接管慈善超市运营存在的活力不足问题，浦东新区尝试加快慈善超市运营职能转移，[②] 逐步把慈善超市运营权移交社会组织、居民自治组织、企业等主体。

第三，浦东新区慈善超市坚持资源整合策略。浦东新区慈善超市普遍重视对所在区域的物资统筹，强化政府资源、社会资源、企业资源和媒体资源等各方面资源整合，[③] 发挥慈善超市在第三次分配中的平台枢纽作用，更好地提升社会治理能力，实现社会良性运转。[④]

第四，浦东新区慈善超市坚守可持续发展理念。浦东新区慈善超市在发展过程中与时俱进，不断创新发展模式，学习借鉴企业法人运营创新模式，

---

① 徐家良等：《第三部门概论》，北京大学出版社，2020，第 184 ~ 187 页。
② 张圣、徐家良：《政府慈善赋权何以走向有序？——探寻渐进之道》，《学习与实践》2021 年第 3 期，第 77 ~ 88 页。
③ 敬乂嘉、崔杨杨：《代理还是管家：非营利组织与基层政府的合作关系》，《中国第三部门研究》2015 年第 1 期，第 14 ~ 31 页。
④ 陈那波、李伟：《把"管理"带回政治——任务、资源与街道办网格化政策推行的案例比较》，《社会学研究》2020 年第 4 期，第 194 ~ 217 页。

发挥自身作为社会服务机构的治理效能；同时，因地制宜地制定运营战略，配合政府各方面政策优惠条件，将慈善超市市场化运营能力及其慈善功能充分发挥出来，使之在内部造血和外部输血的双重机制中，推进浦东新区慈善超市可持续发展。

（四）浦东新区慈善超市发展历程

浦东新区慈善超市实践分为三个阶段，分别为建设起步期、规模发展期和创新开拓期，如图1所示，揭示了浦东新区慈善超市的发展演进过程。

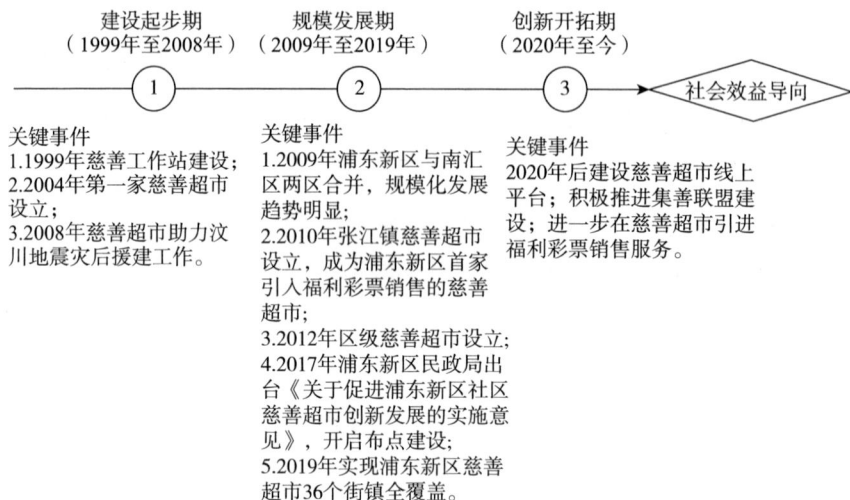

图1　浦东新区慈善超市发展历程示意

资料来源：徐玲，《39家慈善超市让浦东更有温度》，《浦东时报》2019年9月5日，第7版。

第一阶段，浦东慈善超市建设起步期（1999年至2008年）。浦东新区早在1999年就建有以扶贫帮困为目标，具备物资配发和资金捐赠功能的慈善工作站，这是浦东新区慈善超市的雏形。2004年中华人民共和国民政部印发《关于在大中城市推广建立"慈善超市"的通知》，浦东新区基于慈善工作站实践经验，开始推动本区域内慈善超市建设发展，并于潍坊新村街道设立了第一家街镇慈善超市，提出"政府推动、民间运作、社会参与、百姓受益"运营目标,更好地为潍坊街道居民提供帮困救助服务。之后,浦东新区慈善超市如雨后春笋一般,蓬勃发展起来。在 2008 年汶川地震灾害发生后,浦东新区慈善超市数量已达 19 家之多,它们积极参与灾后援建工作,以搭建爱心驿站平台的方式为大家的爱心捐赠提供服务,彰显着慈善超市在国家危难之际的责任与担当。十年的探索,使浦东新区慈善超市逐渐本土化,与浦东慈善体系融汇一体、互促共进。

第二阶段,浦东新区慈善超市规模发展期(2009 年至 2019 年)。2009 年浦东新区与南汇区两区合并后慈善超市向新区域(原南汇区)进一步扩散发展,形成了规模化发展的良好态势。2010 年浦东新区运营面积最大的慈善超市——张江镇慈善超市开业,该慈善超市于 2016 年 11 月引入福利彩票销售,是浦东新区首家慈善超市与福利彩票销售融合运营的新型慈善超市,为浦东新区慈善超市建设发展打开了新的局面。2012 年,在浦东新区塘桥街道"公益一条街"项目建设规划中,推进开设了区级示范慈善超市,为全区慈善超市建设运营树立了标杆,彰显出公益捐赠、公益消费和公益服务的有效融合。为进一步推进浦东新区慈善超市布局发展,2017 年浦东新区民政局出台《关于促进浦东新区社区慈善超市创新发展的实施意见》,将慈善超市在街镇的全覆盖建设列入实施目标之中,正式开启布点建设,至少保证一个街镇建有一家慈善超市。截至 2017 年底,浦东新区慈善超市数量已经增至 33 家。再到 2019 年,浦东新区慈善超市达到 39 家快速实现了街镇全覆盖及标准化建设,为基层慈善治理提供了一个较为理想的平台,能够向更多街镇主体提供慈善服务、传播慈善文化和宣扬慈善精神,吸引多主体参与,构建慈善共建格局。

第三阶段,浦东新区慈善超市创新开拓期(2020 年至今)。浦东新区慈善超市在 2019 年完成街镇全覆盖目标后,陆续推出了一系列创新开拓举措,鼓励各街镇慈善超市发展自有特色。此间,区级慈善超市线上平台"慈爱荟"上线,"集善联盟"品牌项目开始实施,区层面鼓励慈善超市引进福利彩票销售服务,将慈善超市运营能力充分激活,使其有力地践行慈善目标,有效达成优质社会效益,从而更好地推进浦东新区慈善事业发展。

纵向观之，浦东新区慈善超市经历了有序化成长、规模式发展和创新性提升三个跨度，不断朝着高质量发展目标迈进。

二 浦东新区慈善超市现状判断

立足浦东新区慈善超市基本认知，结合浦东新区慈善超市调研情况和2020 年上海交通大学中国公益发展研究院对全区慈善超市进行的评估，可以说，从整体来看，浦东新区慈善超市建设数量、质量乃至规模在上海市均位居前列，已创出较为响亮的慈善品牌；聚焦于运营环节，又表现出全覆盖良性运转的运营基础、多类型模式应用的运营过程、全方位服务供给的运营功能、多方面优势凸显的运营特征以及突出性社会效益的运营成效五个维度的现实状况，反映出浦东新区慈善超市作为促进浦东新区社会治理、推进第三次分配的枢纽效能，[①] 也在一定意义上说明了重视慈善超市建设是浦东新区慈善发展战略的应有之义和关键之举。

（一）运营基础：全覆盖良性运转

浦东新区慈善超市目前已实现街镇全覆盖建设，从全区层面来看，浦东新区慈善超市具有了较为理想的建设数量；同时，每家慈善超市也均具备了良好的建设条件。这些使浦东新区慈善超市的社会效益落实更具实效性，为务实的慈善治理奠定了良好的基础。具体情况如下：

一方面，依据调查数据反馈，浦东新区慈善超市建设数量多、覆盖范围广。浦东新区慈善超市共建有慈善超市 39 家。其中，街镇社区慈善超市 38 家，区级慈善超市 1 家。浦东新区线下慈善超市是区级慈善超市（惠南店），位于城基路 29 号，作为浦东新区其他慈善超市运营标尺，发挥示范作用。

另一方面，浦东新区慈善超市建设条件良好，各项运营条件基本达标。

---

① 王浦劬：《论新时期深化行政体制改革的基本特点》，《中国行政管理》2014 年第 2 期，第6～14 页。

按照上海市统一要求，慈善超市需要在店名店标、场地面积、人员设置和款物募集安排等方面符合统一规定。通过调查了解到浦东新区慈善超市店名店标均按照上海市标准予以设计、场地面积也都达到上海市要求的 30 平方米以上，同时全部悬挂由中华人民共和国民政部统一监制的"经常性社会捐助接收站"牌匾，以上均达标，仅在人员设置这一项上，达标率为 95%，有两家慈善超市未能按照数量要求配置专职运营人员。因此，可以说浦东慈善超市的发展已具备良好的前提条件。

（二）运营过程：多类型模式应用

浦东新区慈善超市运营过程可根据运营主体不同，分别采取政府运营型慈善超市、社会组织运营型慈善超市和企业运营型慈善超市三种运营模式，如图 2 所示，分别占比 5.13%、76.92% 和 17.95%。差异化慈善超市运营模式使其分别被赋予了救助领域政府助手、社区慈善服务机构和兼顾慈善功能的日常生活用品销售者三种不同角色，[①] 相对应的功能发挥机理也有一定特殊性和独特性。

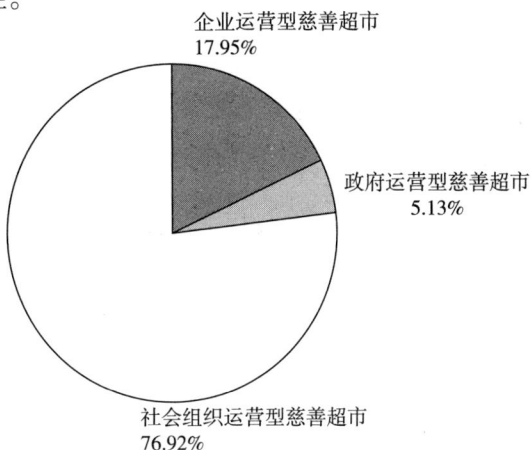

企业运营型慈善超市
17.95%

政府运营型慈善超市
5.13%

社会组织运营型慈善超市
76.92%

图 2　浦东新区慈善超市运营模式占比

资料来源：浦东新区民政局提供的统计数据，统计截止时间为 2020 年底。

[①]　徐家良、张其伟、汪晓菡：《多中心治理视角下慈善超市角色与困境——基于 S 市的调查》，《中国行政管理》2017 年第 12 期，第 54～59 页。

1. 政府运营型慈善超市

对于政府运营型慈善超市而言，政府是负责慈善超市日常运营和管理的主导者。慈善超市工作人员多为街镇指派人员或外聘人员。慈善超市运营场地和资金主要由政府财政负担。慈善超市销售收入由政府财政进行统一管理。在浦东新区属于政府运营型慈善超市的有万祥镇慈善超市、泥城镇慈善超市2家。

2. 社会组织运营型慈善超市

在社会组织运营型慈善超市中，社会组织是运营主导者，受政府委托，对慈善超市运营状况负责。政府一般会为运营慈善超市的社会组织提供场地，有时还承担水电费用，鼓励社会组织在运营慈善超市时能够自主独立、自负盈亏。在浦东新区，采取该模式的慈善超市居多，22家街镇慈善超市皆由政府委托街镇名称命名的慈爱公益服务社负责运营。上海浦东新区慈爱公益服务中心（原上海浦东新区慈爱公益服务社）承接了浦东新区区级慈善超市、高东镇慈善超市2家慈善超市及浦东新区区级慈善超市"慈爱荟"线上慈爱公益平台的运营。另外，还有6家慈善超市则委托其他社会组织承接。

3. 企业运营型慈善超市

企业运营型慈善超市，则是由政府将慈善超市委托给企业或与商业超市联建联营。一方面，企业在采购货物和销售渠道上较为专业，可以为慈善超市带来较好的商业效益，并在创造市场价值过程中，通过服务社区居民和直接提供捐赠等方式支持当地慈善事业发展，由此又彰显出较强的社会效益。另一方面，企业在运营慈善超市过程中也衍生出一些新生社会组织，为慈善超市运营提供了新的社会力量。在浦东新区慈善超市中，企业运营型慈善超市尚属少数，仅有7家采取该运营模式。不过相对于政府运营型慈善超市、社会组织运营型慈善超市，企业运营型慈善超市在"造血"功能上确实具备了明显优势，在推进慈善超市可持续发展上更为理想。

（三）运营功能：全方位服务供给

按照上海市民政局《慈善超市设施和服务规范指引》相关规定，慈善超市应该具有款物募集、困难群体救助、慈善文化传播、志愿服务、商品销售和便民服务六项服务功能，浦东新区以全市统一规定的六项功能为基础，将其细化为接受社会捐助、开展慈善救助、捐赠物资义卖、慈善公益宣传、提供便民服务、设置志愿服务岗位、开展慈善公益活动、设立慈善爱心专柜、慈善活动信息公开和提供公益劳动场所十项基本服务功能。多数浦东新区慈善超市主要开展接受社会捐助、开展慈善救助、捐赠物资义卖、慈善公益宣传、提供便民服务、开展慈善公益活动、设立慈善爱心专柜和参与疫情防控工作八项基本服务功能；部分慈善超市兼具设置志愿服务岗位和慈善活动信息公开两项拓展服务功能；少部分慈善超市率先垂范，具备了福利彩票功能，尝试性推进慈善超市向着多样性、专业性、可持续性和创新性方向发展。此外，在疫情期间，浦东新区全部慈善超市均投身于抗击疫情一线，积极参与疫情防控工作。

（四）运营战略：联营化协作发展

为在浦东新区搭建全区层面的慈善超市供货调货平台，加快捐赠物资变现速度，浦东新区慈爱公益服务中心创建了"集善联盟"，推动各慈善超市联营化协作发展。在实际操作过程中，加入"集善联盟"的浦东新区各慈善超市可以以"代销模式""买断模式"与浦东新区慈爱公益服务中心签订销售协议，浦东新区慈爱公益服务中心向加入联盟的慈善超市提供捐赠物资，慈善超市实现捐赠物资销售并获得相应分成，同时"集善联盟"伙伴促销信息及社区活动信息可以在"慈爱荟"线上商城首页发布及展示。"集善联盟"借鉴商业运营模式，以"代销模式""买断模式"赋予慈善超市自主选择权，同时也以市场竞争的模式激发街镇慈善超市提高其运营效能，更好地助力慈善公益活动。"集善联盟"通过自主参与的方式也进行了一轮遴选，将富有热情和发展意愿的运营团队凝聚在一起，提供更多资源，从而使一部分慈善超市"先富起来"，从而发挥示范引领作用，为全区层面的大发展注入活力。

（五）运营特征：多方面优势凸显

浦东新区慈善超市在运营中凸显出多方面优势，基于已有调查，可将其主要概括为街镇布点全覆盖、线上线下一体化、服务功能改良化、社会资本汇聚化和因地制宜特色化五个方面。

1. 街镇布点全覆盖

截至 2020 年 12 月底，浦东新区已实现慈善超市各街镇全覆盖建设，构成 1 家区级慈善超市加 1 个配送中心联合 38 家街镇慈善超市的连锁网络，同时也成为上海市拥有慈善超市数量最多的行政区。慈善超市成为社区慈善发展的重要阵地。

2. 线上线下一体化

浦东新区慈善超市在运营中颇为注重"互联网＋"思维的运用，从浦东新区区级慈善超市"慈爱荟"线上慈善公益平台的创建，到唐镇慈善超市、惠南镇慈善超市和老港镇慈善超市等街镇慈善超市对线上销售模式的使用，都在说明浦东新区慈善超市运营已从专注于线下的传统 1.0 版慈善超市运营思路向线上线下联通、虚拟真实一体的新型 2.0 版慈善超市多维平台运营思路转变，推进了浦东新区慈善超市网络化、数字化和专业化发展。

3. 服务功能改良化

浦东新区在推进慈善超市建设时，注重于增强慈善超市运营活力、改良慈善超市服务功能，不断提升慈善超市社会效益创造力，助力浦东新区慈善事业发展。具体而言，在改良慈善超市服务功能中，主要体现为六个方面策略：第一，资源整合战略。整合各类帮困资源，优化资源配置，向困难群众提供及时有效的实物救助；第二，活动推广战略。组织各类公益慈善活动，拓展募捐、义卖渠道，传播慈善理念；第三，思维转型战略。倡导突出传统社会捐赠思维，将其和环保公益相结合，启动二手物资整合后的义卖项目；第四，平台联动战略。慈善超市积极申报为公益基地，有效搭建志愿服务活动平台，营造街镇常态化公益环境；第五，岗位供应战略。慈善超市提供就业实习机会，为生活和就业困难居民提供临时性就业岗位和专业技能培训；

第六，社会化运营战略。浦东新区多数慈善超市已实现社会化运营，专业化程度较高，亦能充分调动周边爱心企业和个人积极参与，为浦东新区慈善事业发展贡献力量。

4. 社会资本汇聚化

浦东新区慈善超市在实际运营过程中，一方面，发挥"经常性社会捐助接收站"平台优势，动员周边企业、民众积极参与捐赠，将闲置物资和爱心款物汇聚到慈善超市之中，由其作为平台输送给需要救助的地方，这是传统慈善超市运营中汇聚社会资本的基本方式；另一方面，为在此基础上有所突破，浦东新区慈善超市还依凭"慈善公益联合捐"活动以及引进福利彩票销售服务等新型方式，大幅度提升对社会资本的汇聚程度，更好地实现慈善超市在第三次分配上的作用发挥，将更多资金流向慈善救助一线，满足浦东新区慈善事业发展的资源需求。

5. 因地制宜特色化

浦东新区39家慈善超市在运营中注重于结合本区实际情况因地制宜开展慈善活动，较好地带动了当地慈善事业发展。陆家嘴街道慈善超市位于金融密集的陆家嘴地段，为调动社会资本反哺公益，在选址和内设上做出很多改进，并采取便利店运营形式，根据周边白领需求完善物资配给，提升了慈善超市日常运营收入，实现了商业反哺公益的目标，推进慈善事业可持续发展。唐镇慈善超市打造了"唐镇慈善超市 + 唐镇文创慈善集市 + 唐镇阳光公益集市"三位一体发展模式，将手工制作的爱心产品与物品捐赠、爱心集市相结合，开创"文创 + 慈善"的活动形式。张江镇慈善超市突出慈善超市公益特性，拓展福利彩票销售、多功能活动区域等多个服务功能。金桥镇慈善超市装修美观、布局合理，依居民需求设置"爱心券"A、B套餐。北蔡镇慈善超市充分发挥平台优势，与辖区爱心企业、图书馆、学校和养老院等积极对接资源，共同开展活动。老港镇慈善超市充分调动镇内各条线资源用以丰富慈善超市物资储备，提升慈善超市对周边居民的吸引力。祝桥镇慈善超市各功能区齐全、货品丰富，建立了完善的租赁捐赠工作体系和条形码等财务工作流程。高桥镇慈善超市与党建微心愿活动相结合，在橱窗设立心愿树，着力解决周边居民特别是弱势群体的小困难、小需求和小梦想。周浦镇慈善超市环境优美，功能区设置合理，充分发挥平台优势，开展丰富多彩的慈善活动。高东镇慈善超市以附近居民生活需求为依据，在店内增加了便民物资和福利彩票销售点，并为残障人士提供就业机会。

（六）运营成效：优质的社会效益

浦东新区慈善超市在发展中关注打造良好运营基础、采取适宜运营模式、发挥多样运营功能和凸显运营优势特征等方面内容，然而终极目标和最终成效均指向于达成优质社会效益。这主要归因于浦东新区慈善超市自建设以来，始终坚守慈善本质，无论采取何种运营方式，都不会脱离慈善正轨，商业化运营只不过是达成慈善目标、实现社会效益的一种较为理想的"造血"路径。在浦东新区慈善超市规划中对社会效益的强调远远高于对商业效益的激励，这一战略主张也造就了浦东新区在上海市慈善超市建设标准化评估中取得 A 等级的成绩，获得市民政局主管部门的认可。

三　浦东新区慈善超市高质量发展策略

浦东的慈善超市发展已初具规模，有了良好的发展基础。为了进一步促进其高质量发展，更好地发挥其在慈善事业中的社区阵地作用，助力"人人慈善"的氛围营造，提出如下四方面改良策略。

（一）融入人民城市理念，传播慈善共建精神

"人民性"是中国特色社会主义城市发展方向的根本属性，由此诞生出的人民城市理念，是马克思主义发展观和马克思主义城市理论的当代体现，是习近平新时代中国特色社会主义思想的重要组成部分。[1] 一直以来，上海市秉承人民城市发展理念，始终坚持以人为本，立足民情所需、聚焦民生改

---

[1]　查建国、陈炼：《深入践行"人民城市"重要理念》，中国社会科学网，2021 年 4 月 23 日，http://ex.cssn.cn/zx/bwyc/202104/t20210423_5328587.shtml。

善，努力提升人民群众的获得感、幸福感，积极将上海市打造为有温度的人民城市。立足上海市城市发展目标，自然不难理解具备公益、志愿、非营利等属性的慈善超市之所以会成为落实人民城市理念的关键平台和重要依托，是因为其对社会效益的创造和对人民全心全意的服务。

浦东新区作为中国特色社会主义制度优势的最鲜活现实明证，以及改革开放和社会主义现代化建设的最生动实践写照，则应在建设和发展慈善超市中充分融入人民城市理念，进一步强化慈善超市对人民全面发展的关注以及对一些困难群体的扶持，始终坚持在党的指导下，坚持以人民为中心，贯彻创新、协调、绿色、开放、共享的新发展理念，在新时代中转变慈善超市发展模式，完善慈善超市运营体系，提升慈善超市在社会效益上的运营实力。此外，应积极发挥和动员人民群众的力量，积极响应党中央号召，坚持"发展为了人民、发展依靠人民、发展成果由人民共享"。通过慈善超市平台，传播慈善共建精神，动员大家积极参与，构建慈善治理共同体，[①] 在上海市形成互助、互利、互惠之风，将善意洒满人间。

（二）完善规章制度，强化"慈善—商业"双重运营力

浦东新区慈善超市普遍表现出慈善运营有余、商业运营不足的问题。从营收状况统计数据来看，在39家慈善超市中30多家慈善超市每月收入不到5000元，其中18家慈善超市每月收入甚至低于1000元。究其原因，主要是由于货品多价格低廉、选址较偏、物资较少、运营时间通常短于传统超市与运营专业性较差四个方面因素。这四个因素直接导致了慈善超市运营丧失活力，更难谈及自我"造血"。对此，应主张以标定轨，基于上海市《慈善超市设施和服务规范指引》《上海市浦东新区社区慈善超市建设规范实施指南（2012版）》和《关于促进浦东新区社区慈善超市创新发展的实施意见》等原有指引规范和创新发展政策要求，制定适应新时代发展诉求和百姓需求

---

① 郁建兴、任杰：《社会治理共同体及其实现机制》，《政治学研究》2020年第1期，第45～56页。

的，更为明确的现代化规则指引。可参考浦东新区区级慈善超市、陆家嘴街道慈善超市和唐镇慈善超市等优秀范例，将"慈善—商业"双重运营力所涉及的服务意识、服务技术和服务成效进一步予以细化，提炼出更具指向性的指标，同时配以相关的"政—企—社"综合引导机制，[①]"以标定轨"强化经营人才培育，注重特色模式打造，将提升慈善超市慈善服务能力、运营销售能力和对社会资源吸引力设为推动慈善超市发展的关键战略，[②]由此使无论政府运营型慈善超市、社会组织运营型慈善超市和企业运营型慈善超市均可获知兼顾社会效益与商业效益的全部原则、责任和方式，以此降低违规运营行为和懈怠运营行为的发生率，督促慈善超市合理、合法、合规运营，更好地实现由商业运营行为加持后的可持续慈善，达成较为优质的社会效益。

（三）依靠多维推广平台，增强慈善超市宣传力

慈善超市对外宣传力度不足是上海市慈善超市建设通病，多数人士对于慈善超市是什么、如何参与慈善超市运营和怎样在慈善超市中贡献一己之力不甚了解，这也就造成了多数慈善超市具备的主要能力是协助街镇政府完成慈善救助事务，较难联通各类社会主体力量、打通各方面社会资源，使之集中运用于慈善超市运营，并且能够持续帮助困难群体走出困境。

浦东新区作为上海市城市建设的排头兵，应当攻坚克难，率先找寻一条化解全市慈善超市宣传不足问题的改良路径。从浦东新区慈善超市的数字化发展趋势来看，构建多平台联动，依托多类媒体渠道实现对慈善超市全面推广宣传成了改良路径的最优之选。具体到操作过程，浦东新区慈善超市应在大举运用"两微一端"（微博、微信及新闻客户端）新媒体技术基础上，综合使用报刊、通信、广播和电视等平台予以宣传，甚至于可以在地铁、公交

---

① 汪锦军：《嵌入与自治：社会治理中的政社关系再平衡》，《中国行政管理》2016年第2期，第70~76页。
② 刘世定：《社会企业与牟利企业：来自经济社会学的理论思考》，《中国第三部门研究》2017年第1期，第3~19页。

站、广场和公园等人流密集处去张贴宣传海报，向更多人解释慈善超市是什么、与一般超市有何不同以及如何参与慈善超市奉献爱心，增强慈善超市社会影响力，以此吸引更好的社会主体参与，共同助力慈善超市运营和发展。

（四）建构网络互动格局，为集善联盟进一步赋能

在39家浦东新区慈善超市中，37家已经实现社会化运营，反映浦东新区慈善超市前卫的运营理念，顺应当今基层建设潮流，同时创建集善联盟，在集合不同慈善超市运营力量基础上打造联营发展的共赢格局。不过，慈善超市现有的集善联盟这一外部联动方式还未能吸纳所有慈善超市参与，此外突破慈善超市内部局限，在集善联盟基础上打通慈善超市与其他政府、企业和社会组织的网络互动格局也未能构建，[1] 慈善超市外部联动仍有提升空间。因此，为激发外部联动效果，塑造慈善超市平台中不同主体达成的多层面合作，浦东新区应积极运用机制手段，打造一种容纳多元主体参与的网络互动格局。反映在实操上，则是需根据浦东新区慈善超市集善联盟的现有基础，建立一种较为有效的互动机制，与社区基金会、社区社会组织服务中心和社区社会组织联合会等各类型支持性社会组织相联合，全面打通慈善超市与其他政府、企业和社会组织的网络互动渠道，落实政府圈、企业圈和社会组织圈三圈互动的社会共治格局，[2] 以此创制容纳多元主体参与、辐射力度更大、影响范围更广、发挥效能更强的新"集善联盟"，呈现出多元主体参与下的慈善善治良态。[3]

---

① 高功敬：《慈善超市的运行模式——济南市慈善超市的个案分析》，《社会科学》2006年第3期，第121～126页；张彦：《社区慈善超市如何做久做大？——以上海的经验为例》，《社会科学》2006年第6期，第74～85页。

② 徐家良、张圣：《中国疫情防控多主体关系的动态诠释》，《上海交通大学学报（哲学社会科学版）》2020年第5期，第47～58页。

③ 俞可平：《治理与善治》，社会科学文献出版社，2000，第8～11页。

B.14
浦东慈善助老报告

吴　磊　唐书清　沈俊康*

摘　要： 近年来，浦东新区探索发展企业驱动型、社会组织主导型、混合共治型三种慈善助老模式，形成了良好的慈善政策环境和慈善助老平台。但是现阶段老年人需求呈现出功能性转移、服务人员的专业能力有待提高、助老形式难以适应差异化需求。当前需要积极培育助老类社会组织，创新慈善助老新模式，同时营造慈善助老社会氛围。

关键词： 慈善助老　慈善力量　助老模式

一　引言

浦东新区是上海市老年人口最多的区，2020 年末 60 岁及以上老年户籍人口数达到 102.78 万人，占本区总户籍人口的 32.9%，[①] 养老服务需求巨大。党的十九大以来，浦东新区积极应对人口老龄化，建立健全符合超大城市特点的养老服务体系，满足多样化、多层次、多领域的养老需求。而慈善力量因其自愿性、非营利性、社会性的特性，决定着其在养老和助老服务中所发挥的作用。1993 年，上海市总工会原副主席蒋明道在浦东新区注册成

---

　* 吴磊，上海工程技术大学管理学院教授，主要研究方向为公益慈善和社会治理。唐书清，上海工程技术大学硕士研究生，主要研究方向为政府创新和社会治理。沈俊康，上海工程技术大学硕士研究生，主要研究方向为社会保障。
　① 数据来自《2020 年上海市老年人口和老龄事业监测统计信息》。

立了上海市浦东新区老人慈善福利会，直接使用"慈善"为名从事老年服务，这是大陆民间自发组织的第一家"草根"慈善组织。[①] 1994 年上海市成立了为慈善事业募集资金的组织——上海慈善基金会，1999 年上海市慈善基金会浦东新区分会（现称"上海市慈善基金会浦东新区代表处"）也就此成立，慈善事业逐渐进入制度化轨道，为慈善助老的发展提供了组织基础和财政保障。此后，浦东的慈善力量逐渐打造慈善助老生态圈，掀起全社会慈善助老的热潮。

（一）慈善助老的内涵

当下学界对于慈善力量参与助老服务有不同的理解，本报告将从理论层次和实践层次两个维度解释梳理慈善助老的内涵。

理论维度。伯顿·韦斯布罗德提出的"政府—市场失灵理论"较早地论证了社会力量对于公共需求的作用，他认为非营利组织在提供公共服务方面对政府、市场起到补充作用，三者之间是相互替代的。[②] 萨拉蒙的第三部门理论则系统地论述了第三部门对社会福利提供的优势和责任。[③] 福利多元主义认为社会福利的供给是多元的，主张养老保障主体的多元化，特别强调应由政府、市场、家庭、非营利组织、社区共同提供养老服务，满足养老服务多样化需求。

实践维度。当下国内外在慈善力量参与养老服务建设中，已形成具有各自特色的慈善助老实践模式。国外进入人口老龄化阶段时间早，慈善力量参与养老服务所形成的体系较为完备。美国养老服务是典型的社区自治模式，形成由社区主导、社会力量积极参与的社区养老模式，重视非营利组织、宗教、志愿者等社会慈善力量参与社区养老服务，如照顾老人、进

---

① 卢汉龙：《从上海市慈善基金会看中国慈善事业走向成熟问题》，《毛泽东邓小平理论研究》2009 年第 10 期，第 33 页。

② 萨拉蒙：《全球公民社会：非营利部门视界》，贾西津、魏玉译，社会科学文献出版社，2002，第 56 页。

③ 萨拉蒙：《公共服务中的伙伴》，田凯译，商务印书馆，2008，第 9 页。

行技能培训等。① 瑞典则是实行的福利国家＋自治团体养老服务模式，政府为老年人提供基本福利家政服务，由地方自治团体负责制定详细的服务计划，对政府养老服务进行补充。② 中国目前推行的养老模式为"9073"模式，即90%的老年人由家庭自我照顾，7%的老年人为社区居家养老服务，3%享受机构养老服务，积极鼓励社会力量参与养老服务。

由上述分析可知，慈善力量参与助老服务具有较强的理论支撑，其次在实践中又通过与不同主体互动博弈形成不同的助老实践发展模式。在此基础上将慈善助老理解为慈善组织、非政府组织、企业、志愿团体、个人等一切慈善力量，秉持自愿非营利的原则，借助多样化的慈善平台，为老年人提供多元化、多层次的服务。

（二）慈善助老的作用及其内容

基于现有助老实践发展，为更好地认识慈善助老的研究范围和表征，本报告从"主体—内容"二分视角分析慈善助老的价值及其特点。

在主体上，从多元的助老主体的供给关系来分析，慈善助老作为一种新型养老模式，对现有养老服务体系具有重要补充和调节作用。慈善因其自愿性、非营利性，决定其服务属性与养老目标内在契合，相对政府、市场、社会、家庭而言，有着天然的优势和作用。一方面，在国家—社会结构框架下，慈善力量作为重要的服务主体，因其规模体制和活动方式灵活多变，通过在复杂的社会条件下与政府建立紧密的联系，能有效缓解政府和市场在提供服务中失灵的状态。尤其是相较于政府养老保障服务的行政资源而言，慈善事业是建立在民间资金和民间人力资源基础上的，民众的广泛参与是慈善事业得以发展的保障③。因此，慈善助老模式能较好地动员公众参与，在促

---

① 陈成文、孙秀兰：《社区老年服务：英、美、日三国的实践模式及其启示》，《社会主义研究》2010年第1期，第117~118页。

② 郭竞成：《居家养老模式的国际比较与借鉴》，《社会保障研究》2010年第1期，第33~35页。

③ 齐红倩、李民强：《发展慈善事业，破解老龄化困境》，《人口学刊》2010年第3期，第42~47页。

进资源流动和扩散社区公共文化具有重要价值。另一方面，随着社会人口结构的变化，传统的家庭结构受到冲击，导致居家养老面临着负担重、资源不足等情况，而慈善事业因其捐赠功能以及社会性特点，通过嵌入式养老的方式，能在一定程度上弥补居家养老的资源不足的困境。

在内容上，从助老的供给内容上来分析，慈善助老以问题导向，依托专业性和社区性、便捷性等特点，能有效缓和现有养老服务供需矛盾，提供多样化需求。其一，物质需求方面。通过专业社工为老年人提供上门生活照料服务，同时也可以通过慈善捐赠的方式间接地为社区和家庭提供物质帮助。其二，精神需求方面。相关慈善组织通过承接政府购买服务，为老年人开展一系列文化活动进行定期心理慰藉。尤其在疫情期间，各级慈善力量发挥了桥梁和纽带作用。

二　浦东新区慈善助老的发展现状

（一）慈善助老政策

从历史维度梳理近五年以来慈善助老政策，分析得知当下浦东新区助老服务已经形成良性的慈善政策环境，在上海市层面、浦东新区层面有关政策指导下，积极鼓励慈善力量参与社区养老服务，在各方面提供专项支持，逐渐构建慈善助老可持续发展机制。我们将基于上海市、浦东新区的部分养老政策法规，梳理出有关慈善助老的内容（见表1）。

表1　慈善助老部分政策法规汇总

层次	年份	政策法规	内容
上海	2015	《上海市人民政府关于促进本市慈善事业健康发展的实施意见》	支持慈善组织开展助老、扶孤、助残等方面的慈善活动，并给予政策支持力度
	2019	《上海市社区嵌入式养老服务工作指引》	为社会服务机构和企业从事养老服务提供发展方向和工作引导，激发各类社会主体共同参与养老服务

续表

层次	年份	政策法规	内容
上海	2021	《上海市养老服务条例》	鼓励和支持社会力量提供养老服务,激发市场主体活力,健全开放、竞争、公平、有序的养老服务市场,发挥社会力量在养老服务中的主体作用
浦东	2015	《2015年浦东新区民政工作要点》	发展慈善公益事业;在健全养老服务体系、引导社会力量参与养老服务、完善养老服务发展政策、优化养老服务设施布局、创新养老服务供给方式等方面进行重点突破
	2016	《关于"十三五"期间促进浦东新区社会组织发展的财政扶持意见》	进一步激发社会组织参与社会活动的活力
	2017	《浦东新区老龄事业发展"十三五"规划》	坚持政府保障与社会帮扶相结合的方针,鼓励社会力量加强对老年人开展各类慈善帮扶;以老年基金会、慈善基金会等组织为载体,形成覆盖全区的贫困老人救助网络
	2019	《浦东新区关于养老服务进"家门口"服务体系工作方案》	坚持公益服务属性,为社区老人提供互助服务
	2020	《浦东新区深化养老服务实施方案》	进一步引导老年基金会、慈善基金会、社发基金会等公益性社会组织及其他社会力量关心支持参与养老服务

注:本表根据政府网站整理而成。

(二)慈善助老发展成效

1. 慈善助老的资金

慈善助老的发展离不开慈善资金的支持。改革开放以来浦东经济稳定发展,慈善资金得到了迅速的积累,为慈善助老服务提供物质保障。而随着养老问题的不断凸显,将会吸引更多的慈善资金流向养老领域。[①]

在福利彩票方面,浦东新区建立健全彩票公益金支持慈善事业发展机

[①] 汪大海、陈一统、杨永娇:《中国的慈善养老可行吗?——模式、实践和发展趋势》,《北京科技大学学报(社会科学版)》2012年第4期,第95页。

制。福利彩票指按国务院有关规定由财政部核定、民政部负责分配和管理使用的，专项用于社会福利和相关公益事业发展的中央集中彩票公益金。[①] 2019 年度上海市中央福利彩票公益金实际使用 4637.2 万元，老年人福利类共计 1 个项目，共计 4108 万元。[②] 1998—2020 年，浦东福利彩票销量逐年增长，已累计销售福利彩票 105.87 亿元，累计筹集公益金 6.38 亿元，公益金全部用于社会福利事业，即"扶老、助残、救孤、济困"。

在联合捐方面，浦东新区"慈善联合捐"活动始于 2003 年，旨在通过对全区慈善活动、慈善队伍、慈善机构进行整合，形成系统的慈善劝募模式，整合爱心资源，推进实现"一次募集，统筹使用"，避免多头募捐、重复帮扶。新区联合捐组委会通过搭建联合捐平台，不断创新慈善形式，倡导指尖慈善、随手慈善，增强慈善公益的参与性；深入推进实施困难群众帮扶项目认领机制，引导爱心资源精准对接困难群众需求；持续致力于构建政府搭台、企业尽责、社区动员、基金会募款、机构践行、大众参与、媒体传播这样一个不断完善的慈善公益生态。据初步统计，已举办的十九届联合捐募款总额达 17.81 亿元，累计帮扶弱势群体超过 549 万人次。以 2019 年 11 月至 2020 年 10 月期间联合捐为例，捐募款用于助老服务达 37 万余人次，占比 46.3%；资金使用数额达 680 万元，占比 6.8%。[③]

2. 慈善助老的平台

借助多样化的组织平台提供助老服务，为助老服务提供组织保障。本报告主要从慈善组织、慈善超市、公益基地三种助老平台或机构来分析成效。

其一，在慈善组织层面。慈善组织是参与助老服务的重要载体和平台，其积极利用自身专业能力、组织资源和资金资源参与到助老服务中，形成良好的效果。截至 2020 年底，全区共有社会组织 2376 家，社区社会组织 571

---

① 概念引自民政部《民政部彩票公益金使用管理办法》（民办发〔2019〕34 号），2019 年 12 月。

② 数据来自上海市民政局《2019 年度上海市中央福利彩票公益金使用情况公告》，2020 年 6 月。

③ 数据根据上海市浦东新区慈善公益联合捐审计公示整理而成。

家，另有备案的群众活动团队 5857 家（见表2）。以下以上海市浦东新区社会工作协会与浦东红十字会为例介绍慈善组织在助老服务中所发挥的作用。

浦东各级红十字会在 2016—2019 年，以"千万人帮万家——2 年浦东博爱行"系列活动为抓手，积极开展慈善帮困慰问活动。2016 年，在失智失能老人关怀项目中，失智、失能老人受益人数为 1303 人次和 1289 人次，累计发放护理用品分别为 1.63 万人次和 1.56 万人次；2017 年，失智、失能老人受益人数分别为 1.60 万人次和 1.53 万人次，发放护理用品价值约 521 万元；2018 年，失智、失能老人受益人数分别为 1.75 万人次和 1.59 万人次，发放护理用品金额 556.58 万余元；2019 年，为失智、失能老人发放护理用品 557.5 万余元，3.34 万人次受益。[①]

上海市浦东新区社会工作协会成立于 1999 年 12 月，是一家由上海浦东的社会工作者、社会工作机构组成的行业协会，从成立至今开展多样化的老年社会工作服务。老年社会工作服务是以老年人及其家庭为对象，旨在维持和改善老年人的社会功能、提高老年人生活和生命质量的社会工作服务，服务的主要内容主要包括救助服务、照顾安排、适老化环境改造、家庭辅导、精神慰藉、危机干预、社会支持网络建设、社区参与、老年教育、咨询服务、权益保障、政策倡导、老年临终关怀等。[②] 目前浦东社工协会已形成独居老人健康干预、咏年楼等多项助老品牌项目。

表 2 社会组织数量发展趋势

年份	数量（家）	增加数量（家）	同比增长（%）
2011	1452	79	5.75
2012	1555	103	7.09
2013	1663	108	6.95
2014	1764	101	6.07

① 数据根据《上海浦东新区统计年鉴 2017》《上海浦东新区统计年鉴 2018》《上海浦东新区统计年鉴 2019》《上海浦东新区统计年鉴 2020》整理而成。

② 民政部：《老年社会工作服务指南》（民发〔2016〕396 号），2016 年 1 月。

续表

年份	数量（家）	增加数量（家）	同比增长（%）
2015	1894	130	7.37
2016	2020	126	6.65
2017	2114	94	4.65
2018	2262	148	7.00
2019	2388	126	5.57
2020	2376	12	0.50

资料来源：《2020年浦东新区社会组织发展年报》。

其二，在慈善超市层面。慈善超市是以社会公众自愿无偿捐助为基础、借助超级市场管理和运营模式，为困难群众提供物质帮扶和志愿服务的社会服务机构。[1] 慈善超市具备"公益＋商业"双重属性，具有复合型的社会角色。目前浦东慈善超市已经形成包括开展慈善公益活动等十大功能，在提供养老服务过程中具有辅助的作用。近年来浦东已建成39家慈善超市，覆盖36个街镇，覆盖率为100%。以陆家嘴慈善超市为例，根据调研结果，陆家嘴慈善超市积极吸引社会资源，通过建立社区爱心商铺体系，引入食物银行概念，为老人提供平价助餐，助力解决社区老年人的用餐问题。

其三，在公益基地层面。公益基地是指经过创建，长期提供志愿服务等公益项目或岗位，弘扬公益精神、开展公益文化宣传，为志愿者记录志愿服务信息、出具志愿服务证明、提供志愿服务记录查询等日常管理服务的组织或者机构。[2] 公益基地在嵌入养老服务过程中，能有效保障志愿服务组织以及志愿者的合法权益，促进公益事业与养老体系有机结合。截至2020年底，浦东已有1262家公益基地，以浦东新区上海凯健华鹏养老院有限公司（企业）为例，凯健养老引入美国养老理念和服务标准，依托哥伦比亚中国集团旗下多家医疗机构，结合完整、成熟、国际化的"医养照护"服务体系，

---

[1] 概念引自民政部《民政部关于加强和创新慈善超市建设的意见》（民发〔2013〕217号）。
[2] 概念引自上海市民政局《上海市公益基地创建与管理办法》（沪民规〔2020〕20号），2020年12月。

以专业的服务团队为病后复健、认知障碍以及健康活力长者，提供专业化医养照护。目前已开设 127 个志愿服务岗位，志愿时长达 62.73 小时，服务人次达 194 人次。[①]

三 慈善助老模式及其案例

从现有的理论分析可知，现有的对于慈善力量提供服务的角色多是基于主体互动关系的视角进行切入。较为典型的是 Gidron 、Kramer 等基于政府—非营利组织关系所展开的四分法，即政府支配模式、第三部门支配模式、双重模式、合作模式等。[②] 本报告在借鉴主体四分模式的基础上，结合浦东慈善助老实际，将其操作为企业驱动型模式、社会组织主导型模式、混合共治型模式。同时引入吉登斯结构化理论的分析，构建"主体—功能"分析框架，提出慈善助老的三分助老服务运行模型：内生驱动型，嵌入耦合型，中心动员型。不同的慈善助老模式在供给主体上、助老内容上，运行模式都有所侧重（见表3），应根据区域实际需求以及各主体关系选择合适的助老模式。

表 3 慈善助老模式比较

类别	企业驱动型模式	社会组织主导型模式	混合共治型模式
供给主体	以企业为核心	以慈善组织为核心	以整合型主体为核心
服务内容	根据企业目标提供专业化服务	根据组织需求和能力、服务对象提供专业化服务	提供精准服务
服务特点	依靠社会责任驱动，商业模式运营	依靠组织属性、组织资源提供服务	依靠功能互补、伙伴关系运行
运行模式	内生驱动型	中心动员型	嵌入耦合型
典型案例	亲和源集团有限公司	耆乐晚年长者生命教育服务	慈善公益联合捐

注：课题组自制。

[①] 数据来自公益上海，https：//gymap. shcvs. cn/baseDetail. html？countyType = 11，最后访问日期：2021 年 9 月 17 日。

[②] 詹少青、胡介埙：《西方政府—非营利组织关系理论综述》，《外国经济与管理》2005 年第 9 期，第 26～27 页。

（一）企业驱动型模式

企业驱动型的慈善助老模式，是指以营利性组织—企业为助老服务供给主体，通过自身社会责任驱动，将公益和商业并驾齐驱，利用商业运行模式获取社会资源来创造经济价值，进而通过商业活动所得到的资金来创造社会价值，即提供助老服务，以下通过亲和源集团有限公司的助老服务进行分析。亲和源集团有限公司（以下简称"亲和源"）是一家专门从事养老住区投资、开发、建设、运营及养老产业发展的社会企业。其创建于 2005 年，融合公益特性和感恩文化，以推动和发展中国老年产业为己任，并彰显社会责任担当，在助老服务中发挥示范作用。第一，亲和义工社的助老服务。亲和义工社是由亲和源的老年会员组成的公益组织和老年互助支持系统，包括活动义工、社区管理义工、社区邻里义工、爱心义工、会员理事义工等义工服务体系，秉承"互帮互助、老有所乐、老有所为、无私奉献、和谐社区"的宗旨。自成立以来，"义工社"良性运营，释放老年会员价值。第二，借助亲和源的公益基金平台开展慈善助老项目。亲和源利用基金会的平台，以公益慈善组织的形式为入住会员、服务商提供补助，并用慈善基金的方式为公寓会员提供健康经济保障，以降低老人"因病致贫"以及其他经济风险。另一方面，公益课堂也是"亲和源"打造的重点的社会公益项目。该项目以探索青少年暑期教育新模式为目的，以"公益成就老年价值"为主旨，为长者们提供了一个发挥余热的公益平台。公益课堂不仅让 6—12 岁的孩子们学到课堂以外的新技能，还让老人在教学中发挥了智慧、实现了价值。①

（二）社会组织主导型模式

社会组织主导型模式强调以社会组织为核心主体，动员慈善力量参与到助老供给服务中，借助慈善超市、公益基地、社会工作等慈善平台开展助老服务。一方面，社会组织利用自身运作灵活等优势，灵活调动社区公众的积

---

① 引自《亲和源集团有限公司企业社会责任报告》（2008—2018）。

极性，整合社会资源；另一方面，以老年人需求为导向，利用自身专业能力在不同老年人群体中提供个性化和多样化的服务。以下将通过乐耆社工服务社在社区开展的耆乐晚年长者生命教育服务实践案例进行阐述。该服务是临终关怀的社区实践，引导老年人正确认识健康和老化，坦然面对生命的流逝，缓解对死亡的不安和恐惧。2015 年乐耆社工服务社在社区开展了耆乐晚年长者生命教育服务，该服务内容经过 2 次迭代更新。首先乐耆通过深入社区发现老年人的需求，发现老人们存在回避、消极应对死亡的现象，由此乐耆社工设计出长者生命教育项目。第二，志愿者在社区开展生命体验工作坊。乐耆社工培养志愿者进入社区，开展了五节工作坊。通过"了解自己""善待自己""关爱他人""顺应自然""喜乐常在"内容，引导他们找到各自生命的意义。最终社区形成了一种支持的力量，在社会层面，该服务为减少过度医疗，帮助老人以更加人性化的方式度过晚年做出了积极的传播。①该案例乐耆社工服务社以老年人需求为切入点，借助社工与志愿者等载体，对老年人开展专业化的服务，是典型的社会组织主导型模式。该模式下，供给主体搭建助老平台，根据自身组织的专业化属性，辐射到家庭和社区，形成以老年人的需求为中心的服务模式，服务专业化水平较高，灵活性强。

（三）混合共治型模式

混合共治型模式强调各类社会力量的整合，通过资源、功能的嵌入，实现多元主体的耦合，最终达到慈善助老的开放性、规模化、社会化，弥补单一主体的局限性。社会结构的变迁使多元主体逐渐摆脱地域、功能的限制，共同建立合作服务体系，实现社会资源之间系统的流动以及慈善资源的合理化分配，最终提供多样化、多层次助老服务，促进慈善助老事业持续健康发展。慈善公益联合捐为典型的混合共治型慈善助老模式。以浦东三林镇为例，助老、助医、助学、助幼、助残、助困，是慈善联合捐善款的主要救助项目。从 2018 年 11 月至 2019 年 10 月，包括 22 个因病致困的家庭在内，

---

① 引自浦东社工，http://www.pdswa.org/，最后访问日期：2021 年 9 月 17 日。

三林慈善联合捐的善款共救助了 6418 人，花费近 400 万元。其中，约 17.1 万元用于助老，约 222 万元用于助医，约 20 万元用于助学，约 130 万元用于助困，还有 10 万元用于了其他公益项目。同时为所有村居"家门口"服务中心（站）陆续配置了 853 把躺椅和 150 辆轮椅，供老年人、残障人或其他有需要的居民免费使用，以进一步完善社区为老服务体系，实现居村老人"关爱全覆盖、服务全方位。"① "慈善公益联合捐"的实施，一定程度上克服了由于行政管理体制形成的狭隘地域和部门分割，摆脱了由于行政力影响形成的地方封闭式援助机制，充分整合了新区政府、社区、各公益机构、企业界以及社会大众的力量，创新了工作机制，构筑起一方有难八方支援的互助协作平台，强化了"大慈善"的社会观念，进一步扩大了慈善公益事业的社会化程度。

四　浦东新区慈善助老面临的挑战

（一）服务队伍的质有待提高、量有待增加

建立一支专业化、高素质的助老服务队伍，对于浦东新区慈善助老长效发展具有重要意义。助老服务人才体系是慈善助老供给体系的重要组成部分，服务的质量会影响到助老的效度。然而从学历来看，本区养老护理员有 87.27% 为初中以下学历，本科及以上仅占 0.59%，不仅如此，护理员招工难、留用难，供需矛盾日益突出。以居家养老为例，2019 年浦东新区居家养老服务总数为 33380 人，而居家养老护理员只有 3127 人，比例接近 1：11，护理员缺口较大。此外从上海市医生的学历结构来看，专科学历占比 71.07%，本科占比 26.69%，硕士和博士学历仅占 0.56% 和 1.69%。护士中学历占比最高的是中职/高中和高职/大专，分别为 42.42% 和 42.20%，本科以上占比 12.75%。从各养老机构的管理人员的学历构成来看，高中及

---

① 陈烁：《浦东三林公益补助将向为老服务倾斜》，东方网，2019 年 12 月 3 日，http://city.eastday.com/gk/20191203/u1ai20196594.html，最后访问日期：2021 年 7 月 11 日。

以下占比四成，本科占比两成，研究生及以上仅占 2% 左右。① 从各方面人员配置来看，呈现出低学历为主的现象。另外依据上海市民政局 2017 年底发布的《养老机构护理型床位设置指引（试行）》要求，每个机构至少配备 2 名注册护士，至少配备 1 名社工或心理咨询师，至少配备 1 名康复师和 1 名营养师。按此要求，一半的养老机构都需加强专业人员的配置。当下浦东助老服务人才体系的现状，将间接影响慈善助老事业良性运行。

（二）老年人需求呈现新变化

深入了解并准确把握老年人需求的新变化和新趋势是实现慈善助老价值的重要前提。根据调研和数据显示，浦东老年人的需求呈现出功能性转移、差异化与复杂化等特点，这将对慈善助老服务提出新的挑战。从表现形式来看主要包括生活娱乐、医疗保健、心灵慰藉的需求。

生活娱乐的需求。随着社会的发展，越来越多的老年人在退休后不再拘泥于单一的居家养老生活，而是倾向于走出家门，参加社区活动，如跳广场舞、参加老年人团体游等。这些活动中有的可以由老年人自发组织，有的则需要依靠社区和社会组织的力量，比如建设老年活动中心、开设老年大学等。

医疗保健的需求。由于"老龄化"的到来，老年医疗资源紧张。2019 年末，浦东新区户籍人口达 307.71 万人，其中 60 岁及以上的老年人 98.80 万人，占户籍人口的 32.11%，65 到 79 岁老年人 52.74 万人，占户籍老年人口的 53.38%，80 岁及以上老年人 15.27 万，占户籍老年人口的 15.46%。② 随之而来的是，老年人对生命质量的消费需求不断增加，对定期体检、慢性疾病的康复治疗，以及护理等需求也日益增长，其中贫困老人在政府提供的养老保障基础上还需更多非营利性的医疗健康保障。

心灵慰藉的需求。随着老年人物质生活的持续改善，老年人心理健康更需得到社会的关注。据统计 2020 年浦东新区独居老人高达 6.24 万人。③ 在

---

① 数据来自《上海市养老服务市场研究报告 2020》。
② 数据来自《上海浦东新区统计年鉴 2020》。
③ 数据引自 2020 年上海市老年人口和老龄化事业监测统计信息。

很多人的传统观念中，"让老人衣食无忧"就是孝顺。事实上随着年龄增长，老年人的心理逐渐发生变化，时常被失落、孤独、焦虑笼罩，使心灵蒙上一层阴影。他们渴望子女情感上的关注，企盼心灵上的慰藉，希望有人能走进他们的内心世界，给他们带来幸福、健康、充实的晚年生活，对于孤寡老人而言，需要通过志愿者对他们进行精神上的关爱。

（三）助老形式亟待创新

慈善助老形式是慈善功能嵌入的表现形式，是助老供给体系的重要一环。但由于老年人需求的新变化和新特点，导致慈善助老供给形式和内容与老年人需求之间存在矛盾张力。传统的供给形式已经难以适应差异化需求，急需创新助老服务形式。目前浦东实行的慈善助老形式和内容主要包括助餐、助浴、助洁、助急、助医、助行等模式。尤其以助餐为代表，全区已开设老年助餐服务点121处，基本实现全区各街道、各乡镇全覆盖，有效地解决了老年人的吃饭问题。

而从实际情况来看，技术嵌入的方式具有可行性和必要性。在现实中，随着数字化水平的提高，医院预约挂号、互联网打车、扫码支付等各种场景都离不开智能手机。然而据调研显示，对于一些老年人来说，不会使用智能手机，发达的科技反而带来了诸多不便。为了让老年群体也能享受到科技发展带来的优势，理应采取积极措施让更多的老人能够接触到互联网应用，丰富以及便利他们的晚年生活。因此目前助老形式的创新方向应朝着"智能助老"的方向发展。

五 浦东新区慈善助老的推进路径

（一）制度层面——积极培育和扶持助老类社会组织

慈善助老类社会组织由各类老年协会、助老服务志愿者协会、老年大学、养老服务机构、社工服务机构、老年基金会等组成。这些组织在浦东新区慈善助老方面发挥着重要作用。因此，通过对慈善助老类社会组织的培育发展来有效地应对人口老龄化问题，需要进一步发展其总量、加强孵化力度、丰富服务项目、提升组织活力。

总体思路主要包括：第一，要突出慈善助老类社会组织的公益性、非营利性的特点，鼓励企事业单位、社会组织以及个人积极创办慈善助老类社会组织。第二，整合社会资源，给予该类社会组织资金以及一系列配套措施。第三，引导他们进入各街道、社区社会组织孵化园，并给予支持和帮助，以确保各街道、乡镇均有各自的社区居家养老专业化服务组织。同时在保证质量的前提下，简化管理流程，实现民主管理和自我监督。

具体扶持措施应该包括：1. 开展助老服务专项公益创投活动，鼓励慈善助老类社会组织参与，引导社会关注，从而了解以及支持慈善助老类社会组织；2. 扶持其基本设施建设，在水、电、气、安装通信、宽带、有线电视等方面提供便利；3. 根据社会组织评估等级对优秀的慈善助老类社会组织进行一定的奖励；4. 为慈善助老类社会组织引进人才，以一系列的优惠政策把人才留在浦东新区。

（二）组织层面——提升服务水平，开创助老新形式

提升慈善助老服务组织的服务能力首先需要积极招募专业对口的高学历、高水平管理及服务人才。其次对于志愿者而言，由于志愿服务流动性大、自愿性强等特点，开展服务培训并不能完全解决志愿者缺乏专业知识和能力的问题。所以需要在开展专业培训的同时，由拥有助老服务背景以及助老服务知识的专业性人才，通过一带多的方式，将自身经验传递给其他志愿者，这样在实践中可以有效培养助老服务人才，提高助老服务组织的专业能力。

同时为满足当前老年人对文化生活的切实需求，除浦东新区现有的助老方式外，急需创新"智能助老"新形式。具体可以通过家庭成员的辅导，或由助老服务组织对老年群体集中开展智能手机使用培训，帮助老年人掌握智能手机中与老年群体相关的各类实用性软件的操作，以及一定的网络防骗

知识和技能。其次鼓励慈善组织与各互联网企业进行合作，推出更为简洁直观的老人模式，帮助老人融入数字时代，一同享受现代科技带来的便利。这不仅是应对老龄化社会的切实需要，也是慈善助老的具体行动，更是我们全社会的共同责任。

（三）文化层面——营造良好的慈善发展环境

慈善氛围的形成需要政府和社区的积极宣传，发扬志愿精神，提高公民的自主参与意识。首先，志愿者在为老人提供免费服务的同时向老人传达志愿者精神，培养老年人的慈善互助精神，引导年轻老人参与志愿服务。其次浦东民政局以及相关慈善力量应以需求为导向，随时倾听老年群体的需求与建议，定期召开老年群体代表会议，听取老年群体各方代表的宝贵意见。积极开展对助老服务的满意度调查，以保障老年群体的权益为主要目标，开展慈善助老项目。再次，对于在校学生而言，学校可以将志愿服务纳入学分体系，鼓励学生参加志愿服务活动，利用丰富的学校教师资源，对学生进行多方面培训，提高服务质量。最后，更要促进社会力量的广泛参与，对于一些专业性强的服务内容，政府可以通过委托第三方机构，对志愿者进行专业培训，培养一支专业水平过硬、相对稳定的长期志愿服务人才队伍。最终形成全民参与的良好慈善氛围。

B.15
浦东弱势青少年慈善公益报告

王元腾*

摘　要：　在浦东新区，针对户籍重点青少年社会支持缺位、来沪流动青少年教育质量偏低等问题，慈善公益力量积极回应，面向户籍重点青少年开展了吸毒人员子女社会支持和困境青少年帮扶助学等项目，面向来沪流动青少年探索了音美艺术和阅读素养等活动。由此，构建了引领性、国际化、补短板、塑生态的服务体系，但仍存在有待克服的服务困境。

关键词：　青少年发展　户籍重点青少年　来沪流动青少年　慈善公益

"育才造士，为国之本"。2019年3月18日，习近平总书记在学校思想政治理论课教师座谈会上指出，"青少年阶段是人生的拔节'孕穗期'，最需要精心引导和栽培"。2021年7月1日，在建党百年庆祝大会上，习总书记重申"未来属于青年，希望寄予青年"。青少年时期是人生最为关键的起步阶段，他们的身心健康和茁壮成长不仅关乎社会活力，也同时构筑了国家人力资源禀赋的动力基础。

党的十八大以来，关注和帮扶重点青少年、困境儿童群体，助力他们健康成长得到了中央和各级地方政府的重视。一方面，加强重点青少年的服务管理和预防犯罪工作，明确界定了重点青少年群体：6周岁以上（含）25

---

*　王元腾，上海社会科学院社会学研究所助理研究员，主要研究方向为经济社会学、组织社会学、公益组织发展、社会不平等与主观感受等。

周岁以下（含）不在学、无职业的闲散青少年、有不良行为或严重不良行为的青少年、受救助的流浪乞讨青少年、服刑在教人员未成年子女、农村留守儿童等。另一方面，推出促进困境儿童健康成长的多项举措。2016 年，国务院印发了《关于加强困境儿童保障工作的意见》，致力于推进家庭贫困、身体残疾、监护缺失或监护不当等困境儿童的身心健康。2021 年 6 月 1 日，《未成年人保护法》修订版正式实施，对社会关注度较高的监护人不依法履行监护责任、学生欺凌、网络沉迷等问题做出明确具体的规定。为加大社会保护力度，2021 年 6 月 6 日，国务院印发《加强未成年人保护工作的意见》，"加强未成年人保护领域社会组织建设"被列入重点任务，提出"到 2025 年实现未成年人保护专业性社会组织县（市、区、旗）全覆盖"的目标。

在党和政府关心关爱青少年健康成长的同时，慈善公益组织也积极响应，回应社会诉求，凝聚社会力量，帮助他们实现精彩的人生起步。本报告主要从上海市浦东新区青少年群体（6—17 岁）[1] 的现状特征出发，以青少年群体作为慈善公益受益方为立足点，聚焦户籍重点青少年与来沪流动青少年两类弱势群体，展现青少年成长成才过程中社会参与所取得的成效及其未来出路。[2]

一 弱势青少年与公益慈善的关照

（一）社会弱势群体：户籍重点青少年与来沪流动青少年

对于刚刚步入"而立之年"的浦东新区来说，青少年群体是一支不可忽视的后备力量。2015 年至 2019 年，浦东新区青少年规模呈上涨趋势。17 岁及以下户籍孩子由 2015 年的 36.14 万人，增加到 2019 年的 42.03 万人，五年间

---

[1] 青少年群体的界定有多种方式，正处于关键人生成长期的他们更可能因外界因素陷入生活窘境，本报告主要分析的是慈善公益多会聚焦的弱势青少年群体，故将青少年界定为 6—17 周岁的未成年人。

[2] 本报告并未就公益机构性质严格区分民间慈善公益与政府购买服务间的异同，而是基于其具体运作的现实，从广义界定角度展现面向弱势青少年群体的社会公益服务实践。

增幅约为 16%。^① 此外，代表未来趋势的幼儿园的就读人数由 2015 年的 11.91 万人增长到了 2019 年的 13.29 万人，增幅约为 12%，远超于中小学（6—17 岁）的增速。^② 据此推断，浦东新区青少年群体未来几年仍呈增长态势。因此，规模不断增大的青少年的健康成长将是不容回避的社会议题，其中，作为社会弱势群体的户籍重点青少年和来沪流动青少年更值得关心和关注，本报告即聚焦于此。

就户籍重点青少年来看，近三年来总量虽波动下降，但类型结构却呈现出新的特点。表 1 显示的是浦东新区中致社区服务社^③过去三年间服务对象的变化情况。从中可以看出，全区重点青少年数量整体呈现波动下降的良性态势，2020 年较 2018 年减少了 4539 人，降幅为 20.19%，主要来自闲散和其他类青少年的降低。但需警觉的是，家庭教育缺失明显的严重不良青少年和服刑涉毒人员子女，却明显呈现上升趋势。三年内，前者增幅为 87.51%，后者则增长了将近 2 倍。由此，浦东新区的户籍重点青少年的帮扶压力并未减轻。

表 1　浦东新区中致社区服务社服务的重点青少年类型及其变化（2018—2020 年）

类型	2018 年(人)	2019 年(人)	2020 年(人)	2020 年较 2018 年变动(%)
严重不良	2523	3495	4731	87.51
不良	19	30	33	73.68
闲散	11876	8910	6610	-44.34
服刑涉毒人员子女	529	564	1545	192.06
流浪乞讨未成年人	137	137	137	0
其他类	7395	3832	4884	-33.96
合计	22479	16968	17940	-20.19

资料来源：根据上海中致社区服务社提供基础数据，由作者统计得来。因数据缺失，与本报告对青少年的界定略有不同的是，本表中的青少年指的是 6—35 周岁。

---

① 数据来源：周亚、朱章海主编《上海统计年鉴 2020》，北京：中国统计出版社，第 35 页。王建平、朱章海主编《上海统计年鉴 2016》，北京：中国统计出版社，第 33 页。
② 李立生、张俊民、赵山宝主编《上海浦东新区统计年鉴 2020》，北京：中国统计出版社，第 19 页。
③ 驻地在浦东新区的上海中致社区服务社承担着全区重点青少年服务工作，其服务对象数据基本可代表浦东新区的总体情况。此机构的相关情况，后文将详细介绍。

不仅如此，正如表 2 所示，近三年来，严重不良群体中新增未成年犯罪也呈现新的动向。首先，虽然来沪青少年犯罪占比远高于户籍孩子，但是后者的增幅更快，占比由 2018 年的约 20%，增加到了 2020 年的 25%。其次，男性青少年依然占据了犯罪主体，但女性青少年犯罪占比呈现出相对小幅波动上升态势。最后，犯罪类型趋于集中，寻衅滋事、盗窃、聚众斗殴稳居前三，合计占比在六成左右，2019 年甚至接近七成。由此，户籍青少年新增犯罪占比提高、女性未成年犯罪波动上涨、犯罪类型趋于集中等特征，亟须公益慈善力量予以回应。

表 2　浦东新区新增未成年犯罪情况（2018—2020 年）

类型	构成	2018 年	2019 年	2020 年
新增人数（人）	当年新增	314	298	341
户籍来源占比（%）	本地户籍	20.7	24.8	24.9
	来沪人员	79.3	75.2	75.1
性别（%）	男性	79	88.3	76.2
	女性	21	11.7	23.8
犯罪类型占比前三（%）	寻衅滋事	27	33	26
	盗窃	19	20	21
	聚众斗殴	10	16	12
	上述合计	56	69	59

资料来源：根据上海中致社区服务社提供的基础数据，由作者统计得来。

除户籍重点青少年外，来沪人员未成年子女同样是亟须特殊关照的弱势青少年群体。2018 年，上海市共有 41.18 万义务教育段（6—17 岁）的外来流动青少年，其中约 87% 就读于公办学校，13% 就读于专门招收来沪子女的民办随迁子女学校。同年，浦东新区就读于民办学校的来沪人员子女占全市的比重约为 13%，仅次于人口导入较为集中的闵行区和松江区，排在全市第三位。[①]

[①]　本段涉及的基础数据来自上海市教育科学研究院的披露资料，由作者计算得来。

相较于公立学校来说，就读于民办随迁子女学校的来沪青少年可以获得的生均经费、师资投入相对有限，更容易陷入被动弱势状态。[①] 从表3可以发现，2017年至2019年，浦东新区民办随迁子女学校呈逐年降低趋势。其中，三年内学校数量降幅超过一半，班级数、教职工人数及其在校学生数的降幅均在八成上下。全市来看，2015年义务教育阶段来沪中小学生共有50.07万人，较上年同期减少3.79万人；到2019年，又降到了41.98万人，5年内减少了近10万人。[②] 不仅如此，受制于非户籍身份，即便满足条件而幸运留下来的青少年也将在未来几年面临回乡的命运，"回流儿童"数量开始大幅增长。[③] 因此，在外来人口占比接近半数的背景下，帮助来沪青年获得更高质量教育，促进其融入城市生活的同时又能做好回流的准备，是亟须慈善公益力量予以介入的议题。

表3　浦东新区专门招收来沪人员子女的民办随迁子女学校情况（2017—2019年）

类型	2017年	2018年	2019年	2019年较2017年变动（%）
学校数（所）	34	31	15	− 55.88
班级数（个）	646	638	123	− 80.96
教职员工人数（人）	1784	1886	336	− 81.17
在校学生人数（人）	20634	19649	4166	− 79.81

资料来源：《2020年上海浦东新区统计年鉴》，第246页。

（二）慈善公益的关照：儿童青少年为核心受益对象

从全国公益慈善发展现状来看，处于未成年阶段的儿童和青少年群体为公益慈善的最大受益者。2018年9月，国双数据中心公益发布了《中国慈

---

① 刘玉照、王元腾：《上海市流动儿童教育状况分析（2013—2016）》，载杨东平主编《中国流动儿童教育发展报告（2016）》，社会科学文献出版社，2017，第121~140页。

② 王元腾：《制度情境、微观博弈与公共品再界定——流动儿童教育供给格局变迁的考察（1990—2020）》，博士学位论文，上海大学，2020。

③ 韩嘉玲、余家庆：《离城不回乡与回流不返乡——新型城镇化背景下新生代农民工家庭的子女教育抉择》，《北京社会科学》2020年第6期，第4~13页。

善公益发展报告》，详细剖析了当前慈善公益特征，具体如下。

首先，儿童与青少年作为受益人的公益项目合计占比超过七成，分别为38.7%和32.2%，占据所有项目的前两位，远超其他类型，较第三名超出了近10个百分点。其次，教育行业是当前公益社会组织的主要服务领域，占比为42.8%，超出了排名第二的扶贫领域13.3个百分点，同时也是公益社会组织支出金额最高、项目开展最多的服务领域。更为重要的是，超过六成的教育领域公益组织的服务对象为儿童和青少年。可以说，本报告所关注的青少年群体已成为我国慈善公益力量的核心服务对象。

在浦东新区，教育与民生服务类行业组织同样为社会服务机构（以慈善公益社会组织为主体）的主导力量。2020年，教育和民政类社会服务机构数量分别为427家和575家，排名前两位，二者合计占比超过半数，与上年基本持平。同时，聚焦在教育和社会服务实践领域的机构数分别为500家和790家，合计占比近七成。①虽然官方数据并没有披露教育与民生服务类社会服务机构的具体服务项目，但根据全国情况来推断，儿童和青少年所组成的未成年群体仍可能成为浦东新区公益慈善投入的主要受益对象。

其实，面对浦东新区青少年群体逐年扩张的趋势，慈善公益事业已经在扶贫帮困、就业培训、社区矫正等方面开展了诸多实践，助力其健康成长。与此同时，无论全国还是浦东，儿童青少年已经成为慈善公益事业的核心受益对象。接下来，本报告将从慈善公益的具体实践出发，围绕弱势群体为服务对象的特定需求，分别考察针对户籍重点青少年和来沪流动青少年所展开的公益活动及其成效。②

---

① 数据来源：浦东新区民政局、浦东新区社会组织管理局编《2020年浦东新区社会组织发展年报》。

② 需要说明的是，浦东新区活跃着多家服务于户籍重点青少年和来沪流动青少年的公益组织或特定项目，本报告并不旨在予以全部展现，而是选取其中的典型代表加以分析，以期达到以点带面的效果。

二 引领性与国际化：户籍重点青少年的支持帮扶

在过去的十余年中，浦东新区慈善公益所代表的社会力量成为户籍重点青少年、困境儿童成长成才的重要"护航者"，上海中致社区服务社（以下简称中致社）即是典型的机构代表。

2007年7月，经区民政局批准，中致社正式注册成立，主要运用专业社会工作方法，开展社区服刑和刑释解教人员、药物滥用人员以及其他社区重点青少年的专业化社会服务。在过去十余年的时间里，中致社不断拓展服务领域，在实践中探索青少年社会工作的本土化路径。截至2020年12月，中致社共有员工382人（其中，青少年社工134名，五年工作经历以上者占比超过5成），在全区36个街镇设有社工组。接下来，本报告将着重从中致社服务开展的两个关键领域——吸毒人员子女的社会支持、困境青少年的助学帮扶——展现慈善公益的实践成效。①

（一）引领性：吸毒人员子女的社会支持

根据"浦东新区关爱涉毒家庭未成年子女调查"数据显示，2020年上半年浦东籍吸毒家庭未成年子女共有1500多名。从在学情况看（除去缺失值后），正在就学1115人，失学或辍学3人，待业1人；就身体状况来说，身体健康1484人，残疾6人，其他疾病10人；就其需求来看，生活困难救助、学业辅导和教育保障的需求排在前三位，分别有864人、739人和546人。由此，学业期内社会支持成为慈善公益的行动空间。

中致社作为专业性公益组织，结合浦东新区关爱吸毒人员未成年子女行动方案，构建了贯穿全流程的引领性的服务体系。其一，构筑吸毒人员未成年子女发现机制。禁毒社工承担发现社区吸毒人员未成年子女的职责，青少年社工对此无缝转介后展开进一步的服务。其中，禁毒社工负责服务于0—

---

① 如无特别说明，本章中的数据均来自中致社提供的基础服务数据。

5 周岁未成年子女，6—18 周岁者则由青少年社工来服务。其二，建立吸毒人员未成年子女报告制度。设在各街镇的机构社工队伍，及时跟进和了解吸毒人员未成年子女情况，主动向相关部门对接其特殊需求，并协助开展支持性活动。其三，开展吸毒人员未成年子女服务项目。在专业技能支撑的基础上，中致社陆续推出了包括正向引导、关爱结对、家庭联结、社区融入、学业结对等在内的关爱项目，并及时总结评估各项服务的成效。2020 年，中致社运行的青少年服务平台，共纳入吸毒人员未成年子女 1287 人，开展各项关爱服务 5558 人次。接下来，本报告以暑期励志夏令营项目为例，详细介绍中致社所展开的引领性实践活动。

吸毒人员未成年子女极易陷入身心受损的境地，极易产生违法犯罪的"再生产"，助力其健康成长成为慈善公益的聚焦点之一。一旦家庭中出现吸毒人员，其成员往往会因为收入和储蓄的消耗而陷入困境之中，未成年人首当其冲。根据统计，浦东新区 1500 名吸毒人员未成年子女中，300 人所在的家庭为低保户，生活多依靠低保金和政府救助来维持。除了面对生活窘迫之外，吸毒人员未成年子女还要承受心理上的创伤。他们多因父母或亲人的吸毒行为而被污名化，身心双重受伤的他们极容易陷入犯罪"再生产"之中。根据中致社的统计，吸毒人员未成年男性子女转为严重不良青少年的暴力犯罪、吸毒等行为的高达 50%，而女性青少年的性失范（堕胎、卖淫、未婚生育等）行为也达到了 30%—40%。

正是考虑到吸毒人员未成年子女所陷入的生活被动局面，中致社为激发他们树立积极的人生信念，推出了暑期励志夏令营的服务项目。2015 年，中致社第一次举办了"致青春·奔跑吧"励志夏令营，旨在为吸毒人员未成年子女提供暑期户外开阔眼界的机会，弥补他们家庭支持的缺位或不足。在选定营员上，中致社基于"最为困难 + 最有意愿"的原则予以实施。首先考虑身陷低保家庭的孩子，在此基础上着重支持那些有较强意愿改善自己、所在家庭鼓励赞同的孩子。

正如表 4 所示，2015—2020 年，以"致青春·奔跑吧"为名的吸毒人员未成年子女暑期励志夏令营已经连续举办了六次系列活动。从活动主题来看，分别展开了"清华之旅""红色之旅""世遗之旅""艺术之旅""爱国之旅""健康之旅"等专题活动；就活动开展地点来看，涉及北京、陕西、江西、河北、上海等地区，跨越东中西、一线二线等城市；从受益人数来看，每年会有 20 人左右的未成年人加入，六年来累计获益青少年约为150 人。

表 4　中致社暑期励志夏令营系列活动（2015—2020 年）

年份	主题	地点	人数（人）
2015	清华之旅：与青年创业精英"零距离"接触	北京	24
2016	红色之旅：践行社会主义核心价值观	西安、延安	21
2017	世遗之旅：增强民族自豪感	宜昌三峡大坝、神农架景区	22
2018	艺术之旅：感受中国陶瓷文化的源远流长和博大精深	景德镇市、三清山	20
2019	爱国之旅：缅怀先烈、忆苦思甜	西柏坡、赵州桥、冉庄地道战旧址、保定军校	16
2020	健康之旅："精彩人生，法在我心"	上海	39

资料来源：根据上海中致社区服务社提供基础数据，作者统计得来。

（二）国际化：困境青少年的助学帮扶

上海作为一座国际化都市，吸引了来自全球多个国家和地区的人才来此工作和生活，已成为全国境外人员最集聚的地区之一。上海市"六普"数据显示，2010 年全市外籍人员来自全球 214 个不同国家和地区，人数为14.32 万人，居全国首位，占比 24.1%；从区县分布来看，浦东新区人数为4.54 万人，与长宁、闵行两区的合计占比 59.8%，位居全市首位。① 据国家外国专家局统计，2019 年在沪工作的外国人数量为 21.5 万，居全国首

---

① 网址来源：http://sh.sina.com.cn/news/s/2011-12-20/0813203593.html，最后访问日期：2021 年 9 月 10 日。

位（占比 23.7%），上海已成为外籍人才眼中最具吸引力的城市。① 外籍人员来沪工作的同时，也积极参与到社会公共事务中，中致社全程参与的"初升的太阳·暨外国友人助学项目"（以下简称"初升的太阳"）即是浦东新区青少年慈善公益国际化的典型代表。

"初升的太阳"项目始于 2008 年，由在沪领事馆官员夫人出资捐赠，上海市慈善基金会牵头落地，主要帮助家庭贫困、品学兼优的初三和高一学生完成高中学业。在浦东新区，中致社全面承担了外国友人助学项目的运作，成为"初升的太阳"的实际落地方，并着重开展以下工作。

首先，走访困难学生，形成推荐名单。中致社利用扎根社区服务的优势，全面摸排家庭困难的在读初中生，寻找学习成绩优异但完成高中学业存在经济困难的学生，尤其是低保和服刑人员子女，并形成推荐名单，报项目组委会。其次，协助资助方开展的相关活动。中致社调动机构专业社工的积极性，对接受助学生与基金会的沟通联系，构建起了资助方与受益方彼此交流的桥梁。如：全程接送受助学生参加使领馆组织的冷餐会活动，搭建国际友人与受益学生之间的书信往来的中转站。最后，全程关注和服务受助学生的学习生活情况。项目实施过程中，中致社的公益参与人，通过前期走访、结对仪式、一对一个性服务、小组社区互动活动等方式对受助学生开展专业服务，并帮助困境学生提高学习成绩，提供对接性服务。

2020 年当年，"初升的太阳"项目组共有服务对象 64 名，发放助学金额 19.2 万元。面对突如其来的新冠肺炎疫情所导致的面对面服务受困的情况，中致社充分发挥微信、QQ、电话等线上形式，通过无接触方式继续跟进其学习和成长，帮助其解决生活困难。2020 年 7—8 月期间，中致社继续坚持完成本年度工作，完成了 76 名困境青少年的资助申请和落地工作，走访评估了 58 名学生。2020 年全年，中致社的专业社工共接触受助者本人 288 人次，家长 576 人次，居委会 325 人次，学校 106 人次，其他方式 87 人次。此外，还开展了小组活动 4 个，社区活动 3 个，累计参与对象 67 人次。

---

① 参见上海市人民政府新闻办公室、上海市统计局编《上海概览 2019》，第 15 页。

十余年的项目实施也取得了可喜的成效，至今成功考入大学的服务对象共113人，还有56名当年的受助者转身成为机构的核心志愿者。

三 补短板与塑生态：来沪流动青少年的教育提质

在上海中产家庭育儿投入日趋增长的同时，非户籍的来沪流动青少年一方面因为家庭收入较低和家长素质普遍不高，而难以获得更多的课外素质教育机会；另一方面，又因为入学门槛和教育歧视等事实，难以获得稳定性的高质量教育。对此，浦东新区慈善公益力量瞄准了上述社会现象，积极投入到来沪流动青少年教育提质的实践中，并探索了诸多创新性活动。接下来，本报告分别以来沪流动青少年最为缺乏的音美艺术、阅读素养为切入点，以两家公益组织的服务实践为案例，展现浦东公益力量在流动青少年教育提质中发挥的正向作用。

（一）补短板：填补音美艺术弱项

上海久牵志愿者服务社（以下简称久牵）是一家公益性教育机构，试图通过系列课外教育活动，帮助贫困家庭孩子挖掘自我天赋。久牵创始于2001年，起初为一支由复旦大学在校学生组织的志愿者支教队，主要为杨浦区江湾镇附近的来沪农民工子弟学校提供义务支教。2006年，为弥补来沪流动青少年在音乐教育上的短板，久牵"放牛班的孩子"合唱队正式成立，帮助孩子们学习乐理知识、陶冶美学情操。随后，随着志愿者数量的增加，久牵陆续为流动青少年开设了合唱、英语、舞蹈、美术、电脑、器乐与社会实践等课程。2008年5月，久牵正式在浦东新区民政局注册成立，并在唐镇设立活动中心，专门为来沪流动青少年提供免费的课外教育。

一方面，为了帮助流动青少年更好地适应城市生活，建立自信心，久牵开设了人文阅读、音美艺术等特色课程。其中，音美艺术课程旨在通过艺术熏陶实现美育目标，以促成艺术启迪和激发天赋的目标。在久牵参加活动的外来流动青少年，既可以在专业志愿者老师指导下学习古筝、扬琴、琵琶、钢琴、吉他等音乐课程，也可以通过画画和手工课程来自由地描绘和释放想象力。在人文阅读系列课程中，久牵致力于提升流动青少年的思辨能力，激发他们使用多维度视角观察和认识世界。对此，久牵开设了人文、技能、科技等系列课程。其中，人文系列设置了历史、哲学、成长类课程，帮助孩子们了解自己的同时认识世界文明的演进；技能系列则通过与国外志愿者练习英语、与软件工程师志愿者学习电脑等方式，帮助他们提前储备城市生活的基本技能；科技系列则依托于科学实验课、科学小制作、植物地图等活动，培养他们了解自然世界、认识科学规律的习惯。

另一方面，为了提醒流动青少年不忘家乡，能够适应日后返乡的"回流生活"，久牵针对性地围绕"家乡"主题设置了"回乡之旅"和"家乡拼图"等活动。从2007年开始，为了让从小跟随父母随迁到上海或本身就在上海出生而很少返乡的流动儿童更好地体味故乡文化，久牵每年暑假都会组织30—40位在沪流动青少年开展"回乡之旅"活动。机构志愿者与这些流动的孩子一起回到他们的家乡，在当地乡村开展交流联谊和社会调查。目前，"回乡之旅"的范围已经涵盖了在沪外来人口比较集中的安徽、江西、河南、江苏等地。从这一活动中，来沪流动青少年不但加深了家乡的认识，提早感受中考前回乡生活，并将他们的爱传递到农村，给留守儿童送去关怀与乐趣。此外，为了帮助流动青少年加深对家乡的认识，久牵还自主开发了"家乡拼图"APP。每个流动的孩子均能在APP中找到自己的家乡，既可以浏览家乡的一草一木和当地的风土人情，也可以使用文字、图片、音频、视频等方式获得远程线上交流的机会。

目前，久牵的唐镇活动中心登记在册的流动青少年已有百余名，成为来沪流动青少年融入城市生活、熟知家乡风情的综合性社区服务中心，给流动青少年打开了成长的新天地。有孩子借助久牵提供的学习平台，实现了走向更广阔舞台的梦想。2016年以来，每年均有曾经在久牵学习过的流动青少年，在志愿者老师帮助下被世界联合学院（United World Colleges）录取，多名学生还获得全额奖学金，实现了"跳出农门、走出国门"的华丽转身。此外，也有曾经得到久牵帮助的流动青少年孩子变身为公益人，发挥自己的光和热的同时传播公益之爱。如今，不仅有曾在久牵参与多年活动的学生进入高中后变身为志愿者，参与到对其他流动青少年的帮扶行为中；也有受益者大学毕业之后，全职加入久牵，成为一名全职公益人。

（二）塑生态：打造多元阅读系统

与本地孩子相比，因家长教育水平相对不高，来沪流动青少年的阅读习惯和素养普遍不高，尤其是那些在民办随迁子女学校就读的孩子。正是本着提升流动青少年阅读能力的初衷，上海多阅公益文化发展中心（以下简称多阅）于2015年正式注册成立。

多阅是一家专注于阅读推广的专业公益机构，以"推广全民阅读，用阅读陪伴弱势群体儿童成长"为使命，秉承着"极致专业、长期有效、透明开放、成长创新"的理念。截至2020年，12人的专业团队、11年专业阅读推广经验的创始人、千名志愿者及4名兼职构成了多阅的核心公益力量，是国内较为少见的同时在成人与儿童阅读推广两个领域都有较强专业积累的公益团队。其中，专门针对随迁子女学校在读学生阅读习惯培养的"苗苗阅读"，早在机构正式注册前的2012年就已开始运行。

多阅的苗苗阅读项目，以浦东新区民办随迁子女学校为依托，以"生态打造"为核心理念，致力于推动学生培养终身阅读的习惯，希望以阅读点亮他们的未来，并初步构建了"学生、教师、家长、书籍、阅读活动"五位一体的阅读生态体系。经过多年探索，苗苗阅读开创了多个公益活动。

首先，2018年9月，成立上海随迁子女家校阅读联盟，在高校专家的智力支持下，各联盟校（随迁子女学校）不遗余力推进家校阅读，用阅读为教育搭桥，推动来沪流动儿童的教育公平。其实，家校联盟的成功运行起源于"志愿者导读"活动的多年积累。自2012年9月开始，苗苗阅读就坚持在浦东新区两所随迁子女学校进行志愿者阅读兴趣导读活动，并形成了阅读兴趣导读课程体系、志愿者培训管理体系，积累了随迁子女学校阅读生态建设的宝贵资源。其次，2018年4月起，为推动家庭陪伴与亲子阅读质量提升，多阅特别开发了线上"亲子阅读打卡"，为机构所服务的幼儿园、小学的来沪人员子女提供线上亲子阅读课程，孩子们可以在家长辅导下每天进行阅读打卡。再次，近几年，多阅还启动了"流动书箱"项目。在上海市16个民办随迁子女学校（幼儿园和小学）投放近400个流动书箱，每个流动书箱包含至少30本的精选童书并配合主题活动包，以班级为单位，定期在不同班级、不同学校之间轮转流动，通过志愿者指导和协助学校老师的方式开展班级阅读活动。最后，多阅还开创了"远程阅读陪伴"与"苗苗信使"两项活动，将流动青少年阅读素养的公益实践推广和辐射到更远的农村地区。两个子项目分别以上海市大学生和高中生志愿者为主体，搭建起了他们与农村学校孩子远程连接的桥梁，将城市孩子的阅读素养传递给了千里之外的落后地区的孩子，实现了优秀公益力量的正向扩散。

截至2020年底，专门针对在沪流动青少年的阅读素养培育的苗苗阅读项目已经运行了近十年，诸多来沪流动青少年由此受益。2012年至今，多阅的"苗苗阅读"项目覆盖了上海市12所随迁子女小学并建立起家校阅读联盟，12所随迁子女幼儿园及1个社区，5所乡村小学，每年影响两万多名流动儿童，构建了新型的校园阅读生态。作为团中央优秀项目的"苗苗阅读"，曾多次被央视、央广等主流媒体报道，并获得多项公益荣誉。举例来说，2018年，"苗苗阅读"项目获得"蓝天至爱计划"（上海慈善基金会和第一财经联合举办）总冠军；2019年，"苗苗阅读·打造上海流动儿童阅读生态"项目荣登"公益之申2019年度上海公益榜"，并获得年度"十佳公益项目"；2019年，以阅读为主题的苗苗阅读项目进入浦东新区优秀青年社会创新公益项目十强。

四　青少年慈善公益的实践成效与优化建议

（一）实践成效

近年来，规模不断扩大的浦东新区弱势青少年的健康成长面临新的特征。一方面，新增青少年犯罪行为呈现出本地户籍占比增加、女性犯罪开始抬头等现象；另一方面，来沪流动青少年的教育机会保障和质量提升仍不尽理想。面对上述制约弱势青少年发展的现实瓶颈，浦东新区慈善公益力量积极参与到帮助他们成才的良好社会环境营造中，探索出了诸多现实可行、极具推广并可延续的公益实践活动。

一方面，在面对户籍重点青少年家庭支持相对缺位的现实，慈善公益力量聚集多种资源，积极投身于吸毒人员子女社会支持和困境青少年帮扶助学的实践中。在服务于吸毒人员未成年子女上，探索实践了精准发现机制、及时报告机制，并针对性地开展了暑期素质拓展等活动，帮助他们树立生活信心、扩展人生视野，打造了具有"引领性"的全方位服务体系。在困境青少年面临继续深造的经济压力之时，国际友人们精准地开展帮扶助学活动，帮助积极向上、乐观开朗的他们完成高中学业并顺利进入大学生活，谱写了慈善公益"国际化"的新篇章。

另一方面，在面对来沪流动青少年教育质量相对不高的窘境，慈善公益力量拓展资源途径，帮助他们提升质量水平，开展音美艺术和阅读素养等针对性的帮扶活动。在音美艺术等美育的熏陶下，来沪流动青少年不但陶冶了情操，可以更好地适应城市生活，而且还能有机会了解和认识家乡的风土人情，提前做好返乡升学的准备，"补短板"卓有成效。与此同时，沉浸在校园阅读生态之中的流动青少年，不仅培养了良好的阅读习惯，为后续学习打下了坚实的基础，也开始尝试将公益之爱传递给其他更需要的孩子，"塑生态"持续进行。

正是有了慈善公益力量对户籍重点青少年和来沪流动青少年的关心、关注和关爱，他们方得以在浦东健康成长，人生起步阶段培养的良好习惯将继续陪伴他们成长。

（二）困境与出路

虽然慈善公益力量在浦东新区的弱势青少年成长成才过程中发挥了不可替代的作用，但是也要看到，社会组织的公益实践仍有不足。主要体现为从业人员结构不合理、供给与需求不匹配、专业服务不持续等，亟须积极寻找和探索优化出路。

1. 从业人员结构不合理突出，亟须针对优化

目前，面向青少年慈善公益的社会组织从业人员的结构不尽合理，并主要表现在以下几个方面。[①] 首先，年龄结构偏高，青年从业群体较少。2020年浦东新区社会组织从业人员共有 70866 人，35 岁以下青年人从业人员仅占 22.25%，约为 35—50 岁中年人的一半，也少于 50—60 岁中老年人群。对于服务青少年的慈善公益实践来说，与之年龄最为接近的青年公益人更为适合，但是目前从业人数却明显不足。纵观全国，社会组织从业人员中的青年人群匮乏已较普遍，[②] 薪资待遇偏低是主要原因之一。[③] 在此背景下，青年人投身公益事业，主要在于公益"形意世界"的建构，同时与其生命历程和当下状态关系密切。[④] 由此，既可以进一步提高社会组织从业人员的待遇水平，吸引更多的年轻大学毕业生投身到公益事业中；也可以从服务受益群体中培育公益储备队伍，以其自我成长经历为基础，鼓励和激活其公益之爱。

其次，专业技能偏低，职业培训有待加强。2019 年，浦东新区社会服务机构从业人员中，"持从事岗位相应专业技能资格证"的刚刚超过 3 成，比例明显偏低。更严重的是，获得"社会工作"执业资格证的人数仅占从业人员的 4.59%，专业技能有待加强。一项关于北京市社会组织从业人员调查显示，超过 7 成的从业青年有离开目前组织的倾向，有半数从业青年不

---

① 结合儿童青少年已成为慈善公益主导性服务对象的现实背景，以及青少年群体特征与公益需求，此部分从浦东新区社会组织整体情况出发加以对比性论证分析。若无特别说明，所采用的数据均来自浦东新区 2020 年度社会组织年检统计。

② 范雷：《80 后的政治态度——目前中国人政治态度的代际比较》，《江苏社会科学》2012 年第 3 期。

③ 陈友华、曹星：《公益慈善高薪争议：问题与反思》，载陈友华、方长春等编《向恶？向善？——中国公益观察 2013》，中国社会科学出版社，2014，第 105～115 页。

④ 孙国娥：《公益"形意世界"中的"自我"转变——"80 后"社会组织青年从业者价值观及行为研究》，《青年研究》2020 年第 2 期。

准备持续在公益领域工作，而人职匹配是最关键的影响要素。[①] 因此，职业技能培养不足将提高社会组织从业人员的流动性。对此，可以结合青少年的群体特征，有计划地实施社会组织从业人员专业技能培训计划，诸如民政、团委、政法等政府部门可以延伸"孵化器"的链条，广泛开展校园游学、老法师传帮带、专家现场授课等活动，在一线服务实践中提高在职人员的专业素养，进而提高从业者的稳定性。

最后，学历水平不高，亟待吸引优质人才。2020年浦东新区社会组织从业人员中，拥有高中及以下学历的人数为35343人，占比为49.87%，居于首位，比排名第二的大学（本科与专科）学历的人数高出了3.6个百分点；硕士及以上学历人数仅有2719人，占比仅为3.8%。此外，具有海外背景（留学6个月以上）的从业者仅有509人，占比仅为0.72%，与浦东新区国际化发展定位严重不匹配。不难发现，从业人员的学历水平普遍不高，较难回应青少年群体的多元复杂需求，已较难适应新的公益发展态势。社会组织人才职业化水平低是制约专业化服务的关键瓶颈，[②] 尤其是具有专业知识背景的青年人才的匮乏。[③] 对此，建议浦东新区民政、团委等部门在全市率先推出和实施慈善公益"引智计划"，既可以在社会学、社会工作、公共管理等专业的应届大学生或研究生中吸纳一批专职公益人，也可以支持在职人员继续深造学位，用专业知识武装人才发展，刺激具有专业知识背景的从业者加入。

2. 服务供给与实际需求间张力较大，亟待优化弥合

目前，慈善公益力量积极参与青少年健康成长值得提倡和鼓励，也是浦东新区建设打造社会主义现代化建设引领区所不可或缺的重要支撑力量。其实，公益服务开展活动也是服务供给与对象需求"相互匹配"的过程，匹

---

① 孙力强、李国武：《社会组织从业青年的职业流动意愿及其影响因素——基于北京市的调查研究》，《青年研究》2018年第9期。

② 李长文：《我国社会组织人才职业化成长的现实困境与路径选择》，《中国非营利评论》2016年第1期。

③ 陆士桢、刘庆帅：《社会组织与青年公益人才发展趋势研究——基于深圳、广州的实地调研》，《中国青年社会科学》2018年第1期。

配是否得当则由需求的情感性、复杂性和规模性所形塑。① 面对青少年群体的需求，慈善公益力量在扶助户籍重点青少年脱离人生困境、帮助来沪流动青少年实现教育提质已经做出了诸多示范性探索，并取得了较好的成效。但是，公益实践过程中，组织机构的服务目标、具体运行、结果评估多受制于负责人或服务购买方的价值定位，往往以"中产阶层生活"为基调设定弱势青少年的服务项目，却往往违背了他们的真实需求，出现了"匹配错位"的现象。举例来说，钢琴教育即便是城市中产阶层也较难普及，而多数流动青少年的服务机构却以此为主业。对于服务受众的来沪流动儿童而言，他们虽然培养了些许兴趣，但仅能获得入门型的训练，一旦转学或升学之后，便没有机会继续学习，容易产生较大的心理落差感，甚至是抱怨情绪，服务效果大打折扣。

对此，民政、团委等政府部门需要积极培育一批熟知青少年特点、了解困境儿童需求、长期扎根一线的专业性社会组织，在政府购买服务时多向其倾斜，鼓励和支持"内行人说内行话，专业人干专业事"。了解户籍重点青少年和来沪流动儿童的真实需求，是每个专业社会组织的首要课题。举例来说，与城市孩子相比来沪流动青少年在教育成绩、素质水平上仍有较大差异，但是多次迁移与流动也形塑了他们韧性较强、吃苦耐劳的品性。由此，社会组织在提供教育服务时，并不见得将其培养成与城市孩子相似的"翻版"，却可以发扬其独特的性格优势，针对性设定服务项目。诸如，开设劳动技能、体育运动、户外操作等动手能力强、需团队协作的服务项目，激活其特长，助力"错位竞争"，培育符合浦东未来发展、战略定位的多样化人才。

3. 专业服务可持续性不强，亟须加强提升

以青少年为核心服务对象，浦东新区的慈善公益力量已经积累了较好的经验，在引领性、国际化、补短板、塑生态等方面也探索出了诸多有效的尝

---

① 冯猛：《城市社区服务的供需匹配：模型构建及其应用》，《福建论坛·人文社会科学版》2016 年第 2 期。

试。与此同时，也涌现出了诸如专注户籍重点青少年帮扶的上海中致社区服务社、上海乐群社工服务社，专注于来沪流动青少年的上海久牵志愿服务社、上海多阅文化发展中心等社会服务机构。

但是，针对户籍重点青少年和来沪流动青少年的可延续、能追踪的服务项目却相对较少。举例来说，中致社聚焦严重不良青少年，利用专业司法社工优势，开展的合适成年人参与刑事诉讼（社工以合适成年人的身份到场参与涉案未成年人）、社会调查（对未成年犯罪嫌疑人、未成年被告人的性格特点、家庭情况、社会交往、成长经历、犯罪原因、犯罪前后的表现、监护教育等情况进行翔实调查）、观护帮教（对涉嫌犯罪但无羁押必要的未成年人开展包括教育考察、心理矫正、行为矫正、学习培训等内容的帮教、考察和矫治）等活动均兼具专业性和成效性。但是，上述活动多仅限于未成年时期生活在浦东辖区内的青少年群体。一旦这些曾有严重不良痕迹的青少年成年后，或流动到其他省市后，已经构筑的全方位、延续性的帮扶体系却难以跟进，极易造成他们的二次犯罪。

当然，对重点青少年，尤其是未成年犯罪行为的矫正不是单独的浦东新区或单一的社会组织所能完成承接的，需要构建"全网式、跨区域、多层次"的青少年成长成才支持系统。目前，在针对流动儿童教育议题上，长三角地区专业化社会组织已经在实践中摸索出了一套搭建中介桥梁、打造链接平台的"网络链接"，运用资源转换、组织切割的"缝隙黏合"的跨区域公益实践的策略。[①] 对此，浦东新区的团委、教委、司法、民政等部门可以借助长三角一体化战略快速推进的东风，牵头江、浙、皖等省市的相关职能部门，探索成立重点青少年、流动青少年跨区域、一体化的公益网络支持系统。为基金会、服务机构、受助对象等不同群体提供相互沟通的平台，通过跨区域合作的方式，创新工作方式方法，预防未成年人行为偏差，促进他们健康成长。

---

① 刘玉照、王元腾：《跨界公共服务供给中社会组织参与的多重困境及其超越——对长三角流动儿童教育服务领域社会组织实践的考察》，《中国第三部门研究》2020 年第 3 期。

B.16
浦东女性慈善公益报告

苑莉莉*

摘　要： 依托于浦东新区妇联的枢纽型组织孵化，浦东逐渐形成了女性慈善联盟的"她力量"，在扶贫攻坚、疫情防控、维护妇女权益的反家暴、"家中心"等家庭慈善公益文化打造和推进社会治理创新方面发挥了重要的作用。未来需要在浦东女性慈善公益品牌建设和女性慈善公益共同体打造方面持续着力，以期进一步提升女性慈善公益的整体性治理效能。

关键词： 女性　慈善公益　家庭慈善　社会治理

一　什么是女性慈善公益?

女性参与慈善活动历史悠久，中国传统文化中"慈"有三种含义："其一指母亲，二指子女对父母的孝敬奉养，三指父母的爱"，之后"由狭义的父母之爱扩展到全社会人与人之间的关爱"。[①] 可见，中国慈善在源头上就与女性的母亲身份和家庭紧密相关，在这种深厚的文化积淀中，就不难理解国内目前很多慈善项目均以"母亲"冠名。如中国妇女发展基金会的系列品牌项目："母亲水窖""母亲健康快车""母亲创业循环金""母亲邮包"和"母亲微笑行动"，以及"贫困英模母亲资助计划"，均获得过中华慈善

---

* 苑莉莉，上海社会科学院社会学研究所助理研究员，主要研究方向为慈善公益。
① 周秋光、曾桂林：《中国慈善简史》，人民出版社，2006，第2页。

奖。尤其是"母亲水窖"2014 年获全球传播领域社会责任传播大奖，2015年国际编号的小行星被命名为"母亲水窖星"，受益妇女达 324 万，母亲健康快车受益人群 7450 多万。[①] 母亲创业循环金项目 2015 年获中国农村金融十大品牌创新产品称号。这种聚焦于"母亲"的系列慈善品牌在世界上也是很前沿的。

在慈善品牌项目打造的基础上，中国妇女发展基金会于 2011 年宣告成立了女性公益慈善组织协作联盟，旨在推进女性公益慈善组织各类资源的开放和共享，并与各类基金会和基金建立互相支持的关系网，在"跨界合作"和"共享价值"的理念中推进基金会的转型发展，将平台打造、众筹、联劝等资助型结构转为以资助和运作混合的结构，有助于中国女性慈善公益网络的形成。

在这种发展趋势下，如何从社会性别的视角理性地看待中国慈善公益事业公信力的塑造问题也成为热点。2011 年的《中国女性公益慈善发展蓝皮书》中重点聚焦、深入思考慈善与女性的关系，将女性公益慈善界定为：女性社会团体或个人基于人道主义原则对社会弱者包含女性弱者进行救助、对不同层次妇女发展需求进行支持的一项社会公益慈善事业，有助于社会资源的良性再分配，有助于妇女的发展，有助于社会的和谐。[②] 可见，这一定义的基础是社会组织和个人关爱女性的慈善意识与行为。高小贤认为社会性别在公益界仍呈现出边缘化的趋势，赋权妇女性别平等的项目非常少，慈善公益界多缺乏社会性别视角，主要关注"筹款""传播""透明度""创新"和"公信力"等培训，建议公益机构要做性别友好型组织。[③] 可见，是否以性别平等为理念推动慈善公益事业的发展，也可以作为界定女性慈善公益的一个维度，这是女性慈善公益的核心价值理念之一。

在此基础上，本报告尝试将女性慈善公益界定为：从慈善目的来看，有

---

① 中国妇女发展基金会：https://www.cwdf.org.cn/，最后访问日期：2021 年 8 月 26 日。
② 黄晴宜主编《2011 年中国女性公益慈善发展蓝皮书》，中国妇女出版社，2012，第 2 页。
③ 高小贤：《公益与社会性别》，杨团主编《中国慈善发展报告（2016）》，社会科学文献出版社，2016，第 230～236 页。

社会责任感的组织、机构和社会公众所从事的致力于帮扶女性，促进女性发展和性别平等的公益性、非营利性、志愿性的慈善公益活动，包括男性参与支持的社会性别友好和帮助贫困等弱势女性的各类慈善公益活动，也包括融入女性特质之后的慈善公益，如"温馨慈善""美丽公益""时尚公益"等新提法。主要有两大特点：一是从参与主体来看，以女性为主要领导者和参与者的慈善公益，如女性社会组织、女慈善家和慈善公益活动的女性从业者等；二是主要受益群体是女性，尤其是针对贫困的母亲、女童、老龄和残疾妇女等弱势群体的关爱救助的慈善活动。

二 浦东女性慈善公益发展概况

浦东作为中国开发开放的桥头堡，30 多年来在女性慈善公益领域也有一些创新探索。与全国女性慈善公益的共性发展基点都是妇联体系的支撑和引领。浦东新区妇女联合会是浦东女性慈善公益的"孵化园"，在凝聚女性慈善网络建设、推动脱贫攻坚、防疫抗疫、反家暴维权、志愿服务和家庭家风建设方面发挥了重要的枢纽作用。此外，其他社会组织、自组织也积极推动女性慈善公益发展，如浦东社工协会、致力于家庭与妇女服务的乐家和浦东社工服务队帮助妇女就业的"火凤凰"计划等，形成了群团组织与各类社会组织"合力"推动女性慈善公益发展的格局。简言之，浦东女性慈善公益主要指以浦东女性为主体，也包括男性参与的关爱贫困妇女、促进女性发展和保护女性合法权益的慈善公益活动，主要特色在于"家庭慈善公益文化"的塑造。

（一）塑造家庭慈善公益的人文氛围

家庭是城市的基本单元，至 2019 年底，浦东常住人口 556.70 万，户籍家庭总数为 108 万户。浦东各界多年来一直探索跨部门联动的运作模式，积极发挥出妇联凝聚妇女、带动家庭、联动社会的功能，以期更深入贯彻"注重家庭、注重家教、注重家风"，实现"家家幸福安康"的美好愿景。

1. 以"家中心"辐射带动便民服务

2005年浦东新区妇联率先在潍坊新村街道试点成立了家庭文明建设指导服务中心（以下简称"家中心"），由街镇妇联主席＋社工＋社区内有专业技能、有奉献精神的教师、心理咨询师律师和医生等组成服务团队，通过"幸福家庭心灵驿站""家庭教育指导""法律维权服务"为社区妇女儿童、家庭提供菜单式服务，逐渐形成供需精准对接的机制、灵活多元的动员机制和"妇工、社工、义工"高效协同的联动机制，致力于打造"一中心一品牌"，如川沙新镇家中心的邻家妈妈服务项目已在全市得以推广。全区36个街镇均已设立"家中心"，自2016年开始逐步向1343个村居的"家门口"服务阵地拓展，使当地居民可以就近享受家庭文明、家庭教育、家庭服务、维权关爱等多项服务，年均服务人次达30万。

此外，浦东妇联以建"妇女之家""妇女微家""丽人之家"的方式，在参与浦东社会治理的重要群体中和女性高度集中的行业里，推进"她组织"建设。如"女教育工作者之家""女家政员之家""女医疗卫生工作者之家"和"女社会工作者之家"等，并在居村层面启动"妇女之家"的标准化建设，激发"神经末梢"居村妇联的活力，逐渐从232个拓展到全覆盖，更好地促进女性参与社会治理。浦东妇联连续多年为妇儿家、家中心和妇女之家配送项目经费，近年来每年投入近1000万元，实现线上线下服务250万人次，有效地以"家"文化凝聚各界妇女的力量，逐渐形成"家庭慈善公益"文化网。

2. 创建浦东新区家庭文明建设指导服务基地

以家庭家教家风建设为重要抓手，2019年浦东率先在全市开展社会化的家庭文明建设指导服务基地建设，以期推进好家训好家风的培育宣传，联合打造以傅雷家书为名片的浦东家庭文化特色品牌。授牌傅雷旧居、傅雷图书馆、傅雷故居、上海江东书院等4家单位为"浦东新区家庭文明建设指导服务基地"，积极探索项目化运作、社会化参与、实事化服务的社会公益性服务平台建设，① 更好地为妇女、儿童和家庭服务，连续 18 年开展"家庭文化节"系列活动，传扬家风文化，积极构建和谐社区与和美家庭。

在此期间，树立了一批家庭典型：救死捐髓的郑君华家庭；援藏干部傅欣家庭；"美丽庭院"创建活动中，年近古稀不忘教育之责的陈品芳家庭。还有一些外籍家庭，如巴基斯坦女博士 AizaKashif 一家 4 口成为张江镇的禁毒宣传大使和老外河长，热心参与河道治理；Senait 家庭热衷于社区服务，在疫情期间，发起了"给上海的一封情书"活动，为留在上海的外籍人士提供专业的心理咨询、医疗等服务。浦东国际化形象展现方面，在东岸滨江望江驿 8 号的"和美·家庭会客厅"，被打造成为对外展示浦东妇女儿童家庭时代风采、探索创新公共空间的家庭工作的特色阵地。

3. 家庭参与美丽庭院创建

浦东全区农村家庭在"美丽庭院"创建中逐渐实现了村级全推动、队组全覆盖、家庭全参与，目前已实现村级全覆盖，并引入星级户分级创评机制，有 14.32 万户星级户。对于弘扬优秀文化精神，发挥凝聚人心、教化群众、淳化民风有重要作用，引导形成好的家风家训和村规民约，提升村民参与社会治理的积极性，为"乡村振兴"打下良好的社会基础。

4. 家庭参与防疫抗疫——全家抗疫典范

浦东家庭积极参与疫情防控，踊跃投身村宅道口值守等志愿服务。疫情期间建立"抗疫"巾帼志愿者队伍 1666 支，发动防疫志愿者 34756 名。涌现出一批抗疫家庭，有获得"全国抗疫最美家庭"的雷撼家庭，春节坚守岗位的"五警"之家陈辰家庭。也有"防疫夫妻"代表：传染病防治岗位的陆丽华和疾控中心应急车队的驾驶员陆贤夫妻、顾文华护士长和一线民警陶顺隽夫妻。还有"最美家庭"陶文彬家庭和汤玉平的全家总动员式抗疫，其子汤元延缓了正在筹备的婚礼，由督察组抽调至浦东机场转运组，主动为不懂中文的美国乘客用英文解释当前上海的防疫政策，获得国际友人的好

① 王丽蓉：《模式化探索、专业化提升、社会化服务——浦东新区妇联社区家庭文明指导中心建设实践》，载《上海精神文明建设蓝皮书（2021）》，王玉梅、杨雄主编，上海人民出版社，2021，第 185 页。

评，也激励了更多家庭贡献抗疫力量。

5. 女性社区自治团队反哺社会

徐明红（牛妈）发起成立社区家庭自组织"彩虹糖读书会"，成功动员了 128 名志愿者家长共同参与策划和自管理。7 年时间里发展到 18 个站点 1000 多个家庭参加，组织了 1800 多场线上和线下活动，有 2 万多人参与，涉及垃圾分类、疫情防控、厉行节约等社区治理领域。此外，社区培育出来的"全国最美家庭"熊艳家庭，发起成立了"金爵亲子乐园"，累积举办各类亲子活动 200 多场，参与家庭超 3000 户，成为社区家庭文化生活的重要内容。此外，还有一些有代表性的自组织，详见表 1。

表 1　自组织的慈善活动项目

自组织名称	主要活动
"幸福女人帮"自助社群	动员社区家庭"宅家防疫"，每天开展读书分享、育儿经验交流、生活小技巧互助、线上美食节等，缓解居家隔离带来的家庭矛盾
外籍志愿者团队优克天使	获得"十佳志愿团队"，每月通过音乐来开展社区公益服务，为流浪汉发放食物、为困境儿童补习英文、关怀独居老人等
"爸爸堡垒"自治组织	带领孩子运动、书画、分享职业经验、畅谈成长感受，让儿童增加对多元社会角色的理解，促进全面成长
上海浦东新区周浦小雏鹰青少年服务中心	秉持"为雏鹰规划优质蓝天航线"的使命和"爱心伴公益、社区育少年"的服务理念，努力打造家门口优质的青少儿之家，用心、用爱陪伴孩子们健康成长

资料来源：浦东新区妇联。

这些民间自发的自组织为基层社会治理创新注入了新鲜的活力，不但有家庭集结式，还有外籍志愿团队自发做公益和有性别意识的"爸爸"自组织参与育儿，为家庭慈善公益打开了新格局。总之，浦东家庭在参与基层社会治理、美丽乡村建设和防疫抗疫方面发挥了重要的作用，形塑了新时代良好的家风传承。

（二）浦东女性参与脱贫攻坚

在举国推进"脱贫攻坚"之期，浦东妇联坚持"同心同德携手共建"

的对口援建原则，积极带动基层 36 个街镇妇联和各类慈善组织参与扶贫工作，将上海资源与贫困女性链接起来，涌现出一批优秀的女慈善家，如上海闽龙实业有限公司总经理任长艳和真爱梦想公益基金会的潘江雪在全国脱贫攻坚表彰会上获得扶贫先进个人，彰显了扶贫攻坚的巾帼力量。

1. 文化大讲堂——打通上海与贫困地区妇女的心灵之窗

扶贫首先是扶智。在制定扶贫方案时，精准地将妇女、儿童和家庭作为重点扶助对象，把提升当地妇女干部素养作为扶贫的重要工作，通过线上、线下开展各类家庭教育、家庭服务讲座和家政业务培训。如 2015 年浦东新区女性人才走进甘肃，开设家庭教育课程和家教主题沙龙，并开通了留守儿童关爱热线，为两地建立了长期的互助关系。2018 年援建大理州一所学校建设图书馆，将一所废弃仓库变成了孩子们追求知识和拥抱梦想的学习场所。2019 年联合真爱梦想基金会在大理开设一所真爱梦想教室。2020 年开展的"女性幸福力公益行"，主动通过网络平台与云南大理州妇联共享 40 多场家庭服务与教育讲座，如疫情期间妇女干部如何自我保护和服务群众等。此外，浦东妇联举办的农村社会工作培训等相关课程，也同步向云南省弥渡县妇女工作者开放，通过"互联网"＋文化课程的形式提升了贫困地区女性的综合素质。

2. 打造产业扶贫链——链接上海资源与贫困地区

产业扶贫是提升"造血"能力的重要方式。浦东女设计师在广南县太平寨村，与当地刺绣女能人研发和推广少数民族手艺，帮助当地刺绣对接产业链，使刺绣品牌走向更广阔的天地。浦东女企业家——上海闽龙实业有限公司总经理任长艳 10 年来一直致力于援疆工作，先后在喀什成立了"新疆闽龙达公司"和"新疆小蜂农业公司"，并与莎车县 20 个挂牌督战贫困村结对扶贫包收托底，通过田间地头结对包收贫困户的特产，就地加工生产，解决了当地贫困户就业问题，带动 20000 名农户脱贫。2019 年在上海市、区两级政府的支持下承办了上海市（浦东新区）对口帮扶地区农特产品展示展销中心，在此基础上打造了全社会消费扶贫新平台，逐渐形成"企业＋基地＋农户＋市场＋消费扶贫"的全产业链模式，即一、二、三产联动的产业扶贫、就业扶贫、消费扶贫的扶贫价值链。疫情期间，闽龙实业有限公司的姐妹们向上海驰援武汉的医疗队和基层联防联控的一线工作人员捐赠了价值 58.78 万余元的抗疫保障物资。可见，女企业家在政府支持下，发挥出主动性和创造性为沪疆两地的援建扶贫工作注入新活力。

3. 慈善项目扶贫——"乡村振兴"中异地妇联联动脱贫

在市妇联、市合作交流办支持下，浦东妇联牵头为对口援滇、帮扶困难群体争取了一些项目和资金，致力于改善大理州贫困妇女、留守流动儿童等特殊困难群体的境遇。浦东妇联与大理州妇联一起推进系列援助项目：南涧县贫困单亲母亲社会救助及技术扶持、祥云县"好家风助力乡风文明"、鹤庆县六合彝族乡妇女就业（创业）技能培训中心、漾濞县苍山西镇金星村妇女和儿童之家建设等。为单亲母亲家庭提供生产生活、重大疾病、家庭教育、就业援助、心理支持、技术培训、创业扶持等方面的帮扶。如浦东女农民带头人刘海燕与大理州企业合作建设了漾濞精致农产品产业孵化园，帮助推广当地的新果品——燕窝果，并提升苹果种植技术和品牌运营能力。此外，浦东区家政行业协会、相关家政企业共同推动沪滇两地家政服务行业的合作与交流，提升了妇女工作者和农村妇女的综合能力，深受当地群众的欢迎。

为了科学合理地使用资金，所有项目均做到立项前实地查看、立项后与大理州妇联党组讨论研究、实施中进行过程管理、结束后进行资金审计的规范化管理流程，该项目对于"乡村振兴"也有重要意义。

4. 慈善募捐助力脱贫——女性捐赠圈兴起

在学习国际募捐经验的基础上，早在 20 世纪 90 年代中期，原浦东新区社会发展局局长，后任上海市民政局局长的马伊里就已经在浦东率先开始探索"一日捐""联合捐"的新路，如"企业家慈善晚宴"和拍卖贫困助学儿童的感谢信等有纪念意义的慈善物品。之后各类多元慈善募捐方式逐渐兴起。2019 年浦东女性人才促进会与上海市儿童基金会联合举办了"爱的传递"慈善义卖义捐义拍活动，当天就募集善款 275599 元，专项用于扶贫攻坚。2020 年公益活动月期间"上海太阳公益市集"的公益义卖、文化集市、现场艺术家与民众联合创作和定向赛等"趣味慈善"活动所募集的大部分资金，也多用于扶贫济困。最有特色的是新兴起的女性捐赠圈，即主要捐赠者是志同道合的女性，如联劝公益基金会发起了女性慈善火花工作坊和快客捐助圈等创新型慈善活动，通过捐赠人建议基金（DAF）已经形成三个女性捐赠圈："她无限""叁和益"和"250爱心"，其中"她无限"项目是基于女性登山团体的捐赠圈，致力于建构起城市女性帮助农村贫困女孩读书的资助桥梁。

（三）浦东女性参与抗击新冠肺炎疫情

席卷全球的疫情中，浦东女性在社区防控、邻里关爱、守住家门中发挥了积极的作用。主要体现在以下方面：

1. 坚守在疫情第一线的白衣天使——抗疫先进个人

浦东新区有61名女性医护人员驰援湖北，81个三八红旗集体（巾帼文明岗）参与医疗防控，涌现出一批疫情防控工作的先进个人。如光明中医院副书记侯坤任第五医学观察点的总领队，这是浦东新区首批且房间数最大的医学观察点，承担着大流量的收治任务，曾在10小时内接收超过200人次，24小时接收境外输入366人次。上钢社区卫生服务中心人事科科长陈佶萃负责与各相关医疗机构联动落实防控措施，协助转运疑似病例，实时掌握疫情动态和新区各家医院收治疑似病例人数，她主动建立疑似病例一人一档案，提升了医疗机构上报病史的质量，妥善处理新冠疫情初期近100多件热线工单，充分发挥出女性的细致、任劳任怨的奉献精神。此外，还有"36小时筹集百万防疫物资的女律师许海霞""紧急改造并投产口罩生产线的女老总傅尧娟"和"开通上海首条24小时免费心理抗疫热线的女公益人刘晏华"等感人事迹。

2. 女性社会组织参与防疫抗疫——多元女性慈善力量

疫情期间，各类女性社会组织积极响应，以合作联动的方式一起为抗疫贡献"她力量"。浦东女带头人协会与浦东新区妇联共同为浦东援鄂医疗卫生工作者家庭免费提供时令果蔬和元宵慰问品；浦东女性人才促进会（新区女企业家沙龙、女律师联谊会等）纷纷捐款捐物，购买价值约 42.5 万元的口罩、护目镜、一次性手套、医用消毒剂、测温仪、手术服、生理期考拉裤等防疫物资，并与浦东幸福家庭服务中心合作，发挥专业优势，免费提供心理咨询服务和心理抗疫线上公开课。浦东女律联许海霞律师个人捐赠了约价值 200 万元左右各种医用物资送到上海援鄂医务人员和湖北各家医院医务人员手中，并给日本、韩国捐赠了总价值超过 50 万元的口罩。上海国龙医院的姐妹们在医治病患之余得知血库告急自愿无偿献血，女艺术家沙龙举办以抗疫为主题的儿童绘画线上征集展览活动。可见，女性社会组织在捐赠抗疫款物、献血、抗疫心理咨询和儿童抗疫方面做出了"她贡献"。

3. 织密基层疫情"防护网"——街镇社区女性志愿服务

疫情期间，浦东 36 个街镇的女性积极动员起来，为抗疫贡献力量。在口罩紧缺的危急情况下，周浦、川沙新镇、康桥的姐妹们晚上主动做口罩生产企业义工，或用缝纫机自制口罩，以确保一线的防疫物资来源。老港、书院、合庆等镇的"巾帼送菜队"和"送菜娘子军"主动为居家隔离家庭代购和配送基本生活物品，为值守人员送餐。高东、宣桥等镇的知心大嫂们连夜为测温枪做"外套"，用女性特有的细心和智慧，解决了寒冷天气中额温枪失灵的问题。洋泾、潍坊、三林等街镇妇联，发挥"幸福家庭心灵驿站"的作用，在线做好心理疏导服务。祝桥、曹路、唐镇、浦兴等街镇的"花样姐妹""最美家庭"，主动请缨参与道口（家门）值守测温等工作。黎峰保安集团的妇联姐妹们自春节起坚守岗位，确保各驻点项目疫情防控工作有效开展。总之，各地女性通过各种方式志愿为抗疫做贡献，尽力将疫情阻击在萌芽状态。

4. 农村防疫的女性力量

为了做好浦东新区 362 个村、3880 个村组，21 万户村民的疫情防控工作，妇联与新区农村农业委共同制定《农村村组疫情防控包干工作提示》，坚持"5 +2""白 + 黑"，全员连续到岗不放假。主要做了三方面工作：一是在防疫物资筹集方面：紧急协调市妇联、区物资保障组和企业等各方力量，为抗疫筹集调配 28 万口罩、28900 副手套、4350 套防护服、4000 支温度计、400 桶 84 消毒液、500 副护目镜、36 支测温枪等物资，送至基层一线。二是在积极动员抗疫力量方面：基于美丽庭院建设的长效机制，向全区"美丽庭院"建设星级户家庭发出参与守村护院行动的倡议，争当志愿者，缓解了一线人手紧缺的难题。三是发动美丽庭院"五星户"带头遵守"以房管人""红白事从简""不聚集多宅家"等特殊时期的村规民约，以减少疫情期间的人流聚集。可见，妇联的力量不只在于调动女性参与者，还可以家庭为抓手带动更多社会力量参与防疫抗疫。

5. 关爱疫情中的特殊需要群体

浦东新区妇联积极关爱困境儿童、孕妇和老人。在市妇联儿童基金会的大力支持下，为 430 名困难儿童、监护缺失及福利院中的孩子们发放儿童口罩和儿童绘本、图书等，为困境儿童撑起暖心保护伞。邻家妈妈们通过线上交流、微信关怀等方式，开展"同心抗疫、爱不打烊"关爱困境儿童活动。家庭志愿者协会以"小老人"电话微信联络、代买生活必需品、代登记领取口罩等服务，关怀独居老人。36 个街镇家庭社工将社区儿童、孕产妇纳入服务对象，提供日常帮扶和心理关爱。

在积极投身抗疫的同时，做好各类宣传推广工作，通过各级、各类媒体，如"浦东妇联"微信公众号，讲好防疫一线的女性故事，广泛科普防疫知识，弘扬社会正能量，相关报道被学习强国、人民网、中国妇女、文汇报、浦东发布等全国、市、区级媒体广泛转载。

（四）妇女权益保护

1. 打造"3 + 3 + N"妇女维权工作模式

家暴问题一直是妇联的重要工作，为了更好地推进相关维权工作，浦东新区妇联于 2015 年进行改革，设置"一室二部"：网络服务办公室、家庭儿童权益部（妇儿工委办）和妇女发展部（项目运作办公室），紧紧围绕"一手抓维权，一手抓发展"的工作目标，探索出一套"定位清晰、特征鲜明、从需求出发"的网络化"3 + 3 + N"维权工作模式，即全区、街镇、居村三级维权网络 +"社区、社团、社工"三位一体的维权体系 +"N"个结对律师、心理咨询师和各社会组织等组成的专业力量。如川沙新镇等社区幸福联盟的反家暴工作试点，逐步构建起反对家庭暴力"预防为主、调解为先、综合治理、协同干预"的防控机制，并在全区推进"幸福维权联盟"建设。

通过"法律服务进社区""幸福家庭从智爱开始""天使妈妈关爱特殊儿童健康成长"等维权服务项目，为单亲家庭、低收入家庭、危机家庭、失独家庭、智障妇女儿童、独居女性老人、失能老年女性、近视儿童等维权工作关注的重点人群提供贴心、有效的服务，也帮助这些女性社会组织和项目发展起来。

2. 浦东家庭社工专业化试点

2015 年浦东新区妇联通过家庭社工专业服务试点，综合运用三级妇联协同保障、专业社工分类服务等方式，探索"妇联牵头、社会参与、社工服务、家庭受益"的服务模式，推进社区家庭参与基层社区治理的实践创新。目前浦东家庭社工服务已覆盖 36 个街镇，主要服务于弱势家庭中沉默的少数，年均走访服务 6000 多户，为近 300 户"问题"家庭提供个案服务。如浦东在实施市"白玉兰开心家园知心妈妈"，起到了修复家庭和重建社会关系的功能。

此外，依托婚姻家庭纠纷人民调解委员会开展婚姻家庭的纠纷调解工作，"十三五"期间，通过 1343 个居村婚姻家庭关护点，累计为 13000 多个家庭提供婚姻危机干预，使 1200 多个家庭重归于好。与此同时，还有 10892 名"知心大嫂"志愿者，深入社区，了解家庭需求，调解家庭矛盾，家庭志愿者协会以"一对一"结对方式帮助 400 多位女性独居老人，"邻家妈妈"志愿者结对关爱 61 名监护缺失儿童，助力健康成长，"小志有约"以年轻家庭为主力军，鼓励更多家庭加入志愿服务队伍。

3. "互联网 +"女性维权网群

"互联网 +"时代，浦东致力于打造一个"覆盖广泛、特色鲜明、互动活跃、线上线下融合"的维权服务网群，积极发挥女律师协会的平台作用，通过"法律服务进社区"项目，将 1500 名女律师的服务送到基层，整合知心大嫂、家庭社工、心灵驿站心理咨询师、心理督导员、心理疏导员等各支队伍，做好预测、预警、预报工作，把信访接待、法律援助、人民调解、心理疏导"四位一体"的维权服务模式落到实处。并通过妇联网宣传队伍在"浦东妇联"微信公众号发布相关规律法规、"维权知识问答""反家暴专题节目""维权经典案例"等服务信息，并通过"趣尚学堂"微课堂，开设"法律学院"和"幸福学院"，以实现"网上宣传、网上活动、网上维权、网上服务"的改革目标。

总之，浦东的妇女维权工作已经探索出有特色的"3＋3＋N"模式，充分发挥互联网的优势，为受害妇女提供专业化的贴心服务，这也是女性用专业力量帮助女性的表现形式。

三　推动浦东女性慈善公益发展的建议

（一）浦东女性慈善公益的经验启示

在全国女性慈善公益发展的进程中聚焦浦东女性慈善公益的发展，可以发现一些共性趋势：慈善公益的女性化、女性慈善公益的品牌化（尤其是母亲品牌项目的打造）、妇联对于女性社会组织的培育孵化与引导，以及女性慈善网络的建构等。相较于中国妇女发展基金会关注贫困地区妇女的饮水安全、健康、就业和唇腭裂儿童的救助，上海浦东的女性慈善公益更侧重在基层社会治理、家庭矛盾化解与反家暴、乡村美丽庭院建设等家庭家风和家庭慈善公益文化的塑造。比较有代表性的工作有以下几项。

1. 妇女儿童家庭项目的制度化

为了融贯整合好体制内外的各种慈善资源，浦东妇联自 2007 年启动项目化工作以来，至今已有十年，历经了三个发展阶段。共投入项目资金近 5500 万元，运作项目近 500 个，受益人次达 1000 多万，服务对象涵盖区域内 0—6 岁婴幼儿、职业女性，直至百岁女性老人。比较有代表性的项目，如重症妇女关爱、世博文明志愿者、巾帼港湾、关爱老三八红旗手、阿拉娘家人、法律服务进社区、空中父母学堂、妇女之家标准化建设等。在这个过程中，对项目管理、经费管理、项目各方责任管理都有明确的规范化管理文件，并引入专业第三方对项目进行评估，聘请了高校、社会组织等各领域专业人才组建了智库，一起群策群力推动相关妇女儿童和家庭服务的项目更亲民、更高效和更有前瞻性，也进一步推动科学管理、柔性管理和制度化建设。

2. 女性慈善公益网络联盟化发展

浦东新区妇联以"引流"和"开源"使组织构架多元化，具有开放性：将体制外的各行各业、基层一线优秀女性吸纳进妇联执委会，吸引更多的女性做群众工作，形成"浦东新区妇联服务妇女儿童家庭联盟"服务平台。联盟积极构建以妇联为核心，各类女性社会组织为触角的全覆盖式服务的网络，从创评入手，将104个妇女组织（单位）纳入推荐创建体系，形成三八系列和巾帼系列两大评选品牌。

3. 扩大家庭之间守望相助的社区互助网络

不同于中国妇女发展基金会打造的"母亲"系列品牌，浦东的女性慈善公益侧重于"家"品牌的塑造，如"家中心""家庭社工""邻家妈妈""家庭志愿者服务"和"知心大嫂"等，主要通过社会倡导和社区教育，进一步推动广大家庭和女性志愿者参与邻里互助，增强女性及其家庭对社区的归属感、获得感和幸福感，打造健康幸福的家庭，逐步凝聚起百万家庭向善的力量。

4. 推动女性参与社会治理共同体建设

浦东妇联一直努力发挥"联"的作用，聚合宣传部、教育局、农业农村委、信访办等各方力量，推动家庭参与社会治理工作。进一步探索女性和家庭参与社区利益表达、社区事务协商、凝聚社区共识的路径，进一步激发家庭主体意识，引导女性积极参与到浦东的全方位建设，丰富和拓展家庭文明建设内涵，注重发挥家庭家风家教在基层社会治理中的作用，提升女性慈善公益的治理效能。

（二）新时代女性慈善公益的发展方向

浦东女性慈善公益的发展虽然已经取得一些成绩，但也存在一些有待改善的问题：目前浦东女性慈善公益主要立足于深耕浦东，为浦东开发开放建设守好后方阵地，但真正有影响力的浦东女性慈善公益项目还不多，在全国的知名度也不高。从跨地域比较的视角来看，北京的中国妇女发展基金会已经形成跨省市的女性协作网络，浦东女性慈善公益亟须在长三角慈善公益发展中发出女性的声音，帮助推动长三角女性慈善公益联盟的建立，形成女性慈善公益区域化的新力量。从"家庭慈善公益文化"品牌打造来看，未来仍需整合汇聚成一个有影响力的浦东特色品牌。"十四五"的新征程开始之期，伴随新一轮引领区建设，为了更好地推进浦东女性慈善公益的发展，需要在以下方面继续开拓创新：

1. 跨地域打造女性慈善公益的共同体

虽然在脱贫攻坚中，浦东女性人才在对口援建方面发挥了重要作用，疫情期间也是积极驰援武汉，但整体来看，民间自发走出浦东——传递女性慈善之爱的慈善项目还是不多，目前主要是真爱梦想公益基金会在全国各地建立了4176间梦想中心，受益学生达402万，其中有大部分女生，并研发了提升女孩科学素养的"酷女孩"项目，还有联劝公益基金会的"一个鸡蛋"项目。其余大部分女性慈善公益项目多是资助上海当地的女性。所以，在未来的发展规划中，建议打造一些走出上海的、有性别特色的慈善品牌项目，在更广的领域打造上海女性慈善公益品牌。也可以和北京以中国妇女发展基金会为中心的女性慈善公益联盟合作，跨地域共建女性慈善公益共同体，一起合力打造有世界影响力的中国女性慈善公益品牌。

2. 建设政—企—社联动的女性慈善网络平台

上海的发展路径与北京不同，北京是以中国妇女发展基金会为核心拓展同类女性慈善公益组织加盟形成网络。上海是以浦东新区妇联为中心，培育孵化一系列女性社会组织，也就更容易获得政府部门的支持，每年浦东新区妇联购买社会组织服务的资金都是16个区中最高的，建议在此基础上，融合打造政府、企业和社会组织联动的女性慈善公益网络，帮助培育和孵化一些有潜力、有创新精神的女性社会组织，推动女性捐赠圈的发展，深入推广党建公益红娘的试点工作，如上海浦东新区洋泾范本良公益红娘工作室发起打造了长三角党建公益红娘联盟，尝试将"相约范阿姨"的品牌相亲活动推广到长三角地区，用"红色"慈善的力量助力新生家庭的组建。未来浦东可以进一步拓展这种长三角女性慈善公益的合作模式。

3. 打造海派慈善文化的"家"品牌

浦东女性慈善公益的优势在于"家"品牌的打造，无论是工作机制，还是维权模式，都已经形成较为成熟的慈善管理经验，为了更好地发挥出女性在社会生活和家庭生活中的重要作用，以及在弘扬中华民族家庭美德、树立良好家风方面的独特作用，建议将与家庭相关的慈善公益项目汇聚起来，组成一个"家"文化品牌系列：一是"家庭社工""家庭志愿者服务""美丽庭院"等家庭建设系列；二是"邻家妈妈""白玉兰开心家园知心妈妈""知心大嫂"等家庭矛盾调解和关爱困境儿童系列；三是女性人才系列：如浦东女性人才促进会、女带头人协会、女律师联谊会等人才培养与专业支持方面；四是自组织类创新项目：如"幸福女人帮"自治社群、"爸爸堡垒"自治组织、"她无限"女性捐赠圈等新兴民间自组织；五是国际友人的慈善项目，如外籍志愿者团队优克天使等各类资源整合起来，形成品牌聚合的力量，打造出有浦东特色的"家"文化慈善公益品牌。

总之，浦东新区妇联在培育、引领浦东女性慈善公益方面发挥了重要的作用，未来在民间女性慈善公益品牌项目、"家"文化等有上海特色的慈善公益文化打造方面，可以持续发力，以期将上海慈善文化与社会治理创新相融合，打造有生命力的浦东女性慈善公益文化圈。

案例篇
Case Reports

B.17

上海市慈善基金会浦东新区代表处

苑莉莉*

摘　要：　上海市慈善基金会浦东新区代表处在多元整合浦东各类慈善
资源、创新慈善方式、慈善理念引领、弘扬慈善文化和构建
慈善公益新生态方面发挥了重要的作用，如"联合捐"募捐
品牌的打造、社区慈善网络化建设、公益机构成长计划、公
益创投、慈善信托等前沿领域的探索，通过制度化保障推动
了社会治理创新，激发了基层慈善的活力。

关键词：　公益新生态　品牌化　社会治理

一　机构概况

1994 年上海市政协、上海市文明办与上海市民政局联合发起成立了上

---

*　苑莉莉，上海社会科学院社会学研究所助理研究员，主要研究方向为慈善公益。

海市慈善基金会，并于 1999 年设立上海市慈善基金会浦东新区分会，2016年《中华人民共和国慈善法》颁布后，更名为上海市慈善基金会浦东新区代表处（以下简称"浦东新区代表处"），这是一种将慈善力量向区级和街道下沉的精细化管理方式，同时也激发了基层自下而上的慈善发展活力。

自成立 22 年以来，在上海市慈善基金会的领导下，浦东新区代表处以"安老、扶幼、助学、济困"为宗旨、以"平民慈善、快乐慈善、阳光慈善"为理念，坚持公开透明、多元参与、联合募捐的原则，共承办了八届"慈善公益联合捐"活动，打造近 300 多个惠及民生的慈善项目，总计募集各类善款 16.08 亿元，仅浦东新区直接受益的困难群体已达 380 万。曾获得"慈善公益爱心奖"和中华慈善总会颁发的第二届中华慈善突出贡献（组织）奖，所打造的"慈善义工日"也获得"优秀服务项目"奖。

二　机制与举措

制度化保障是慈善事业健康、有序发展的基础，主要体现在规范的财务管理、完善的治理结构、慈善人才的培养、慈善项目的打造、慈善文化的传承和多维宣传的影响力拓展方面。

（一）透明、高效、规范化的慈善资金管理机制

公开透明是慈善机构公信力的根基。在资金使用和管理方面，严格按照上海市慈善基金会业务、财务等相关管理办法，每年对年度刚性的、弹性的、一次性的救助项目、公益项目进行全面预算，并对资助项目进行评估和审计。与此同时，加强对街镇联合捐善款使用的指导、监督和管理，组织开展"联合捐"业务培训，认真落实浦东新区慈善公益联合捐组委会《关于浦东新区"慈善公益联合捐"活动之困难群众帮扶项目认领机制实施意见》，深入推进困难群众帮扶的项目化认领机制。同步在《浦东时报》公示"联合捐"捐赠情况和财务审计报告，并在"浦东慈善"网每月定期向社会公示慈善捐赠信息和善款使用情况，以确保每一笔善款的使用合法、合规，

使慈善资金的效益最大化，切实做到公开透明，增强基金会的公信力。

（二）与时俱进、不断完善的内部治理结构

浦东新区代表处自成立以来，一直在不断完善自身的治理、多元联动工作机制的建设，充实专职人员队伍，健全了慈善工作网络体系。2008年汶川地震时，快速启动应急预案支援灾区，专门成立了募捐部、财务部、宣传信息部、物资部等部门，为各类救灾、灾后重建募得善款56084553.52元。目前代表处按照上海市慈善基金会统一要求设置部门岗位，业务内容涵盖慈善资金及慈善物资的募集、品牌项目的打造、媒体宣传、网络众筹和志愿服务等多个方面。

（三）前瞻性的慈善人才培养机制

人才是各项工作开展的基础，浦东新区代表处一直关注慈善工作的队伍建设，在市会的统一部署下，积极推动慈善从业人员的专业化发展。为此，制定慈善人才导入政策，努力吸引有慈善公益事业相关教育背景的专业人才进入慈善工作岗位，并加大对现有慈善从业者的业务培训工作，不断丰富员工的慈善公益知识，提高他们的慈善工作技能，探索建立起专职慈善工作者的人事、福利保障等制度，切实保障员工的合法权益，为建立具有专业素养的、稳定的、有爱心的慈善人才队伍创造条件，形成了一支综合素质过硬的慈善工作队伍。

（四）异彩纷呈、大爱无疆的慈善项目

多年来浦东新区代表处一直坚持以项目为导向，拓展资金募捐渠道。打造了诸如"爱心树""机关一日捐""新心上海人""职工幸福安康基金项目""浦东新区信鸽协会慈善公益基金项目""爱心在社区""张江集团爱心专项""音你而精彩——孤儿教育"和"爱心结对助学""生命之光"内脏器官移植、骨髓移植救助项目、"花儿绽放"儿童大重病救助、"爱心雅集"大重病救助、"就爱你行动——认知障碍老人关爱项目"和"特殊教育关爱

基金项目"等一批深具影响力的品牌项目。在广泛拓展挖掘慈善项目的募捐资源时，也在积极提升互联网筹款能力，比较有代表性的案例如下：

1. 精准扶贫助力国家脱贫攻坚

（1）"长三角雏鹰筑梦"专项基金

为积极贯彻党和政府关于长三角慈善一体化战略方针，2019年浦东新区代表处发起成立"长三角雏鹰筑梦"专项基金100万元，用于资助长三角地区困境儿童和困难儿童家庭。在健康扶贫领域，与上海浦东新阳光生命关爱中心合作开展"长三角雏鹰筑梦上海新阳光病房学校"项目，为长三角地区来沪就医的小朋友和家庭提供陪伴式教育和营养支持等服务，并通过"平安小家"服务点，为患儿提供"陪伴式"课程服务，2020年12月底已开启511节线上和线下教学课，服务患儿2083人次，服务家长91人次。参与活动的志愿者达510人次，共计服务时长317小时，从关爱儿童做起，推动长三角慈善一体化融合发展。

（2）对口援建跨地域教育扶贫

自2015年以来，浦东新区代表处携手浦东新区信鸽协会，成功举办了三届"名优信鸽爱心义拍活动"，用于定向资助云南大理州，2020年12月底已拨款60万元资助大理州剑川县第一中学、洱源县宁湖第二小学、宾川县力角镇初级中学修建操场和篮球场等。在2020年脱贫攻坚的收官之年，浦东新区代表处为甘肃省天祝藏族自治县打柴沟镇打柴沟小学对接50万元扶贫资金用于改造操场项目，以增进贫困地区儿童的体育素养和健康的体魄。并为云南大理州宾川县、剑川县、永平县12000户贫困家庭送去价值61万元的衣物和读书卡，为打赢脱贫攻坚战贡献社会组织的力量。

（3）春禾启梦项目

扶贫首先要扶智，教育扶贫是一个行之有效的途径。2016年，浦东新区代表处与上海春禾青少年发展中心共同发起创立"春禾启梦计划"，致力于对贫困落后地区的中学开展各类教学培训，以期改变贫困地区的教育理念、教育方法，构建起合理的课程体系，并提升教育水平，使更多的贫困学生获得更优质、更均衡的教育资源与机会。5年来，在云南省大理州弥渡县寅街镇初级中学、贵州省遵义市绥阳县郑场中学等5所初高中学校总计资助252.5万元，约4000名留守儿童受益。与此同时，在学校组建春禾社团，帮助学生开展各种课外兴趣与探索活动，激发出学生内生的兴趣爱好与学习动力，从而改善贫困学校的教育环境，为学生搭建多元自主的发展平台与成长空间。

2. 抗击新冠疫情专项行动

疫情期间，浦东新区代表处发起"抗击新冠疫情专项行动"，快速开启线上线下"双捐赠通道"。截至2020年6月底，累计收到社会各界捐款2792.14万元，其中1251.27万元捐款定向用于湖北特别是武汉地区疫情防控工作，也为"大爱逆行"的上海赴鄂医疗队中浦东所辖的九所医疗机构的145位援鄂医护人员发放了专项慰问金。其余的1540.87万元统筹用于浦东疫情防控工作，另有300余万物资定向用于浦东抗疫一线，为阻断疫情提供充足的物资保障。为缓解境外疫情输入压力，实现关口前移，形成完整的闭环管理，浦东新区代表处快速响应，出资善款2250万元，为浦东新区5家发热门诊定点医院捐赠5台CT设备，有效缓解了医院发热门诊的检查诊断压力，减少与医院日常发热患者就诊过程中交叉感染的风险，为疫情防控筑起更坚固防线。在疫情期间，市、区各级领导多次前往浦东新区代表处调研慰问，对浦东新区代表处在疫情中积极发挥慈善公益组织使命担当的善举和所做的贡献给予充分肯定和高度赞扬。

3. 音你而精彩——孤儿音乐教育项目

2014年，浦东新区代表处与香港大学上海校友会发起音你而精彩项目，委托上海久牵志愿者服务社在宣桥镇儿童寄养服务站实施艺术公益慈善项目，通过成立儿童音乐教育艺术活动中心，为寄养孤儿提供以唱歌、吹葫芦丝、弹钢琴等音乐教育为主，绘画、认字、手工、烹饪等为辅的培训，提高他们的艺术活动能力、协调能力和交际能力，为日后融入社会打下坚实的基础。6年来共筹集了220万余元，累计帮助了240多人次的小朋友。经项目评估发现，受助孩子在学习兴趣和能力、社交能力、生活技能、交际礼仪等方面均有大幅度提高，有些孩子甚至在绘画比赛和葫芦丝比赛中获奖。

4. 爱心项目认领——微公益、微生态

2018 年，浦东新区区委通过"不忘初心，牢记使命"学习实践活动和大调研工作，摸排形成助医、助学、助业、助残和助生活 5 大类、15 小类的需求清单，并探索实践个性需求"微心愿"认领、共性需求项目化认领的帮扶方式。其中爱心帮扶项目是浦东新区区域化党建爱心帮扶专门委员会在区委组织部、新区民政局的关心和指导下，在大调研过程中，梳理出的困难家庭老人和儿童健康营养的共性需求。该项目由专委会牵头，在上海市慈善基金会浦东新区代表处设立专项资金账户，通过搭建区域化党建双向认领平台，发动驻区单位党组织和社会爱心人士，以项目化形式为全区 60 至 89 周岁的低保家庭和特困供养老人每天赠送一份爱心牛奶和向全区低保家庭中 16 周岁以下儿童及特困供养人员每天赠送一枚鸡蛋。2020 年 12 月底，此项目已经募集 836.19 万余元。还有张江（集团）有限公司党委组织爱心党员出资捐赠设立"张江集团爱心专项"，资助浦东新区各类困难群体的助困、助医、助学、助老等各类慈善公益项目，使困难家庭感受到党和政府及社会的关爱和温暖。随着新时代"微公益"的发展，浦东新区代表处携手浦东新区总工会，开展了困难职工微心愿项目，2020 年已为大理州 104 名困难职工圆梦。

（五）使命为先，弘扬慈善文化

文化是慈善公益发展的灵魂与内涵，浦东新区代表处多年来一直努力弘扬慈善文化，通过举办浦东新区"蓝天下的至爱"系列活动、"浦东新区慈善公益联合捐活动"传扬浦东慈善公益文化理念，并通过"慈善之星""慈善公益奖"评选活动和"慈善箴言"征集活动，激发社会公众的参与热情，以期全面提升慈善公益的聚合效应。如举办翰墨同心筑大爱——中国画名家慈善募捐邀请展，以画展的形式展示了浦东开发开放 30 周年的辉煌成就，弘扬中华民族乐善好施的优秀传统文化，也展现了浦东锐意进取的风貌。此次活动总计募集善款 101.3 万元，全部用于慈善公益事业。此外，通过"慈爱杯"爱心编织邀请赛等亲民的项目设计，以参赛作品为捐赠物资，吸引普通市民对公益慈善的关注度。合作设立"百年东方文化项目",用于推广东方医院的百年文化发展历程,积极营造和谐的慈善文化氛围,推动新区内形成"乐善好施、和谐互助"的慈善精神。

(六)新媒体生态,多元拓展宣传途径

浦东新区代表处积极发挥内外部宣传平台的优势,采用新媒体进行广泛宣传。成立之初,以机构内部的《浦东慈善》简报作为宣传平台,对浦东一些重大慈善活动、前沿慈善理念进行宣传报道,以丰富多彩的形式来传扬慈善文化的理念和内涵。在"互联网+"时代,通过"浦东慈善"微信公众号等新媒体重点宣传有特色、有亮点的慈善公益活动,深入挖掘并推广成功的案例经验,积极传播慈善正能量。此外,借助浦东时报、浦东电台等多种媒体开展宣传,以期全方位、多维度、多渠道地推广慈善成果,吸引更多有爱心的人参与慈善公益活动,得到了业内人士和社会公众的普遍好评。

三 创新与成效

浦东新区代表处的主要特色在于打造了联动浦东各街镇、社区、各界、各部门、各慈善组织的"联合捐"募捐品牌,并在此基础上构建了社区慈善网,发展了国际情的"爱心树"项目,积极探索慈善信托、公益创投等前沿领域,体现了立足上海、展望国际、敢于开拓、创新进取的浦东慈善精神。

(一)社区慈善网络建设

浦东新区代表处在整合社区资源方面有一些成功经验,主要体现在三个方面:一是慈善超市、经常性捐赠点、物资配送中心、慈善联络员队伍和慈善义工共同组成的社区慈善超市网络建设。二是社区慈善基金的设立,为了让社区居民更广泛地了解慈善捐赠资金的流向,探索赋权捐赠企业和社区居民共同参与的善款管理新慈善机制,2014 年在浦兴路街道建立首个社区慈

善基金，由社会组织、居民代表、捐赠企业等代表共同商议决定、监督管理捐赠资金的使用，浦东新区代表处和管理委员会定期对社区基金的资助项目进行监督检查、专项审计和专业评估，并定期向社区居民和捐赠企业通报社区基金运行情况。到 2020 年底，各街镇使用社区慈善基金共计约 4.05 亿元，开展各类社区帮困、社区慈善公益项目二百余个，让新区近 180 万人次的困难群体直接受益。三是与社区基金会合作，在联合捐平台上开展多项合作，多元主体联动一起织密社区慈善网。

（二）国际化的慈善爱心项目——国际情

借鉴西方"爱心树"的做法，浦东新区代表处尝试在国际社区内开展"装扮爱心树，传递国际情"的助困活动，主要捐赠方是在浦东居住或工作的外籍人士，受助方是浦东新区各街镇残困学生和民工学校的困难学生。2009 年元旦，在各大商业网点人流量较多区域摆放爱心树，现场参与活动的顾客可随机选择困难儿童的信息为其选购爱心礼物，并为四川灾区儿童也同步开展了募捐活动，一起打造了慈善机构与企业联动的商场募捐平台。每场礼物发放仪式上，都有不同国家的友人、不同肤色的孩子和不同年龄的爱心人士参与。2010 年，一个多年收到爱心礼物资助的小女孩在"爱心树"项目礼物发放仪式的现场送给礼物的捐赠方一幅亲笔画：黄种人、白种人和黑人穿着各自国家的特色服饰，手拉手愉快地行走在"地球村"中。"爱心树"项目得到了众多外籍爱心人士和外资爱心企业的捐赠，为困难家庭中的儿童赠送爱心礼物，逐渐汇聚更多的慈善力量，通过"爱心树"传递爱心的暖流，这也是浦东慈善品牌国际化的创新尝试。

（三）新兴慈善方式——慈善信托

2017 年，浦东新区代表处携手多方促成设立的"中信·上海市慈善基金会 2017 蓝天至爱 2 号慧福慈善信托"，是上海首例以自然人名义和双受托人形式成立的慈善信托，委托人是长期资助浦东慈善公益事业的爱心人士，受托人分别是上海市慈善基金会和中信信托，一起协力探索慈善与金融跨界融合的创新之路。该慈善信托规模为 600 万元，分 10 年全部用于帮助孤寡病残等特殊群体，截至 2020 年 12 月底已资助 180 万元用于贫困家庭儿童先天性心脏病医疗救助项目、癌症群体关爱计划——守望相助项目、儿童舒缓疗护项目、就爱你行动——认知障碍家庭支持项目、视网膜母细胞瘤患儿关爱等慈善公益项目。浦东新区代表处从资助项目的现状、服务对象、现实意义及经费预算等方面对上述资助项目展开评审工作，并提交信托项目结项报告进行公示，以确保慈善信托合法合规地运作。

（四）孵化慈善公益新生态的"公益机构成长扶持计划"

为了营造更专业、更多样化、可持续发展的公益新生态，探索新的公益资助模式，提升各类慈善组织的能力，浦东新区代表处委托第三方专业机构开展实施"公益机构成长扶持计划"项目，开始从资助公益项目向资助机构与项目并存的转型发展期。

2013—2017 年通过公益机构成长扶持计划征集、现场评审委员会投票、公益机构培训等规范化程序，总计资助了 41 个项目，总计 388.71 万元，并帮助中标机构专门设立"公益机构成长扶持基金"，其中 10 个项目在业务模式、创新能力、执行能力、筹资能力、人员架构各方面表现很好，连续获得 2 次资助。经结项评估发现，受资助机构在管理水平提升、组织制度健全、人力资源拓展、品牌塑造的意识和能力等方面都有所进步，逐步成长为诚信可靠、有较强筹款能力、项目运作能力和有自我"造血"能力的公益服务机构，也为政府定向购买公益服务打下了良好的基础。这种"社会组织"专业帮助培育孵化"社会组织"的互助生态，有助于从整体上打造浦东新区公益领域的专业化、规范化、透明化、社会化、可持续发展的新公益生态大格局。

（五）公益创投

为了发掘更多优秀公益项目，提高资金使用效率，浦东新区代表处于2012 年启动首届公益创投活动，开始定向招募、培育品牌项目，设立专项资金。初创阶段，为了确保科学与规范化管理，组建了一个由社会学、审计、新闻传播、社会福利等领域的9位专家组成的评审委员会，按照《2012年浦东创投申请机构尽职调查表》对所有申请项目开展尽职调查，根据"社区需求、项目设计、团队能力"三大项评审指标遴选优秀项目，总计22个项目获得资助336.4万元。为了确保规范化管理，浦东新区代表处委托第三方对获选项目的实施过程进行监测、评估和财务抽查等，并撰写评估报告，提出改进建议，帮助受资助项目一起专业化成长。

在这个过程中，一些民间社会公益服务的创新"金点子"得以落地生根，逐渐产生了一些品牌项目，如"家在星纳"拆迁安居房社区长者自治项目，获得浦东电视台、《浦东时报》等媒体的报道，上海社会组织网、浦东新区代表处、浦东文明等多家微信公众号和微博也对该项目进行推送、评论和转发，合力打造品牌影响力。此外，"心安"——失去独生子女家庭心理重建服务项目也被《浦东时报》报道，"后顾无忧——孤老、高龄独居老人生命规划工作方法探索项目"获得中国公益慈善项目大赛社会创新项目"百强"的荣誉，在参加腾讯公益"99公益日"的募款活动时，该项目在全国范围内筹得善款19万元。可见，这些源于浦东民间的创新公益项目逐渐在全国产生影响力。

四 未来展望

浦东新区代表处在推动全区慈善公益发展过程中，不但务实地推动慈善项目的运作，提高社区公共管理和服务水平，也培育孵化了一批有潜力的民间创新项目，一起营造"人人快乐向善"的公益新生态。在这个过程中，服务理念也在不断更新，出现了"社区自治""后事规划""失智友好社区"等新颖的用语，通过实践探索推动学术科研的发展，提升了浦东慈善公益的社会治理创新效能。

在建党百年之际，"十四五"开局之年，在上海市慈善基金会的领导下，浦东新区代表处将坚持党建引领慈善发展格局，积极融入浦东社会主义现代化建设引领区和示范区的发展规划，努力通过社区慈善网络建设继续深入推进"共建共享共治"的社会治理创新实践，并结合新时代浦东发展的新需求，深耕基层慈善的潜力，将具有浦东特色的"联合捐"的公益品牌做大做强，为长三角慈善一体化做贡献，发挥出长三角各个省市"联"的力量，加强各界慈善组织的互动与交流，形成新时代的慈善联盟。与此同时，继续拓展激活国际社区、外资企业的慈善公益活力，将浦东打造成新时代中西方慈善公益交汇的示范地，增强浦东慈善的国际影响力。

B.18
浦东新区红十字会

浦东新区红十字会工作组*

摘　要：　浦东新区红十字会围绕"人民城市"理念，结合区委、区政府的中心任务，聚焦主责主业，持续深化群团改革，积极开展人道服务，改善最易受损群体的生活境况，大力弘扬"人道、博爱、奉献"红十字精神，充分发挥作为党和政府在人道领域助手和联系群众的桥梁纽带作用，助力建设更有温度、更富魅力的博爱家园和文明浦东。

关键词：　组织建设　人道服务　公开透明

一　机构概况

截至 2021 年 9 月，浦东新区共有基层红十字会 308 家，其中街镇红十字会 36 家、学校红十字会 253 家、红十字冠名医疗机构 8 家、团体会员单位 11 家，基本实现基层红十字组织的网络化覆盖；全区共有红十字会员 27.8 万名，社区会员家庭 9.7 万户；志愿者队伍 1291 支，志愿者总数 1.7 万名，其中注册志愿者 6228 名。新区红十字会系统充分发挥红十字会独特优势，积极开展人道服务，推进改革创新，在浦东开发开放 30 周年新起点，为新时代浦东改革开放再出发提供更有力支撑和保障。

---

* 浦东新区红十字会作为区政府直属机构，是从事人道主义工作的社会救助团体，以保护人的生命和健康、维护人的尊严、发扬人道主义精神，促进和平进步事业为宗旨。

二 举措与成效

（一）夯实基层基础，推进群团改革，不断完善红十字会组织网络

激发阵地活力。浦东在全市率先实现社区阵地全覆盖。新区 36 个街镇全部建立红十字服务总站，每个总站设一名专职社工；1300 余个居村建立红十字服务站，统一标配健康服务设施，开展健康促进、志愿服务、救护培训等服务内容。因地制宜服务易受损人群，通过"一站一品"创建，打造区红十字应急救护培训基地、红十字生命健康安全体验馆、社区红十字平安小屋、学校红十字生命健康安全体验教室、冠名医疗机构爱心病房等一批红十字品牌阵地。

创新工作方式。群团改革以来，区红十字会面向全社会公开征集公益服务项目，凝聚医疗机构、大学、社会组织、企业等社会力量，以多样化、专业化服务满足易受损群体个性化、小众化需求，服务失独家庭、失智失能老人、自闭症儿童、脑卒中和肛口再造患者、临终病人等最易受损人群 20 余万人次。

（二）围绕核心业务，提升动员能力，推动"三救三献"工作始终保持全市领先

形成快速应对、协调有序的红十字救灾体系。2018 年 5 月 8 日世界红十字日，由中国红十字会总会和上海市人民政府联合举办的"博爱申城——5·8世界红十字日滨江行"主题宣传活动圆满举行，区红十字会承办浦东滨江段活动及闭幕式。在浦东滨江沿岸，来自团体会员单位的东方医院中国国际应急医疗队、第七人民医院海上医疗救援队、上海金汇通航空中紧急救援队（医疗转运）和浦东新区人民医院、浦东医院红十字紧急救援队，组成了陆海空红十字应急救援体系闪亮登场，传递立体化、全空间的应急救援新理念。全区建立委办局、街镇、居村、小组四级救灾联络员队伍 1512 支、

11344 人。区红十字会修订完善《浦东新区红十字会自然灾害应急预案》，建立浦东新区红十字会应急工作领导小组和应急工作办公室，确保指挥命令畅通。在区应急管理局指导下，建立了以物资协议储备为主、样品物资储备为辅的"救灾物资中心"，充分发挥其灾害救援作用。

形成网络覆盖、知技合一的红十字应急救护体系。2017 年 5 月 2 日，在浦东机场安检口，AED（自动体外除颤器）的使用成功救活一名心脏猝死的加拿大乘客，赢得了国际声誉。浦东新区已通过 AED 政府实事项目在机场、地铁、学校、大型商场等人流密集、流动频繁的公共场所设置 1259 台 AED，其中 2020 全年完成 200 台 AED 安装布设。AED 和应急救护技能已成功挽回 6 名心脏猝死患者的生命。区红十字会不断探索向重点领域、重点行业、重点人群传授应急救护技能，扩大救护培训覆盖率。2020 年全年，全区累计完成救护员培训 8061 人，普及培训 81245 人次。根据第 174 次区委书记专题会议的指示精神，开展了区四套班子领导参加红十字应急救护技能专场培训。在社区，各街镇红十字会在完成社区居民培训的基础上积极向社区单位拓展。在学校，做到高一新生全员普及培训、每个学校两名以上教师获得救护员培训证书；与开放大学浦东南校合作，推动红十字救护培训纳入学分制，成为全国高校普及急救课程的创新之举。在行业，加强与公安、人保等部门和妇联、金融工会等群团组织合作联动，对新进公务员、事业人员、消防员、警察、家政服务员、保育员等各类人群开展岗前培训、专业培训。紧紧依靠街镇红十字会、学校红十字会、冠名红十字医疗机构三大主力，建立红十字应急救护队伍，开展拓展演练。在社区建立了 36 支应急救护队，每年"5·8 红十字日""5·12 防灾减灾日""9 月世界急救日"开展应急救护演练；在学校每年开展青少年应急救护技能大赛；在冠名医疗机构，建立红十字医疗紧急救援队，配合重大赛事和活动，开展急救演练和保障。

形成上下联动、公开公正的红十字救助体系。面对新冠肺炎疫情的突然来袭，区红十字会及时开设"新冠肺炎疫情防控"专项捐赠项目，接受社会各界捐赠，做到流程规范、公示及时、发放精准，确保捐赠款物接收、发放、使用情况公开、透明，实现闭环管理。共接收捐赠款物1186万元，其中物资24.39万件，全部划拨至一线支持防疫工作。配合区卫健委第一时间在红十字冠名医疗机构中开展援鄂动员，第七人民医院扛着红十字旗帜踏上援鄂征程并顺利凯旋。日常承接政府救助项目，"失智、失能困难老人关怀项目"累计服务20余万人次，并在政府实事项目群众满意度测评中一度位列第一。2020年内，为社区重度困难失智、困难家庭高龄失能老人上门配送护理用品31511人次，共计金额490.28万，开展老年介护培训1989人次。鼓励企业定向捐赠，"东方华润·新心起航"博爱阳光项目筹资1000万元，救治来自老少边区的贫困先心病儿童600余人，荣获上海市慈善奖。携手爱心企业募集捐款对口援助云南大理、西藏江孜、新疆莎车等地贫困儿童，开展"点亮行动"等爱心助学和医疗救治项目。三届理事会期间共募集捐款1.37亿元，人道救助支出1.41亿元（含市红会救助项目款），受益群众39万余人次。2020年，"千万人帮万家——2020年浦东博爱行"迎春帮困慰问1000余万元，近2万人（户）受益。

形成服务为先、重在宣传的"三献"工作体系。从第1例到第82例，从全国卫生系统首例捐献造血干细胞的医务人员到上海市首例向台湾地区捐献造血干细胞的大学生，浦东新区造血干细胞捐献的爱心队伍不断壮大，焕发着蓬勃生机。截至2021年9月，共招募造血干细胞捐献志愿者入库近20000人份，实现捐献造血干细胞移植82例；遗体（角膜）和器官捐献登记志愿者5000余人，实现捐献638例。其中2020年招募造血干细胞捐献志愿者入库918人份，实现捐献造血干细胞5例；遗体（角膜）捐献登记志愿者329人，实现捐献58例。全区各级红十字会积极推动无偿献血、造血干细胞、遗体（角膜）和器官捐献宣传动员和志愿者募集工作。成立"红枫叶干细胞捐献志愿者服务队"，深入社区、企业开展招募活动；受市红十字会委托牵头成立遗体（角膜）捐献志愿者五区联盟，在红十字服务总站开展遗体（角膜）捐献志愿者服务项目；设立器官捐献救助基金，为捐受双方提供人道救助。组织开展各类纪念、瞻仰等活动，宣传和表彰志愿者的无偿捐献行为。

（三）推进人道传播，优化发展环境，不断增强红十字凝聚力

以博爱为主旨，传播红十字文化品牌。主动对标文明城区创评指标，广泛开展"博爱家园"建设，提升街镇社区参与创建的积极性。金杨新村街道、高行镇、祝桥镇、潍坊新村街道、老港镇 5 个街镇先后成功创建市级"博爱街镇"。加大宣传推广力度，打造官方网站、微信、社区红十字宣传栏、"博爱文化长廊"等线上线下综合传播平台，结合"红十字文化进社区"等项目，加强"资源通融、内容兼融、宣传互融、效益共融"，塑造红十字先进典型，打造红十字文化宣传品牌。

以保护和激励为主题，深化红十字青少年工作。与区教育局联手，将红十字青少年工作与学生素质教育、生命教育、知识教育结合起来，在中、小学生中开展"红十字青少年文化节"、人道法知识竞赛、红十字救护演练和应急救护大赛等活动，教育青少年珍惜生命，增强自救互救能力。积极开展学校红十字志愿服务项目，鼓励学校红十字会组织青少年进养老院开展敬老爱老等常态化志愿服务，推动南汇实验学校成功创建为全国红十字模范学校。联合区教育局、卫健委做好上海市中小学生婴幼儿住院医疗互助基金工作，每学年参保人数超过 50 万人，为全区 0—18 岁常住少儿撑起生命保护伞。2020 学年少儿住院互助基金为全区 55.07 万名少年儿童（0—18 岁）办理基金参保手续，参保率为 98.14%。

三　展望与发展

浦东新区肩扛社会主义现代化建设引领区的历史重任，在全市改革创新大局中具有举足轻重的地位。浦东新区红十字会始终坚持党的领导，把红十字工作放在浦东高水平改革开放打造社会主义现代化建设引领区的国家战略的大格局中，积极发挥红十字会独特优势，着力提高人道服务能力和水平，担任好党和政府在人道救助领域助手的角色，在奋力推进高水平改革开放打造社会主义现代化建设引领区的伟大实践中建功立业。

（一）始终坚持党的领导，坚定不移地走中国特色社会主义群团发展道路

2021 年是中国共产党建党 100 周年，也是上海市红十字会建会 110 周年。中国红十字事业是中国特色社会主义事业的重要组成部分。党的领导和各级政府的大力支持，是红十字事业取得发展和成就的保障。浦东新区红十字会作为在党的领导下不断成长起来的群团组织，坚持党的领导是第一要义，是不可动摇的政治原则。要围绕党和政府的中心任务，坚定不移地走中国特色社会主义群团发展道路，构建红十字会社团的新格局，增加红十字组织的政治性，坚定浦东红十字事业发展方向。

（二）践行人民发展理念，助力现代城市治理示范样板建设

一要围绕服务民生"一网通办"，建设有温度的博爱家园。结合"家门口"服务体系和"15 分钟服务圈"建设，进一步推动红十字服务站提质增能，把救护培训和便民设施送到离群众最近的地方，把救助关爱实事项目做到群众心坎上。继续提高红十字应急救护培训工作普及率和培训实效性，进一步探索向重点行业、重点领域、重点人群拓展，提前完成 35% 的普及率。把学习考察成果转化为推动工作的实际成效，大力开展"数字红会"建设，重点依托 AED 布设完成智能化管理维护升级换代，高效联动"城市大脑"，助力构建城市安全体系和城市数字化转型。

二要围绕城市运行"一网统管"，打造有亮度的主责主业。积极服务浦东应急工作大局，将红十字会应急救援工作纳入区政府应急响应体系，应急救援救助物资纳入全区应急储备体系，抓好应急救援预案和演练，做好重大赛事、重大活动应急救护，服务保障城市安全有序运行。不断汇聚人道资源与力量，策划和培育一批有影响力的品牌筹资项目和活动，创设专项基金，大力开展项目化博爱募捐，帮扶特殊困境的易损群体，推进人道救助精准化、项目化。积极探索参与养老服务工作的有效方式，不断创新造血干细胞捐献、人体器官捐献、遗体角膜捐献及无偿献血等工作的宣传动员机制，激

发爱心、温暖社会。

（三）积极先行先试，勇当全市全国红十字工作的示范标杆

一要在融入新时代文明实践中心建设中走在前列。抓住新时代文明实践中心建设的契机，将红十字"博爱家园"建设紧密融入新时代文明实践中心。在潍坊新村街道探索建设红十字新时代文明实践基地，以志愿服务为抓手调动各方力量，以资源整合为重点打造工作平台，将红十字特色服务资源精准匹配社会发展需要、精准对接群众需求。并复制推广到其他街镇，通过主动融入新时代文明实践中心建设，把传承红色基因和弘扬红十字精神有机结合，让深刻的思想、活跃的理论、厚重的精神、不凡的人物以精彩的故事、丰富的活动直抵人心，团结带领广大红十字会员、志愿者、工作者听党话、跟党走。

二要在助力长三角一体化发展中走在前列。进一步提高站位，强化"共同体"意识，在牵头合作、联通内外、做强功能上下功夫，推动长三角红十字工作一体化发展，更有力地服务全国发展大局。要联合南京、宁波、合肥三地红十字会，着力完善红十字应急救灾物资储备网络，提升应急救援能力和水平。强化红十字冠名医疗机构应急救援队伍建设，健全红十字应急救援体系，提升救援专业化水平。要加强合作开展实战演练，提高救援队伍应急处置能力，形成快速应对、协调有序的长三角区域红十字救灾体系。要相互学习借鉴，完善救护培训师资等级管理，提升应急救护培训专业水平。

三要在推进群团改革打造红十字品牌上走在前列。对标国际标准领先水平，找准自身定位和优势，创新服务机制，改进工作方式，形成科学有效的需求发现机制、客观准确的工作评价机制、规范有序的项目管理机制、专业合作的问题解决机制。通过公开征集符合红十字宗旨和理念的公益项目，凝聚社会力量参与浦东红十字事业，形成一批为易受损群体服务的品牌项目。重点扶持和持续放大"失能失智老人关爱"、"风信子"脑卒中健康志愿服务、"红枫叶"造血干细胞捐献志愿服务等品牌效应，努力创建更多在全市、全国有一定影响力的红十字品牌，增强红十字事业发展的生机活力。

　　四要在推进红十字治理现代化上走在前列。坚持依法治会、依法兴会，紧紧围绕加强内部管理，聚焦抓重点、补短板、强弱项，着力健全依法决策、依法执行、依法监督机制。要指导督促街镇红十字会依法依章程按期换届，探索建立街镇红十字会监事会，推进红十字会治理体系现代化。要完善专家咨询论证和法律顾问制度，把专家论证、风险评估、合法性审查作为重大决策必经程序，提高决策科学化水平和风险防控能力。要做好巡察、审计整改成果转化，不断提高社会捐款募集、管理、使用的公开透明程度，不断提高公益项目征集、委托、评审的规范运作水平，主动接受监督，让每一份爱心善意都及时得到落实，不断增强红十字会的公信力。

B.19
浦东公益示范基地

林怡琼*

摘　要： 浦东公益示范基地是浦东新区打造公益生态，树立行业标杆，创新公益发展模式的鲜明案例。基地的建成、发展有效推动了政社合作，使浦东在社会创新领域具有先发优势，其建设运营模式已成为上海乃至全国争相效仿的发展经验。随着社会治理创新不断深化，社会组织目标定位多元化、发展需求多样化，成长阶段呈现多层次，浦东公益示范基地还将进一步发挥多元合作与创新发展的引领作用。

关键词： 社会组织　公益生态　孵化培育

一　背景与缘起

浦东公益示范基地①由浦东公益服务园、"新益汇"社会组织创新空间、社区公益服务（塘桥）园和浦东公益街共同组成，是浦东新区深化综合配套改革试点、创新社会治理的实践园区。示范基地秉承"公益服务社会、合作促进发展"的使命，致力于打造公益性社会组织的孵化成长的大本营，政社合作供需对接的大平台，公益服务项目集散地，公益组织和公益人才的集合源，公益理念和公益文化的输出地。

＊　林怡琼，上海市浦东新区公益组织项目合作促进会秘书长。
①　本报告内引用的数据均截至 2020 年 12 月 31 日。

（1）2009 年，浦东公益服务园开园，是中国内地首个社会组织集聚办公的公益性园区，公益服务园面积 2600 平方米，目前入驻社会组织 20 家。园区汇聚了一批专业化、支持型、枢纽型、示范性的社会组织，发挥了良好的引领、溢出效应，先后获得第六届"中国地方政府创新奖"、首届"上海社会建设创新项目""浦东十大改革创新项目"等奖项。

（2）2009 年，社区公益服务（塘桥）园建立，是浦东 36 个街镇社区层面公益性社会组织支持服务平台之一，园区面积 1200 平方米，目前入驻社会组织 14 家，旨在通过支持更多公益性社会组织、社会力量扎根社区，投身社区服务和基层治理，推进更多服务民生的项目落地社区，先后培育、引入 99 个公益服务项目，项目资金 966 万元，有效践行了"公益心，公益行"的理念。

（3）2012 年，浦东公益街首批机构入驻，园区面积 1900 平方米，入驻社会组织 13 家。这些创新性、示范性的社会组织通过提供公益服务产品，探索自我"造血"的运营模式，实践社会服务的多种实现途径，促进了政府、企业、社会组织、社区公众的多方参与。

（4）2019 年，"新益汇"社会组织创新空间启幕，不同于公益服务园的"示范"定位，"新益汇"更突出"创新"功能，致力于服务和扶持处于初创期、成长期的创新型社会组织，帮助其激活自我"造血"机制，加速成长，成为公益资源链接的大平台。依托浦东新区社会工作协会、浦东新区社会组织服务中心、浦东非营利组织发展中心"恩派（NPI）"、真爱梦想公益基金会、洋泾社区社会组织联合会等推出"优新益"社会组织成长加速计划，从"内部治理、内部管理、创新发展、资源拓展、品牌建设"等方面为初创期、成长期以及志愿团队提供能力建设服务。"新益汇"社会组织创新空间项目入围首届"上海社会建设和基层社会治理创新项目"。

二　机制与举措

（一）三方协同、政策扶持，发挥社会组织积聚效应

按照"企业提供办公用房和物业服务、政府提供财政补贴和入驻标准、

社会组织自我管理和服务"的运作思路，浦东公益示范基地的办公场地设立于陆家嘴金融贸易区内的原东星手帕厂区、博硕创意园区和陆家嘴金融街区。浦东新区民政局通过制定入驻标准和补贴政策，引入符合园区定位的社会组织，发挥其对浦东公益事业的示范引领作用。浦东新区通过《促进浦东新区社会组织发展的财政扶持意见》，对入驻示范基地的支持性、枢纽型、具有示范效应的社会组织给予房租补贴。2011 年以来，共计补贴房租超过 5555.87 万元。塘桥街道则根据社区发展及社会组织的实际需求，在提供物理场所建设社区公益服务园的同时，还出台了《塘桥街道关于进一步培育和规范社会组织的实施意见》（浦塘办〔2013〕5 号），对社会组织给予硬件支持、专项经费扶持等，推动了社区社会组织的可持续发展。企业履行社会责任，通过企业资助、让利（如"新益汇"空间采用"政府补贴50% + 企业减免 25% + 社会组织自负 25%"）等方式，既减轻社会组织的经济压力，又增强其成本核算意识，促进社会组织形成自我"造血"机制。

（二）政府主导、专业运作，激发社会组织民主决策

浦东公益示范基地分别由 3 家社会组织进行"自我服务、自我管理"。作为公益服务园最早入驻的 10 家社会组织联合发起——浦东新区公益组织项目合作促进会，受区民政局委托，托管浦东公益服务园和"新益汇"社会组织创新空间，定期召开机构联席会议，制定、完善《浦东公益服务园公共空间管理制度》，激发社会组织的民主决策动力。通过购买服务，浦东民政局委托支点公益促进中心托管浦东公益街；塘桥街道购买塘桥社会组织服务中心托管社区公益服务（塘桥）园，各托管机构根据园区特点及入驻组织需求，管理园区公共事务，为入驻社会组织提供服务，确保了整个示范基地的统筹协调运作。通过自我管理和协同机制，激发社会组织的自我完善、自我发展的动力。各社会组织利用自身优势，开发、实施了财务代理、人事服务、注册咨询、法律咨询、组织能力建设等自我服务项目，推动了浦东公益行业的不断发展。

为进一步规范管理入驻社会组织，2015 年起，浦东公益示范基地建立

了"园区入驻评审机制",由园区托管单位代表社会公众人士、支持性和枢纽型社会组织代表共同组成评审委员会,对拟入驻的社会组织进行评审,每年举办浦东公益示范基地入驻评审会,以确保入驻社会组织的质量,并对考核不合格的组织实行退出机制。

(三)党建引领,赋能公益,形成多元联动的公益生态圈

浦东新区社会组织综合党委发挥党组织在引导社会组织、服务群众中的政治核心作用,促进社会组织创新发展的政治引领作用,确保社会组织发展的正确方向,进一步发挥社会组织服务经济社会发展的功能。在浦东公益服务园内打造"阳光益路"党建阵地,组织开展"党旗飘扬在特殊日子里"抗击疫情先进事迹朗诵演讲比赛、"影红新时代,扬帆三十年"——浦东新区社会组织主题摄影活动等活动。大力宣传"红色引力波"等13个特点鲜明、具有引领性的基层党建品牌,以点带面促进社会组织党建工作不断提升。"新益汇"空间坚持"党建引领、文化传承、赋能公益"的理念,与洋泾街道社区党委签署"深入落实'三个两'工作协议",依托区域化党建资源,实现对入驻组织党建"三同步",把党的领导从源头上植入,在发展中完善。整合街区的党建服务站、五峰讲堂、公益图书馆、24小时文化客厅等资源,将公益园区与社区相融,形成党建联盟,促进区域化党建、"两新"组织党建、企业党建及居民区党建的"四建融合"。

(四)搭建平台、跨界合作,推动公益组织专业、多元发展

浦东公益示范基地强调多方合作与协同发展,率先探索并打造了促进供需合作、推动公益发展的专业的、权威的、第三方的服务载体——区级公益服务项目"供需对接·一站式服务"平台。一是通过"浦东公益网"、公益活动月等载体发布供需信息,通过项目展示交流会、对接会、推介会、参观接待等形式,积极促成各需求方与社会组织的供需对接,促成项目合作。2009年至今,已累计促成公益服务项目840个,政府购买服务资金达到1.07亿元。二是借助支持机构的专业力量,开展公益服务项目的活动监测、

评估和咨询指导、培训等一站式服务，累计监测评估 973 个项目，出具各类项目评估报告 2893 份，监督项目资金使用 1.34 亿元，并在项目管理、财务管理、资源动员、跨界发展等多方面提供专业意见和资源对接，提升了公益组织的服务质量和管理水平。经过多年来的实践运营，平台形成了"规范、中立、开放"的运作特点。有别于直接指定等传统粗放式的购买服务方式，平台依托建立的一整套制度，为供需双方提供规范有效的服务。平台始终扮演的第三方角色，实现了提供建议但不参与决策，服务到位但从不越位的效果。平台既为政府部门提供服务，也对社会组织（公益基金）、企业开放，鼓励其出资提供公益项目。平台立足浦东但不局限于浦东，很多其他区县的社会组织亦可通过平台寻找合作伙伴，实现了跨界合作，推动公益服务的专业、多元发展。

三　创新与成效

（一）营造公益生态，构筑公益产业

浦东公益示范基地以入驻社会组织为基础，逐步形成专业孵化、培育机制，通过项目孵化、系统课程等多种形式，培育各类社会组织。浦东非营利组织发展中心在国内首创"公益孵化器"模式，至今已孵化培育超千家的民间机构，并在全国多个大中城市得到成功的复制推广，被称为近年来社会治理领域的重要制度创新。浦东新区社会工作协会通过孵化社工类服务项目，成功培育了 13 家专业社工服务机构，在老年、青少年、家庭、学校、医务、社区矫正、禁毒、助残、外来民工子弟、少数民族事务、妇女、计生、慈善救助、儿童收养、临终关怀等 20 多个领域推动社会工作发展。映绿公益事业发展中心从团队组建、参与理事会治理能力建设等方面，为社会组织培育发展提供了专业支持。仁德基金会开展的"基金会培育"项目，先后五期为筹建期及初创期的 27 个基金会、基金提供场地行政支持、能力建设、辅导咨询、行业交流等培育服务，为上海乃至长三角地区的基金会提

供了支持和交流。浦东公益示范基地不断丰富入驻社会组织的类型，从公益生态的视角有效规划、布局孵化培育组织的种类，搭建不同成长周期的组织交流、联动与成长的平台，促进公益事业不断更新升级。新冠疫情发生后，首推"抗疫情，浦共益"社会组织短期扶持计划，为受疫情影响的 9 家社会组织提供共计 31 万元的资金扶持和能力建设，引导社会组织慈乌反哺。

（二）树立行业标杆，示范发展路径

浦东公益示范基地已形成规范引领机制，通过先行一步的经验和长期的实践积累为公益行业提供标准和服务规范。浦东新区社会工作协会先后发布《社会服务机构从业人员薪酬指导方案》《社会工作督导人才选拔、培养及使用实施方案》和《社工督导工作指引》等规范性文件，有效推动浦东社会工作多领域、专业化的发展。复恩社会组织法律服务中心编写的《社会组织劳动法实务与风险防范》和《公益组织实用法律汇编》等，保障了社会组织法制化发展。截至 2020 年底，入驻基地的社会组织通过依法活动、按章办事、诚信自律，已有 11 家获评"5A 级"社会组织，13 家获评"4A级"社会组织，为其他社会组织起到了示范作用。

吸纳具有社区项目发展能力的组织入驻，支持其形成长效的项目发展机制的同时，浦东公益示范基地始终鼓励和支持社会组织打造品牌项目。2019年，由浦东新区民政局主办，浦东新区公益组织项目合作促进会承办的首届浦东新区社会组织品牌项目推选活动，经"社会组织自主申报、专家评审、社会公示"涌现出包括"一个鸡蛋暴走""绿洲食物银行""守护天使——临终关怀"等 10 个品牌项目。据统计，60% 的获选项目产生于公益示范基地内的社会组织。百特教育咨询中心的"阿福童财商教育"项目等成功入选"中国好公益平台"得到推广。浦东新区公益组织项目合作促进会、屋里厢社区服务中心、浦东新区乐耆社工服务社、乐群社工服务社、浦东新区社会工作协会、新途社区健康促进社、复恩社会组织法律研究与服务中心、睿家社工服务社等先后获得"上海公益之申"的"年度十佳公益机构""年度十佳公益项目""年度十佳公益基地"等称号。

（三）积聚公益力量，形成人才梯队

入驻浦东公益示范基地内的社会组织从业人员呈现出"高学历、高素质、年轻化"特征，还有多名有海外留学经历的专业人员。基地成为青年人才和新思想、新理念的交汇集合场，为公益服务和公益项目的推陈出新注入源源活力。示范基地内的浦东新区社会工作协会与复旦大学、华东理工大学等13所高校共建社工人才实践基地。2019年以来，公益示范基地探索"行业联合招聘"，累计为53家社会组织发布招聘206个岗位，拓展社会组织人才交流渠道，进一步促进社会组织间的长效联动机制，打造浦东社会组织人才储备的蓄水池。

2019年，浦东新区贯彻落实《关于党建促社建，推进浦东新区社会组织高质量发展的实施意见》，启动了集聚、培养社会组织人才的"领雁计划"，引导社会组织在建设人民城市，推动浦东经济和社会发展中担当新使命。示范基地内的浦东非营利组织发展中心主任吕朝、映绿公益事业发展中心创始人庄爱玲等分别推选为"领雁人才"，另有浦东手牵手生命关爱发展中心创始人王莹、浦东新区社会组织服务中心主任刘兰等8人入选培养名单。浦东公益示范基地积极推荐一批年轻的社会组织领军人物参政议政，为公益事业积聚力量。

（四）激活公益意识，创新社会治理

浦东公益示范基地的发展也为多方力量参与社会治理形成合力。在区级公益园区的示范引领下，洋泾街道、金杨新村街道、周浦镇等7个街镇建立了社区层面的公益性园区，为慈善组织和公益机构落地社区提供支持与服务。由浦东非营利组织发展中心打造的"724星球"于2016年落地陆家嘴街道，由浦东新区应急管理局支持建立的专业应急服务社会组织公益园区也于2021年正式运营，为浦东新区不断激活公益意识，创新社会治理提供了实践经验。

截至2020年底，从公益示范基地走向全区的浦东社会组织公益活动月

已成功举办十二届，有约 400 家社会组织参与其中，超过 60 万人次受益，推动了社会组织、社区和社工"三社"联动。浦东公益示范基地内的浦东公惠社会工作服务中心、乐群社工服务社、瑞福养老服务中心、绿洲公益发展中心等 10 家社会组织积极投身参与东西部扶贫协作和对口支援工作，始终坚持"输血"与"造血"并重，发挥专业优势，深入贫困地区助力打赢脱贫攻坚战。浦东新区社会工作协会、浦东手牵手生命关爱发展中心等联合发起"在一起"新冠疫期哀伤服务公益联合行动，在新冠疫情发生后，通过集合专业力量、筹措社会资源，共同关注和帮助疫情中失去亲友的群体，研发《哀伤陪伴社会工作指南和工具包》陪伴他们平稳度过哀伤期，重建家庭、社区、社会关系，支持其恢复家庭、社会生活的正常化。自 2020 年 3 月项目实施以来，项目获得湖北当地 10 多家社工服务机构的响应，支持湖北武汉和襄阳两地机构为 113 名丧亲者家庭提供探访、疗愈课程、危机介入、资源链接等服务，持续开展"哀伤陪伴赋能培训"，推动社会工作有效应对突发事件。

B.20

浦东引导慈善公益力量助力脱贫攻坚

浦东新区慈善事业和社会工作发展中心*

摘　要：　近年来，浦东新区按照中央、市委的要求，凝聚智慧力量，
　　　　　发挥优势作用，广泛动员慈善公益力量，扎实做好东西部扶
　　　　　贫协作和对口支援工作。通过专业赋能、多方协同，打造扶
　　　　　贫格局，拓宽扶贫路径，创新扶贫举措，注重扶贫实效，唱
　　　　　响了具有浦东特色的铿锵之歌。

关键词：　脱贫攻坚　专业赋能　多方协同

一　基本情况

以社会组织为主体的慈善公益力量赴对口帮扶地区开展公益活动和帮扶项目，能够有效助推当地社会经济发展，是国家脱贫攻坚战略的重要组成部分。浦东新区深入践行习近平总书记"调动各方力量，加快形成全社会参与的大扶贫格局"的指示精神，坚决落实党中央、国务院以及上海市委、市政府关于打赢脱贫攻坚战的重大决策部署，响应新区号召，引导慈善公益力量积极行动，深入脱贫攻坚第一线，扎实做好东西部扶贫协作和对口支援工作，取得了明显成效。

以2020年为例，据不完全统计，在努力克服疫情影响的情况下，浦东

---

*　浦东新区慈善事业和社会工作发展中心，原"上海市浦东新区社会福利募捐和慈善事业促进中心"，2021年10月更名，为浦东新区民政局局属公益一类事业单位。

新区汇聚社会组织力量，与 9 个帮扶地进行结对，共开展扶贫项目 56 个，投入资金 1253.8 万元；赴对口地区开展脱贫攻坚相关人才培训 106 次，涉及人员 1563 人；自发捐款捐物，折款约 94.49 万元；帮扶地区约有 4.7 万人口受益。

二　机制与举措

（一）政府引导、多方联动，打造扶贫格局

为贯彻落实国务院扶贫开发领导小组《关于广泛引导和动员社会组织参与脱贫攻坚的通知》精神，进一步动员新区内社会组织参与脱贫攻坚战，浦东民政局印发了《关于〈浦东新区广泛引导和动员社会组织参与脱贫攻坚战的工作方案〉的通知》（浦民〔2019〕148 号），积极引导社会组织对接新区对口帮扶地区，开展援建扶贫、项目扶贫、教育扶贫、消费扶贫以及志愿扶贫等活动。明确社会组织参与脱贫攻坚应坚持党建引领，坚持依法依规，严守公序良俗底线，在法律法规框架下、在章程、机构宗旨和业务范围内参与；坚持强化内生动力，力求长效，培养当地自我发展的能力，实现可持续性长效发展。

为进一步引导社会组织有序参与扶贫，新区多方联动积极落实工作保障。一是民政局牵头摸清供需底数。新区民政局积极与新区对口支援与合作交流工作领导小组办公室及云南大理州对接扶贫工作，做好对口帮扶地区贫困情况和帮扶需求以及新区社会资源和帮扶能力的梳理，推动社会组织资源供给与扶贫需求的有效对接。二是积极调动社会组织和社会资源。主动对接上海市浦东新区社会发展基金会、上海市慈善基金会、仁德基金会以及各行业协会商会等，引导其立足自身职能优势，大力筹措，搭建募集专项资金和社会力量参与脱贫攻坚资源整合的平台，形成帮扶合力，在参与扶贫工作中发挥示范带头作用。三是营造鼓励社会参与的良好氛围。广泛宣传社会组织优秀扶贫典型，发挥榜样引领作用，鼓励社会组织投身扶贫事业，营造慈善

公益力量广泛参与扶贫的氛围，弘扬慈善公益正能量。四是落实政策资助支持。根据《上海市对口支援与合作交流专项资金资助社会力量参与对口帮扶工作的实施细则（修订）》，落实对社会力量对口帮扶项目的资助。2020年，春禾青少年发展中心、浦东新区一心公益发展中心等5家社会组织共计562.67万元的项目获得补贴资助款127.13万元（其中社会筹集款435.54万元）。

（二）助人自助、专业赋能，挖掘脱贫潜力

"牵手计划"通过搭建沪滇社会工作服务协作平台，以帮扶项目的方式，培育发展当地社会工作服务机构，培养社会工作专业人才，协助当地为特殊、困难群众开展社会工作服务，是社会工作专业人才服务贫困地区，参与精准脱贫的重要举措。自2018年起，浦东新区共有包括上海市浦东新区社会工作协会（以下简称"社工协会"）、上海乐群社工服务社（以下简称"乐群"）、上海浦东新区乐耆社工服务社、上海浦东公惠社会工作服务中心（以下简称"公惠社工中心"）、上海久牵志愿服务社、上海睿家社工服务社、上海公益社工师事务所、上海复惠社会工作事务中心等在内的10多家专业社工机构参加"牵手计划"，占全市专业社工机构参与总数的50%以上。

"牵手计划"的参与机构中，社会工作协会牵手云南省文山壮族苗族自治州，与当地的第八天青少年事务社会服务中心开展结对帮扶，共同开展边疆留守儿童的项目，将实地督导与远程督导相结合，开展实地调研、碎片化服务资源梳理、活力服务领域培育、引标促建等工作，将协会丰富的实务督导、机构孵化经验和较强的社会资源动员能力留在当地，以儿童社会工作为主体领域，进一步推动社会工作在文山州深耕发展；乐群聚焦对口的云南省金平县，在当地组织召开"携手为金平"议事会，开展"青春自护"禁毒防艾进校园项目；公惠社工中心坚守云南省怒江傈僳族自治州泸水市，围绕专业人才、机构运转、规范管理等方面对当地发展型社会组织开展服务、进行培养，以机构的服务项目为切入点，协助其实施社会工作服务项目，助其

快速成长。

（三）产业扶贫、创新形式，激发扶贫活力

"电商扶贫"是新一轮扶贫开发的创新举措之一，是实现精准扶贫、精准脱贫的重要抓手。上海市浦东新区电子商务行业协会承接深化沪黔合作推动电商协作行动计划，动员上海电商行业各界社会力量与贵州省紧密开展东西部协作，形成沪黔两地"山海相连、网路相连"新格局。针对贵州省特色产品"品类多、产量少"的特点，发挥电子商务"大平台、小包装"的产业优势，将贵州地区产品与服务通过电商渠道融入上海以及全国大市场。

"光彩事业"是在中央统战部、全国工商联组织推动下的一项社会扶贫事业。浦东光彩事业促进会于 2016 年成立，是会员企业慈善捐款、回报社会的运作平台，近年来浦东光彩事业促进会积极探索"造血式"扶贫，助力"三区三州"等扶贫重点区域精准脱贫。如参与新疆喀什莎车县异地扶贫搬迁安置点项目，助力基础设施改造，采购鸡苗、玫瑰花苗、葡萄树苗等，既通过扩大养殖、种植规模，促进当地农民增收，缓解当地就业压力，帮助其形成可持续"造血"发展，又保障了近 50 户搬迁户安置房的质量，进一步提高搬迁户的居住条件；动员援疆企业通过收购包销新疆莎车 3000 多名种植户的农产品以增加农民收入，开发红枣、核桃、巴旦姆深加工等核心产品，销往全国超过 5000 家卖场；在西藏日喀则市江孜县，浦东光彩事业促进会联合江孜县人社局、扶贫办发起就业扶贫项目，为具有烹饪、驾驶、藏式家具制作等劳动技能的贫困农牧民提供就业岗位，给予每人 500 元就业中介帮扶款，帮助其与用工单位签订 1 年以上的正式用工合同，共帮助近 400 名贫困农牧民实现就业脱贫。

（四）智力扶贫，助推教育，夯实脱贫根基

扶贫先扶智。浦东新区教育类社会组织紧密围绕教育扶贫，通过捐资助学、课程培训等多种方式，深挖资源，精准发力，多措并举助力对口帮扶地区教育发展，有效提升脱贫实效。其中，上海真爱梦想公益基金会联结政

府、企业和社会各界，在全国 262 个贫困县建成 1798 间"梦想中心"，折合善款 2.72 亿元，为贫困区县的精神脱贫、文化脱贫和长期脱贫做出有益的贡献。真爱梦想的扶贫案例入选国务院扶贫办 2019 年社会组织扶贫 50 佳案例，理事长潘江雪于 2021 年初荣获"全国脱贫攻坚先进个人"称号。上海金桥碧云公益基金会于 2019 年启动"荟聚爱"希望之光扶贫助学项目，为云南省大理州漾濞县太平乡和鸡街乡 8 所学校捐赠高低床、课桌、椅子及电脑，帮助贫困地区学校和热爱学习的孩子们改善学习环境，提升学习质量。上海浦东新区宝宝念诗阅读服务中心联合沪上多家单位，秉持发扬中华民族优秀传统文化的理念，共同发起"千人万卷援南疆"活动，捐赠教材和图书，援建"国家国语国学图书馆"，邀请新疆师生到上海开展交流学习，联动相关单位配送网课、机器人等教育资源，有效改善了新疆师生教育资源匮乏的现状。上海浦东泉蒙阅读文化交流中心依托"99 公益日"募集资金和资源，为中西部地区 7 省 14 县的 208 所学校建设 2268 个班级图书角。上海浦东一心公益发展中心于 2017 年发起"书画梦想"公益项目，整合上海专业师资力量、爱心企业赞助和热心家长团队，长期帮助贫困山区师生及留守儿童获得高质量的美术素养教育，促进山区和留守儿童的身心健康成长。

（五）多方协同、爱心助力，汇聚帮扶资源

浦东的社会组织通过各种专项捐赠和公益活动，为脱贫攻坚贡献帮扶资源。上海浦东新区信鸽协会成功举办了三届"蓝天下的至爱"——浦东新区名优信鸽慈善公益拍卖活动，共筹得善款 107.2 万元，其中，部分善款以"教育扶贫"的方式帮扶云南省大理州的 3 所学校建设完成篮球场悬浮地胶铺设；2016—2018 年间，上海绿洲公益发展中心通过"绿洲食物银行"网络，为新疆及四川等地贫困学生、困难家庭发放食物 12 万余份，总价值超过 200 万元，2020 年，上海绿洲公益发展中心与上海农之梦青年公益服务社联合为云南省大理州建档立卡贫困户转移上海就业人员赠送近千盒食品，把上海的爱心传递给云南的贫困家庭；上海市慈善基金会浦东新区代表处连续多年参与对口援建和扶贫工作，涉及产业扶贫、教育扶贫等各领域，2020

年代表处向浦东新区对口帮扶的云南省大理州宾川县、剑川县建档立卡户和贫困山区孩子，捐赠儿童衣物、儿童帽子、围巾、手套、喜马拉雅学生听书卡等价值人民币约51.27万元的物资，还联动多个街镇和社区组织，为新疆莎车县乌达力克镇贫困村农民捐赠衣服和鞋子；2016年至2020年底，浦东光彩事业促进会共收到企业、企业家捐赠1561万余元，捐赠各类慈善帮扶项目支出1402万余元；高东镇、祝桥镇商会引导虞衡文化传播公司（渔书）等企业和社会组织积极为云南省大理州洱源县捐赠图书、健身设备、建设基础设施项目等，回应了当地的民生需求；2020年，浦东新区社会发展基金会捐赠洱源县中心敬老院40万元，帮助安装一部电梯和一批室外健身器材，有效解决了老人上下楼梯不方便的现实困难；还有很多社区基金会和慈善超市也加入为贫困地区募集和捐赠物资的行列。

三 经验与思考

（一）政府不断完善社会参与的引导与鼓励机制

浦东新区多形式、多渠道引导慈善力量参与脱贫攻坚，在加强机制建设、宣传力度等方面不断发力，聚焦帮扶领域、盘活帮困资源，共战脱贫攻坚。一是形成工作协同机制。由区合作交流办协调前方的扶贫机构、援派干部，加强慈善公益项目的跟踪服务和指导，保障服务项目有效落地；由区民政局加强对社会组织资源配备和援助意向的统筹指导，根据对口帮扶地区的实际需求，合理配置资源。动员社会组织党组织与对口帮扶地区党组织开展持续的沟通联系。二是建立服务引导机制。区民政局持续关注、及时帮助社会组织解决在参与扶贫过程中遇到的困难和问题，加强对社会组织参与脱贫攻坚工作的督促指导。定期收集社会组织参与脱贫攻坚好的经验做法，充分利用各类媒体，多渠道多角度宣传在扶贫工作中表现出色的社会组织，加大对先进事迹、先进人物的宣传力度，不断激发社会组织参与扶贫攻坚的热情。三是探索健全长效机制。倡导在浦东东西部协作专项经费中设立服务项目购买经费，为当地社会组织承接政府购买服务项目形成制度保障。引导社会组织设计项目开展公开募捐，通过政社合作、社社合作、社企合作等方式，拓展扶贫帮困路径。

（二）持续发挥社会组织的多样化力量与资源优势

浦东引导慈善公益力量根据对口帮扶地区的实际情况"破题"。一是从物质支援到专业赋能，帮助当地实现从"输血"到"造血"。比如，发挥浦东养老服务及儿童福利的优势资源，促进上海与对口帮扶地区社会福利合作交流，上海真爱梦想公益基金会、上海仁德基金会、上海瑞福养老服务中心、上海乐群社工服务社等机构以社会福利事业为切入点，赴莎车县为当地养老机构护理员开展培训及工作指导，提升护理员的专业能力水平，并为莎车县部分青少年及儿童开展关爱服务工作，共计开展了 10 场培训，400 余人参与。二是找准需求，定位帮扶目标，将服务需求有效转化为服务项目。上海市浦东新区光彩事业促进会开展的云南省大理州民族中学"乡村笔记·大理——浦东城市职旅"教育扶贫项目就根据当地实际情况进行设计，通过"扶贫＋扶智＋扶志"的方式，带领该校 20 名"宏志班"贫困高中生暑期到上海浦东开展城市职旅活动，让大理州农村贫困地区的孩子们看见未来更多的可能性、引导他们做出可持续的长远职业规划，从而推动大理州教育改革与发展、两地教育资源共享。三是爱心联手，持续发力，推动扶贫工作落到实处。2017 年以来，上海永达公益基金会设立了总额为 150 万元的西藏江孜专项教育基金，用于资助江孜县家庭经济困难学生、奖励优秀教师。三年里，江孜县家庭经济困难和重大病学生、优秀教师每年都会获得 1000—10000 元不等的资助和奖励。而像永达这样的爱心企业，在浦东新区还有很多，保障了扶贫工作的有效延续。

在脱贫攻坚工作中，浦东的社会组织和爱心企业、爱心人士倾力奉献，用善举彰显出社会大爱，生动地诠释了参与慈善公益事业的初心。征途漫漫，唯有奋斗。未来，在乡村振兴的征程上浦东也将继续引导慈善公益力量不断砥砺前行，为创造更加美好的生活贡献力量。

B.21
上海永达公益基金会

张　银*

摘　要：　上海永达公益基金会以项目为载体，围绕"两个关爱""两个关注"的公益定位，开展关爱老年人和儿童的工作，积极参与脱贫攻坚和抗击新冠肺炎疫情等国家重大战略，并探索出符合自身特点的筹款模式，稳定了善款的渠道，以确保基金会可以长久、可持续地为慈善公益事业注入活力。

关键词：　企业基金会　医疗救助　扶贫

一　基本情况

2017 年 4 月，永达集团捐赠 1000 万元初始资金在上海市民政局登记注册上海永达公益基金会，是一家企业基金会。截至 2020 年 12 月 31 日，公益事业支出超过 8000 万元。作为一家成立不久的基金会，2020 年永达公益基金会被民政部评为 3A 基金会。

根据《上海永达公益基金会章程》规定，基金会以"热心公益，奉献社会，弘扬正气，和谐共生"为工作宗旨，业务范围是"资助开展扶贫济困、扶老、助学等项目；资助赈灾救灾公益活动；资助与民政业务相关的其他公益活动"。长期发展的愿景是做有温度的基金会，"给人所需，以爱行善"，目标是最终成长为汽车服务行业的公益先锋和标杆。目前第一届理事

＊　张银，上海永达公益基金会项目副总监。

会尚在任期内，设理事长 1 名、秘书长 1 名，理事 9 人，专职工作人员 4 人；并已成立监事会，有 3 名监事，整体治理结构比较完善。

二　机制建设

作为一家企业基金会，永达公益基金会的业务定位必然受到企业或企业家的影响。永达集团自 1992 年成立之初，董事长张德安先生便确立了"立业为善，以善兴业"的经营理念，经过多年的岁月沉淀，这种理念已深深植根于企业文化之中，并贯穿行动。实践中，秉持着"富裕不忘桑梓人"，永达坚持以公益的方式反哺家乡，对合庆镇开展精准帮扶、定点慰问。2002 年开始，每年临近春节，永达相继慰问合庆镇 3 所养老院及村镇中 1139 名 65 岁以上老人，为他们送去春节大礼包；为恶性肿瘤等重大病患者、特殊家庭发放慰问金。这不仅让老人和困难户切身感受到社会的关心和温暖，也让他们在精神上得到了鼓励，增强了他们战胜苦难的勇气和信心。在这个过程中，永达集团已形成了有特色的社会公益模式：内部为员工建立"四位一体、三大专项基金"的保障制度，外部创建涵盖教育助学、扶贫帮困、抗震救灾、生态环保、儿童交通安全、民间艺术发展等多领域的慈善机制，实现企业发展与社会的和谐共生。截至 2017 年 12 月底，永达集团的公益支出已超过 1 亿元，帮助人数达数万人次。

在永达集团履行企业社会责任的积淀与影响下，永达公益基金会积极投身慈善公益事业，在探索中不断完善运作机制，增强自身的专业能力。具体表现为：

（一）不断加强基金会制度建设和自身能力建设

基金会筹备之初，就坚持制度先行的原则，在汲取其他基金会成功经验的基础上，先后制定了《上海永达公益基金会章程》《重大事项报告制度》《财务管理办法》《永达公益基金会专项基金管理办法》等多项规章制度，并不断完善和细化内部的管理制度和工作流程，加强工作规范。

2018 年，基金会成立高级专家顾问团，聘请 3 位公益慈善领域的专家为基金会战略发展、公益项目开展等提供专业指导。专家聘期内共召开了 3 次基金会年度工作讨论会、2 次专题项目研讨会（分别针对儿童项目和老人项目策划），为项目拓展提供参考意见和工作思路。基金会还不定期邀请 3 位专家，为基金会工作人员进行知识讲座，帮助提升工作人员的业务能力。

（二）稳定资金捐赠渠道，搭建社会爱心平台

基金会以稳定资金捐赠、开展公益项目为主要抓手。基金会的资金来源主要有三类：一是永达集团定向捐赠。永达集团每年固定向基金会捐赠 1000 万元善款，极大保证了基金会公益项目的可持续性开展。二是举办永达公益慈善义拍活动，定向募集善款。2017 年至 2020 年，累计共有 177 家爱心企业对基金会进行捐赠，支持基金会的慈善公益事业发展。三是设立爱心人士专项基金。基金会十分欢迎爱心人士在基金会成立专项基金，制定了完善的专项基金章程和管理制度。目前已设立了 3 个专项基金，如万章根专项基金，并根据捐赠人意愿，开展了一系列扶贫帮困活动。

（三）聚焦社会议题，构建特色公益体系

在慈善公益项目方面，永达公益基金会已经形成了"两个关爱"和"两个关注"的公益体系："两个关爱"是指关爱儿童、关爱老人，"两个关注"即关注教育、关注贫困。围绕相关主题，不断优化项目设计，搭建公益平台，如疫情期间永达公益基金会向上海儿童医学中心、仁济医院捐赠了 1000 份"儿童关爱大礼包"，包括儿童口罩、营养面霜、消毒纸巾等防护用品，建设永达公益·新华医院儿科综合楼患儿活动空间项目、永达公益·贫困区县医师医疗培训项目、永达公益·博士生服务团新疆公益义诊活动等，逐渐形成依托上海的三甲医院的医疗技术，辅以基金会的资金支持，通过设立专项基金，关爱社会弱势群体的慈善模式。

（四）加强宣传扩大知晓度，营造慈善文化氛围

"互联网＋"时代，永达基金会充分认识到要依托媒体、树立形象，以争取社会各方面的关注和支持。因此，基金会开设了官方网站和"永达公益基金会"微信公众号，及时报道资助的项目及开展的各类活动，发布相关信息。腾讯、搜狐、新民晚报、网易新闻、新民周刊、微博、今日头条、新民网、澎湃新闻等都报道过永达公益基金会的工作和活动，相关报道累计100 余次，充分利用了新媒体的宣传功能和影响力，进一步扩大了永达公益基金会的社会影响。

三　举措与成效

（一）关爱"一老一小"

"关爱社会中的弱势群体孩子和老人"是永达基金会的创会初心，因此关爱"一老一小"一直是永达公益基金会工作的重心。

1. 关爱老人——化解老龄化困境

基金会同时关心着老人的心理健康和身体健康。上海作为老龄化较严重的城市，老年人的心理孤独问题日渐严峻，尤其是养老院的老人们。为缓解老人的孤独与寂寞，2018 年，永达公益基金会与第三方合作策划了"爱，在您身边"老人陪伴项目。通过文艺表演、中医药问诊、健康讲座等形式为老人们送去陪伴。实施以来，项目覆盖了上海市 66 所养老院上万名老人，受到了老人和养老院的热烈欢迎，陆续收到锦旗和感谢证书。2019 年基金会向上海市第一人民医院捐赠 1000 万元，成立"点亮夕阳"老人眼科关爱基金，旨在救助患有白内障、眼底病等眼科疾病的贫困老人。为积极践行东西部联动的扶贫支援精神，2020 年"点亮夕阳"项目落地宁夏，走近少数民族老百姓，此次义诊筛查了上万人，接诊 500 多人，为 100 多名贫困老人做了复明手术。这成为当地资助额最大、受众最多、辐射范围最广的公益

项目。

此外，基金会组建了"老年志愿艺术团"和"永达公益志愿者服务队"，志愿者一部分是社会上刚退休的"小老人"，实践"老老相扶"的公益模式；一部分是基金会资助的高校的贫困大学生，发扬慈善薪火相传的精神；同时也会组织永达集团的年轻后备干部参加重阳节慰老活动，践行企业"人人公益"的文化理念。

2. 关爱儿童——安全伴童行

在儿童关爱方面，基金会以儿童身体健康和心理健康为出发点，策划开展公益项目。

为加强上海市小学生的交通安全意识，增长交通安全知识，促使他们安全出行，基金会连续三年联合上海市交警总队开展安全教育项目：2017 年在上海市东方绿舟安全基地开展"永达公益·交通安全体验课堂"；2018 年在浦东庆华小学举办"永达公益·小学生交通安全亲子嘉年华"；2019 年，基金会发起"永达公益·小学生交通安全宣传校园行活动"。所有活动都通过创设情景、实景操练、模拟体验等教学手段，寓教于乐，让孩子们在游戏中学习安全知识。2019 年基金会精心改编制作了《交通安全漫画读本》，赠送给浦东新区 20 万名小学生，让他们将安全带在身边。永达公益基金会也被上海市交警总队授予"上海市交通文明公益联盟合作单位"称号。

2020 年，基金会在新华医院改建儿童门诊"欢乐角"，为儿童打造等候就诊的欢乐园地。

2021 年 4 月，永达公益基金会向上海市儿童医院捐赠 1000 万元成立专项慈善关爱救助基金，用于在上海市儿童医院治疗贫困家庭的血液肿瘤疾病患儿，并提供相应人文关怀服务，希望在力所能及的范围内给予此类病患儿童更多的帮助。2021 年 5 月，永达公益基金会捐赠 1000 万元在上海市五官科医院发起"耳聪目明"慈善项目，专项救助罹患先天性重度耳聋、小耳畸形和白内障的困难儿童。该项目将有望帮助 120 名患病儿童感受世界的鸟语花香，纵览世界的丰富多彩。

（二）"两个关注"之下开展公益项目

除了关爱"一老一小"，永达公益基金会也关注教育和贫困，即"两个关注"。教育是阻断贫困代际循环的关键环节，基金会也愿积极参与推进国家的脱贫攻坚事业。

1. 关注教育扶贫

"扶贫先扶智"。基金会通过在各大院校、贫困省县设立"永达专项教育基金"，资助贫困学生、表彰优秀教师，以促进各地教育事业的发展。2018 年基金会向云南教育基金会捐赠 500 万元，资助 1000 名建档立卡贫困大学生；2019 年基金会捐赠 200 万元给云南彝良县牛水镇，为贫困山区的孩子们新建校舍，这些举措都助力了云南教育脱贫的实现进程。

2. 关注对口支援扶贫

成立以来，基金会积极响应党中央 2020 年实现全面脱贫的号召，帮扶云南脱贫。2017—2019 年，永达公益基金会积极响应党中央 2020 年实现全面脱贫的号召，每年联合 5 家爱心企业共捐赠 4500 万元，在国家级贫困县彝良县松林村、黑拉村当地新建居民住宅区"新沪新村"，帮助当地居民实现集体搬迁，集中安置了建档立卡贫困户 120 户 600 余人。从山上到山下，不只是一座山的距离，更是向新时代小康社会的迈进。新建的养牛场和苹果园，让更多的人能够通过产业实现彻底脱贫。云南省委书记在考察时认为，"授人以鱼"不如"授人以渔"，新沪新村的扶贫模式具有重要的借鉴意义，是精准扶贫的典范。

此外，基金会也十分支持和关心医务人员。2020 年 1 月 26 日，永达公益基金会在新冠疫情发生后捐赠 1000 万元在上海市慈善基金会建立"永达抗击新型冠状病毒"专项基金，慰问 1649 名上海援鄂医疗队的医务工作者，用实际行动彰显了浦江儿女大爱无疆的家国情怀。

四　未来展望

2021 年，永达公益基金会继续围绕"两个关爱""两个关注"的公益理念，实施"百名儿童生命救援计划、千名学子助学圆梦计划和万名老人送温暖计划"，其中，百名儿童生命救援计划是在上海儿童医院、五官科医院等医院设立"永达儿童救助专项基金"，保护儿童健康，守护儿童安全，关爱儿童的成长。"万名老人送温暖计划"准备在上海50所养老院设立爱心服务站，为1万名老人送去陪伴，关爱老人身体健康和心理健康。"千名学子助学圆梦计划"预计在上海职业技术学院等20所院校设立"永达专项教育基金"，让每一个贫困学子都能读得起书，完成上大学的梦想，从而为社会做更多的实事，帮助更多的人。

总之，永达公益基金会作为一家有社会责任感的企业基金会，将秉持"立业为善，以善兴业"的发展理念，积极履行企业社会责任，紧密围绕"两个关爱""两个关注"的公益范围，尤其是"一老一小"，做更多的事，帮更多的人。永达基金会将持续积极参与社会治理，与政府、社会组织一起，共同推进社会善治。

B.22
后　记

作为中国改革开放的窗口和上海现代化建设的缩影，2020 年浦东迎来了开发开放 30 周年。慈善公益事业是浦东开发开放历史进程中推动社会发展的一支重要力量，慈善公益参与人数、募集善款金额等迭创新高，参与渠道不断拓展，配置效率显著提升，慈善公益文化理念广为传播。最近几年，浦东慈善公益更是在脱贫攻坚、抗击疫情等领域取得了显著成绩。在全面推进"两个一百年"宏伟蓝图和浦东改革开放再出发的关键期，《浦东慈善公益事业发展报告（2021）》正式出版了。

《浦东慈善公益事业发展报告（2021）》是集体智慧的结晶和各方协作的成果。上海市浦东新区民政局、上海市法治研究会和上海社会科学院社会学研究所三家主编单位组成总课题组，邀请上海慈善公益研究领域的诸多专家学者共同参与报告撰写，并聘请顾问和成立编委会。浦东新区应急管理局、浦东新区文体旅游局、浦东新区妇联、浦东新区残联、浦东团区委等政府部门和群团组织也深度参与了有关分报告的调研与撰稿工作。书中每一篇报告都经过了开题、提纲讨论、初稿评审、修改、定稿等多个环节，以保证报告在主题、内容、质量上符合蓝皮书的要求。为此，书中作者都积极配合、全力以赴，投入了大量时间精力，付出了艰苦辛勤劳动，生动展现了上海的城市精神和城市品格。此外，本蓝皮书的出版，还离不开所有关心浦东慈善公益事业的领导、专家和朋友的支持和帮助，在此一并表示诚挚的感谢！

作为第一本全面反映浦东慈善公益事业发展的蓝皮书，《浦东慈善公益事业发展报告（2021）》没有现成经验可循，只能尝试探索前行。在编撰之初，编委会即明确，以浦东开发开放 30 年为大背景，以《中华人民共和国慈善法》公布至今的 5 年（即"十三五"期间）为重点，相关情况数据原则上截至 2020 年底，力求兼顾好整体和局部、现实和未来、学术和实践等方面的关系。编撰过程中，编委会多次就蓝皮书的结构框架、总报告及分报告的提纲、撰写推进情况、稿件修改等进行讨论，明确工作目标、重点任务和阶段进度，力争保质保量完成既定研究和撰稿任务。但由于时间、人力、资料等条件限制，书中难免有疏忽不足之处，还请读者宽宏谅解和批评指正。

《浦东慈善公益事业发展报告（2021）》是浦东慈善公益蓝皮书系列著作的开端。展望"十四五"至 2035 年，浦东在全力打造社会主义现代化建设引领区的新征程中，慈善公益事业也必将在实践中铿锵前行，在发展中日臻完善，为慈善公益事业的"中国特色"和"上海特点"增添新的更多的元素，为浦东改革开放再出发凝心聚力发挥新的更大的作用。衷心希望上海、全国乃至世界范围内的相关社会各界都来关注、研究、支持浦东的慈善公益事业发展，使慈善公益成为上海软实力和人民城市建设中一道亮丽的风景线！

Abstract

The year of 2020 marks the 30th anniversary of development and opening-up of Pudong, Shanghai. As the first blue book of philanthropy in Pudong, this report conducts a comprehensive, systematic and in-depth research on the overall situation of philanthropy development in Pudong over the past 30 years, including current state, characteristics and challenges in the main fields. The 30 years of Pudong's development and opening-up have been accompanied by the 30 years of great development of philanthropy. Some basic experience has been achieved during the procedure, such as adhering to Chinese characteristics and people-centered, insisting on reform, innovation and specialized development. A theoretical and practical path of continuous innovation and breakthrough has been taken when developing philanthropy.

Generally speaking, the development of philanthropy in Pudong consists of three periods: the exploration period, rapid development period, and improvement period. The exploration period has created multiple "firsts" in Shanghai and even in the whole country; the rapid development period displayed the characteristics of scale, diversification, standardization and specialization; in the improvement period, a well-established institutional environment has been built, showing the aggregation effect and helping to form a more ecological system. To be specific, charitable donations are mostly driven by main foundation and become more professional and diversified. Voluntary service plays a positive, energetic role of promoting the social and economic development of Pudong. The development of welfare lottery represents the distinct characteristics of Pudong, even Shanghai, which burnishes Chinese Philanthropy. Internet charity gives a full play to the advantages of internet enterprises in Pudong, and shows the leading role of Shanghai United Foundation, extensive participation of enterprises, and the transparency of philanthropic rules. When participating in philanthropy, social workers explore a road that involves project-based participation, expansion of service areas, and coexistence of professionalism and localization. By participating in disaster prevention, mitigation and relief, charitable organizations have accumulated important experience, including government's support and guidance, construction of mutual assistance network, effective social resources integration and technology empowerment. The participation of charitable forces in environmental protection has gradually formed a framework in which the social organizations of environmental protection are supported by various voluntary teams, enterprises and individuals. Philanthropic talents are cultivated through party construction and leading, institutional improvement, organization fostering, industrial and professional development and project operation. The development of charity supermarkets has adopted various modes. Government, social organization, and enterprises all play a role in it. There are also some new trends appearing in charity culture: new philanthropic ideas keep rising; more corporates begin to carry on social responsibilities; the diversification of communication methods and carriers deepens. Charity for the elderly and disadvantaged adolescents, as well as women's philanthropy, also thrives in the fields of social welfare and governance. In addition, this book constructs the philanthropy index to quantify the philanthropy development in Pudong and its subordinate administrative area (streets and towns). Typical and representative cases of philanthropy organizations and programs in Pudong are also provided in this book. In particular, two special events, poverty elimination and COVID-19 epidemic, are taken into account and their influence in the field of philanthropy in

Pudong is introduced.

On the Fourth Plenary Session of the 19th Central Committee of the Communist Party of China, the significance of third distribution and philanthropy development is highlighted, which is also emphasized in the recent meeting of the Central Committee of Finance and Economics. As a key part of the third distribution, philanthropy is important to promote Chinese governance modernization and to achieve the goal of common prosperity. The year of 2021 is the opening year of the 14th Five-Year Plan and the Long-range Objectives through the Year 2035. Based on a series of new requirements of the central government and Shanghai government on Pudong, especially on the target of building a leading area for socialist modernization, suggestions are given for the future development of philanthropy. For example, stick to the direction of further integration into the reform and opening up; broaden the ideas of enhancing the ability to allocate charitable resources, creating a new situation in the philanthropy development, improving the construction of the charity law and regulations system, and promoting the digital process of charity; seize the opportunity of the progress of science and technology for good, charitable trust, public interest ventures, influential investment, social enterprise, and donor-advised fund, etc. More specific and detailed suggestions for the main topics of philanthropy in Pudong are also discussed in this book.

Keywords: Pudong; Development and Opening-up; Philanthropy; The Third Distribution

Contents

I   General Report

B.1   Thirty Years of Philanthropy Development in Pudong

Shi Kai, *Li Jun*, *Zheng Leping*, *Peng Hui* / 001

Abstract: The 30 years of Pudong's development and opening-up have been
accompanied by the 30 years of great development of philanthropy. This report di-
vides this historical process into three periods: the exploration period has created
multiple "firsts" in Shanghai and even in China; the rapid development period
displayed the characteristics of scale, diversification, standardization and specializa-
tion; in the improvement period, a well-established institutional environment has
been built, showing the aggregation effect and helping to form a more ecological
system. In 2020, philanthropic organizations, volunteerism, philanthropic fund-
raising, philanthropic forces' participation, Internet philanthropy, philanthropy
culture cultivation and professional talent team construction all thrived into a new
stage. Standing at the intersection of past and future, the central government and
Shanghai have set new requirements for Pudong. Philanthropy development in Pud-
ong has to adhere to the basic experience of Chinese characteristics, people-orien-
ted, reform and innovation, professional development, aiming to establish the
basic ideas of improving the allocation of charitable resources, creating a new situa-
tion of philanthropy, improving the construction of philanthropic law and regula-
tion system, and promoting the digitalization of philanthropy, etc. Accordingly,
this report also puts forward the corresponding policy suggestions.

Keywords: Pudong; Development and Opening-up; Philanthropy

II Field Reports

B.2 Charitable Donations Development in Pudong

Li Jun, Yuan Lili / 038

Abstract: The charitable donation in Pudong is higher than the average level of Shanghai and its main characteristics are big foundation-driven, specialized fund-raising and diversified fundraising development models. The "united donation" linked by government, enterprises and social organizations has become a brand in the localization of donation in Shanghai. Based on the problems of charitable donations in Pudong, this report suggests that in order to build a better charitable fundraising ecology in Pudong by multiple participants, the charitable donation mechanism should be optimized, the fundraising ability should be improved, and the charity database should be created.

Keywords: Charitable Donation; Social Donation; Specialization; United Donation

B.3 Voluntary Service Development in Pudong

Qiu Xiaolan / 059

Abstract: Volunteer service is an important form of Charity. Pudong New Area's Volunteer service, as Shanghai's leading district, has been developing continuously in the last thirty years, resulting in increasing participation, systematic evolution and growing together with Pudong's development. Looking into the future, Pudong New Area, based on economic development's new initiatives, would need to push its Volunteer service onto a new stage, by establishing enhanced system, upgrading service level, completing inspiration and assurance, focusing both on culture building and civilized practice in the new area.

Keywords: Volunteer Service; Cultural-ethical Standards; Social Governance; Cultural Practice in the New Aera

B. 4   Welfare Lottery and Philanthropy Development in Pudong

Huang Chenxi, Wang Tiantong, Xu Tingting / 076

Abstract: Since the reform and opening up, the total number of Pudong Welfare Lottery has increased year by year, but the growth rate has slowed down due to the COVID-19 epidemic. The Welfare Lottery Public Welfare Fund has made outstanding achievements in fostering public welfare organizations, implementing service projects, and responding to people's needs. Pudong Welfare Lottery faces challenges in public welfare image, bidding funds and irrational purchase. Pudong Welfare Lottery should be reformed in streamlining administration and delegating power; rely on the development foundation of social organizations to activate the use of Pudong Public Welfare Fund; strengthen brand construction, reshaping welfare lottery public image and improving the competitiveness of welfare lottery structure.

Keywords: Welfare Lottery; Lottery Public Welfare Fund; Public Bidding

B. 5   Community Philanthropy Development in Pudong

Tang Youcai, Zhang Jiahua / 099

Abstract: Community charity is an important part of charity. Pudong New Area has achieved remarkable results in fund-raising, voluntary service, public welfare atmosphere building and innovation of community charity organizations by vigorously cultivating community charity organizations, improving community co-governance platform, strengthening policy support and creating charity atmosphere, forming a pattern of multi-party participation in community charity. This report suggests to further highlight the role of community charity in the third distribution in the future, promote the role of various subjects of community charity in participating in community governance, further cultivate community public welfare ecology, develop community public welfare culture, and promote the digital transformation of community charity.

Keywords: Community Charity; Autonomy and Co-governance; Community Fund; Community Foundation

B.6   Online Philanthropy Development in Pudong

Fang Zhengyu / 117

Abstract: After the implementation of the charity law, China's Internet philanthropy has made a series of remarkable achievements, the amount of fund-raising has increased rapidly, and the form of charity has been continuously innovated. Pudong actively explores in the field of Internet charity, gives full play to the advantages of many Internet enterprises in the region, strives to improve the specialization of charity activities, and relies on scientific and technological innovation to maintain the credibility of charity. From the perspective of future development trend, the Internet will occupy a more and more important position in Pudong philanthropy.

Keywords: Network Fundraising; Charity Law; Internet Charity

B.7   The Efforts of Social Work on Philanthropy Development in Pudong Report on the Development of Pudong Social Work in Charity and Public Welfare

Zhu Meihua, Huang Jianfeng, Qian Yan, Xu Yanping / 134

Abstract: Since the 1990s, social work in Pudong New Area has explored an innovative path of project-based participation, service field expansion, and coexistence of professionalism and localization in the process of participating in charity and public welfare. In view of the current problems in team building and professional services of social work participation in charity and public welfare in Pudong, combined with the experience of typical cases, this paper puts forward three suggestions for future development: promoting institutionalized and standardized development, expanding multiple paths of cooperation and innovation, and leading the social culture of public welfare.

Keywords: Social Work; Charity and Public Welfare; Project-based Participation; Service Field

B.8 The Efforts of Philanthropic Organizations on Disaster Prevention, Mitigation and Relief in Pudong

Zhou Jun, Xu Jiujuan / 155

Abstract: Philanthropic organizations in Pudong New Area play an important role in disaster warning and risk management before disasters happen, emergency response in disaster, recovery and reconstruction after disaster. Philanthropic organizations are an important complementary force of the government. The major experience of philanthropic organizations in Pudong New Area in participating in disaster management mainly includes the following aspects, such as government's support and guidance, effective integration of social resources and good use of technology to improve capacity.

Keywords: Pudong New Area; Philanthropic Organizations; Disaster Response

B.9 The Efforts of Philanthropic Forces on Environmental Protection in Pudong

Yu Zucheng, Ouyang Huiying / 171

Abstract: In Pudong district, the philanthropy-participation in environmental protection has gone through a period of exploratory and stable development. It has basically formed a system in which environmental social organizations play a leading role and various volunteer teams, corporate forces and individual forces grow side by side. In different stages of Pudong's household garbage sorting work, the philanthropic environmental protection forces have played different roles such as environmental propagators, policy advocators, empirical researchers and technological innovators. The successful experience of Pudong philanthropic participation in environmental protection shows the necessity of adhering to the government's role of "meta-governance" and promoting cooperation between government and society, strengthening corporate social responsibility and encouraging cooperation between enterprises and society, playing the role of community as the main body to drive residents to participate, building a communication platform to promote cooperation between social organizations in social governance.

Keywords: Philanthropic Forces; Environmental Protection Causes; Pudong New Area

Ⅲ Special Reports

B.10 Research on the Philanthropy Development Index in Pudong

Li Jun, Yuan Lili, Kong Yujia / 192

Abstract: This report designs and calculates three indices from different perspectives to evaluate the philanthropy development in Pudong. The cross-sectional comparison index for 2017 shows that Pudong philanthropic development is superior to the overall situation in Shanghai, the longitudinal comparison index for 2017 −2020 shows that Pudong has made progress in many areas of philanthropy, and the community-level comparison index shows that there are noticeable difference in the philanthropic development among streets and towns in Pudong. Based on the data analysis, this report makes some conclusions and suggestions, such as maintaining the government support as the most important advantage and promoting the digital transformation of philanthropy, etc.

Keywords: Philanthropy Index; Imbalance; Improve Quality and Efficiency; Digital Transformation

B.11   The Development of Philanthropic Culture in Pudong

Zheng Leping / 217

Abstract: This report describes and analyzes the current situation and trend of the development of philanthropic culture in Pudong New District in recent years, as well as the new philanthropic idea and practices, and the innovative practices of enterprises in fulfilling their social responsibilities. Finally, in view of the problems existing in the development of philanthropic culture in Pudong New Area, the corresponding countermeasures and suggestions are put forward: popularizing modern philanthropic culture and idea, improving the philanthropic idea of charity and nonprofit organizations, creating the Pudong model of "social responsibility + competitiveness", and strengthening philanthropic research.

Keywords: Philanthropic Culture; Corporate Social Responsibility; Philanthropic Culture Diffusion

B.12   The Development of Charitable Talents in Pudong

Zhang Bo, Chen Baozhong / 232

Abstract: Charity talent is the foundation and key to the high-quality development of charity industry. Since the development of Pudong New Area, it has not only made every effort to develop the economy, but also attached great importance to the development of charity and public welfare. It has gathered a group of charity talents from various aspects such as the Party leading, system construction, organization cultivation, industry construction, professional development, and project operation, but still faces some difficulties. In the future, Pudong urgently needs to make efforts to optimize the institutional environment, strengthen support, update the awareness of charity and public welfare, and standardize the management of human resources in institutions, so as to promote the further development of charity and public welfare talents.

Keywords: Charity; Pudong New Area; Talent

B.13　The Development of Charity Supermarkets in Pudong

Xu Jialiang, *Zhang Sheng* / 253

Abstract: Based on the cognition of the concept definition, policy regulation, principle requirements and practice process of Charity Supermarket in Pudong New Area, combined with the current situation investigation, we can systematically analyze its operation basis, mode, function, strategy, characteristics and effectiveness, so as to put forward the optimization strategy for the high-quality development of Charity Supermarket in Pudong New Area and promote the Charity Supermarket to achieve better social benefits, for the benefit of society.

Keywords: Pudong New Area; Charity Supermarket; Social Benefits

B.14　Philanthropy for the Elderly in Pudong

Wu Lei, *Tang Shuqing*, *Shen Junkang* / 270

Abstract: In recent years, Pudong New Area has explored and developed three modes of charitable assistance for the elderly, namely, enterprise-driven mode, social organization-led mode and mixed co-governance mode, forming a good charitable policy environment and charitable assistance platform for the elderly. However, at the present stage, the demand of the elderly shows functional transfer, the professional ability of service personal needs to be improved, and the supply form of helping the elderly is difficult to adapt to the differentiated demand. At present, it is necessary to actively cultivate social organizations for the aged, innovate the new model of charity for the aged, and create a social atmosphere for charity for the aged.

Keywords: Charity Old-age Care; Philanthropy; Old-age Assistance Model

B. 15 Philanthropy for the Disadvantaged Adolescents in Pudong

Wang Yuanteng / 286

Abstract: In Pudong, in response to the lack of social support for troubled youths with *hukou* and the low-quality education for migrant children coming to Shanghai, charity and public welfare organizations have responded positively by launching programs for the troubled youths with *hukou*, such as social support for children of drug addicts in family and support for troubled ones. They have also explored activities such as music, art and reading literacy for migrant children. As a result, a leading, internationalized, shortcomings-mending and ecological social service system has been built, but we are still facing service difficulties that need to be improved.

Keywords: Youth Development; Troubled Youths with *Hukou*; Migrant Children in Shanghai; Charity and Public Welfare

B. 16 Women's Philanthropy in Pudong

Yuan Lili / 305

Abstract: Relying on the incubation of hub organization by Women's Federation in Pudong, Pudong has gradually formed the "she power" of women's charitable alliance, which has played an important role in poverty alleviation, COVID-19 control and prevention, defending women's rights by anti-domestic violence, building family charitable culture and promoting social governance. In the future, in order to further enhance the governance efficiency of women's philanthropy, continuous efforts need to be made in the construction of women's charitable brand and the building of women's philanthropic community in Pudong.

Keywords: Women; Philanthropy; Familial Charity; Social Governance

Ⅳ Case Reports

B . 17 Shanghai Charity Foundation Pudong District Representative Office   *Yuan Lili / 321*

Abstract: Shanghai Charity Foundation Pudong District Representative Office has played an important role in integrating various charitable resources in Pudong, innovating the way of charity, leading charitable ideas, promoting charitable culture and building a new ecology of philanthropy. For example, through institutionalized guarantee, the creation of "united donation" fundraising brand, the network construction of community charity, the growth plan of philanthropic organizations, Venture Philanthropy, charitable trust and other frontier fields have promoted the innovation of social governance and stimulated the vitality of charity in roots-level society.

Keywords: New Ecology of Philanthropy; Branding; Social Governance

B . 18 Red Cross Society of China Shanghai Pudong New Area Branch   *Team of Red Cross Society of China Shanghai Pudong New Area Branch / 332*

Abstract: Centering on the concept of "people's city" and combining the central tasks of the Pudong District committee and government, the Red Cross Society of China Shanghai Pudong New Area Branch will continue to focus on main duties and tasks, deepen the reform of mass organizations continually, carry out humanitarian services, improve the living conditions of the most vulnerable groups and promote the Red Cross spirit of "humanity, fraternity and dedication" vigorously. We will give full play to our role as the CPC and government's assistant in the humanitarian field and as a bridge connecting the people, helping build a warmer and more attractive fraternity home and a civilized Pudong.

Keywords: Organizational Construction; Humanitarian Service; Openness and Transparency

B. 19　Philanthropic Demonstration Base in Pudong

Lin Yiqiong / 340

Abstract: As an important measure for Pudong to explore 'small government, big society' administrative system, Pudong Philanthropy Demonstration Base is building a philanthropy ecology and setting up a benchmark, which attracts a large amounts of NPOs growing and developing here. It has promoted 'GO-NGO' cooperation and 'NGO-NGO' cooperation, becoming a model of Shanghai and China philanthropy development.

Keywords: NGOs; Philanthropy Ecology; Incubation and Cultivation

B. 20　The Efforts of Pudong Charitable Forces on Poverty Alleviation

Centre for Development of Philanthropy and

Social Work in Pudong / 348

Abstract: In recent years, in accordance with the requirements of the Central Committee and the Municipal Party Committee, Pudong New Area has gathered diverse wisdom to play an advantageous role in mobilizing widely philanthropic forces, carrying out solid cooperation and counterpart support in poverty alleviation between the east and the west. Through professional empowerment and multiple collaboration, a poverty alleviation pattern has been created, the path of poverty alleviation has been broadened, new poverty alleviation measures has been innovated, and the effectiveness of poverty alleviation has been paid more attention which makes a sonorous song with Pudong characteristics.

Keywords: Poverty Alleviation; Professional Empowerment; Multiple Collaboration

B.21　Shanghai Yongda Foundation　　　　*Zhang Yin* / 355

Abstract: Shanghai Yongda Foundation carries out the work of caring for the elderly and children and participates in the fight against poverty, COVID-19 epidemic and other major national strategies, taking the project as a carrier and focusing on the public welfare positioning, "two cares" and "two concerns". The foundation has also explored a fundraising model that meets its own characteristics and has stabilized the channels for donations to ensure that it can inject vitality into charitable causes in a long-term and sustainable manner.

Keywords: Corporate Foundation; Medical Aid; Poverty Alleviation

B.22　Postscript　　　　　　　　　　　　　　/ 362

权威报告·一手数据·特色资源

皮书数据库
ANNUAL REPORT(YEARBOOK)
DATABASE

分析解读当下中国发展变迁的高端智库平台

所获荣誉

- 2019年，入围国家新闻出版署数字出版精品遴选推荐计划项目
- 2016年，入选"'十三五'国家重点电子出版物出版规划骨干工程"
- 2015年，荣获"搜索中国正能量 点赞2015""创新中国科技创新奖"
- 2013年，荣获"中国出版政府奖·网络出版物奖"提名奖
- 连续多年荣获中国数字出版博览会"数字出版·优秀品牌"奖

成为会员

通过网址www.pishu.com.cn访问皮书数据库网站或下载皮书数据库APP，进行手机号码验证或邮箱验证即可成为皮书数据库会员。

会员福利

- 已注册用户购书后可免费获赠100元皮书数据库充值卡。刮开充值卡涂层获取充值密码，登录并进入"会员中心"—"在线充值"—"充值卡充值"，充值成功即可购买和查看数据库内容。
- 会员福利最终解释权归社会科学文献出版社所有。

数据库服务热线：400-008-6695
数据库服务QQ：2475522410
数据库服务邮箱：database@ssap.cn
图书销售热线：010-59367070/7028
图书服务QQ：1265056568
图书服务邮箱：duzhe@ssap.cn

社会科学文献出版社 皮书系列
SOCIAL SCIENCES ACADEMIC PRESS (CHINA)
卡号：961693514779
密码：

S 基本子库
SUB DATABASE

中国社会发展数据库（下设 12 个子库）

整合国内外中国社会发展研究成果，汇聚独家统计数据、深度分析报告，涉及社会、人口、政治、教育、法律等 12 个领域，为了解中国社会发展动态、跟踪社会核心热点、分析社会发展趋势提供一站式资源搜索和数据服务。

中国经济发展数据库（下设 12 个子库）

围绕国内外中国经济发展主题研究报告、学术资讯、基础数据等资料构建，内容涵盖宏观经济、农业经济、工业经济、产业经济等 12 个重点经济领域，为实时掌控经济运行态势、把握经济发展规律、洞察经济形势、进行经济决策提供参考和依据。

中国行业发展数据库（下设 17 个子库）

以中国国民经济行业分类为依据，覆盖金融业、旅游、医疗卫生、交通运输、能源矿产等 100 多个行业，跟踪分析国民经济相关行业市场运行状况和政策导向，汇集行业发展前沿资讯，为投资、从业及各种经济决策提供理论基础和实践指导。

中国区域发展数据库（下设 6 个子库）

对中国特定区域内的经济、社会、文化等领域现状与发展情况进行深度分析和预测，研究层级至县及县以下行政区，涉及省份、区域经济体、城市、农村等不同维度，为地方经济社会宏观态势研究、发展经验研究、案例分析提供数据服务。

中国文化传媒数据库（下设 18 个子库）

汇聚文化传媒领域专家观点、热点资讯，梳理国内外中国文化发展相关学术研究成果、一手统计数据，涵盖文化产业、新闻传播、电影娱乐、文学艺术、群众文化等 18 个重点研究领域。为文化传媒研究提供相关数据、研究报告和综合分析服务。

世界经济与国际关系数据库（下设 6 个子库）

立足"皮书系列"世界经济、国际关系相关学术资源，整合世界经济、国际政治、世界文化与科技、全球性问题、国际组织与国际法、区域研究 6 大领域研究成果，为世界经济与国际关系研究提供全方位数据分析，为决策和形势研判提供参考。

法律声明